Ulrike Eifler
Gewerkschaftliche Machtressourcen

Ulrike Eifler, geb. 1975, studierte in Marburg Politologie und Sinologie. Im Anschluss arbeitete sie als Journalistin und Hörbuchrezensentin. Von 2009 bis 2019 war sie in unterschiedlichen Funktionen als Gewerkschaftssekretärin für den DGB tätig, zuletzt als Geschäftsführerin der DGB Region Südosthessen. Von 2019 bis 2020 leitete sie das Auslandsbüro der Rosa-Luxemburg-Stiftung in Genf mit dem Schwerpunkt Internationale Gewerkschaftspolitik. Seit 2020 ist sie Fellow am Institut für Gesellschaftsanalyse, seit 2021 zudem Projektreferentin im DGB Projektbüro Revierwende in Nordrhein-Westfalen. Ihr inhaltlicher Fokus liegt seit vielen Jahren unter anderem auf der Transformation der Arbeitswelt.

Ulrike Eifler

Gewerkschaftliche Machtressourcen zwischen Autoritarismus und Aufbruch

Globaler Protestzyklus und Globalisierung des Autoritarismus

mit einem Vorwort von Heinz Bierbaum

WESTFÄLISCHES DAMPFBOOT

Gefördert durch die Rosa-Luxemburg-Stiftung

Bibliografische Information der Deutschen Nationalbibliothek
Die Deutsche Nationalbibliothek verzeichnet diese Publikation in der Deutschen Nationalbibliografie; detaillierte bibliografische Daten sind im Internet über http://dnb.d-nb.de abrufbar.

1. Auflage Münster 2023

Umschlag: Lütke Fahle, Münster
Druck: Majuskel Medienproduktion GmbH, Wetzlar
Gedruckt auf FSC-zertifiziertem Papier
ISBN 978-3-89691-083-7

Inhalt

Vorwort von Heinz Bierbaum 7

Zur Einführung: Die Legitimität der Herrschenden bröckelt
Globaler Protestzyklus und Globalisierung des Autoritarismus 10

1. Globaler Autoritarismus und Pandemie
Ursachen für den weltweiten Aufstieg autoritärer Bewegungen 24

2. Protestzyklus und Pandemie
Gewerkschaftliche Machtressourcen prägen sich aus 49

3. Länderstudie Griechenland
Zwischen transnationalen Angriffen und nationaler Zersplitterung 68

4. Länderstudie Ungarn
Schwache Machtressourcen im selektiven Wirtschaftsnationalismus 104

5. Länderstudie USA
Gesellschaftlicher Verfall und gewerkschaftliche Handlungsfähigkeit 133

6. Länderstudie Chile
Gewerkschaften als Teil einer antineoliberalen Revolte, die ohne Gesicht auskommt 158

7. Länderstudie Tunesien
UGTT – Capacity building als Ordnungs- und Gegenmacht 189

8. Länderstudie China
Klassenmacht ohne gewerkschaftliche Machtressourcen im Überwachungskapitalismus 211

9. Länderstudie Südkorea
Gewerkschaften zwischen Wirtschaftskrise und Neuorientierung 252

Abkürzungen 277

Literatur 280

Heinz Bierbaum

Vorwort

Wir leben in Zeiten erheblicher ökonomischer, sozialer und politischer, ja geradezu tektonischer Umbrüche. Ursächlich sind insbesondere die ökologischen Herausforderungen, wie sie vor allem im Klimawandel zum Ausdruck kommen. Damit werden die ohnehin permanenten Krisen, wie sie der kapitalistischen Entwicklung und seiner neoliberalen Ausprägung eigen sind, verschärft. Die Art und Weise, wie wir produzieren und konsumieren, ist grundsätzlich in Frage gestellt. Eine auf fossile Energien basierende Industrie hat keine Zukunft mehr. Es bedarf einer tiefgreifenden Transformation der Wirtschaft, die auch weitreichende Konsequenzen für die sozialen Verhältnisse hat. Die durch das Coronavirus ausgelöste Pandemie und auch der aktuelle Krieg in der Ukraine, verursacht durch die russische Invasion, haben diese Tendenzen verstärkt. Es handelt sich um globale Phänomene. Dies gilt für die Widersprüche einer neoliberalen Entwicklung ebenso wie für die Verbreitung des Virus und auch für die Konfliktherde. Auch wenn der Krieg in der Ukraine gegenwärtig vor allem die Politik Europas bestimmt, so ist doch nicht zu vergessen, dass militärische Konflikte und Kriege weltweit stattfinden – in Syrien, in den kurdisch bewohnten Gebieten, in Palästina, in der Westsahara, in Mali, in Äthiopien, im Jemen.

Die Reaktion auf die wirtschaftlichen wie gesellschaftlichen Umbrüche ist von großer Unsicherheit geprägt. Politisch hat dies zum Teil zu äußerst harten Kontroversen und unterschiedlichsten Positionen geführt. So leugnet zumindest ein Teil der extremen Rechten, dass es überhaupt einen existenzbedrohenden Klimawandel gäbe. Andere wiederum sind der Auffassung, dass die planetarische Katastrophe nicht mehr aufzuhalten sei. Für wohl die Mehrheit ist die Ökologie zu einem Faktor geworden, der unsere Zukunft bestimmen wird. Zu verweisen ist in diesem Zusammenhang auf das Konzept des Anthropozäns, wonach die menschlichen Eingriffe in die natürlichen Abläufe so weitreichend sind, dass von einer neuen geologischen Formation gesprochen werden muss. Die Diskussion um den Green New Deal zeigt, dass der Mehrheit bewusst ist, dass es einer auf Nachhaltigkeit ausgerichteten Transformation bedarf. Dabei gehen allerdings die Positionen weit auseinander. Während die bürgerliche Mitte glaubt, dies vor allem mit technischen Mitteln im Rahmen des bestehenden Systems wirtschaftlicher und sozialer Beziehungen bewältigen zu können, wird dies vorwiegend von der gesellschaftlichen Linken als „Greenwashing" kritisiert und ein Systemwechsel für nötig gehalten. „System change, not climate change", heißt die Devise.

Eines der bedeutendsten gesellschaftlichen und politischen Resultate als Reaktion auf diese Veränderungen ist die starke Zunahme autoritärer Tendenzen. Dies hat viel mit der Unsicherheit und den Zukunftsängsten zu tun. Der Zukunftsoptimismus ist verflogen An die Stelle der Utopie tritt die Dystopie. Viele fühlen sich vom Abstieg bedroht. Dies gilt insbesondere für Teile der Mittelklasse, die denn auch einen wesentlichen Teil der sozialen Basis für die zunehmend extremer werdende Rechte bilden. Aus den jüngsten Wahlen in Italien, Schweden und Frankreich ging die extreme Rechte deutlich gestärkt, ja zum Teil auch als Sieger hervor. Überall in Europa ist ein Aufstieg der extremen Rechten einschließlich offen faschistischer Teile festzustellen. Die extreme Rechte erreicht zunehmend hegemoniale Positionen. Dies ist auch dadurch begründet, dass die Linke mit ihren Lösungen für die sozialen Widersprüche und Konflikte nicht oder nur wenig zu überzeugen vermag. Besonders bemerkenswert ist der Wandel in Schweden, galt doch dieses Land für Jahrzehnte als Inkarnation einer sozialdemokratisch geprägten Sozialpolitik und war bekannt für seine Offenheit, was sich insbesondere in einer humanen Migrationspolitik ausdrückte. Schweden war lange Zeit Bezugspunkt für linke und progressive politische Kräfte. Heute hat sich das Bild erheblich verändert.

Der Autoritarismus ist ein weltweites Phänomen. Dabei verläuft die Entwicklung durchaus widersprüchlich. Das sieht man deutlich in Lateinamerika, wo in letzter Zeit autoritäre Regime durch linke progressive Regierungen abgelöst wurden. Das jüngste Beispiel ist der knappe Sieg des Linkspolitikers Lulas bei den Präsidentschaftswahlen in Brasilien. Die Niederlage des Faschisten Bolsonaro ändert allerdings nichts an der Dominanz der autoritären Kräfte in Brasilien. Nach wie vor sind diese auch in anderen Ländern Lateinamerikas stark. Zurecht spricht Eifler von einem globalisierten Autoritarismus und nicht von einem globalen Autoritarismus. Der Autoritarismus ist ein allgemeines Phänomen, das jedoch unterschiedliche Ausprägungen aufweist. Diesem Phänomen näher nachzugehen und vor allem auch mögliche Gegenbewegungen herauszuarbeiten, ist von hohem wissenschaftlichem und politischem Interesse.

Eifler unterscheidet in ihrer Studie autoritäre Politiksysteme als Reaktion auf die Finanzkrise und als Resultat rechtspopulistischer Bestrebungen. Dabei hat sich in der Regel die Pandemie als Verstärker erwiesen. Sie analysiert Autoritarismus und gewerkschaftliches Handeln in sieben sehr verschiedenen Ländern. Ihre zentrale These ist, dass die „Stillstellung von Lohnabhängigenmacht" im Zentrum autoritären politischen Handelns steht. Daher spielen Gewerkschaften in den Gegenbewegungen zum Autoritarismus eine zentrale Rolle, auch wenn sie eigentlich nie zu den Initiatoren des Protestes gehörten. Dieser wurde vielmehr meist von anderen Ereignissen wie insbesondere den Jugendprotesten gegen autoritäre Regime ausgelöst. Doch Gewerkschaften verstärken den Protest und verleihen ihm tiefgehende gesellschaftliche Wirkung. Bei der Analyse der Gewerkschaften legt sie das Jenaer Konzept der gewerkschaftlichen Machtressourcen zugrunde, wobei zwischen struktureller Macht, Organisationsmacht, gesellschaftlicher und institutioneller Macht unterschieden wird. Dieser Ansatz erlaubt eine sehr differenzierte Betrachtung gewerkschaftlichen Handelns, wobei die gewerkschaftlichen Ansätze in den untersuchten Ländern ohnehin ausgesprochen unterschiedlich sind.

Die Unterschiede zwischen den untersuchten Ländern sind erheblich. Während etwa in Griechenland autoritäre Angriffe auf die Lohnabhängigen und die Verschlechterung ihrer Entlohnungs- und Arbeitsbedingungen wesentlich durch die aufgezwungene Politik der EU erfolgten, ist die neoliberale Arbeitsmarktpolitik in Ungarn in Zusammenhang mit dem autoritären Staatsumbau und der verfolgten nationalen Wirtschaftspolitik zu sehen. Die USA sind geprägt durch zugespitzte soziale und politische Widersprüche, wobei die Gewerkschaften wichtiger Teil des zivilgesellschaftlichen Widerstands gegen den Autoritarismus sind. Chile dagegen ist immer noch geprägt durch die Auswirkungen der Militärdiktatur, wobei es allerdings zu bemerkenswerten demokratischen Aufbrüchen kommt, wie der Verfassungsprozess trotz der erfolgten Rückschläge beweist. In Tunesien spielten die Gewerkschaften eine strategische Rolle im demokratischen Aufbruch, der gegenwärtig jedoch ins Autoritäre umschlägt. In Südkorea ist der Bruch mit der autoritären Praxis der Militärdiktatur nie vollständig vollzogen worden, so dass nach wie vor autoritäre Eingriffe gewerkschaftliche Aktivitäten behindern. China nimmt unter den untersuchten Ländern eine Sonderrolle ein, wobei die autoritäre Einbindung der Gewerkschaften zur Herrschaftssicherung wesentlich ist.

Gerade in der gegenwärtigen politischen Lage, die europaweit durch rechtsextreme hegemoniale Bestrebungen gekennzeichnet ist, bietet die Studie von Ulrike Eifler mit der differenzierten Darstellung sehr unterschiedlicher Länder wertvolle Erkenntnisse zur Einschätzung dieser komplexen Situation und zum Umgang damit. Auch wenn sie nicht immer Initiatoren sind oder im Vordergrund stehen, so kommt doch den Gewerkschaften in den Gegenbewegungen zum Autoritarismus eine Schlüsselrolle zu. Dies sollte auch in der politischen Auseinandersetzung hierzulande mehr Beachtung finden.

Zur Einführung: Die Legitimität der Herrschenden bröckelt
Globaler Protestzyklus und Globalisierung des Autoritarismus

Die Welt steht in Flammen. Das konstatierte ein junges Autorenteam in einer fesselnden Globalreportage, die Anfang Januar 2020 in der Neuen Zürcher Zeitung nachzulesen war. Die These der Autoren: Im globalen Vergleich lässt sich seit dem Arabischen Frühling eine wachsende Wut unter jungen Menschen beobachten, die in weiten Teilen der Welt die Fundamente der politischen Systeme unterspült. Und die mehr verbindet als die Gleichzeitigkeit des Protestgeschehens. „Die Zeichen (...) stehen nicht auf Entspannung“, schreiben Kormann und ihre Kollegen mit Blick auf das Jahr 2020. „Sie stehen auf Sturm. Die schwächelnde Weltwirtschaft wird die Ungleichheit in vielen Ländern noch verstärken. Nichts deutet darauf hin, dass sich der Graben zwischen Arm und Reich verkleinert oder die Berufsaussichten für junge Leute sich verbessern. Der soziale Abstieg ganzer Bevölkerungsschichten wird sich kaum ins Gegenteil verkehren“ (Kormann u.a., 2020).

Im Rückblick wissen wir heute, dass das Protestjahr 2020 nicht den Verlauf nahm, den Kormann und ihr Team auf der Grundlage ihrer Beobachtungen vorausgesagt hatten. Die Pandemie hat das Leben überall auf der Welt verändert. Das Protestgeschehen hat sie jedoch nicht auf still gestellt. Es formierte sich vielmehr auf der Grundlage neuer sozialer und politischer Notlagen. Das zeigte sich bereits im Pandemiesommer 2020, als in Weißrussland junge Menschen wochenlang gegen die Wahlmanipulationen des Präsidenten Lukaschenko auf die Straße gingen. In den USA löst der Tod von George Floyd eine neue Black Lives Matter-Bewegung aus, die sich innerhalb weniger Wochen mit Wucht um den Globus spannte. In Frankreich gingen die Gilets Jaunes auch weiterhin gegen die steigenden Energiekosten auf der Straße. In Hong Kong lieferten sich Studenten aus Protest gegen das Sicherheitsgesetz Straßenschlachten mit der Polizei. Und aus Argentinien und Polen meldeten die Medien Demonstrationen für das Recht auf Abtreibung. Die Pandemie hatte überall auf der Welt die kritischen Kerne des Systems und seine Rücksichtslosigkeit gegen die popularen Klassen sichtbar gemacht und auf dieser Grundlage die soziale Unzufriedenheit dynamisiert.

Dass die Krise der liberalen Demokratien und die wachsende Wut auf den herrschenden Status quo nicht nur progressive Demokratiebewegungen zu Tage befördert, sondern auch rechten Umsturzphantasien Vorschub leisten kann, zeigte der 6. Januar 2021. Es war der Tag des „Sturms auf das Capitol" in Washington. Anhänger des scheidenden Präsidenten Donald Trump drangen unter dessen Beifall in das Regierungsgebäude ein. Ihr Ziel: Die Bestätigung des Wahlsiegers Joe Biden durch Senat und Repräsentantenhaus verhindern. Drei Stunden lang herrschte in dem Gebäude das blanke Chaos. Sprengsätze wurden gefunden. Menschen starben. Der Vorfall war eine für die USA beispiellose Eskalation. Doch der Blick über die Grenzen des Landes zeigte: Der Aufstieg Trumps war weder ein nationaler Einzelfall, noch ist er ein kurzfristiges Phänomen. Vielmehr hat der durch Wahlen legitimierte Aufstieg autoritärer Führungspersonen in die politischen Entscheidungsarenen weltweit Konjunktur.

Globaler Autoritarismus oder Globalisierung des Autoritarismus?

Ein Blick auf diese Entwicklungen wirft die Frage auf, ob es sich um einen neuen globalen Autoritarismus oder vielmehr um die Globalisierung desselben handelt? Dabei wird deutlich: Ein globaler Autoritarismus als Bewegung erfordert ähnliche Rahmenbedingungen, ein untereinander abgestimmtes Vorgehen, zumindest gemeinsame Netzwerke autoritärer Bewegungen. Doch allein der Blick auf das Führungspersonal zeigt die Unterschiedlichkeit: In den USA ist mit Trump ein milliardenschwerer Unternehmer in die politische Klasse gewechselt. In Brasilien ist es der ehemalige Militärangehörige Jair Bolsonaro mit einer starken Machtbasis im Militär. In Teilen Europas handelt es sich mit Emmanuel Macron und Sebastian Kurz um Aufsteiger aus dem Staats- und Verwaltungsapparat. Die genannten Politiker unterscheiden sich wiederum gravierend von Viktor Orbán und Jaroslaw Kaczynski, die in den Zeiten des politischen Umbruchs von 1989 als Vertreter der Opposition ihren Weg in die Politik gefunden hatten. Der Pole Kaczynski etwa arbeitete Anfang der 1980er Jahre im oppositionellen Komitee zur Verteidigung der Arbeiter mit und war kurzzeitig Sekretär des Nationalen Büros der freien Gewerkschaft Solidarnosc. Und Orbán gehörte 1988 zu den Gründungsmitgliedern des Bundes Junger Demokraten (Fidesz). Er machte sich 1989 landesweit einen Namen, als er in seiner Rede anlässlich der Umbettung des 1958 hingerichteten Imre Nagy öffentlich den Abzug der in der Volksrepublik Ungarn stationierten sowjetischen Truppen forderte.

Ganz anders dagegen Putin, dessen Karriere als KGB-Offizier durch den Untergang der Sowjetunion beendet worden war. In dieser Phase des politischen Umbruchs hatte sich ein Teil der politischen Klasse in das Bündnis mit der neu entstehenden russischen Bourgeoisie gerettet. Es ist daher kein Zufall, dass sich

Putin heute auf mächtige Oligarchen stützt und als ehemaliger Chef des Geheimdienstes FSB (Föderaler Dienst für Sicherheit der Russischen Föderation) über gefestigte Kontakte in den nationalen Sicherheitsdienst verfügt. Auch der türkische Staatspräsident Tayyip Erdogan umgibt sich – ähnlich wie Putin – mit schwerreichen Unternehmern, die ihm für milliardenschwere Infrastrukturaufträge die Treue halten. Erdogan steht dabei ebenso wie der indische Premierminister Narendra Modi für einen religiös-nationalistischen Kurs.

Im Unterschied zu Russland kam in China der ökonomische Bruch ohne einen harten politischen Bruch aus. Die sozialen Widersprüche der Reform- und Öffnungsperiode wurden allerdings mit Rückgriff auf autoritäre Politikmuster aus der Phase der Modernisierungsdiktatur unter Mao Zedong autoritär bearbeitet und unter den Bedingungen des digitalen Kapitalismus perfektioniert. Zugespitzt kann sogar festgehalten wurden: Die autoritäre Eindämmung gesellschaftlichen Protestes wurde zur Grundvoraussetzung für das chinesische Wachstumsmodell. Je schneller sich der wirtschaftliche Aufschwung Chinas vollzog, desto härter mussten die sozialen Widersprüche unterdrückt werden. Technologische Entwicklung und der Einsatz digitaler Überwachungstechnologie gingen dabei Hand in Hand. Im Unterschied zu anderen autoritären Populisten versteht sich die Kommunistische Partei Chinas (KPCh) jedoch ausdrücklich nicht als Teil einer rechten Bewegung. In der Betrachtung nimmt China daher eine Sonderrolle ein.

Bleibt noch die extreme, neofaschistische Rechte, die in den OECD-Staaten teils seit Jahrzehnten besteht, aber erst von der anhaltenden Krise des Kapitalismus nach oben gespült wurde. Der französische Front National (FN) hat unter Marine Le Pen in den letzten Jahren eine strategische Wende vollzogen und präsentiert sich als „entdiabolisierte", erneuerte Partei. Dazu bemühte er sich um Anschlussfähigkeit an diejenigen, die mit Abstiegserfahrungen und Abstiegsängsten in der tief gespaltenen französischen Gesellschaft konfrontiert sind. „Zum nationalistischen Diskurs, der nie aus der Partei verschwand, kam (...) die Rede von einem 'combat social'" (Mäder 2022). Um das Image der ultrarechten Partei mit wiederkehrenden antisemitischen Ausfällen ihres Führungspersonals abzustreifen, benannte sich der FN 2018 in Rassemblement National (Nationalversammlung, RN) um.

Im Gegensatz dazu stellt die Vorsitzende der Fratelli d'Italia (Brüder Italiens), Giorgia Meloni, ihre Partei als erkennbar postfaschistisch auf. Im Parteisymbol der Partei lodert eine Flamme in den italienischen Nationalfarben grün-weiß-rot, ein Symbol, das auf die neofaschistische Vorgängerpartei Movimento Sociale Italiano (MSI) zurückgeht. In Fragen von Law and Order, nationaler Identität oder Migration tritt die Partei härter auf als die Lega Nord unter Matteo Salvini.

Trotz ihres positiven Bezugs auf den Faschismus ist sie nicht nur stärkste Kraft im rechten Lager, sondern liefert sich in den aktuellen Umfragen auch mit dem sozialdemokratischen Partito Democratico (PD) ein Kopf-an-Kopf-Rennen.

Im Unterschied zu Griechenland, wo die neofaschistische Chrysi Avgi (Goldene Morgenröte) nach den breiten Mobilisierungen gegen die Anpassungsprogramme der europäischen Institutionen keinerlei gesellschaftliche Relevanz mehr hat, hat sich das Stimmenergebnis der portugiesischen Chega (Jetzt reicht's!) bei den Parlamentswahlen 2022 mehr als verfünffacht. Hinsichtlich thematischer Schwerpunktsetzung, strategischer Ausrichtung und Kontakten ins Neonazi-Lager ähnelt die Partei der Alternative für Deutschland (AfD), die bei den letzten Landtagswahlen zunehmend Schwierigkeiten beim Wiedereinzug in die Landesparlamente hatte.

Es gibt Kontakte unter der extremen Rechten, die weit über die Grenzen Europas hinausreichen. Aber ein weltweites Netzwerk autoritärer Präsidenten und eine an gemeinsamen ideologischen Brüchen formulierte politische Zielvorstellung gibt es nicht. Zu unterschiedlich sind die Aufstiegsbedingungen. Zu unterschiedlich ihr politisches Vorgehen. Zu unterschiedlich auch ihre Erfolge und Niederlagen. Eindeutige Erklärungen oder Definitionen zu den Aufstiegsbedingungen autoritärer Populisten gibt es nicht. Und doch „wäre es unzureichend, nur von einem Nebeneinander ganz unzusammenhängender spezifischer Einzelfälle auszugehen", schreibt Candeias und sucht eine Antwort in der Rückgewinnung oder Sicherung von Herrschaft auf der Grundlage des politischen Interregnums (Candeias 2019). Fest steht: Es ist eine allgemeine, globale Tendenz zum Autoritären auszumachen, die ihre Ursache in der globalen Krise des Kapitalismus zu haben scheint. Je mehr die sozialen und ökologischen Auswirkungen der neoliberalen Globalisierung von den Menschen als Zumutung empfunden werden und das neoliberale Projekt dabei in Frage gestellt wird, desto dominanter ist die Regierungsantwort zur Aufrechterhaltung des neoliberalen Prinzips. Gleichzeitig verfestigt die Schwäche der gesellschaftlichen Linken beim Formulieren einer glaubwürdigen Antwort auf diese Widersprüche das politische Interregnum. Diese Entwicklung begünstigt die Entstehung einer rechten Rebellion von unten, die es Teilen der herrschenden Klasse erlaubt, das gesellschaftliche Kräftegleichgewicht autoritär aufzulösen.

„Findet eine autoritäre Menge keine neuen Reize, kann sie auch schnell wieder zerfallen" (Nachtwey 2016, 223), hatte Nachtwey auf dem Höhepunkt der Pegida-Demonstrationen geschrieben. Doch die sich aus ökonomischen, sozialen, politischen und ökologischen Widersprüchen bestehende Vielfachkrise stellte die gesellschaftliche Linke weltweit vor immer neue Herausforderungen und gab autoritären Bewegungen in immer kürzerer Zeit neue Anreize: Die sich in den letzten Jahren zur drohenden Klimaapokalypse verdichtende Klimakrise ebenso wie die Corona-Pandemie, die sich auf der Grundlage unterfinanzierter Gesundheitssysteme zu einer bedrohlichen Gesundheitskrise ausgewachsen hatte, und natürlich die darauffolgende Rezession, die neue soziale Unwägbarkeiten schuf. Die aktuelle Energiekrise mit steigenden Preisen und einer unkalkulierbaren Versorgungsunsicherheit kann, wenn sie nicht über neue verteilungspolitische Maßnahmen sozial gerecht aufgelöst wird, die subjektiven Krisenerfahrungen vieler Menschen weiter dynamisieren.

Wir sind also weniger mit einem neuen globalen Autoritarismus konfrontiert. Vielmehr globalisiert sich der Aufstieg autoritärer Präsidenten. Dieser vollzieht sich als politischer Prozess, der sich global abbildet und seine Dynamik aus einer sozialen und politischen Polarisierung bezieht, die in antiautoritärem, linkem ebenso wie in einem wachsenden autoritär-populistischen Protest ihren Ausdruck findet. Beide agieren nicht im luftleeren Raum, sondern in einem Kapitalismus, der ebenfalls zunehmend autoritär-nationalistische Formen annimmt. Für Nachtwey ist es die Abstiegsgesellschaft, die die Wohlstandsversprechen der Nachkriegszeit nicht mehr einhält und dadurch den Boden bereitet für die neue Konjunktur autoritärer Bewegungen. „...regressive Modernisierung und postdemokratische Politik (könnten) zu einer autoritären Strömung führen, die sich der liberalen Grundlagen unserer Gesellschaft entledigt. Diese Gefahr ist der böse Zwilling des demokratischen Aufbegehrens, genährt von einer Mixtur aus antidemokratischen und religiös-identitären Ressentiments" (ebd., 233). In dieser Betrachtung wird das Heranwachsen autoritärer Bewegungen zur Antwort auf die progressiven Anti-Krisen-Proteste, die sich seit 2010 herausbildeten. Sie waren ein inspirierender Aufschwung linker Bewegungen, der sich zeitweise sogar in linken Regierungsprojekten ausdrückte und die neoliberale Hegemonie in Frage stellte. Ein Teil der bürgerlichen Klasse reagierte auf dieses neue Kräftegleichgewicht im politischen Raum mit einer Abspaltung nach rechts (Demirović 2018, 29). Das Heranwachsen des „bösen Zwillings" zu einer global sichtbaren autoritären Strömung war also eine Reaktion auf die weltumspannenden Protestbewegung, die seit 2010 als zugespitzter Kampf um eine neue systematische Ordnung geführt wurde (Wallerstein 2014, 616).

Die Rolle der Gewerkschaften

Bereits Anfang der 2000er Jahre war die US-amerikanische Soziologin Beverly Silver der Frage nachgegangen, ob es den Herrschenden erneut gelänge, die gesellschaftlichen Widersprüche durch Kriege zuzudecken und emanzipatorische Kämpfe abzublocken. Dabei wies sie den lohnabhängigen Klassen eine aktive Rolle zu, „ein erneutes Versinken der Welt in jahrzehntelangem Krieg und Massenmorden" zu verhindern (Silver 2005, 10). Knapp fünfzehn Jahre später, im Herbst 2019, erschien an der Universität Oslo eine bemerkenswerte Studie, die herausfand, dass Demokratieproteste in den letzten einhundert Jahren vor allem dann erfolgreich waren, wenn sie sich mehrheitlich aus der städtischen Mittelschicht und Industriearbeitern zusammensetzten. Mit diesem Ergebnis leistet die Studie einen wichtigen Beitrag für die strategische Diskussion um sozialen Protest – sie macht historisch belegbar, dass soziale Bewegungen für die eigenen Durchsetzungsstärke Klassenorganisierung brauchen (Dahlum u.a. 2019).

Wirft man nun einen Blick auf die Proteste der letzten Jahre, so war die Rolle der Gewerkschaften darin durchaus widersprüchlich. Obgleich es im Zuge der Anti-Krisen-Proteste auch ein „Comeback von Arbeitskämpfen" (Nowak u.a. 2018, 2) gab, waren Gewerkschaften selten die Initiatoren eines breiteren, gesellschaftlichen Protestes. In Tunesien etwa war es die prekarisierte Jugend, die den Aufstand gegen Ben Ali initiierte. In Hong Kong standen Schüler und Studenten am Anfang der Regenschirmproteste. In Chile blockierten Mittelschüler aus Protest gegen die Fahrpreiserhöhung die Metroeingänge in Santiago und provozierten damit, dass wenig später das halbe Land auf die Straße ging. Und auch in Südeuropa standen am Anfang die Platzbesetzungen, ehe sich der Protest zu einer gesamtgesellschaftlichen Auseinandersetzung auswuchs. Überall waren es zum Teil gut ausgebildete, in vielen Fällen aber prekarisierte junge Menschen, die den Protest gegen eine Wohlstandsverteilung, die viele als ungerecht empfanden, auf den Weg brachten. Es war zudem die „Perspektivlosigkeit vieler junger Leute, deren Bildungsabschlüsse sich nicht in Wohlstand und Prestige umsetzen lassen. Oder aber die Angst vor dem sozialen Abstieg" (Kormann 2020). Mit Fridays for Future wurde zudem die Angst junger Menschen vor der planetarischen Zerstörung sichtbar. Und Bewegungen wie #metoo und BLM zeigten die geringe Bereitschaft, Stigmatisierung, Unterdrückung und Diskriminierung aufgrund von Hautfarbe oder Geschlecht unwidersprochen hinzunehmen.

Obwohl die Gewerkschaften nirgends zu den Protestinitiatoren gehören, gewinnen die sozialen Bewegungen an gesellschaftlicher Breite und bekommen eine Durchsetzungsperspektive, sobald Gewerkschaften zur Teilnahme daran aufrufen. In Hong Kong folgten 350.000 Beschäftigte dem Aufruf zum Generalstreik. Der Streik beförderte eine Aktionsallianz zwischen den abhängig Beschäftigten und der protestierenden Jugend, schuf gemeinsame Protestbegegnungen und führte zu kollektiven Protesterfahrungen (Au 2020, 156 ff.).

In der Folge kam es zu den größten und intensivsten Protesten, die Hong Kong seit Jahren gesehen hatte. In Tunesien wirkte die Teilnahme des Tunesischen Gewerkschaftsbundes (UGTT) an den Demonstrationen gegen Ben Ali nicht nur mobilisierend, sondern half der Jugend, ihre Anliegen durchzusetzen. Ein Blick nach Uruguay zeigt zudem, dass Gewerkschaften an diesen gesellschaftlichen Bündnissen wachsen können. Dem Gewerkschaftsbund PIT-CNT gelang es während der 15-jährigen Regierungszeit des linken Parteienbündnisses Frente Amplio nicht nur, seine Mitgliedschaft mehr als zu verdreifachen (Dickson 2019b), sondern auch Arbeits- und Lebensbedingungen durchzusetzen, die im lateinamerikanischen Vergleich beispiellos waren. „Die arbeitnehmerfreundliche Politik der FA-Regierungen hat die Gewerkschaften in einem Maße gestärkt, dass gegen sie keine Regierung Politik wird machen können. Dies ist der größte Garant gegen die Unterwanderung des Prinzips der Kollektivverhandlung und sozialpolitische Kahlschläge" (Sperling 2019).

Zu beobachten ist weltweit eine Zunahme von Streikbewegungen (Nowak u.a. 2018, 4), ob allerdings von einer Verschiebung dieser Streiks aus den industriellen Zentren in die Länder des Südens zu beobachten ist, wie Nowak feststellt, muss hinterfragt werden. Das Statistische Jahrbuch der ILO weist für den Zeitraum 2010–2018 in Südafrika und den Philippinen ebenso eine wachsende Zahl von Streiks auf wie in Dänemark, Finnland und Deutschland. Gleichzeitig haben die Streikaktivitäten in Kanada ebenso abgenommen wie in Argentinien, Mexiko und Peru (ILOSTAT Statistics on work stoppages, 2019). Richtig ist: Krisen und Rezessionen führen zu Angriffen auf Arbeits- und Lebensbedingungen der Menschen und deshalb auch zu einem Anstieg von Streiks. So wiesen die Statistiken zum Zeitpunkt der Eurokrise im Großteil Europas einen signifikanten Anstieg (ebd.) vor allem im Bereich des öffentlichen Dienstes auf, was wesentlich daraus resultierte, dass im Zuge der Krisenbearbeitung der strukturelle Einfluss des Kapitals auf das Regierungshandeln zugenommen hatte (Wilde 2012, 6).

Gerade die Eurokrise hat gezeigt, dass auch in den industriellen Zentren die gewerkschaftlichen Machtressourcen zunehmend unter Druck geraten. Aber die schärfsten Angriffe auf die Organisationsmacht der Gewerkschaften finden noch immer in den Ländern der Peripherie statt. So wurden 2021 Lohnabhängige in Afrika in 95 Prozent aller Fälle vom Recht auf Gründung von und am Beitritt zu Gewerkschaften gehindert (ITUC 2022). Ein derartiger Angriff auf die wichtigste gewerkschaftliche Machtressource, das Recht sich zusammenzuschließen und zu organisieren, kann zu einer Zunahme von Kämpfen um das Recht auf Organisierung führen, macht aber eine Verschiebung der Streikaktivitäten in der Größenordnung wie Nowak sie beschreibt, wenig wahrscheinlich. Vor diesem

Hintergrund muss auch die Berichterstattung über den Streik in Indien, der im Januar 2020 mit einer Viertel Million Teilnehmern nicht nur der größte Generalstreik in der Geschichte des Landes war, sondern auch als der größte Streik in der Weltgeschichte bezeichnet wurde, hinterfragt werden. Der zur autoritären und neoliberalen Transformation Indiens forschende Wissenschaftler Eschmann verweist stattdessen auf eine Reihe anderer sozialer Bewegungen, die in den letzten Jahren Hunderttausende gegen den autoritären Hindunationalismus der Regierung Modi auf die Straße mobilisierten. Darunter die 300.000 Bauern, die von Haryana und Punjab nach Neu-Dehli marschierten, um eine Rücknahme der neuen Landwirtschaftsgesetze zu erzwingen und sich auf diesem Wege heftige Auseinandersetzungen mit der Polizei lieferten, während der Generalstreik von 2020 in der Tat ein Massenstreik gewesen sei, aber in der überwiegend linken Berichterstattung hinsichtlich seiner Größe und Wirkmächtigkeit stark überbewertet wurde (Eschmann 2020).

Für die Länder des globalen Nordens war nach 2011 zu beobachten, dass in einigen Industrieländern wie den USA, Großbritannien, Spanien, Irland, Portugal oder Frankreich linke Parteien oder Kandidaten neuen Rückhalt gewannen, was einerseits Ausdruck der neuen sozialen Bewegungen war, andererseits die Politisierung von Streiks beförderte. Die Erfahrungen, die junge politische Organizer in der Präsidentschaftskampagne für Bernie Sanders 2016 gesammelt hatten, wurden zu einer Grundvoraussetzung für die Politisierung der Lehrerstreiks zwei Jahre später (Blanc 2019, 103 ff.). In den Ländern des Südens hingegen fanden Streiks in einem politischen Vakuum statt und führten zu teils heftigen Auseinandersetzungen mit dem Sicherheitsapparat rechtspopulistischer Regierungen. Insgesamt muss festgehalten werden: Es gab in den ersten zwei Dekaden des 21. Jahrhunderts einen Aufschwung von gesellschaftlichen und gewerkschaftlichen Protesten. Das Verbindende zwischen beiden Bewegungen ist der Kontext, in dem sie standen: Beide Bewegungen waren Teil der großen Protestrebellionen gegen die Auswirkungen der Krise. Die Gründe für ihr Scheitern sind vielfältig und auf Fragmentierung gesellschaftlicher Protestgruppen (wie in Deutschland), die Institutionalisierung des Protests in Gestalt linker Regierungen (wie in Griechenland) und auf Repression (wie in der Türkei, Brasilien, Argentinien, Indien oder China) zurückzuführen. In anderen Fällen erschütterten Gegenrevolutionen wie in Ägypten oder Bürgerkriege wie in Syrien die Hoffnungen auf einen progressiven gesellschaftlichen Wandel (Nowak u.a. 2018, 5).

Forschungsleitende Fragen und zusammenfassende Beobachtungen

Die vorliegende Studie wirft einen Blick auf das Wechselspiel von Protest, wachsendem Autoritarismus und gewerkschaftlicher Mobilisierungsfähigkeit. Dabei liegt ihr die Annahme zu Grunde, dass Proteste gegen den drohenden Klimakollaps, gegen explodierende Mieten, die wachsende Kriegsgefahr, steigende Lebensmittelpreise, für einen bezahlbaren Nahverkehr oder gegen die galoppierenden Energiekosten längst keine gesellschaftlich isolierten Ein-Punkt-Bewegungen mehr sind, sondern Reaktionen auf eine immer tiefer werdende multiple Krise des Kapitalismus. Ihre Themen reichen weit in die Mitgliedschaft der Gewerkschaften hinein und müssen sich dort mit deren konventionellen Brot-und-Butter-Kämpfen verbinden. Um eine Durchsetzungsperspektive zu generieren, müssen sie einen gemeinsamen Kompass entwicklen und dabei auf die gesellschaftlichen Verhältnisse durch die Augen der Lohnabhängigenklasse und deren Familien blicken. Es ist kein Zufall, dass autoritäre Politik vielerorts zuvorderst mit der Einschränkung gewerkschaftlicher Handlungsunfähigkeit verbunden ist. Für die Durchsetzungsstärke sozialer Bewegungen ist es daher wesentlich, wie die Organisationen der Lohnabhängigen agieren, unter welchen Umständen sie ihre Lohnkämpfe organisieren müssen, was sie daran hindert, die sozialen Auseinandersetzungen offensiv zu führen, aber auch wieviel Kraft und Selbstbewusstsein sie beziehen, wenn es ihnen gelingt, aus der Defensive herauszukommen.

Es bleibt ein besonderer Verdienst des Forschungsteams um Klaus Dörre, dass die Gewerkschaftsforschung sich vor einigen Jahren mit der Entwicklung des Machtressourcenansatzes aus der Umklammerung pessimistischer Diskurse herauslösen konnte. Dörre und sein Team untersuchten Gewerkschaftshandeln unter den Bedingungen der Globalisierung neu. Dabei systematisierten sie die gewerkschaftlichen Machtressourcen als strukturelle Macht, Organisationsmacht, gesellschaftliche Macht und institutionelle Macht. Auf dieser Grundlage begründeten sie, dass gewerkschaftliche Gegenmacht unter den Bedingungen der Globalisierung eine Strategieanpassung vornimmt und sich dadurch neue Handlungsräume erschließt.

Die vorliegende Studie fragt danach, ob dies auch für gewerkschaftliches Agieren unter autoritär eingeschränkten gesellschaftlichen Rahmenbedingungen gilt. Wie verändert sich Gewerkschaftsmacht oder -ohnmacht unter den Bedingungen eines wachsenden Autoritarismus'? Wie wirken sich repressive Union Busting-Praktiken, wie wir sie aus den USA kennen, auf die gewerkschaftliche Handlungsfähigkeit aus? Wie stark war gewerkschaftliche Gegenmacht unter den

Bedingungen der Militärdiktatur in Tunesien? Wie gelang es der UGTT trotzdem nach strategischen Möglichkeiten zu fragen und das Gelegenheitsfenster des Arabischen Frühlings zu nutzen, um den demokratischen Wandel zu unterstützen? Und wie beeinflusst die vollständige Vorenthaltung von Organisationsmacht in China das Klassenhandeln der Lohnabhängigen, das dennoch stattfindet? Als vorläufiges Fazit kann festhalten werden: Einen Automatismus dafür, dass Gewerkschaften – weder unter den Bedingungen eines globalen Unterbietungswettbewerbs noch unter denen eines wachsenden Autoritarismus – in defensive Krisen geraten, die sie handlungsunfähig machen, gibt es nicht. Der inspirierenden Beobachtung des Machtressourcenansatzes, dass Gewerkschaften nicht nur stark oder schwach sind, sondern über mehr als eine Machtressource verfügen und eine strategische Wahl treffen können, folgt diese Studie. Die aktive Rolle, die Lohnabhängigenorganisationen unter den autoritären Rahmenbedingungen spielen können, wird deshalb hier anhand von sieben Länderstudien diskutiert. Diese Reflexion über die strategische Bedeutung der Lohnabhängigenklasse in der Gemengelage aus Krise, Protest und dem Aufstieg des Autoritarismus kann in den folgenden drei Beobachtungen zusammengefasst werden:

1. *Globaler Aufstieg des Autoritarismus:* Autoritäre Politiksysteme sind unterschiedlich. Sie umfassen exekutive und obstruktive Handlungsmuster politischer Institutionen wie dies in der Bearbeitung der Finanzkrise in Europa zu beobachten war. Sie umfassen aber auch den Aufstieg rechtspopulistischer Bewegungen, deren Führungspersonal in der Regierung zum eigenen Machterhalt einen autoritären Staatsumbau einleitet. In beiden Fällen ist das Ziel der eigene Machterhalt, und im Zentrum des politischen Handelns steht die Stillstellung von Lohnabhängigenmacht. Im Fokus der Angriffe auf die Gewerkschaften steht dabei vor allem die institutionelle Macht.
2. *Globaler Protestzyklus:* Er formiert sich als Antwort auf die Zumutungen neoliberaler Politik. Privatisierungen, Fahrpreiserhöhungen, die Abschaffung von Tarifverträgen oder die verschleppte Dekarbonisierung werden weltweit zu Protestmotiven. Diese gehen überwiegend von der teils gut ausgebildeten, aber prekarisierten Jugend aus. Zu Momenten ihrer Prekarisierung wurden in den letzten Jahren auch die Angst vor der Klimazerstörung und Erfahrungen politischer Diskriminierung. Gewerkschaften spielen dabei selten eine initiierende oder treibende Rolle, aber wenn sie ihre Mitglieder zur Teilnahme an den Protesten aufrufen, wirkt dies mobilisierend und verstärkend. Die Proteste gewinnen an Durchsetzungsstärke.
3. *Rolle der Gewerkschaften:* Auch wenn Gewerkschaften nirgends zum Protestinitiator werden, bestimmt sich ihr Handeln unter autoritären Bedingun-

gen in der Regel durch einen sicheren Klasseninstinkt. Unabhängig von der Ausformung des autoritären Systems: Gewerkschaften sind immer im Visier des Autoritarismus, sie sind nie seine Komplizen und wenn sie sich an den Protesten beteiligen, gewinnen diese an Durchsetzungsstärke. Dabei ist es vor allem die gegenseitige Durchdringung von neoliberaler und autoritärer Politik, die gewerkschaftliche Machtressourcen unter Druck bringt, andererseits aber auch mobilisierend wirken kann. Das muss sie für soziale Bewegungen zum zentralen Bündnispartner in der Auseinandersetzung mit autoritärer Politik machen.

Aufbau der Studie

Die Studie beginnt mit einem Blick auf den globalisierten Autoritarismus und seine Ursachen. Darin wird nach Gemeinsamkeiten und Unterschieden, nach der sozialen Basis und den Folgen für das politische System gefragt, um schließlich zu diskutieren, wie sich die Gesellschaften unter dem Eindruck der Corona-Pandemie verändert haben. Ein zweiter Blick gilt dem globalen Protestzyklus. Hier werden die Bedingungen umrissen, unter denen gewerkschaftliches Handeln stattfindet – mit welchen Schwierigkeiten sind Gewerkschaften im allgemeinen und ganz grundsätzlich konfrontiert? Die Motive, die bis 2020 das neue globale Protestgeschehen auslösten, sind nicht verschwunden. Sie haben sich in Folge der Pandemie weiter verschärft. Wo steht der globale Protest nach über zwei Jahren Pandemie und welche Rolle spielen die Gewerkschaften?

Schließlich wird diese Betrachtung in sieben Länderstudien vertieft. Welche Beziehung gehen autoritäre Politiktechniken und gewerkschaftliches Handeln auf einer ausgewählten nationalen Ebene miteinander ein? Was sind die Besonderheiten autoritärer Politikmuster und nach welcher Machtressource greifen die Gewerkschaften aus welchem Grund?

Für die Auswahl der Fallbeispiele waren drei Kriterien wesentlich: Es gibt erstens eine besondere nationale autoritäre Entwicklung. Diese wird zu Beginn einer jeden Länderstudie ausführlich dargestellt. Es gibt zweitens gewerkschaftliches Handeln im Zeitraum der letzten zehn Jahre, das im Kontext der Krisenproteste steht und dazu ins Verhältnis gesetzt werden kann. Dabei ist zu beachten: Wie die meisten Organisationen sind auch Gewerkschaften Produkt und Speicher vergangener Kämpfe. Kollektive Erfahrungen entscheiden über die Wahl der strategischen Mittel mit. Die Betrachtung der aktuellen Machtressourcen kommt deshalb nicht ohne einen historischen Rückblick und die politische Einordnung auf der Grundlage vergangener Erfahrungen aus. Das dritte Kriterium war der

Wunsch nach globaler Vielfalt, die durch regionale Ausschnitte hergestellt werden sollte. Die Länderbeispiele erstrecken sich daher bewusst auf die Kontinente Europa, Asien, Afrika, Nord- und Südamerika.

Für Europa wurden die Beispiele Ungarn und Griechenland herausgegriffen, weil beide Länder zeigen, dass sich der autoritäre Kapitalismus nicht nur durch den Aufstieg autoritärer Bewegungen beschreiben lässt, sondern auch durch die Aushöhlung der Demokratie auf der Grundlage der Durchsetzung von Wettbewerbsorientierung, Markradikalismus und sozialer Spaltung. Je stärker das Verhältnis von Kapitalismus und Demokratie im letzten Viertel des 20. Jahrhundert dem Kampf um das Primat der Ökonomie ausgesetzt war, desto mehr leitete die Hegemonie des Neoliberalismus auch für die Demokratie eine schleichende autoritäre Wende ein, die mit der globalen Finanzmarktkrise schließlich zur Herausbildung eines neuen Typus des autoritären Kapitalismus führte (Deppe 2013, 11).

Griechenland kann als Musterbeispiel für die technokratische Dominanz betrachtet werden, mit der die Eurogruppe ein Schuldenmemorandum mit einer gewählten Regierung auf der Basis eines Machtungleichgewichts „aushandelte". Nirgendwo in Europa wurde das Spannungsverhältnis zwischen Kapitalismus und Demokratie so ausgereizt wie in Griechenland. Dabei gingen die Angriffe auf die Klasse der Lohnabhängigen deutlich weiter, als sich dies beispielsweise für die autoritäre Regierung in Ungarn feststellen lässt.

Dagegen hält sich in *Ungarn* die Regierung Orbán seit 2010 mit hohen Zustimmungsraten im Amt. Ihre Politik ist eine Mischung aus neoliberalen Angriffen, antineoliberaler Wirtschaftspolitik, Law and Order und rechtspopulistischer Rhetorik. Hinzu kommen die systematische Abschaffung rechtsstaatlicher Prinzipien und das zeitweise Aussetzen parlamentarischer Kontrolle im Zuge der Corona-Pandemie. Die gewerkschaftliche Handlungsfähigkeit wurde seit 2010 durch Eingriffe ins Streik- und Arbeitsrecht und eine Beschränkung des sozialen Dialogs abgebaut.

Der Machtverlust einstmals großer und mächtiger Industriegewerkschaften in den Ländern des industriellen Nordens ist wohl nirgendwo so präsent wie in den *USA*. Die Ursachen sind komplex und umfassen eine Reihe ideologischer, politischer und ökonomischer Attacken gegen die Gewerkschaften. Eine hohe Arbeitslosigkeit und die zunehmende Prekarisierung des US-amerikanischen Arbeitsmarktes schwächten zudem die Marktmacht der Beschäftigten und disziplinierten die Belegschaften.

Chile wiederum ist das radikalste Beispiel für den neoliberalem Veränderungsdruck in Lateinamerika. Ein verfassungsrechtlicher Rahmen für weitreichende

Deregulierungen und die politische Verfolgung der Gewerkschaften demobilisierten die Lohnabhängigenklasse während der Militärjunta. Die gesellschaftliche Erschöpfung schlug 2019 in die größte Revolte um, die Chile bis dahin gesehen hatte. In der Folge stürzte auch die neoliberale Verfassung und machte den Weg frei für einen Neuanfang. Die Gewerkschaften, deren Machtressourcen sich auch historisch stets in Abhängigkeit zur Zivilgesellschaft zeigten, spielten dabei eine wesentliche Rolle.

Die UGTT war 2011 eine zentrale, machtvolle Akteurin in der Revolution und mehrdimensional in die Umbruchsituation *Tunesiens* eingebunden. Dabei war sie sowohl Teil der zahlreichen konfliktorientierten Auseinandersetzungen mit der Regierung, als auch führende Kraft in den konfliktlösenden Verhandlungsinitiativen nach dem Sturz Ben Alis. Eingeschnürt in das komplexe Verhältnis von Ordnungsmacht und Gegenmacht ist sie noch immer die größte landesweite Organisation, deren ausgeprägte Machtressourcen in einer Wechselwirkung zueinander stehen und abhängig von gesellschaftlichen Rahmenbedingungen abgerufen werden können.

Die Gewerkschaften in *Südkorea* waren lange in eine am japanischen Modell orientierte nationale Industrialisierungskonzeption eingebunden, die auf dem Fundament hierarchischer Unternehmensstrukturen stattfand und durch den Staatsapparat abgesichert wurde. Diese Konzentration auf quantitatives Wachstum bei gleichzeitigem Ignorieren des sozialen Wandels verfing sich schließlich in ihren Widersprüchen, innerhalb derer die Gewerkschaften die gewaltsame Unterdrückung ihrer Handlungsfähigkeit durch gesellschaftliche Machtressourcen kompensierten. Dass nach dem Sturz der Militärdiktatur Regierung und Arbeitgeber in der Verteilungsfrage nachgiebiger wurden, in der Machtfrage aber unnachgiebig blieben und gewerkschaftliches Engagement weiterhin unterdrückten, beschreibt das Spannungsverhältnis zwischen Demokratie und Kapitalismus unter den Bedingungen wachsender Konkurrenz.

In der Untersuchung autoritärer Politik nimmt *China* eine Sonderrolle ein. Das Land passt weder in den Analyserahmen des autoritären Populismus noch in den des autoritären Etatismus. Vielmehr wurde unter Beibehaltung autoritärer gesellschaftlicher Strukturen eine rasante Beschleunigung ökonomischer Entwicklung in Gang gesetzt. Dieser Prozess ging mit ernsten sozialen Konflikten einher. Seit den Protesten auf dem Tian'anmen-Platz 1989 bemüht sich die KPCh darum, die sozialen Widersprüche durch Sozialprogramme und eine autoritäre Regulierung der Arbeitsbeziehungen abzufedern. Dabei versucht sie, die Klasse der Lohnabhängigen in einem künstlichen Zustand politischer Handlungsunfähigkeit zu belassen. Auch hier steht eine zunehmende Elastizität in Verteilungsfragen einer unnachgiebigen Haltung in Machtfragen gegenüber. Dabei kompensieren die Lohnabhängigen die fehlende Organisationsmacht durch eine gestiegene Marktmacht und eine ausgeprägte Produktionsmacht.

Abschließend sei auf den ehemaligen Generalsekretär der Internationalen Gewerkschaft der Lebensmittelarbeiter (IUF), Dan Gallin, verwiesen, der 2003 auf dem Höhepunkt der globalisierungskritischen Bewegung eine Einordnung gewerkschaftlicher Gegenwehr und ihrer Bedeutung für den wachsenden globalen Protest vornahm:

> „Wir stehen einem weltweiten Angriff auf unsere Errungenschaften in einer Weise gegenüber, wie wir dies noch nie zuvor erlebt haben. In den Industrieländern wird der soziale Schutz zurückgebaut. Demokratische Rechte und die Rechte der Gewerkschaften erodieren. Die übrige Welt bleibt in der Armutsfalle gefangen, durch Repression aufrechterhalten und ohne Aussicht auf ein Entkommen. (...) Wie also bringen wir eine andere, eine bessere Welt auf den Weg? Indem wir uns keinen Illusionen darüber hingeben, dass wir mächtigen und rücksichtslosen Gegnern gegenüberstehen. Sie herauszufordern, bedeutet Krieg. Wir sollten uns darüber bewusst sein: Wir sind in einem Krieg, in einem Krieg, den wir nicht gewinnen können ohne die breitestmöglichen Bündnisse“ (Gallin 2014, 108).

Gallins Mahnung liegt fast zwanzig Jahre zurück. Die Welt hat sich weitergedreht. Dabei haben die Widersprüche von 2003 nicht nur zugenommen, sondern es sind neue, systematische Widersprüche hinzugekommen. Die Herrschenden haben sowohl die Ausbeutungsbedingungen, als auch die Formen politischer Unterdrückung verschärft. Repressionsapparate wurden ausgebaut. Klimakrisen spitzen sich seit geraumer Zeit zu, und die Gefahr eines dritten Weltkrieges nimmt nicht ab, sondern zu. Dan Gallin hat ein Leben lang als Gewerkschafter für die Verbesserung der Arbeits- und Lebensbedingungen der Menschen gestritten, er wusste um die Kraft, die Disziplin, den Stolz und das Selbstbewusstsein von Lohnabhängigen, wenn sie als Klasse agieren. Auch deshalb hat er wiederholt gesagt: Im Kampf um eine andere Welt können weder linke Parteien noch soziale Bewegungen auf Wurzeln in der Arbeiterklasse verzichten. Diesem Gedanken ist die vorliegende Studie gewidmet.

Ulrike Eifler
August 2022

1. Globaler Autoritarismus und Pandemie
Ursachen für den weltweiten Aufstieg autoritärer Bewegungen

Die Autoritarismusforschung im deutschsprachigen Raum hat sich in den letzten zehn Jahren deutlich ausdifferenziert. Dafür gab es zwei Gründe. Zum einen die aggressive Verteidigung des neoliberales Projektes im Zuge der europäischen Staatsschuldenkrise. Europäische Kommission, Internationaler Währungsfonds und Weltbank entzogen den Mitgliedsstaaten mit hoher Staatsverschuldung die demokratische Kontrolle über die Fiskalpolitik und schränkten damit deren parlamentarische Handlungsfähigkeit ein. Insbesondere Griechenland wurde zum Beispiel für eine exekutive Krisenbearbeitung durch die europäischen Institutionen, die mit weitreichenden Eingriffen in die Arbeitsbeziehungen verbunden war. Sozialer Schutz und Gewerkschaftsrechte wurden eingeschränkt, um eine Lohnflexibilität nach unten möglich zu machen (Wöhl 2016). Damit radikalisierte sich die EU als neoliberales Projekt und stellte „eine strikte Austeritätspolitik europaweit auf Dauer" (Candeias 2016, 14).

Zur theoretischen Einordnung dieser Entwicklung wurde verschiedentlich auf den marxistischen Staatstheoretiker Nicos Poulantzas zurückgegriffen (Candeias 2016; Kannankulam 2015, 2016; Oberndorfer 2012, 2017), der in den 1970er Jahren den Begriff des autoritären Etatismus entwickelt hatte. Er hatte beobachtet, dass westliche Demokratien beim Versuch, wirtschaftliches Wachstum trotz ökonomischer Krisentendenzen aufrechtzuerhalten, ein autoritäres Krisenmanagement generieren. Er identifizierte dafür fünf Indikatoren: eine Intensivierung von Klassenkonflikten, eine Machtverschiebung zur Exekutive, eine Verschmelzung zwischen Staatsgewalten, ein Funktionsverlust der Parteien und eine Verlagerung der politischen Prozesse in parallele Netzwerke und Institutionen. Auf dieser Grundlage kam er zu dem Schluss, dass sich „die staatlich-exekutiven Eingriffe (...) in autoritärer Weise v.a. gegen die renitenten und undisziplinierten ArbeiterInnen" richteten (Kannankulam 2007b, 148). Im Verlaufe der Eurokrise setzte sich in der progressiven Autoritarismusforschung auf der Grundlage von Poulantzas' Analyse der Begriff des autoritären Konstitutionalismus (Oberndorfer 2012) zur Beschreibung der Machtverhältnisse zwischen EU-Mitgliedstaaten und europäischen Institutionen durch.

Der zweite Grund für die Ausdifferenzierung der Autoritarismusforschung war der Aufstieg europakritischer Rechtspopulisten wie Orbán in Ungarn oder Kaczynski in Polen ebenso wie der Zulauf für neofaschistische Parteien. Erwähnt seien hier nur stellvertretend der französische Front National oder die italienische Lega Nord. Um die neue autoritäre Konjunktur theoretisch zu fassen, geriet der Begriff des autoritären Populismus verschiedentlich ins Blickfeld der Autoritarismusdiskussion. Dieser Begriff geht auf Stuart Hall zurück, der bereits in den 1980er Jahren versucht hatte, die Bedingungen für den Regierungswechsel zu Margret Thatcher analytisch herauszuarbeiten. Er hatte den Aufstieg Thatchers und die politische und ideologische Durchdringung ihres neoliberalen Projektes als „Aufstieg der radikalen Rechten unter thatcheristischen Vorzeichen" bezeichnet (Hall 2014c, 122). Es sei ein Klassenprojekt gewesen, das durch den Abbau sozialstaatlicher Errungenschaften, durch den Rückzug des Staates und durch Angriffe auf die Gewerkschaften die Kräfteverhältnisse neu ordnen und den gesellschaftlichen Einfluss der bürgerlichen Klasse reorganisieren sollte. Ausgehend von Poulantzas' Charakterisierung des Staates in der Krise suchte Hall vor allem nach den Gründen für die Zustimmung zu dieser Politik. Wie war es Thatcher gelungen, nach einer Welle von ausgedehnten Streiks mit Lohnerhöhungen von bis zu 16 Prozent und Forderungen nach der 35-Stunden-Woche im sogenannten Winter of Discontent (Winter der Unzufriedenheit) 1978/79 an die Macht zu gelangen? Hall machte dafür einen intensiven ideologischen Kampf aus, im Zuge dessen eine „populistischen Unterströmung" (ebd.) die Politik Thatchers legitimierte. Die Labour-geführte Regierung hatte daran einen wesentlichen Anteil, denn zur Vermeidung des Staatsbankrotts hatte sie zuvor harte wirtschaftspolitische Auflagen des IWF akzeptiert. Während die Inflation bei 17 Prozent gelegen hatte, sollten sich die Gewerkschaften mit Lohnabschlüssen von unter fünf Prozent zufrieden geben. Vor dem Hintergrund wachsender Klassenauseinandersetzungen entstand unter Konservativen das Bedürfnis, ein neues klassenübergreifendes Bündnis gegen diejenigen zu schmieden, die sich weiterhin mit dem sozialdemokratischen Kompromiss der Nachkriegszeit identifizierten (Jessop 2018, 97). In der Folge habe es nicht nur einen einzigen neoliberalen Diskurs gegeben, so Hall, sondern ein ganzes „Feld an Diskursen", die sich zu einem neoliberalen Gesellschaftsentwurf verdichteten und eine grundlegende Wende markierten, mit der die bürgerliche Klasse versuchte, gesellschaftliche Hegemonie zurückzugewinnen. Die Krise, die zum ersten Mal seit dem Ende des Zweiten Weltkrieges zu einem Absinken des Lebensstandards geführt hatte, war zu einem ideologischen und politischen Kampffeld geworden, in das die

Kräfte der Rechten eingegriffen hatten, um eine „passive Revolution“ in Gang zu setzen. „... wenn die Ausführungen sozialdemokratischer Politik durch die Betätigung des Staates die Züge einer ‘passiven Revolution’ von oben hatten, so gab der strikt populistische Charakter der Intervention der radikalen Rechten ihr den unverkennbaren Stempel einer passiven Revolution von unten“, so Hall (Hall 2014b, 117).

Nimmt man nicht nur die autoritär-populistischen Entwicklungen im globalen Norden, sondern auch die im Süden in den Blick, fällt die Unterschiedlichkeit in den Entstehungsbedingungen und im Agieren von Bewegungen und Regimen auf. Eine Unterschiedlichkeit, die es schwer macht, ihren Charakter analytisch exakt zu beschreiben. Diese Unterschiedlichkeit könnte der Grund sein, warum es trotz einer globalen Ausbreitung bislang keine globale Autoritarismusforschung gibt. So verweist Schaffar darauf, dass sich der Forschungsfokus bislang überwiegend auf die Entwicklungen in den OECD-Ländern konzentriere (Schaffar 2019a, 7). Dabei bekommt das, was Schaffar als „methodischen Nationalismus“ identifiziert, eine starke OECD-zentrierte Schlagseite: Entwicklungen außerhalb der OECD-Welt werden nicht etwa wahrgenommen als Ergebnisse eines ökonomischen und politischen Weltverhältnisses, sondern als Prozesse, die von anderen Dynamiken bestimmt werden und mit den Entwicklungen in den OECD-Kernländern kaum vergleichbar sind. Das gelte für arabische Länder wie Ägypten, die nach dem Arabischen-Frühling in autoritäre Strukturen „zurückgefallen“ seien, aber auch für viele Länder Asiens, die wie China durchgehend autoritär regiert wurden, oder auch für Indien, Thailand oder die Philippinen, in denen zweitweise konsolidierte demokratische Systeme eine autoritäre Wende genommen hätten (ebd.). Zu vermuten ist, dass diese unzulänglich berücksichtigte Nord-Süd-Divergenz auch damit zusammenhängt, dass die Radikalisierung neoliberaler Politik und der Aufstieg autoritärer Bewegungen in den industriellen Zentren des Nordens weitestgehend neue Entwicklungen sind. Dennoch ist Schaffar zuzustimmen, dass die Frage nach gemeinsamen Ursachen für den Aufstieg autoritärer Bewegungen in Europa, aber auch in Nord- und Südamerika, in Afrika und auch in Asien gestellt werden muss.

Organische Krise als Gemeinsamkeit

Auf der Suche nach Gemeinsamkeiten zwischen den autoritären Populisten können programmatische Überschneidungen, der Ausbau des Sicherheitsapparates oder Verschiebungen im politischen Diskurs festgestellt werden. Ohne einen Blick auf die dahinter stehende „organische Krise“ des Kapitalismus (Deppe 2018) als große gemeinsame Klammer bleiben diese Beobachtungen jedoch allenfalls symptomatisch.

Es sind komplexe gesellschaftliche Zusammenhänge in einer historischen Phase des Kapitalismus, die dem Aufstieg autoritärer Populisten zu Grunde liegen und bereits hinreichend als epochaler Transformationsprozess analysiert worden sind (Deppe 2018; Dörre 2019). Dabei wurde die These stark gemacht, dass die expansive Wachstumsphase der Globalisierung ihren Höhepunkt überschritten hat und nun „reflexiv" (Deppe 2018, 253) bzw. „repulsiv" (Dörre 2019, 16) wirke. Das heißt, sie schlägt zurück in die kapitalistischen Metropolen als die verursachenden Zentren und blockiert dort Investitionen und Wachstum (Dörre 2020a). Als im Nachgang der weltweiten Finanzmarktkrise 2010 ein ökonomischer Aufschwung einsetzte, dessen Wachstumskurven so flach waren, dass selbst bürgerliche Ökonomen vom Übergang des kapitalistischen Weltsystems in einen stationären Zustand sprachen, sagte der ehemalige Chefökonom der Weltbank, Larry Summers, beim IWF: „Vielleicht ist es ja nur ein Hirngespinst, und vielleicht habe ich es auch gar nicht richtig verstanden. Aber in Anbetracht der Daten müsse doch die Frage erlaubt sein: Was wäre, wenn die unzureichende Erholung nicht einfach auf ein Politikversagen zurückzuführen wäre? Was wäre, wenn es ein tieferes Problem gäbe, eine chronische, unzureichende Nachfrage auch Investitionen im Verhältnis zum Angebot an Ersparnissen, was zu einer anhaltenden säkularen Stagnation geführt" habe (vgl. Tooze 2018, 525)?

Neben dem schwachen Wachstum in den Zentren werden aber auch der Kampf um Ressourcen, militärische Dominanz, wachsende Einkommensungleichheit, zunehmende Fluchtmigration und ökologische Kipppunkte zu Merkmalen der beschriebenen Repulsion. Wie sehr die Gesellschaften des Nordens durch diese fehlgeleitete Globalisierung unter Druck geraten, zeigt der Blick auf die weltweite Fluchtmigration. Kriege, Regime-Change-Strategien, Armut, Hunger und Klimakatastrophen verursachen Fluchtbewegungen in völlig neuen Größenordnungen. 100 Millionen Menschen sind nach Aussage des UN-Flüchtlingshilfswerks aktuell weltweit auf der Flucht, ein Prozess, der sich zunehmend als Normalzustand verfestigt und auch im Norden die Realität verändert. „Vertreibung betrifft aktuell nicht nur viel mehr Menschen, sondern sie ist auch kein kurzfristiges und vorübergehendes Phänomen mehr", fasst der UN-Flüchtlingshochkommissar Filippo Grandi die politische Bedeutung dieser Krisensituation zusammen (UNHCR 2022). Gleichzeitig wird das Mittelmeer zum Millionengrab für Geflüchtete, die Schutz in Europa suchen, und unterstreicht damit den moralischen Bankrott des neoliberalen Projektes.

Mit der Pandemie haben sich die Repulsionen in die Metropolen des Nordens verstärkt, denn je mehr die Globalisierung zur „Kompression von Raum und Zeit" (Menzel 2021) wurde, desto stärker konnte sich das Corona-Virus über eine vernetzte Globalökonomie und eine weltumspannende Mobilität ausbreiten. Diese fehlgeleitete Globalisierung ist die direkte Folge einer Entwicklung, die Stuart Hall einmal als das Ende des „sozialdemokratischen Nachkriegskompromisses" bezeichnet hatte. Die einseitige Kündigung der Goldbindung an den Dollar und die Abschaffung der Kapitalverkehrskontrollen zu Beginn der 1970er Jahre hatten neue Freiheiten für die Finanzmärkte geschaffen und zur Deregulierung des rheinischen Kapitalismus beigetragen. Das Verhältnis von Markt und Staat war umkämpft, je mehr sich das Primat der Ökonomie durchsetzte. Das Arrangement aus verschiedenen sozialen, politischen, ökonomischen und ideologischen Entwicklungen wurde dabei aufgelöst. „Thatcherismus, Neoliberalismus und Globalisierung, eine Ära der dominant gesetzten Marktkräfte also (...) eröffneten eine neue Konjunktur" (Hall 2014d, 210). Ein exorbitantes Wirtschaftswachstum, die Internationalisierung der Produktion und der Finanzmärkte, eine im globalen Vergleich neue Zusammensetzung der Arbeiterklasse, die Zerstörung des Sozialstaates der Nachkriegszeit, Kriege um Ressourcen und Märkte sowie die gezielte Destabilisierung konkurrierender Regime markierten diese Phase. Ende der 1990er Jahre formierte sich eine globalisierungskritische Bewegung, die diese Entwicklungen erstmals kritisch in den Blick nahm und klar formulierte, dass die Globalisierung in dieser Form „keine Erfolgsgeschichte" (Stiglitz 2002, 246) war, sondern von weiten Teilen der Weltbevölkerung als „Zumutung" (Nachtwey/Strotmann 2005, 8) empfunden wurde.

Mit der Finanzmarktkrise wird der Siegeszug des Neoliberalismus ideologisch und politisch brüchig. Ideologisch, weil milliardenschwere Rettungspakete die wirtschaftliche Entwicklung vor den Pleiten systemrelevanter Banken schützen mussten – ohne staatliches Eingreifen und nur durch das freie Spiel des Marktes wäre es zu erheblichen sozialen Verwerfungen gekommen. Politisch, weil die Wiederherstellung des neoliberalen Prinzips nach der Abwendung der Bankenpleite genau diese sozialen Verwerfungen hervorgerufen hatte. Diese fortschreitende Krise des Neoliberalismus markiert den Übergang „in eine Konstellation der 'reflexiven Globalisierung'" (Deppe 2018, 253), im Zuge derer die erodierende Stabilität kapitalistischer Herrschaft im Rahmen der demokratischen Verfassung zum Merkmal der aktuellen gesellschaftlichen Krisensituation wird. „Das ist einerseits Ausdruck von Krisentendenzen, die mit der sozioökonomischen Entwicklung verbunden sind und die nicht nur Angst und Unsicherheit in der Bevölkerung verstärken, sondern auch Konflikte zwischen Kapitalfraktionen im 'Block an der Macht' sowie strategische Neuorientierungen für die Sicherung der Herrschaftsverhältnisse – vor allem durch einen starken Nationalstaat hervorbringen. Andererseits eröffnen der globale Wettbewerb zwischen den neuen Machtzentren in der Weltpolitik und der Weltwirtschaft sowie die damit verbundenen Konflikte die Bereitschaft zur Akzeptanz von nationalistischen und fremdenfeindlichen Anrufungen. Diese gehen mit einer Politik der Abschottung nach außen sowie der Aufrüstung einher und verteufeln die liberale ebenso wie die linke Kritik als Angriff fremder – kosmopolitischer – Mächte" (ebd.). In dieser Betrachtung wird nicht nur die Ursache für den Aufstieg der unterschiedlichen autoritären Bewegungen, sondern auch die Tendenz zum Autoritarismus in repräsentativen Demokratien als Reaktion auf die organische Systemkrise kontextualisiert. Dabei wird deutlich: Die Repulsion der Globalisierung ist innerhalb ihrer eigenen Widersprüche nicht aufzulösen. Weil die bürgerlichen Klassen an der fehlgeleiteten Globalisierung festhalten, können sie die Auswirkungen der Repulsion nicht aufheben – sie reagieren autoritär. In dieser Logik bekommen der Ausbau des repressiven Staatsapparates und die Verschiebung des politischen Diskurses als zwei wesentliche Merkmale autoritärer Systeme eine Folgerichtigkeit.

Diskursverschiebungen als Merkmal

Während die organische Krise des Kapitalismus den Analyserahmen für die Globalisierung des Autoritarismus darstellt, gehören gesellschaftliche Diskursverschiebungen zu signifikanten Merkmalen dieser Entwicklung. Dabei zeigt nicht zuletzt der politische Umgang mit Fluchtbewegungen, wie sich Herrschaftssicherung zunehmend von demokratischen Grundwerten löst und schlimmstenfalls in einer Radikalisierung der politischen Kommunikation ihren Ausdruck finden kann. Schaffar führt dafür die in den sozialen Netzwerken bejubelte Vertreibung der Rohingya 2017 aus Myanmar als Beispiel an. Ebenso die „Absaufen"-Rufe bei den Pegida-Demonstrationen in Ostdeutschland als Antwort auf die Migrationspolitik der Bundesregierung (Schaffar 2019a, 6). Für Solty zeigt sich dieser Loslösungsprozess auch in der politischen Desillusionierung bürgerlicher Intellektueller. So schwärmten Thomas L. Friedmann und Francis Fukuyama ungeniert von den „autoritären Durchsetzungskapazitäten des chinesischen Staates" (Solty 2018, 75). Dieser Diskurs verstärkte sich in westlichen Demokratien vor allem im Nachgang der Finanzkrise. „Stark schwankende Finanzmärkte und ein defizitärer Ordnungsrahmen, stagnierende Löhne und wachsende Ungleichheit wecken Zweifel, ob das Modell der freien Marktwirtschaft wirklich erfolgreich ist" (Li 2020), ließ die Wirtschaftswoche verlauten.

Unter dem Eindruck der Pandemie hatte sich der Blick nach Asien erneut scharf gestellt. Er hat denjenigen, die bereits vor dem Ausbruch des Coronavirus von autoritären Durchsetzungskapazitäten des chinesischen Staates geschwärmt hatten, neuen Wind in die Segel geblasen. Der ukrainische Präsident Wolodomyr Selenskyi etwa hatte geurteilt, dass die freiheitlichen Demokratien in der Pandemiebekämpfung versagten: „Die Erfahrungen aus China zeigen, dass harte Entscheidungen das Virus überwinden und Leben retten können. Die Erfahrungen anderer Länder zeigen, dass Weichheit und Liberalität Verbündete des Virus sind“ (vgl. Krökel 2020). Auch in der medialen Berichterstattung wurde der Diskurs auf die Betrachtung des asiatischen Raumes ausgeweitet. „Alles fing in der Stadt Wuhan an. Von dort ging das Corona-Virus um die ganze Welt. Nur in China scheint es fast verschwunden. Das Erfolgsrezept: Kontrolle ohne Rücksicht“, stellte das öffentlich rechtliche Fernsehen in Deutschland fest (ZDF, 24.11.2020). Und die linksliberale Frankfurter Rundschau ließ sich zu der Überschrift hinreißen: „Corona-Pandemie: Strenge Kontrollen und Konformität – was die Länder in Asien besser machen als Deutschland!“ (Lill, 2020a). Die Beispiele zeigen: Mit der Pandemie hatte sich der Blick nach China kurzzeitig zuungunsten liberal-demokratischer Werte radikalisiert, diese hatten sich aus Datenschutzgründen, aber auch für den Schutz und die Wiederherstellung der Ware Arbeitskraft als hinderlich erwiesen.

Repressiver Staatsumbau als Merkmal

Als weiteres Merkmal autoritärer Entwicklungen wird in der Literatur der repressive Staatsausbau angeführt. Dabei ist der Ausbau des Sicherheitsapparates in westlichen Demokratien vom autoritären Staatsausbau mit autoritären Populisten an der Spitze zu unterscheiden. Infolge des Anschlags auf das World Trade Center wurden ab 2001 in westlichen Demokratien zahlreiche Maßnahmen erlassen, die „Rechtstraditionen und rechtliche Verpflichtungen außer Kraft setzten“ (Demirović 2016, 285), darunter ein Ausbau der Geheimdienstüberwachung, eine Ausweitung der Datenerfassung, der Einsatz neuer Sicherheitstechnologien sowie das Erstellen von Bewegungsprofilen. In Frankreich bekam diese Politik nach den Pariser Anschlägen vom 13. November 2015 einen zusätzlichen „Booster“: 5.000 neue Stellen bei der Polizei, ein Stopp des Sparprogramms bei der Armee, der mehrfach verlängerte Ausnahmezustand, Hausdurchsuchungen ohne richterliche Anordnung oder Hausarrest bei bloßem Verdacht waren Teil des Maßnahmenpaketes der Regierung von Francois Hollande. Ein ähnliches Gesetz erließ die Regierung Rajoy im Juli 2015 für Spanien. Für Oberndorfer sind das keine singulären Entwicklungen. Vielmehr lasse sich ein Trend von „neuen, direkt repressiven Präventionsdispositiven" (Oberndorfer 2017, 64) ausmachen. Dieser vollziehe sich regional zwar ungleich, aber er müsse als Antwort auf die 2011 einsetzenden Krisenproteste interpretiert werden. „Wir brauchen ein System, das den Demonstranten Angst macht", gestand Felip Puig, der damalige katalanische Innenminister, schon 2012 offen ein (vgl. ebd.).

Auch außerhalb Europas lässt sich ein Ausbau des Sicherheitsapparates beobachten. In Hong Kong steht das Auslieferungsgesetz, das die Übergabe von straffällig gewordenen Gefangenen an China vorsieht, für den Bruch mit der etablierten Rechtstraditionen (Au 2020, 32). Und für Mittel- und Südamerika kann in vielen Ländern des Kontinents, vor allem in Guatemala, El Salvador, Honduras, Mexiko und Kolumbien, eine zunehmende Militarisierung staatlicher Kriminalitätsbekämpfung festgestellt werden. Sie führt „zu einer weiteren Aushöhlung der demokratischen Qualität der betroffenen Staaten und schwächt (...) das Vertrauen der Bevölkerung in die demokratischen Institutionen" (Mähler 2008, 8).

Allerdings ist der bloße Ausbau des Sicherheitsstaates noch kein autoritärer Umbau des Staatsapparates, wenn nach wie vor eine Diskursstrategie gilt und es ein Bedürfnis nach Legitimierung gibt. Der Ausnahmezustand, Überwachung und Kontrolle sowie der martialische Einsatz von Polizei und Militär machten Frankreich und Belgien nicht automatisch zu einem autoritären Staat, argumentieren Pile und Fisahn. Diese Entwicklung unterstreiche lediglich die repressive Variante des Sicherheitsstaates. Wird aber aus den vorübergehenden Ausnahmen ein dauerhafter Zustand und werden die Instrumente des Sicherheitsstaates zur langfristigen Machtsicherung genutzt, bestehe die Gefahr, dass rechtsstaatliche Sicherungen verloren gehen und die Staaten autoritäre Züge annehmen (Pile/Fisahn 2018, 33 ff.).

Dies wiederum lässt sich beobachten, wenn autoritäre Populisten in staatliche Entscheidungsstrukturen aufsteigen. So wurde im Februar 2020 in Polen das sogenannte Disziplinierungsgesetz verabschiedet. Es untergräbt die Unabhängigkeit der Justiz. Bei Nichtanerkennung der Entscheidungskompetenzen anderer Richter oder Gerichte müssen Richter künftig mit Geldstrafen, Degradierung und Entlassung rechnen (Fehr 2020). In Ungarn steht die Unabhängigkeit der Medien zur Disposition, seit ein Medienrat die Arbeit der Medien überwacht. In der Türkei erklärte Erdogan Wahlen, die ihn nicht im Amt bestätigen, für ungültig. Er „reformierte" die Verfassung und führte ein Präsidialsystem ein, das ihn als Staats- und Regierungschef stärkt und das Parlament schwächt. Seither kann er per Dekret und damit ohne Zustimmung des Parlamentes regieren. Auch

Putin ließ die Verfassung ändern und sicherte sich das Präsidentenamt bis 2036. In Belarus rief sich Lukaschenko mittels Wahlfälschung zum Wahlgewinner aus und löste damit wochenlange Proteste aus, die zur Verhaftung tausender Oppositioneller und zur gewaltsamen Niederschlagung der Demonstrationen führten. Auch der Nationale Volkskongress in China hob 2018 die Amtszeitbegrenzung des Staatspräsidenten auf und ermöglichte Staatspräsident Xi Jinping ein Regieren bis ans Lebensende.

Die Beispiele zeigen: Es ist ein populistisches Paradox, dass autoritäre Populisten dort, wo sie durch die Gunst der Wähler in die Regierung kommen, durch den Umbau des politischen Systems die „Legitimationsbeziehung zwischen Regierenden und Regierten" (Leggewie 2020) aus dem Gleichgewicht bringen. Schon die Ankündigung Trumps, das Wahlergebnis nicht anerkennen zu wollen, wenn es nicht seine Wiederwahl bestätigt, muss als weitreichender Verstoß gegen diese Beziehung gewertet werden. Denn die Nachhaltigkeit einer Demokratie begründet sich für Leggewie aus wenigstens zwei friedlichen Machtübergaben ohne Manipulation – „die unterlegene Minderheit muss zumindest davon ausgehen können, bei der nächsten turnusmäßigen Wahl gewinnen und eine Regierung bilden zu können" (ebd.). Eine gestörte Beziehung jedoch stellt die Legitimität von Wahlen insgesamt in Frage. Während der Ausbau des Sicherheitsstaates im Nachgang der Anschläge auf das World Trade Center in weiten Teilen der Welt festgestellt werden kann, ist die Zerstörung der Legitimitätsbeziehung zwischen Regierenden und Regierten und der Umbau von Staatsapparat und Gesellschaft ein wesentliches Merkmal autoritär-populistischer Regimes.

Rechte Revolte von unten

Auf der Grundlage der Analyse Stuart Halls lässt sich für heute feststellen: Der Aufstieg des autoritären Populismus dient der Reorganisierung der bürgerlichen Klasse und findet als rechte Revolte von unten statt. Dabei verschränken sich zwei parallele Entwicklungen ineinander, die das gesellschaftliche Kräfteverhältnis neu ordnen: Einerseits versucht das unter Druck geratene bürgerliche Lager seine eigene Handlungsfähigkeit wiederherzustellen. Die organische Krise des Kapitalismus verunmöglicht jedoch die Herausbildung eines neuen hegemonialen Projektes. Stattdessen wählt das Bürgertum eine autoritäre Strategie, um den Machtblock neu zu ordnen und dabei die populären Klassen zurückzudrängen. Demirović bezeichnet diesen Reorganisierungsprozess als dritte Phase des Neoliberalismus. Er definiert die erste Phase als destruktiven, deregulierenden Neoliberalismus der 70er Jahre. Er stellte Privatisierung, Deregulierung und

Liberalisierung ins Zentrum der politischen Auseinandersetzung und wurde durch eine neokonservative, geistig-moralische Wende begleitet. Ende der 1990er Jahre überführten sozialdemokratische Regierungen das neoliberale Projekt in die nächste Phase. Die Orientierung an Wettbewerbsfähigkeit, staatlicher Ausgabenbegrenzung und der Abbau des Sozialstaat wurden zum bestimmenden Moment. Globalisierung und Finanzialisierung wurden vorangetrieben. Dabei veränderten sich Lebensalltag und Arbeitswelt der abhängig Beschäftigten durch steigende Mieten, zusammengesparte Infrastruktur und deregulierte Beschäftigungsverhältnisse (Demirović 2018, 30 ff.).

Die Wirtschaftskrise von 2008 läutete schließlich die dritte Phase des Neoliberalismus ein. Die Krisenproteste hatten im politischen Raum zu einem Kräftegleichgewicht geführt, auf das ein Teil des Bürgertums mit einer Abspaltung nach rechts reagierte (ebd.). Vertreter der herrschenden Klasse wie der ehemalige Präsident des Bundesverbandes der Deutschen Industrie (BDI) Hans-Olaf Henkel oder deren geistige Stichwortgeber wie der Hamburger Professor für Makroökonomie Bernd Lucke radikalisierten sich und wechselten in die politische Klasse. Auch Trump und Berlusconi stehen für diesen Wechsel der ökonomischen Eliten in die politischen Entscheidungsarenen. Demirović arbeitet heraus, dass sich die Finanz- und Wirtschaftskrise von 2008 in den folgenden Jahren mit Migrationskrise, Klimakrise und Demokratiekrise zu einer komplexen Einheit verband und zu einer Vielfachkrise verdichtete. Sie schwächte die moralische Überlegenheit und Überzeugungskraft des Kapitalismus so sehr, dass auch Teilen des Bürgertums Zweifel an der Zukunftsfähigkeit des Kapitalismus bekamen (ebd.). Um innerhalb des Machtblocks ihre Positionen durchzusetzen, mobilisierten sie gegen „die da oben". Dabei half ihnen nicht nur die Enttäuschung vieler Menschen von der Politik der zweiten neoliberalen Phase (ebd.), sondern auch die Tatsache, dass selbst das linke Lager sich als nicht in der Lage erwies, die sozialen Widersprüche aufzulösen. „Die Wendung von Teilen der Lohnabhängigen zur AfD ist (...) Ausdruck des Scheiterns der Linken, der es bisher nicht gelungen ist, die realistische Möglichkeit einer anderen, sozialistischen Lösung der Widersprüche, die mit der kapitalistischen Globalisierung verbunden sind, glaubhaft zu machen", schreiben Sablowski und Thien (Sablowski/Thien 2018, 66).

Soziale Basis autoritärer Populisten

Autoritäre Populisten stützen sich auf die Mittelklassen und den prekärsten Teil der Lohnabhängigen – auf diejenigen, deren Abstiegsängste in der dritten Phase des Neoliberalismus am größten sind und die gleichzeitig am wenigsten die

Möglichkeit zu kollektiver Gegenwehr haben. Auf der Grundlage der ALLBUS-Umfrage (Allgemeine Bevölkerungsumfrage der Sozialwissenschaft) kommen Sablowski und Thien zu dem Schluss, dass die AfD bei der Bundestagswahl 2017 von überdurchschnittlich vielen Selbständigen, aber auch von Arbeitslosen, sowie von Beschäftigten mit einfachen Tätigkeiten und niedrigen Einkommen gewählt worden war (Sablowski/Thien 2018, 59 f.). Ähnlich verhielt es sich bei den Präsidentschaftswahlen in Frankreich, die ein Kopf-an-Kopf-Rennen zwischen dem konservativen Emmanuel Macron und der extrem rechten Le Pen waren. Wahlumfragen hatten gezeigt, Le Pen punktete bei Arbeitern und Angestellten und zog 31 Prozent der Stimmen bei denjenigen, die weniger als 1.250 Euro monatlich verdienten. Allerdings muss darauf hingewiesen werden, dass die Kategorie „Arbeiter und Angestellte" hier sehr ungenau ist, weil sie klassische Arbeitermilieus nicht von aufstiegsorientierten Angestelltenbereichen abgrenzt (Hebert 2022).

Chwalla arbeitet sich durch die empirischen Daten der letzten dreißig Jahre und kommt zu dem Schluss, dass die klassischen Lohnarbeitermilieus in Frankreich eher zur Wahlenthaltung tendierten als zur Radikalisierung nach rechts (Chwalla 2015, 109). Diese Beobachtung deckt sich mit der Datenlage, die sich Sablowski und Thien für die Bundestagswahl 2017 angeschaut und auf deren Grundlage sie festgestellt hatten, dass der Anteil der Arbeiter an Nichtwählern überproportional war (Sablowski/Thien 2018, 59). Gleichzeitig verweist Chwalla darauf, dass die Zustimmung zum FN mit einem schwindenden subjektiven Zugehörigkeitsgefühl zur Arbeiterklasse korreliere. So waren es vor allem junge Beschäftigte, die nicht mehr in der fordistischen Phase der Arbeitswelt sozialisiert worden waren und denen deshalb die historische Bindungskraft klassenbewusster Arbeitermilieus an linke Parteien fehlte, die eher dazu neigten, dem FN ihre Stimme zu geben. Je stärker das Klassenbewusstsein, desto stärker wird an der Wahl linker Kandidaten festgehalten (Chwalla 2015, 110 ff.). Empirisch lässt sich stattdessen nachweisen, dass ein Großteil der Stimmen für den FN aus den aufstiegsorientierten Teilen der Lohnabhängigen kam: Techniker, Meister oder leitende Angestellte (ebd., 116 ff.).

Auch in den USA heißt es, Trump habe seine Anhänger aus den Reihen ökonomischer Verlierer gewonnen. Und tatsächlich hatte Trump 2016 überraschend viele Stimmen von weißen Industriearbeitern aus Ohio, Michigan oder Pennsylvania bekommen, also jenen Bundesstaaten, in denen der Niedergang der Autoindustrie und der unbearbeitete Strukturwandel dazu geführt hatten, dass sich die Arbeitseinkommen zwischen den unteren 90 und den oberen zehn Prozent stark ausdifferenzierten. Zusätzlich verschärft wurde der Strukturwandel durch die landesweite Armutsentwicklung. Doch es waren nicht nur die Abgehängten aus der Arbeiterklasse, sondern wesentliche Teile der Mittelklassen, die Trump ihre Stimme gaben. Wer weniger als 30.000 US-Dollar im Jahr verdiente, wählte mehrheitlich Clinton und nicht Trump. Trump dagegen lag in den Einkommensklassen ab 50.000 US-Dollar in allen Einkommensgruppen vorne (Bischoff 2017, 29). Viel entscheidender als das eigene Haushalteinkommen war eine allgemeine gesellschaftliche Verunsicherung, die sich in einem abnehmenden Grundvertrauen in das politische System ausdrückte. Nicht einmal jeder Fünfte hatte 2015 noch Vertrauen in die Regierung in Washington (ebd., 19). Dieser Vertrauenseinbruch ist auf den Wohlstandsrückgang und eine wachsende Verunsicherung seit der globalen Finanzkrise zurückzuführen. So hatten Millionen Hausbesitzer in der Krise ihr Haus verloren, weil sie mit ihren Kreditraten in Verzug waren oder die Zahlungen ganz einstellen mussten. „Lange zeichnete sich Amerikas Mittelschicht durch ein Grundvertrauen in die Zukunft aus. Das ist durch die Finanzkrise grundlegend erschüttert" (Buchter 2016).

In Ungarn ist die Datenlage über die Wählerschaft Orbáns unbefriedigend. Die Tatsache, dass Orbán bei den Parlamentswahlen im April 2022 nach zwölf Jahren in der Regierung eine absolute Mehrheit der Stimmen auf sich vereinen und damit bei wachsender Wahlbeteiligung seine Mehrheit noch ausbauen konnte, ist ein Hinweis auf eine deutlich breitere gesellschaftliche Verankerung der Fidesz als dies beispielsweise für Trump oder Le Pen festgestellt werden kann. Dabei halfen ihm jedoch die Gleichschaltung der Medien ebenso wie frühere Wahlreformen, die die Verteilung der Wahlkreise und die Anpassung der Parlamentsgröße neu regelte. Stark ist Fidesz vor allem auf dem Land, während die Budapester Mittelklassen überwiegend die Opposition wählten. Paradox daran ist, dass Fidesz sich mit verschiedenen politischen Maßnahmen eher an die Mittelklassen gewandt hatte und sehr viel weniger an die klassischen Arbeitermilieus. Das heißt, die Mittelklassen, die stark von der Bündnispolitik Orbáns mit den oberen ökonomischen Klassen profitiert hatten, gehören zu den schärfsten Kritikern des Systems. Das liegt nicht zuletzt daran, dass es Orbán gelungen war, durch zugespitzte Kampagnen gegen Migration oder die LGBTIQ-Community die soziale Frage umzulenken. „Er bedient sich häufig der Identitätspolitik, um die Menschen zu mobilisieren, die von sozialen Widersprüchen stark betroffen sind. Gleichzeitig verstimmt er damit die urbane, intellektuelle Mittelschicht", sagt der ungarische Ökonom Tamás Gerőcs (Hansen 2022). Nicht unerwähnt bleiben sollte der Verweis auf den Krieg, der für viele Wähler am Ende wahlentscheidend gewesen sein dürfte. Denn obwohl das Oppositionsbündnis die drängenden Sorgen vieler Ungarn aufgegriffen und die drückende Inflation, Armut, das desolate Gesundheitswesen und die Korruption in Orbáns Umfeld thematisiert hatte und es lange nach einem Kopf-an-Kopf-Rennen mit seinem Herausforderer Peter Marki-Zay aussah, gelang es Orbán, sich nach dem russischen Angriff auf die Ukraine als einzigen Garanten für Sicherheit und Stabilität zu präsentieren. In der Folge rückten andere Themen in den Hintergrund (Baumann 2022). Die Politik Orbáns deckt sich mit der Politik der polnischen nationalkonservativen Partei Freiheit und Gerechtigkeit (PiS). Auch hier sympathisieren Besserverdienende mit der Opposition und Geringverdiener unterstützen die PiS.

Auf die Frage nach den Gründen für die populare Zustimmung haben Dörre (2018) und Nachtwey (2018) mit stagnierenden gesellschaftlichen Aufstiegsmöglichkeiten und drohenden Abstiegsszenarien der „regressiven Moderne" (Nachtwey) einen soziologischen Erklärungsansatz angeboten. Insbesondere Dörre identifiziert auf der Basis von Interviews mit Lohnabhängigen, dass sich zumindest in Teilen Deutschlands politischer Frust und die Ethnisierung der sozialen Frage miteinander verbinden (Dörre 2018). „In einem von vertikalen Ungleichheiten geprägten Postwachstumskapitalismus, der mobilisierungsfähige intellektuelle Überzeugungssysteme für solidarisches Handeln marginalisiert, machen sich Klassenverhältnisse und Verteilungskämpfe bevorzugt im Modus der Konkurrenz, über eine permanente Scheidung der Gewinner von den Verlierern sowie mittels kollektiver Abwertungen und Ausgrenzung sozialer Großgruppen bemerkbar. Sie wirken sozioökonomisch wie kulturell selektiv. Spontan können sie eine exklusive Solidarität Lohnabhängiger hervorbringen, die sich nicht allein gegenüber dem Kapital, dem Management oder den Vorgesetzten, sondern auch von anders und unten abgrenzt. Entsprechende Weltsichten bieten sich für eine Radikalisierung durch die äußerste Rechte geradezu an" (Dörre 2018). Parteien wie die AfD oder auch der französische RN sind darum zunehmend bemüht, sich als Partei der kleinen Leute zu präsentieren und durch innerparteiliche, arbeitnehmerorientierte Zusammenschlüsse wie AiDA, AöD, AVA oder ALARM![1] einen agitatorischen Zugang zu Prekarisierten und unteren Mittelklassen herzustellen. Dafür dienen das Empfinden von politischer Nichtbeachtung und die Empörung über ungerechte Verteilungsverhältnisse und schlechte Arbeitsbedingungen als Mobilisierungsressource (Häusler/Roeser 2017, 25). Den Boden bereitet die seit Jahren stattfindende schleichende Entkernung der Demokratie, die auf der Grundlage des neoliberalen Dogmas der Alternativlosigkeit immer

1 AiDA – Arbeitnehmer in der AfD; AöD – Alternative öffentlicher Dienst; AVA – Alternative Vereinigung der Arbeitnehmer; ALARM! – Alternativer Arbeitnehmerverband Mitteldeutschland

weniger Möglichkeiten sozialer und demokratischer Partizipation bietet. Der Marktlogik wird alles untergeordnet und der politischen Streit darüber, wie Wirtschaft und Gesellschaft organisiert sein sollen, wird stillgestellt. „Die liberale Markttechnokratie ist ebenso wie der autoritäre Populismus – und das ist eine unterschätzte Gemeinsamkeit – radikal antipluralistisch. Wo der populistische Politiker behauptet, den (Einheits-)Willen des Volkes zu verkörpern, präsentiert sich die liberale Politikerin als Übersetzer in der Einheitsalternative des Marktes" (van Dyk 2018).

Soziale Basis im Süden

Weil sich diese Erklärungsansätze vor allem auf die Entwicklungen in den OECD-Staaten konzentrieren, sucht Schaffar nach einer globalen Perspektive, die den Süden stärker in den Blick nimmt. Dazu greift er auf das Konzept von der imperialen Lebensweise (vgl. Eversberg 2018) zurück und schlägt vor, es auf die Gesellschaften des globalen Südens zu übertragen. Der Ansatz der imperialen Lebensweise geht nicht von einer zunehmenden Klassenspaltung, sondern von einer gemeinsamen Allianz der Klassen des Nordens gegenüber den südlichen Gesellschaften aus. Dabei wird argumentiert, dass die dominanten westlichen Konsummuster des industriellen Nordens auf dem Zugang zu Ressourcen und billiger Arbeit im Süden beruhen. Die Einbeziehung großer Teile der Bevölkerung in materiellen konsumorientierten Wohlstand stabilisiere die Lebensweise im Norden und verschärfe die Krisen des Südens. Der Wohlstandschauvinismus wird damit im Norden zum kleinsten gemeinsamen, klassenübergreifenden Nenner.

Am Beispiel der Philippinen und Thailands, für die Schaffar eine Unterstützung der autoritären Regime vor allem durch die Mittelklassen feststellt, überträgt er das Konzept der imperialen Lebensweise auf die Gesellschaften, um diese Entwicklung zu erklären. Demnach benennt er den Wohlstandschauvinismus der Mittelklassen[2] als ursächlich für den Aufstieg des Autoritarismus. Sie seien durch die Ausbreitung einer imperialen Lebensweise charakterisiert, da der urbane Lebensstil auf einem ausgeprägten Konsum von Ressourcen und billiger Arbeit aus den ländlichen Gebieten innerhalb des Landes basiere. Mit der Asienkrise sei diese Entwicklung unterbrochen worden, weshalb das Kapital nach Wegen suchen musste, um die Krise zu überwinden. In der Folge wurden in Thailand Arbeitsmigranten aus den Nachbarländern Myanmar und Kambodscha rekrutiert, wohingegen die Philippinen staatlich geförderter Exporteur für Arbeitsmigration

---

2 Schaffar spricht von Mittelschichten.

wurden. In beiden Ländern spitzten sich die Auseinandersetzungen auf dieser Grundlage zu, so Schaffar (Schaffar 2019a, 35 ff.).

Sablowski und Thien sind in ihrer Kritik an Lessenich und Eversberg, die sich zur Erklärung des Aufschwungs autoritärer Bewegungen ebenfalls auf den Ansatz der imperialen Lebensweise konzentrieren, bereits darauf eingegangen, warum die Konstruktion von „weltgesellschaftlichen Verhältnissen", die die Beziehung zwischen dem globalen Norden und Süden zum neuen Hauptwiderspruch erklärt, als Erklärungsansatz für den Aufstieg des Autoritarismus in die Irre führt (Sablowski/Thien 2018, 57 f.). Schaffars Suche nach einer globalen Perspektive ist lobenswert, doch die Betrachtung der innergesellschaftlichen Klassenbeziehungen kommt mit dem Konzept der imperialen Lebensweise, das die Beziehungen zwischen Nord und Süd explizit unter Ausblendung der jeweiligen innergesellschaftlichen Klassenbeziehungen beschreibt, an seine Grenzen.

Nimmt man jedoch für die Analyse des Aufstiegs Dutertes die Klassenbeziehungen in ihrer Gesamtheit in den Blick, fällt auf, der ehemalige philippinische Präsident stützte sich weniger auf die untere Mittelklasse und die Prekarisierten, sondern auf die gehobene Mittelklasse und das Kleinbürgertum. Sowohl im Wahlkampf als auch während seiner Regierungszeit waren seine Themen nicht die gravierende soziale Ungerechtigkeit, sondern innere Sicherheit und Kriminalitätsbekämpfung. Mit diesem Programm richtete er sich gegen die Lohnabhängigen und ihre Gewerkschaften, die er bedrohen, verfolgen und sogar töten ließ. Während das Land seit 2017 im Globalen Rechteindex des Internationalen Gewerkschaftsbundes (IGB) unter den Top Ten der Länder mit den schlechtesten Arbeitsbedingungen vertreten ist (ITUC 2022), bejubelt die Business World, die führenden Wirtschaftszeitung des Landes, Duterte für das Schaffen stabiler Wachstumsraten (Business World, 11.04.2022). Auch auf den Philippinen waren es vor allem die bürgerlichen Klassen, die ein Interesse an der Präsidentschaft Dutertes hatten. Dabei ging es ihnen allerdings weniger um die Reorganisierung ihrer Macht, als vielmehr um den ungestörten Machterhalt. Die auffallende autoritäre Härte Dutertes stand dabei im Widerspruch zur tatsächlichen Bedrohung durch die Gewerkschaften oder anderer oppositioneller zivilgesellschaftlicher Akteure. Im Gegenteil: Repressive Verfolgung hatte seit den frühen 1980er Jahren zu einem Rückgang des gewerkschaftlichen Organisationsgrades von 30 auf weniger als zehn Prozent (Breininger 2018, 1) geführt.

Die Schwäche der Gewerkschaften nimmt zudem Einfluss auf die Handlungsfähigkeit der gesellschaftlichen Linken. Diese ist zersplittert und tut sich nicht zuletzt aufgrund ungeklärter strategischer Klärungsprozesse schwer damit, „ein politisches Programm zu formulieren, das überzeugend genug ist, um eine

Mehrheit zu gewinnen", sagt der Generalsekretär des branchenübergreifenden Gewerkschaftsbündnisses SENTRO, Josua Mata (Mata/Danso-Dahmen 2022). Im Präsidentschaftswahlkampf 2016 hatte das schließlich so weit geführt, dass Teile der Linken Duterte unterstützten. Diese „Kollaborationsstrategie" war keineswegs neu, sondern reicht als Muster der Zusammenarbeit mit der „philippinischen Elitendemokratie" bis in die Zeit des Kalten Krieges zurück. Bündnisse der philippinischen Linken mit antikommunistischen Regierungen sind „seit dem popularen Sturz der Marcos-Diktatur im Jahr 1986 (...) zur Standardmethode bei der Einmischung in Wahlen und staatliche Angelegenheiten geworden" (Alvarez u.a., 2022), was als Ausdruck ihrer Schwäche interpretiert werden muss.

Vor diesem Hintergrund scheint sich die Analyse von der organische Krise des Kapitalismus viel eher für die Betrachtung autoritärer Entwicklungen im Süden zu eignen als das Konzept von der imperialen Lebensweise. Denn sie bietet auf der Basis von imperialer Lebensweise, regressiver Globalisierung und politischem Interregnum eine Grundlage, um das Verhältnis zwischen Nord und Süd zu analysieren und gleichzeitig danach zu fragen, welche gesellschaftlichen Klassen ein Interesse an einem Aufstieg autoritärer Machthaber haben und welche nicht. Die Widersprüche zwischen den Klassen werden dabei zur Grundlage und zum Ausgangspunkt für die Betrachtung des Nord-Süd-Gegensatzes und nicht umgekehrt.

Ausgehend von dieser Herangehensweise zeichnet sich als Gemeinsamkeit autoritärer Entwicklungen im Nord-Süd-Vergleich ab, dass die Stillstellung von Lohnabhängigenmacht zur Grundvoraussetzung für die Reorganisierung bzw. den Machterhalt der bürgerlichen Kräfte wird. Die rücksichtslose Verfolgung bis hin zu Ermordung von Gewerkschaftern im Süden kann auf die weit weniger entwickelte Konvention des sozialen Dialogs und der Gestaltung der Arbeitsbeziehungen zurückgeführt werden. Ein notwendiger Forschungsgegenstand wäre es daher, die Klassenverhältnisse und die Organisation ihrer Beziehungen in den Ländern der Peripherie einer tiefergehenden Betrachtung zu unterziehen. Neben einer Analyse des Verhältnisses zwischen Kapital und Arbeit wäre vor allem interessant, die Lage und die Rolle der Mittelklassen vor dem Hintergrund einer neoliberal zugespitzten Globalisierung zu untersuchen. In der Theorie sind die Mittelklassen durch den auf der Kapitalakkumulation beruhenden Wohlstandsstrom einerseits und durch den Sozialstaat andererseits abgesichert. In China beispielsweise beruht der soziale Frieden in den urbanen Zentren auf dem Bündnis der KPCh mit den Mittelklassen, die politische Passivität gegen soziale Absicherung eintauschen. In vielen Ländern des Südens hat sich zwar in den letzten Jahren ein Aufstieg der Mittelklassen vollzogen. Die Analyse, ob diese eine tragende Rolle in autoritären Gesellschaften spielen, setzt jedoch eine Antwort auf die Frage voraus, wie sich diese in der organischen Krise ausdifferenziert haben, wie sich Kriege und Klimakrise auf sie auswirken und wie resilient sie sich gegenüber dem Abbau der Sozialsysteme erweisen.

Autoritärer Durchgriff der Pandemie

Die Pandemie ist eine medizinische Katastrophe (Dörre 2020a) mit einer furchtbaren Infektions- und Mortalitätsbilanz. Die notwendigen Maßnahmen zur Eindämmung des Virus haben die Gesellschaften überall auf der Welt mit einer Wucht verändert, wie es zuvor nicht vorstellbar gewesen wäre. Von Lucke spricht vom „härtesten globalen Einschnitt seit 89/90“ (Von Lucke 2021). Doch im Unterschied zu 1989 sei der Weg in die neue Epoche nicht gesäumt von Freiheitsversprechen, sondern von einem lauten Ruf nach autoritärem Handeln zum Schutz vor dem Virus. Individuelle Freiheiten wurden in einem Ausmaß eingeschränkt wie es „in Friedenszeiten historisch beispiellos und für die Nachkriegsgeneration undenkbar“ gewesen ist (Steg 2020). Datenschutzgesetze und parlamentarische Regierungskontrolle wurden zum Hindernis im Kampf gegen die Pandemie. Weltweit stellten die Staaten ihre verloren gegangene Handlungsfähigkeit in einer außer Kontrolle geratenen gesellschaftlichen Entwicklung durch einen autoritären Durchgriff wieder her.

Zum Verständnis dieser beschleunigten und unerwarteten autoritären Entwicklung selbst in gefestigten Demokratien soll noch einmal auf Dörre zurückgegriffen werden. Er diagnostiziert das Nachkrisenjahrzehnt als epochale Umbruchphase, in der sich eine ökonomisch-ökologische Zangenkrise zu einem politischen Interregnum verfestigt, das sich als Pattsituation zwischen dem Lager von Davos und dem Lager von Porto Alegre ausdrückt (Dörre 2020a). Damit bezieht er sich auf die globalisierungskritischen Proteste, die 2001 im brasilianischen Porto Alegre mit dem Weltsozialforum bewusst einen Kontrapunkt zum Davoser Weltwirtschaftsforums gesetzt hatten. Während der Geist von Davos für die Suche nach einem neuen nicht-kapitalistischen System steht, das dessen schlimmste Merkmale – Hierarchie, Ausbeutung und Polarisierung – fortführt, steht Porto Alegre für einen demokratischen und egalitären Gesellschaftsentwurf (Wallerstein 2014, 630 f.).

Das politische Interregnum charakterisiert sich dadurch, dass sich keine der beiden Seiten bisher durchsetzen konnte. Das Grundproblem bestehe darin, argumentiert Dörre, „dass das bis dato wichtigste Mittel zur Überwindung ökonomischer Krisen im Kapitalismus, die Erzeugung von Wirtschaftswachstum, unter den Bedingungen einer repulsiven Globalisierung mehr und mehr in ökologische Zerstörung und sozial destruktives Wachstum umschlägt" (Dörre 2019, 8). Die fortgeschrittene Entwicklung der Menschheit und ihr Einfluss auf die Naturverhältnisse bedingten, dass ökonomisch-soziale und ökologische Krisen allmählich ineinander übergehen und sich in ihren Auswirkungen kaum voneinander unterscheiden lassen. „Destruktives Wachstum zerstört die Natur und die Destabilisierung ökologischer Kreislaufsysteme untergräbt die soziale Reproduktion der Gesellschaften" (ebd.). Diese Entwicklung führt auf der politischen Ebene zu einem Zielkonflikt zwischen ökonomischer und sozialer Nachhaltigkeit, der eine sozial-ökologische Nachhaltigkeitswende blockiert. Die Unfähigkeit der politischen Kräfte – der Mitte-Rechts-Regierungen ebenso wie der Mitte-Links-Regierungen – diese Wende einzuleiten, führte in der Konsequenz zur Herausbildung einer neuen Staatlichkeit, die Dörre als „Tendenz zu bonapartistischen Demokratien" (Dörre 2020a) beschreibt. Damit greift er auf die Bonapartismusanalyse zurück, die Karl Marx 1852 in der Schrift „Der achtzehnte Brumaire des Louis Bonaparte" entwickelt hatte, um den Staatsstreich Louis Napoleons in Frankreich 1851 als Umschlag einer revolutionären Phase in eine konterrevolutionäre, autoritäre Phase einzuordnen. Zum prägenden Merkmal in diesem Prozess wird die Balance, oder wie Dörre diesen Ansatz modifiziert, die Pattsituation im gesellschaftlichen Kräfteverhältnis, wodurch sich die Exekutive verselbständigt und an Autonomie gewinnt und sich zugleich eine aus unterschiedlichen Klassenfragmenten zusammengesetzte, reaktionäre Bewegung formiert. Diese Stillstellung gesellschaftlicher Aushandlungsprozesse kann als das grundlegende Merkmal für die gesellschaftlicher Entwicklung des Nachkrisenjahrzehnts diagnostiziert werden. Mit der Pandemie löst sich dieses Interregnum jedoch zunehmend in einem Corona-Staat auf, der auf zweifache Weise politische Initiative und Handlungsfähigkeit zurückgewinnt. Während der Ausnahmenstaat innerhalb des verfassungsrechtlichen Rahmens die Grundrechte auf Zeit einschränkt und dafür durch die Bekämpfung der Pandemie legitimiert wird, reagiert der Wirtschaftsstaat mit einem Anti-Rezessionsinterventionismus, um die Folgen der Maßnahmen zur Pandemieeindämmung aufzufangen (ebd.).

Diese Auflösung des politischen Interregnums geschieht nicht klassenneutral, vielmehr wirkt das Krisenmanagement vom ersten Tag an als Ungleichverstärker. Die Schließung von Kitas und Schulen, eine beschleunigte digitale Kommunikation und Homeoffice-Regelungen treffen auf kaputt gesparte Gesellschaften und eine gespaltene Arbeitswelt, was vorhandenen Spaltungen vergrößert. Nach der neoliberalen Rosskur der letzten dreißig Jahre ist der Staat, in dem sich die Interessen der Klassen abbilden, bei der Wiederherstellung der öffentlichen

Daseinsvorsorge nur bedingt handlungsfähig. Die Beziehung zwischen Wirtschaftsstaat und Ausnahmestaat verschärft die gesellschaftliche Konfliktachse am Widerspruch zwischen Kapital und Arbeit. Der Wirtschaftsstaat muss dabei „die Suppe auslöffeln, die ihm sein ungleicher Zwilling, der Ausnahmestaat, eingebrockt hat" (Dörre ebd.).

Weltweites rigoroses Krisenmanagement

Weltweit reagierten alle Staaten mit einem rigorosen Krisenmanagement auf die Pandemie. Insgesamt aber waren große Unterschiede zu beobachten. Während die schwedische Regierung auf die Selbstbeschränkung setzte, mussten die Menschen in der chinesischen Provinz Hubei wochenlang hinter versiegelten Wohnungstüren sitzen. Staatlich zugewiesene Hotelzimmer oder Sicherheitskameras vor der Wohnungstür garantierten die Einhaltung der Quarantäneauflagen. Die digitale wie analoge Kontrolle wurde auch im restlichen Teil des Landes hochgefahren. Dabei setzte sich in weiten Teilen Asiens ein Prozess fort, der mit der SARS-Pandemie begonnen hatte: Unter Berufung auf den Gesundheitsschutz war bereits 2002 das Recht auf Privatsphäre sowie die Bewegungsfreiheit eingeschränkt worden (vgl. Asian Centre 2020).

Weltweit standen die ergriffenen Maßnahmen zur Eindämmung der Pandemie im Verhältnis zum Zustand der Gesundheits- und Sozialsysteme. Auch die Konkurrenzsituation zwischen der gesundheits- und der wirtschaftspolitischen Ebene der Pandemie bestimmte die Regierungsmaßnahmen, ebenso das Pandemiegeschehen selbst. Insbesondere in den Ländern des globalen Südens entschied vor dem Hintergrund unzureichender medizinischer Kapazitäten die Härte des Lockdowns darüber, mit welcher Mortalitätsrate ein Land durch die Pandemie kam. Die meisten Regierungen Lateinamerikas hatten bereits nach wenigen bestätigten Fällen präventiv mit weitreichenden Ausgangsbeschränkungen reagiert und ihre Grenzen geschlossen. In diesem Kontext war wenig verwunderlich, dass Argentinien die längste und strengste Ausgangssperre des Kontinents verhängt hatte. Tracking-Apps, die auch eine Geolokalisierung zuließen, verpflichteten Arbeitnehmer in dem Land zur permanenten Selbstevaluierung (Jacob 2020, 677). In Paraguay – ein Land mit 304 Intensivbetten und den geringsten Sozialausgaben des Kontinents – setzte die Regierung auf Straßenpatrouillen und harte strafrechtliche Verfolgung.

In Afrika hatte sich das Virus vor allem in Südafrika und in weiten Teilen des Maghrebs ausgebreitet. Hier fehlte es an sauberem Wasser, Waschgelegenheiten und realen Möglichkeiten, um Abstandsregeln einzuhalten. Hinzu kamen schlecht ausgestattete Gesundheitssysteme, fehlende Labore, Beatmungsgeräte und Intensivbetten. Auf dieser Grundlage wurden die Ausgangsbeschränkungen in Marokko mit schweren Panzern durchgesetzt. Auch Äthiopien verfügte bei 105 Millionen Einwohnern über gerade einmal 105 Intensivbetten, in Mali waren es sechs Betten für 18 Millionen Menschen, in Ruanda acht Betten für zwölf Millionen (Monath 2020).

Kaum ein anderes Land aber hatte im Frühjahr 2020 so hart auf das Virus reagiert wie Südafrika. Eine strenge Ausgangssperre, die das Joggen im Freien unter Strafe stellte, den Verkauf von Alkohol und Zigaretten untersagte und das Verlassen des Hauses nur auf „absolut notwendig Beschaffungen" beschränkte (Schaap/Backhaus 2020), wurde beschlossen. Polizei und Armee gingen mit brutaler Härte vor, um die Ausgangssperre durchzusetzen. „Mehr als 17.000 Menschen wurden während der ersten Woche wegen Verstößen verhaftet. Bürger wurden auf den Straßen geschlagen, gedemütigt und sogar erschossen" (ebd.). In anderen Teilen Afrikas wurden die Notstandsregeln nicht nur zur Bekämpfung der Pandemie, sondern auch zur Bekämpfung der politischen Opposition eingesetzt (Hefele 2020). Im Niger verbot die Regierung Anfang März regierungskritische Demonstrationen, obwohl das Land noch keinen einzigen Infektionsfall gemeldet hatte (Dörries 2020). In Simbabwe wurde die Pandemie genutzt, um politische Reformen voranzutreiben, deren Zweck die Konsolidierung der Macht der Regierungspartei, die Ausweitung exekutiver Vollmachten und Kontrolle der Justiz war (Mbar 2020). Die Regierung schickte sich zudem an, während des Lockdowns die verfassungsrechtlich verankerte Unabhängigkeit der Justiz und die parlamentarische Kontrolle über Kredite und Verträge mit internationalen Akteuren einzuschränken (ebd.).

Auch in Europa unterstrich die Pandemie, dass es einen Zusammenhang zwischen Neoliberalismus und Autoritarismus gab. Die strengsten Regeln galten dort, wo die neoliberale Austeritätspolitik in den letzten Jahren am stärksten umgesetzt worden war. So war der verhältnismäßig lockere Lockdown in Deutschland und der Schweiz oder die auf Freiwilligkeit beruhenden Appelle der schwedischen Regierung nicht zu vergleichen mit den strengen Ausgangssperren in Griechenland, Spanien, Italien oder Frankreich. Auf den neoliberalen Umbau der Gesellschaften folgte nun der autoritäre. Die Defizite der zusammengesparten Gesellschaften ließen sich nicht nur an Krankenhausbetten abzählen, sondern auch an den Testkapazitäten. So konnte es in Frankreich bis zu einer Woche dauern, bis das Testergebnis vorlag. Zudem fehlte es aufgrund des Personalmangels häufig an einer effektiven Nachverfolgung der Infizierten (Brüggemann 2020).

Autoritäres Krisenmanagement in Ungarn

Auffallend ist, wie unterschiedlich autoritär-populistische Regierungen auf die Pandemie reagiert hatten. Mit Ausnahme von Brasilien und den USA erfolgte der pandemiebedingte autoritäre Gesellschaftsumbau in autoritär-populistischen Regimen mit sehr viel größerer Selbstverständlichkeit als in anderen Ländern. Hier breitete sich im Schutz der Pandemie „eine Version des Autoritarismus (aus), die den Ausnahmezustand als neue Normalität nimmt“ (Maihold 2020). Auch hier stand die Rigorosität, mit der die Maßnahmen zur Pandemiebekämpfung durchgesetzt wurden, im Verhältnis zum meist schlechten Zustand unterfinanzierter Gesundheitssysteme. Als Orbán am 11. März 2020 den Notstand ausrief, fehlte es in ungarischen Krankenhäusern nicht nur an professioneller Reinigung und ausreichend Schutzausrüstung, sondern auch an Handseife und Desinfektionsmitteln, von ausreichend Pflegepersonal ganz zu schweigen. Der autoritäre Durchgriff der Regierung versuchte die gravierenden Mängel im Gesundheitssystem zu kompensieren. Dabei ging sie mit großer Rücksichtslosigkeit gegen die Menschen vor, beispielsweise im April 2020, als sie 60 Prozent der Krankenhausbetten für die Behandlung von Corona-Patienten räumen ließ und bei ärztlicher Weigerung auch nicht vor arbeitsrechtlichen Kündigungen zurückschreckte (Mayer 2020). Medizinische Härtefälle wie Krebs-, Schlaganfall- und Demenzpatienten wurden entlassen. Pflege und Betreuung wurden von einem auf den anderen Tag den überforderten Angehörigen übertragen. „Meinen Vater hat man nach einer Fußamputation mit kaum verheilter, eiternder, noch vernähter Wunde nach Hause geschickt“, berichtete ein Betroffener (ebd.). Autoritäre Politikmuster wurden zum Instrument, um den neoliberalen Status quo aufrechtzuerhalten.

Doch Orbán beschränkte sich nicht auf die Bereiche der Pandemiebekämpfung, sondern stellte mit umfangreichen, zum Teil unbefristeten Sondervollmachten die ordnungspolitischen Weichen dauerhaft neu. Als er verkündete, die „Selbstverteidigung Ungarns“ mache eine neue Rechtsordnung erforderlich, befürchteten ungarische Oppositionspolitiker den Übergang in eine Diktatur, (Fehr 2020). Mit mehr als 100 Dekreten trieb Orbán im Windschatten der Pandemie den autoritären Umbau der ungarischen Gesellschaft voran. Er schränkte Grund- und Freiheitsrechte ein, ebenso die Arbeit der Justiz und die Informationspflichten der Behörden. Er unterlief das Arbeitsrecht und entzog den Kommunen, die in den vorangegangenen Lokalwahlen größtenteils an die Opposition verloren gegangen waren, Geld und politische Gestaltungsmöglichkeiten. Andere Dekrete ermöglichen den Missbrauch personenbezogener Daten oder Haftstrafen von bis zu fünf Jahren für die Verbreitung von falschen oder verunsichernden Meinungen im Kampf gegen das Virus (Krause-Sandner 2020).

Autoritäres Krisenmanagement in Brasilien

Ganz anders dagegen die USA und Brasilien. Hier erwiesen sich die autoritären Regime zur Pandemiebekämpfung als dysfunktional. Während die meisten Regierungen Süd- und Mittelamerikas vor dem Hintergrund ihrer unterfinanzierten Gesundheitssysteme bereits nach wenigen bestätigten Fällen mit weitreichenden Beschränkungen reagierten, führte die Verharmlosung des Virus als „kleine Grippe" in Verbindung mit späten und halbherzigen Maßnahmen sowohl in Brasilien als auch in den USA zu einer ungebremsten Ausweitung der Corona-Infektionen, die im Ergebnis als medizinische Katastrophe eingeordnet werden muss.

Der Zugang zur Gesundheitsversorgung ist das große Sorgenkind der Brasilianer. In Umfragen wird das Thema als dringlichstes Problem benannt. Je 10.000 Einwohner stehen gerade einmal 0,8 Intensivbetten zur Verfügung, mehr als die Hälfte davon in privaten Einrichtungen (Zilla 2020). Doch angesichts unterbrochener Wertschöpfungsketten und sinkender Rohstoffpreise stellte Bolsonaro nicht den Schutz der Bevölkerung in den Mittelpunkt, sondern rief diese dazu auf, nicht zu Hause zu bleiben, sondern auch weiterhin den Arbeitsplatz aufzusuchen, damit die Wirtschaft nicht in Mitleidenschaft gezogen werde. Aus Angst vor einer durch ein falsches politisches Krisenmanagement verursachten Rezession wurde der Kollaps des Gesundheitssystems in Kauf genommen und ist im Ergebnis als ebenso rücksichtslos zu bewerten wie die Politik Orbáns. Doch während Orbán seine präsidiale Macht ungestört zu einem weiteren Umbau des Staatsapparates nutzen konnte, provozierten die Alleingänge Bolsonaros in Brasilien den Widerspruch der Gouverneure – sie verhängten eigenständig in ihren Bundesstaaten weitreichende Isolationsmaßnahmen zum Schutz der Bevölkerung (Czymmeck/Oswald 2020, 7f.). Damit verschob sich die exekutive Dominanz zugunsten von Legislative und Judikative und stärkte die Gewaltenteilung. Der Konflikt verschärfte sich, als Bolsonaro seine Anhänger mobilisierte und zum Bruch der Maßnahmen aufrief und per Dekret anordnete, die Schließung der Flughäfen und der Verbindungsstraßen zwischen den Bundesstaaten zu stoppen. Weitere Anordnungen wie die Öffnung von Lotto-Annahmestellen oder Kirchen wurden ihm schließlich juristisch untersagt (Lichterbeck 2020). Der Machtkampf führte zu einer politischen Krise, in der mehrere Minister zurücktraten und Bolsonaro immer stärker in einen Konflikt mit Judikative und Legislative geriet. Dabei wurde immer deutlicher: Das Parlament war entlang der Corona-Konfliktlinie gespalten. Im Laufe der Zeit rückten selbst enge Weggefährten von Bolsonaro ab, und die Opposition leitete ein Impeachment-Verfahren gegen den Präsidenten ein.

Der politische Machtkampf polarisierte die Gesellschaft – nicht zuletzt weil das Virus durch die unzureichende Pandemiebekämpfung ungehindert bis auf die unteren Ebenen der Gesellschaft durchsickern konnte. So war die Wahrscheinlichkeit, an Covid-19 zu sterben, in den dicht besiedelten Armenvierteln fünfmal höher als für die Bewohner der wohlhabenden Gegenden (Eiseler/Rutkowski 2020). Die Angst vor Infektionen nahm zu. Sie entsprach der Geographie sozialer Ungleichheit. „Große Angst haben mehr Frauen (51%) als Männer (38%), eher die Armen (50%) als die Reichen (35%), häufiger jene, die im ärmsten Nordosten (51%) leben als jene aus dem reicheren Süden (35%)" (Zilla 2020).

Doch während auf den Straßen die Menschen gegen diese Politik demonstrierten, forderte Bolsonaro seine Anhänger auf, sich zu bewaffnen, um sich gegen die „Diktatur der Gouverneure" zu wehren. Die Radikalisierung der Regierung Bolsonaro unterstrich den Machtkampf in der politischen Klasse. So verurteilte die Ministerin für Frauen, Familie und Menschenrechte Damares Alves, eine evangelikale Pastorin, das Krisenmanagement der Gouverneure und drohte damit, die Verantwortlichen für die „gesellschaftliche Quarantänisierung und deren menschenrechtsverletztende Durchsetzung" hinter Gitter zu bringen. Und Bildungsminister Abraham Weintraub sprach sich für die Verhaftung des obersten Bundesgerichtshofes aus (ebd.). Auf der Straße agierten Polizei und Militär aggressiver denn je. Für die brasilianische Forscherin Dina Alves waren das Anzeichen für eine „nekropolitische Politik" – das politische Diktat über die Bedingungen, unter denen Menschen leben und sterben. „Wenn einerseits die Regierung kriegerische Gewalt anwendet, um die Politik der Isolation und der sozialen Distanzierung zu fördern", dann spüre die Bevölkerung das Anwachsen dieser Gewalt: „Sie wird nicht nur vom Staat dem tödlichen Virus ausgesetzt, sondern stirbt auch durch die Hand der Polizei" (vgl. De Carvalho do Val 2020).

Regierungshandeln unter Pandemiebedingungen war überall auf der Welt ein Aushandelungsprozess zwischen „Ausnahmezustand und Haushaltsnotstand" (Maihold 2020). In autoritär-populistischen Regimen verschärfte er sich. Trotz ihres unterschiedlichen Krisenmanagements gaben sowohl Bolsonaro als auch Orbán der wirtschaftlichen Entwicklung vor der Stärkung der Gesundheitssysteme den Vorrang. In beiden Fällen war eine deutliche Zunahme repressiver Maßnahmen zu beobachten. Der Einsatz staatlicher Kontrollinstrumente diente der Festigung präsidialer Macht. „Sondervollmachten sind damit unter den Bedingungen von Ausnahmezustand oder Haushaltsnotstand dazu angetan, dauerhaft die Gewichte zwischen den staatlichen Gewalten, aber auch innerhalb der Exekutive zu verschieben. In beiden Fällen wird die Corona-Krise dazu genutzt, die Machtbalance zu beeinflussen in Richtung auf einen stärkeren Autoritarismus und zu Lasten demokratischer Spielregeln" (ebd.). In Brasilien beförderten die zunehmende Prekarisierung, aber auch die Spaltung der politischen Klasse die

Mobilisierungsfähigkeit der Bevölkerung. Hohe Infektions- und Sterberaten dynamisierten diesen Prozess. Im Unterschied zu Ungarn konnte ein Teil der mißbräuchlich angewendeten Sondervollmachten zurückgedrängt werden.

Pandemie als Ungleichheitsverstärker

Dass die Pandemie als Ungleichheitsverstärker wirkte, lag nicht zuletzt daran, dass weltweit viele Gesellschaften einen jahrzehntelangen Prozess von Deregulierung, Flexibilisierung und Liberalisierung hinter sich hatten. Die größtenteils strengen Ausgangssperren trafen so auf Arbeitsgesellschaften, die die Bevölkerung nicht schützten, sondern unter den Bedingungen der Pandemie in existenzielle Krisen stürzten. Mehr als die Hälfte der Beschäftigten Lateinamerikas, Asiens oder Afrikas ist im informellen Sektor beschäftigt. Als Hausangestellte oder Straßenhändler mussten sie zur Bestreitung ihres Lebensunterhaltes auch in der Pandemie das Haus verlassen (Anliker/Marti 2020). In Peru besitzt nur jeder zweite Haushalt einen Kühlschrank. Die Menschen mussten ihre Lebensmittel also täglich frisch auf dem Markt kaufen. Die autoritäre Durchsetzung verhaltensbedingter Maßnahmen traf auf strukturelle Probleme, die die Menschen in Situationen zwang, in denen sie sich der tödlichen Bedrohung völlig schutzlos aussetzten. Nicht zufällig also verwandelte sich insbesondere Lateinamerika zum „Testlabor für die Welt" (Gurk 2020b). Nirgendwo wurden so viele Tests mit Impfstoffen gegen COVID-19 gemacht wie hier. Als die renommierte Forschungseinrichtung Instituto Butantan in Sao Paulo Freiwillige für Impfstofftests suchte, meldeten sich in den ersten 24 Stunden mehr als 600.000 Freiwillige. Die Studie war auf 9.000 Teilnehmer angelegt (ebd.).

Auch in Singapur beförderten prekäre Arbeits- und Lebensverhältnisse die Ansteckungsgefahr. So gingen 2020 95 Prozent der Ansteckungen auf Wanderarbeiter zurück, die auf engstem Raum miteinander lebten – häufig teilten sich bis zu 18 Personen ein Zimmer. Als in den Arbeitersiedlungen die Infektionszahlen in die Höhe schossen, änderte die Regierung jedoch nicht die Wohnverhältnisse, sondern erklärte den Gastarbeiterwohnkomplex zur Isolationszone und riegelte den Stadtteil ab. Während die Zahlen im restlichen Staatsgebiet wieder runtergingen, stiegen sie in den Arbeiterbezirken exponentiell an. „Überspitzt formuliert praktiziert Singapur seit einigen Tagen also eine zweigleisige Seuchenbekämpfung. In den Arbeitersiedlungen, wo die Lage eskaliert und eine genaue Nachverfolgung der Fälle kaum noch möglich ist, wird (...) eine Durchseuchung akzeptiert" (Rist 2020).

Fazit

Die COVID 19-Pandemie hat bestehende Strukturprobleme nicht nur sichtbar gemacht, sondern gleichzeitig verschärft. Ein Blick in den Misereor-Schuldenreport zeigt, dass die weltweite Überschuldung 2021 einen nie gekannten Höchststand erreicht hat. 135 von 148 untersuchten Ländern im globalen Süden sind kritisch verschuldet, davon dreimal mehr als bislang besonders kritisch (Misereor 2022). Die Zahlen zeigen: Rezession und zusammengebrochene Wertschöpfungsketten haben bestehende Abhängigkeiten im Nord-Süd-Kontext verschärft.

> „Wer die finanziellen Möglichkeiten hat, seine Wirtschaft über die Krise hinweg zu retten, wird – wenn wieder normal Handel betrieben, produziert und konsumiert werden kann – einen klaren Standortvorteil haben, wenn der globale Wettbewerb wieder an Fahrt aufnimmt. (...) Die Länder, die ohnehin schon finanziell abhängig sind, werden dagegen noch abhängiger werden: Sie werden Schulden tilgen müssen und somit noch weniger Geld haben, um in die Wirtschaft zu investieren" (Weipert-Fenner 2020).

Auch bei der länderspezifischen Betrachtung zeigt sich, dass die dominanten Merkmale eines Landes mit der Pandemie stärker hervortraten. Das gilt sowohl im Hinblick auf prekarisierte Arbeits- und Lebensverhältnisse, als auch im Hinblick auf autoritäre Politikmuster. Corona hat nicht etwa eine neue ungerechte Entwicklung eingeleitet, sondern bereits bestehende Trends verfestigt (Rodrik 2020). Dabei wurde der autoritäre Umbau der Gesellschaft zum Instrument, an den bestehenden gesellschaftlichen Defiziten der fehlgeleiteten Globalisierung festzuhalten. Offen bleibt zunächst, wie sich die Verschärfung dieser Widersprüche auf die gesellschaftlichen Kräfteverhältnisse auswirken wird. Soziale Widersprüche, demokratische Fehlentwicklungen, unsichere Zukunftsperspektiven sind nicht verschwunden, sondern haben sich unter dem Einfluss der Pandemie verfestigt. „Kein Staat – keiner – hat sich das Leben bzw. Überleben der Armen auf die pandemiepolitischen Fahnen geschrieben, überall sind die Hauptbetroffenen von Krankheit und Tod die Angehörigen jener Sozialmilieus, die über geringe Einkommens- und Bildungsressourcen verfügen, mit prekären Arbeits- und beengten Wohnverhältnissen konfrontiert sind" (Lessenich 2020). Alle Statistiken belegen: Was die Menschen be- und erdrückt – die existenzielle Angst vor dem sozialen Abstieg ebenso wie die Sorge um die Zukunft, die häusliche Gewalt ebenso wie die Angst vor sozialer Isolation –, hat sich unter dem Einfluss der Pandemie dynamisiert.

2. Protestzyklus und Pandemie
Gewerkschaftliche Machtressourcen prägen sich aus

Die Pandemie findet nicht voraussetzungslos statt, sondern trifft auf eine weltpolitische Lage, die durch einen nie da gewesenen Unruhezustand markiert wird. Fast hat es den Anschein, als sei die Welt bereits in den ersten zwanzig Jahren des 21. Jahrhunderts in ein neues „Zeitalter der Extreme“ (Hobsbawm) eingetreten. Es herrscht ein Globalchaos, das sich an wenigen Parametern ablesen lässt. Trotz unermesslichen Reichtums hat die globale Armut in der Pandemie zugenommen. Statt 645 Millionen Menschen (2019) müssen inzwischen mehr als 750 Millionen von weniger als 1,90 Dollar am Tag leben (UNSTATS 2021). „Die Welt, in der wir leben, ist krank“, sagt Dellwo angesichts der immer weiter auseinander treibenden Schere zwischen arm und reich. „Wenn es möglich ist, dass 62 Menschen auf der Erde so reich sind wie die gesamte ärmere Hälfte der Menschheit, dann stellt sich nicht mehr die Frage, ob, sondern nur noch, in welchem Maße wir sozial zerstört sind“ (Dellwo 2016). Konflikte um die Vorherrschaft, um Kontrolle von Märkten und den Zugang zu Ressourcen nehmen zu. Einen deutlichen Anstieg vor allem in Afrika, Amerika sowie in der Region des Mittleren Ostens und Nordafrika misst das Konfliktbarometer für die letzten dreißig Jahre (HIIK 2020). Die ökologische Zerstörung ist derart vorangeschritten, dass nur noch wenige Jahre bleiben, um einen irreversiblen Klimakollaps abzuwenden. Zwar hatte der Corona-bedingte Lockdown zu einer temporären Reduktion der CO_2-Emissionen geführt. Vor dem Hintergrund des Ukrainekrieges zeichnet sich jedoch ab, dass die globale Neuordnung des Energiemarktes den Rückgriff auf die klimaschädlichen fossilen Energien befördern wird, um die Versorgungssicherheit zu gewährleisten. Last but not least: Flucht und Migration erreichen ein historisches Ausmaß: Mit weltweit 272 Millionen Aus-, Ein- und Zuwanderern waren noch nie zuvor so viele Menschen auf der Flucht vor Armut, Verfolgung, Krieg und Umweltschäden bzw. auf der Suche nach besseren Arbeits- und Lebensbedingungen (IOM 2020). Nicht nur diese Zahl, sondern vor allem der beschämende Umgang mit den Schicksalen der Geflüchteten an den Außengrenzen kapitalistischer Zentren markieren den moralischen Bankrott kapitalistischer Entwicklung und erhöhen den Legitimitätsdruck auf die westlichen Demokratien.

Die bestehenden Widersprüche haben sich in eine lange Kette signifikanter Schockmomente verwandelt. Die Zeit der optimistischen Verheißungen auf eine bessere Zukunft ist in eine Katastrophenzeit übergegangen, in der ein Kollaps der ökologischen, ökonomischen und gesellschaftlichen Systeme mehr und mehr Gestalt annimmt und in die die Zerstörung des World Trade Centers ebenso hineingehört wie die globale Finanzkrise von 2008, die Nuklearkatastrophe von Fukushima, islamistische Terroranschläge, die explodierenden Migrations- und Fluchtbewegungen, der Aufstieg autoritärer Bewegungen, Infektionskrankheiten wie Ebola, Vogelgrippe, Sars und COVID-19 „und schließlich der Klimawandel mit seinen jüngsten Fanalen, den Flächenbränden in Australien und Sibirien, extreme Hitzeperioden – Basra erlebte Ende Juli 2020 einen neuen Weltrekord von 51 Grad – und dem rasanten Abschmelzen des arktischen Eisschildes" (Neckel 2021, 51). Je näher gesellschaftliche Kipppunkte als Möglichkeit in das Alltagsbewusstsein rücken und je stärker sie dabei mit der Apokalypse drohen, desto drängender stellt sich die Frage nach der Auflösung der bestehenden Widersprüche. Rosa Luxemburgs vor über einhundert Jahren getroffene Zeitdiagnose „Sozialismus oder Barbarei"[1] gewinnt zunehmend an Aktualität und eignet sich zur Beschreibung des Lösungsdrucks, der sich aus der organischen Krise des Kapitalismus ergibt.

Nicht zufällig verarbeiten Kulturschaffende diese massiven und sich auf unterschiedlichen gesellschaftlichen Ebenen vollziehenden Krisenerfahrungen als Inszenierung von Katastrophen und Dystopien. Literatur und Film sind sensible Gradmesser, um die Gemütslage der Gesellschaft zu erfassen. Aktuell spiegeln sie einen gesellschaftlichen Pessimismus wider. Der koreanische Regisseur Bong Joon-ho etwa verarbeitet in seinem Film „Snowpiercer" die Angst vor einem Klimakollaps, indem er die Welt der Zukunft als unbewohnbaren Eisklotz zeichnet. Die deutsche Schriftstellerin Juli Zeh greift den Rückzug des Staates aus einer umfassenden medizinischen Versorgung für alle und die damit einhergehende individuelle Verantwortung zur Gesundheitsprophylaxe auf. In „Corpus Delicti"

1 „Die bürgerliche Gesellschaft steht vor einem Dilemma: Entweder Übergang zum Sozialismus oder Übergang in die Barbarei! (…) entweder Triumph des Imperialismus und Untergang jeglicher Kultur wie im alten Rom, Entvölkerung, Verödung, Degeneration, ein großer Friedhof. Oder Sieg des Sozialismus, das heißt der bewussten Kampfaktion des internationalen Proletariats gegen den Imperialismus und seine Methode: den Krieg. Dies ist das Dilemma der Weltgeschichte, ein Entweder-Oder, dessen Waagschalen zitternd schwanken vor dem Entschluss des klassenbewussten Proletariats. Die Zukunft der Kultur und der Menschheit hängt davon ab, ob das Proletariat sein revolutionäres Kampfschwert mit männlichem Entschluss in die Waagschale wirft" (Luxemburg 1915).

skizziert sie eine Gesundheitsdiktatur mit totaler Überwachung und der Pflicht zur Selbstoptimierung. Der US-amerikanische Film „The Machine" verarbeitet die erhöhte Konfliktbereitschaft im internationalen Raum und thematisiert die Widersprüche im Umgang mit künstlicher Intelligenz und ihren Einsatz in der Militärforschung. Und der französische Bestsellerautor Michel Houellebecq greift auf verstörende Weise auf gesellschaftliche Polarisierungen zurück. In „Unterwerfung" zeichnet er einen düsteren Gesellschaftsentwurf, in dem radikale Rechte und Islamisten um die politische Vorherrschaft kämpfen. Diese negativen Gesellschaftsentwürfe sind deshalb von Belang, weil sie methodisch aus der Szenariotechnik entwickelt werden. Dabei wird zur Abschätzung mit Tendenzen aus der Gegenwart weitergerechnet. Die Anwendung dieser Technik sagt etwas darüber, wie die Gegenwart gesehen und was für die Zukunft befürchtet wird. Dass es nicht die Utopien sind, die die literarisch und filmisch verarbeiteten Gesellschaftsentwürfe dominieren, sondern die Dystopien, lässt auf eine allgemein pessimistische gesellschaftliche Grundstimmung schließen, die in extremer Weise preisgibt: Die Menschen sind in der Lage, sich selbst zu vernichten.

Kampf um die neue systematische Ordnung

Weltweit lässt sich in Reaktion auf die Zuspitzung dieser Entwicklungen eine gesteigerte Frustration über politische wie soziale Widersprüche beobachten, die sich in einer Renaissance von Arbeitskämpfen und sozialen Bewegungen ausdrücken und zu einem neuen globalen Protestzyklus verdichten. Die Bewegungen unterscheiden sich im Hinblick auf Protestanlass und Protestziel. Aber sie eint die Verweigerung, auch weiterhin klaglos die Priorisierung ökonomischer gegenüber sozialen Fragen zu akzeptieren. Azzellini spricht daher von einem „Epochenbruch" (Azzellini 2014, 495), vor allem weil die neuen Bewegungen neue Formen der Beteiligung ausprobieren und einen Bruch mit vormals dominanten Formen der Organisierung und Mobilisierung darstellen. Zu beobachten ist ein Protestzyklus, der sich seit 2010 als weltumspannende Protestbewegung entwickelt und als ein sich zuspitzender Kampf um eine „neue systemische Ordnung" (Wallerstein 2014, 616) eingeordnet werden muss. Es ist eine bipolare Auseinandersetzung, die Wallerstein als strukturelle Krise des Weltsystems klassifiziert, „in der weder die unteren Klassen noch die Unternehmer auf ihre Kosten kommen" (ebd.).

Seine Vorläufer hat dieser Protestzyklus in der globalisierungskritischen Bewegung, die 1998 in Seattle mit den Protesten gegen die WTO-Verhandlungen ihren Anfang nahm. Sie bündelte politische Aktivisten unterschiedlicher Milieus, die – grob klassifiziert – aus Gewerkschaftern, Umweltaktivisten und Anarchisten des Nordens wie des Südens bestanden, und löste eine weltweit hörbare Kritik an sozialen, ökologischen und politischen Fehlentwicklungen neoliberaler Globalisierung aus:

> „Weil die Regierungen rund um den Erdball glaubten, die Bedürfnisse internationaler Investoren erfüllen zu müssen, versäumten sie es, an die Bedürfnisse ihrer Wähler zu denken. Einige dieser nicht erfüllten Bedürfnisse waren grundlegend – es fehlte an Wohnungen, Ackerland, Wasser oder Medikamenten –, andere waren weniger greifbar, so zum Beispiel das Bedürfnis nach nicht kommerzialisierten kulturellen Räumen, in denen man kommunizieren, sich versammeln und Erfahrungen miteinander teilen konnte, sei es in Internet, in Radio und Fernsehen oder auf der Straße. Dem allen lag das fundamentale Bedürfnis nach Demokratien zugrunde, die auf die Anliegen ihrer Wähler reagieren und partizipatorisch sind und nicht von Enron oder dem Internationalen Währungsfonds (IWF) gekauft und bezahlt wurden“,

schrieb Naomi Klein auf dem Höhepunkt der globalisierungskritischen Protestbewegung (Klein 2003, 14).

Darauf folgte nur wenige Jahre später ein Protestzyklus, der mit dem Arabischen Frühling seinen Anfang genommen, das gesamte Nachkrisenjahrzehnt geprägt hatte und bis heute anhält. Er muss als Auseinandersetzung betrachtet werden, die weit mehr ist als nur das zeitliche Zusammentreffen von Protestgeschehen. Sie ist vielmehr die Fortsetzung einer von Wallerstein mit aller Ernsthaftigkeit gestellten Frage nach der finalen Entscheidungsschlacht um das Überleben der Menschheit, um eine fundamentale Frage also, auf die nicht mehr mit Kompromissen geantwortet werden könne. „Die eine oder die andere Seite wird siegen. Ich nenne diese Schlacht diejenige zwischen dem Geist von Davos und dem Geist von Porto Alegre. Der Geist von Davos bedeutet die Suche nach einem neuen nicht-kapitalistischen System, das dessen schlimmste Merkmale fortführt – Hierarchie, Ausbeutung und Polarisierung. Seine Vertreter können durchaus ein Weltsystem installieren, das schlimmer ist als das gegenwärtige. Der Geist von Porto Alegre bedeutet ein System, das relativ demokratisch und relativ egalitär ist“ (Wallerstein 2014, 620 f.). Dörre folgt dieser Einschätzung und bemerkt, dass das Scheitern der Revolte gegen den Neoliberalismus, die von unterschiedlichen Akteuren wie Occupy Wallstreet, Podemos und SYRIZA, Klimaaktivisten und feministisch-antirassistischen Initiativen getragen wurde, vor allem darauf zurückgeführt werden müsse, dass die verschiedenen Oppositionsbewegungen mit einem nur „unzureichenden Verständnis jenes epochalen Umbruchs“ agierten (Dörre 2020b). Unterm Strich müssen die einzelnen Protestbewegungen als Konzentrat politischer Auseinandersetzungen an der gesellschaftlichen Konfliktachse betrachtet werden – als Protestbewegungen, die sich als Reaktion auf die austeritätspolitische Bearbeitung der globalen Finanzkrise noch einmal zugespitzt haben. Sie hatten sich seit 2010 zu einem Protestgeschehen verdichtet, das auf unterschiedliche Krisenmomente reagierte, aber die marktradikale Hegemonie durch einen Systemwechsel brechen wollte.

Verdichtung zum Protestzyklus

Seinen Ausgangspunkt hatte dieses Protestgeschehen in Tunesien genommen. Die Empörung über die Selbstverbrennung des Gemüsehändlers Muhammad Bouazizi im Dezember 2010 hatte eine Protestwelle ausgelöst, die nicht auf Tunesien beschränkt geblieben war, sondern schon bald den gesamten nordafrikanischen Raum erfasst hatte. Es war vor allem die junge Generation, die in Tunis, Algier und Kairo gegen die Schwierigkeiten, einen Job zu finden, gegen Überwachung, Polizeiwillkür und staatliche Korruption auf die Straße ging. In Tunesien und Ägypten stürzten die autokratischen Herrscher, doch neue autoritäre Strukturen verfestigten sich. Im Jemen, Libyen und Syrien folgten auf die Erhebungen Bürgerkriege. Im Ergebnis blieben diese Proteste also ernüchternd. Und doch provozierten sie ideologische Brüche, öffneten Möglichkeitsräume, machten politische Entwicklungen jenseits des Status quo vorstellbar. Das „vielleicht Entscheidende am Arabischen Frühling (war), dass er Alternativen aufzeigte. Möglichkeiten, Politik, Staat und Gesellschaft anders zu gestalten" (Zenith 2021, 5). Auch literarisch war der Arabische Frühling Ausgangspunkt für neue Geschichten und Erzählungen. Sie spiegelten ein neues Bewusstsein voller Träume und Erwartungen, aber auch voller Frustration wider und verarbeiteten damit die Widersprüche der gesellschaftlichen Entwicklungen in der post-revolutionären Ära (Al-Acheq 2021, 62). Dieser plötzliche Moment der Möglichkeit mit seinen Auswirkungen auf das Alltagsbewusstsein der Menschen hallte nach und artikulierte sich 2019 neu, als es zu Massenprotesten in den Ländern kam, an denen „die 'erste Welle' des Arabischen Frühlings vorbei" gerollt war (Zenith 2021, 5): im Sudan, im Irak, im Libanon. Auf den Protest im arabischen Raum folgten die Anti-Krisenproteste, die den europäischen Kontinent mit Platzbesetzungen, Massendemonstrationen und Generalstreiks durchschüttelten. Sie gipfelten im Wahlsieg SYRIZAs in Griechenland im Januar 2015. Es folgte ein halbes Jahr harter „Verhandlungen" mit den europäischen Institutionen, im Verlaufe derer nicht nur die linke griechische Regierung, sondern mit ihr eben jene europäische Protestbewegung in die Knie gezwungen wurde.

Gleichzeitig war zu beobachten, dass in den industriellen Zentren mehr und mehr ökologische Fragen in den Fokus gesellschaftlicher Auseinandersetzungen rückten. Was in Deutschland mit den Mobilisierungen gegen die Castortransporte und gegen die unterirdische Verlagerung des Stuttgarter Hauptbahnhofs begonnen hatte, brach sich schließlich mit Fridays for Future ab 2018 seine Bahn und leitete eine neue Phase ökologischer Proteste ein, die es tatsächlich schafften, ihr Protestgeschehen transnational zu organisieren. Ähnliches muss auch für die feministischen Protestbewegungen festgestellt werden. Abgesehen von den nationalen Protesten für legale Abtreibungen gelang es sowohl der internationalen Frauenstreikbewegung als auch der #metoo-Bewegung, transnational zu agieren. Proteste in Hongkong, Indien, Chile, Nigeria, Frankreich, Katalonien, Italien, Israel, den USA, Kanada oder der Türkei vervollständigten das Bild vom globalen Protest, der schließlich 2019 seinen Höhepunkt erreichte. Zusammengefasst lässt sich sagen: Das Nachkrisenjahrzehnt war geprägt von einer anhaltenden Zunahme ziviler Unruhen. Der Großteil der Demonstrationen blieb friedlich. Doch nicht weniger als 96 Länder verzeichneten 2019 mindestens eine gewaltsame Demonstration, die sich gegen wirtschaftliche Ungleichheit, Polizeibrutalität oder soziale Nöte richtete (GPI 2020). In autoritär regierten Ländern wie Ägypten, Chile oder Kolumbien versuchten die Regierungen, die Massenmobilisierungen im Keim zu ersticken. Im Irak töteten Sicherheitskräfte und paramilitärische Scharfschützen mehr als 700 Demonstranten, über 20.000 wurden verletzt. Bis heute sind zahlreiche Aktivisten spurlos verschwunden (Al-Hassani 2021, 73).

Ein längerfristiger Trend und verbindende Momente

Der Protestumfang erreichte 2019 ein neues Niveau und eine neue Mobilisierungsstärke. In 45 Ländern fanden 65 Proteste mit jeweils mindestens 50.000 Menschen statt. Mit 48 Protesten ereignete sich der überwiegende Teil in liberalen Demokratien (Debiel u.a. 2020). Der Global Peace Index sieht „einen längerfristigen Trend, bei dem die Unruhen auf der ganzen Welt in den letzten zehn Jahren um 282 Prozent zugenommen haben, während Generalstreiks um 821 Prozent anstiegen sind“ (GPI 2020). Die ägyptisch-libanesische Künstlerin Lara Baladi sieht als verbindendes Moment der Proteste, dass vielerorts der Tod junger Menschen zum Auslöser für Massenbewegungen wurde. „Der Tod von Neda Agha Soltan 2009 in Iran, der Tod von Khaled Said 2011 in Ägypten, der Tod des Syrers Hamzah Al-Khatib 2011, der Tod von Mike Brown oder der Tod von George Floyd in den USA im Mai 2020“ (Baladi 2021, 32). Singuläre Ereignisse, die Massenproteste entfesseln und damit eine ganze Region erfassen, verweisen auf eine tiefer sitzende Unzufriedenheit, die sich ein Ventil sucht. Kormann u.a.

benennen dafür trotz aller Unterschiedlichkeit zwei Hauptursachen. Einerseits eine Entwicklung des politischen Systems, das sich vielleicht als „gesteuerte Demokratie“ charakterisieren ließe: Der algerische Präsident Abdelaziz Bouteflika, der sich eine weitere Amtszeit verschaffen wollte, ebenso der Präsident von Weißrussland Alexander Lukaschenko. In Hong Kong formierte sich über Monate Protest gegen ein geplantes Auslieferungsgesetz an China, weil die Menschen eine Aushöhlung des Rechtssystems Hong Kongs, das bislang weitgehend unabhängig von China war, befürchteten (Au 2020). In Katalonien protestierten die Menschen für die katalanische Eigenständigkeit und damit die Unabhängigkeit von Spanien. „Die Bewegungen eint, dass sie die Logik der politischen Repräsentation ablehnen, weil sie als undemokratisch erlebt wird“ (Azzellini 2014, 496). Sie fordern mehr politische Freiheiten und Selbstbestimmung und sprechen sich gegen Unterdrückung und Fremdbestimmung aus Dagegen stellen sie direkte und partizipative Demokratie als strukturierendes Grundprinzip (ebd., 496 f.).

Der zweite Punkt, der als ursächlich für die Proteste benannt wird, bestand in ökonomischen Einschnitten in Gestalt von Steuern oder Fahrpreiserhöhungen. Sie erscheinen auf den ersten Blick gering, bürden jedoch den Menschen enorme Mehrbelastungen auf. In Ecuador waren es Benzinpreiserhöhungen, in Chile die Erhöhung der Fahrpreise, im Sudan der rasante Anstieg des Brotpreises, in Frankreich die Erhöhung der Treibstoffsteuer und im Libanon eine Steuer auf Gespräche über Messenger-Dienste (Kormann u.a. 2020). Minimale und aus Sicht der politischen Klasse vernachlässigbare Fahrpreis- oder Steuererhöhungen lösten vielerorts einen Flächenbrand an Protesten aus, die vor allem eines zeigen: Es besteht offenbar eine tief empfundene Ungerechtigkeit im Hinblick auf die ungleiche Verteilung von Reichtum und Macht. Nur so ist zu erklären, warum sich die Proteste derart rasant ausbreiteten, politisch schnell verallgemeinert wurden und wie im Falle von Hongkong, Chile oder dem Sudan auch nach Rücknahme der kritisierten Maßnahmen fortgesetzt wurden (Debiel u.a. 2020).

Die beiden benannten Protestursachen sind keineswegs scharf voneinander zu trennen, sondern greifen ineinander. Insbesondere im Zuge der Austeritätsproteste ist deutlich geworden wie sehr sich im Spannungsverhältnis von Demokratie und Kapitalismus soziale und demokratische Anliegen überlagern. „Weltweit stand am Anfang der Mobilisierungen die Unerträglichkeit der Abwälzung der Krisenkosten auf die Mehrheit der Bevölkerung, die Ablehnung und das Unverständnis gegenüber einem System, das die Rettung von Banken der Rettung von Menschen vorzog, verknüpft mit der Feststellung, keinen Einfluss auf Entscheidungen der Politik zu haben“ (Azzellini 2014, 498). Festzuhalten ist: Protestursachen wirken nicht singulär, sondern gehen vielmehr eine Beziehung miteinander ein und können sich im Verlaufe eines Protestgeschehens sogar verstärken. Hinzu kommt, dass verschiedene Protestbewegungen, die historisch nacheinander oder thematisch oder regional parallel stattfinden, zu einer Konsolidierung von Protestverhalten führen und Bewegungen verstärken können. Der Unmut in Chile über die Fahrpreiserhöhung von drei Cent ist deshalb zur größten Protestwelle in der Geschichte des Landes geworden, weil sich seit mehr als zehn Jahren die soziale Unzufriedenheit in wiederkehrenden Protesten gegen die Mängel im öffentlichen Verkehr, gegen das Rentensystem oder das Ungleichheit zementierende Bildungssystem konsolidiert hatte. Die Vereinheitlichung der Lebens- und Ausbeutungsbedingungen in einer globalisierten Welt begünstigt zudem eine Gleichzeitigkeit von Unzufriedenheit und eine Gleichzeitigkeit von Protest. Dadurch entwickeln Revolten und Aufstände eine ausgeprägte Beziehung zueinander. „Alle reden da von Seattle, aber das war viel mehr als Seattle. Es gab Proteste in hunderten Städten rund um die Welt. Die Zapatistas haben da eine wichtige Rolle gespielt, Reclaim the Streets war von ihnen inspiriert" (Katsiaficas 2016, 145).

Protestgeschehen in der Pandemie

Für das Jahr 2020 kann festgehalten werden: Eine pandemiebedingte Stillstellung der Proteste fand nicht statt. Vielmehr schwappte die Protestwelle in das Jahr 2020 hinüber und setzte sich nach einer kurzen Flaute zu Beginn des Jahres mit den Protesten gegen Alexander Lukaschenko in Weißrussland, der Black Lives Matter-Bewegung in den USA, den Gilets Jaunes in Frankreich, den Protesten gegen das Sicherheitsgesetz in Hong Kong oder den Protesten gegen das Verbot von Abtreibungen in Argentinien und Polen fort. In Peru hatten sich inmitten der Corona-Pandemie Hunderttausende, vor allem junge Menschen, zum Protest erhoben, nachdem die Mehrheit der peruanischen Kongressabgeordneten den parteilosen Präsidenten in einem fragwürdigen Verfahren des Amtes enthoben und damit eine schwere Staatskrise ausgelöst hatte. Es war eine Art parlamentarischer Putsch, der die von Korruptionsaffären und materieller Bereicherung gezeichnete politische Klasse zusätzlich diskreditierte. Im Hintergrund machten die Menschen die Erfahrung, dass die Regierung sie weder vor dem Virus noch vor dem sozialen Absturz schützte. In Peru verbreitete sich das Virus rasant. Mit knapp 36.000 Corona-Toten wies das 32-Millionen-Einwohner-Land 2021 eine der höchsten Sterblichkeitsraten weltweit auf (Krauth 2021).

Die Zunahme der Proteste unter den Bedingungen der Pandemie zeigt einerseits, „wie fragil der innengesellschaftliche Frieden selbst in westlichen Industriestaaten ist" (Debiel u.a. 2020). Sie rückt aber andererseits das Protestjahr

2019 noch viel stärker in den Kontext der Proteste im Nachkrisenjahrzehnt. Sie unterstreicht die Resillienz des globalen Protestgeschehens gegenüber sich verändernden Rahmenbedingungen und wird gleichzeitig zum Ausdruck politischer Alternativlosigkeit: „Obwohl die Pandemie eine Protestpause erzwang, gehen weiterhin viele Menschen auf die Straßen – auch wenn Aktivisten von paramilitärischen Gruppen mit dem Tode bedroht und ermordet wurden. Die Kultur der Angst kehrt zurück, doch für die Demonstranten gilt: 'Wir haben nichts mehr zu verlieren'", schreibt Al-Hassani über das Protestgeschehen im Irak nach der Pandemie (Al-Hassani 2021, 73).

Protest blieb also auch 2020 trotz der weltweiten medizinischen Katastrophe ein integraler Bestandteil der politischen Auseinandersetzung. Die Pandemie hat dabei nicht neue Protestauslöser geschaffen, sondern vielmehr im Kontext des Krisenmanagements von Maßnahmenstaat und Wirtschaftsstaat die beiden bestehenden Protesttreiber des Nachkrisenjahres – die Unzufriedenheit mit autoritären und undemokratischen Entwicklung einerseits und die Angst vor dem sozialen Absturz andererseits – verstärkt. Dabei hat es den Anschein, als beschleunige die Unfähigkeit der Regierungen zu einem umfänglichen Sozial- und Gesundheitsschutz ideologische Brüche, die sich vielerorts in Protestgeschehen übersetzen. „Das Corona-Virus – oder besser die Angst vor Corona – ist somit der Tropfen, der das Fass der Globalisierungskritik zum Überlaufen gebracht hat. Er ist nur das letzte Glied einer ganzen Kette von Anlässen, die die große Erzählung vom Segen der Globalisierung radikal in Frage stellen: Der Verdrängungswettbewerb durch Ostasien, die Finanzkrise und deren Folgen, die manche Staaten immer noch nicht überwunden haben, die große Zahl von Migranten, denen die westlichen Länder mittlerweile tatsächlich als Festung gegenüberstehen, die sich aufschaukelnde Klimakatastrophe und jetzt die Pandemie verschmelzen zu einem Amalgam, für das in all seinen Facetten die Globalisierung verantwortlich gemacht wird" (Menzel 2021).

Gewerkschaftliche Machtressourcen

Eine Zunahme gewerkschaftlicher Kämpfe ist seit der Finanzkrise von 2008 zu beobachten. Diese Entwicklung ist zugleich geprägt von einer Tertiarisierung der Streiks, das heißt einer zunehmenden Verschiebung der Streiks in die Dienstleistungsbereiche und hier insbesondere in den Logistik- und Transportbereich. Hinzu kommt eine Feminisierung von Streikbewegungen, also einer Zunahme von Streiks in Branchen mit hohem Frauenanteil bei gleichzeitiger Politisierung dieser Arbeitskämpfe (Nowak u.a. 2018, 6 f.).

Vor der Kulisse dieser sozioökonomischen Zeitdiagnose erschien im Oktober 2019 eine bemerkenswerte Studie an der Universität Oslo, in der die Autoren der Frage nachgehen, warum in der Vergangenheit einige Bewegungen erfolgreich demokratische Veränderungen durchsetzen konnten und andere nicht (vgl. Dahlum u.a. 2019). Dazu verglichen sie für den Zeitraum von 1900 bis 2006 weltweit alle relevanten Protestbewegungen miteinander und kamen zu dem Schluss, das es nicht egal ist, wer demonstriert und wie sich soziale Bewegungen zusammensetzen. Sie stellten fest, dass Demokratieproteste vor allem dann erfolgreich waren, wenn sie sich mehrheitlich aus der städtischen Mittelschicht und Industriearbeitern rekrutierten. Der Grund: Beide Gruppen verbinden eine starke Präferenz für Demokratie mit einer realen Durchsetzungsperspektive. Insbesondere Industriearbeiter können sich auf Gewerkschaften, internationale Netzwerke und sozialdemokratische Parteien stützen, um ihren Protest zu koordinieren und autoritäre Regime kraftvoll herauszufordern. Der Wert der Studie besteht in dem Hinweis, dass soziale Bewegungen und Klassenorganisierung zusammengehören, weil politische Ziele zur Umsetzung den ökonomischen Nachdruck brauchen, den die Welt der Arbeit entfalten kann. Blanc arbeitet am Beispiel der US-amerikanischen Lehrerstreiks heraus, dass es für diesen Nachdruck nicht nur nur die organisierte Industriearbeiterklasse braucht, sondern dass auch Beschäftigte der Daseinsvorsorge gesellschaftlichen Druck entfalten können (Blanc 2019). Doch entscheidend bleibt: Der organisierten Arbeiterbewegung kommt eine besondere Rolle im Kampf um eine neue systemische Ordnung zu. Wie also steht es um die gewerkschaftlichen Machtressourcen?

Die Diagnose der Arbeitsbeziehungen in Nord und Süd unter den Bedingungen einer fehlgeleiteten Globalisierung hat als Krisendiskurs die Gewerkschaftsforschung lange beherrscht (vgl. Schmalz/Dörre 2014). Doch Gewerkschaftliche Gegenmacht hat unter den veränderten Bedingungen der Globalisierung eine Strategieanpassung vorgenommen und sich neue Handlungsspielräume erschlossen. Diese Entwicklung hat gezeigt, dass Beschäftigte „den Wirtschaftsinteressen, die auf weniger Regulierung, größere Flexibilität und geringeren Gewerkschaftseinfluss drängen, keineswegs ausgeliefert“ sind (Fichter u.a. 2018, 3). Dadurch hat ein Revitalisierungsprozess eingesetzt, der sich nicht nur im globalen Vergleich abbilden lässt, sondern auch einen Paradigmenwechsel in der Gewerkschaftsforschung eingeleitet hat, der nicht etwa den Niedergang der Gewerkschaften beschreibt, sondern nach ihren strategischen Möglichkeiten fragt. In diese Diskussion ordnet sich der Jenaer Machtressourcenansatz ein. Er unterteilt gewerkschaftliche Handlungsmacht in vier Machtressourcen: die strukturelle Macht als die Fähigkeit, den Kapitalverwertungsprozess zu stören;

die Organisationsmacht durch die Stärke gewerkschaftlicher Organisierung; die gesellschaftliche Macht als die Fähigkeit, mit Bündnissen und Bewegungen zu kooperieren und die institutionelle Macht, die auf eine Sicherung und Stabilisierung von Einfluss in institutionellen Arrangements abzielt (Schmalz/Dörre 2013). Im Folgenden sollen diese Machtressourcen im Kontext neoliberaler Globalisierungsprozesse schlaglichtartig skizziert werden.

Strukturelle Macht – Mit der Globalisierung von Produktionsprozessen haben sich Wertschöpfungsketten internationalisiert. „Flexible globale Produktionsnetzwerke, Just-in-time-Produktion und große unter Zeitdruck stehende Investitionsvorhaben sind weit verbreitet (...) Die sich ändernden zeitlichen Strukturen des Kapitalismus schaffen neue Räume für Widerstand, da die globale Produktion und Logistik durch Arbeitsniederlegungen angreifbarer wird" (Fichter u.a. 2018, 8). Diese Entwicklung geht beispielsweise mit einer wachsenden strukturellen Macht der Beschäftigten auf Baustellen für kommerzielle Sportgroßereignisse entlang von Lieferketten und in der Logistik globalisierter Produktion einher. In Südafrika kam es 2009 zur bis dato größten Streikwelle seit dem Ende der Apartheid, als 70.000 Beschäftigte auf fünf Stadionbaustellen für die Fußball-WM die Arbeit niederlegten und 13 Prozent mehr Lohn sowie Bonuszahlungen und Sozialleistungen verlangten. Und im Frühsommer 2010 erfasste eine Streikwelle die Automobilzulieferer in China. Sie hatte im Getriebewerk von Honda im südchinesischen Foshan begonnen und stoppte innerhalb weniger Tage die gesamte Autoproduktion von Honda in China. Den Beschäftigten gelang es, kräftige zweistellige Lohnerhöhungen durchzusetzen (Ngai/Lee 2010, 227ff; Butollo/Lüthje 2013, 285 ff.).

Organisationsmacht – Dass Mitgliederfragen Machtfragen sind, gilt im gewerkschaftlichen Diskurs als Binsenweisheit. Organisationsmacht entsteht aus dem Zusammenschluss zu kollektiven politischen und gewerkschaftlichen Arbeiterorganisationen (Dörre/Schmalz 2013, 17) und ist der bewusste Aufbau von Lohnabhängigenmacht. Ihr Einsatz setzt handlungsfähige Gewerkschaften voraus. Allerdings ist der Aufbau von Lohnabhängigenmacht nicht immer einfach. Prekäre Arbeitsbedingungen in Form von Leiharbeit, Befristungen, Niedriglohn, Werkvertragsarbeit, Outsourcing oder Subunternehmerbeziehungen haben sich im globalen Vergleich zunehmend durchgesetzt. In den Industrieländern markieren sie als Folge von umfassenden Entsicherungsprozessen einen Strukturwandel weg von einem unbefristeten Vollzeitarbeitsverhältnis. Allein in Deutschland liegt der Anteil der atypischen Beschäftigungsverhältnisse mittlerweile bei 33 Prozent (Arbeitsgruppe Alternative Wirtschaftspolitik 2020, 5). In südamerikanischen Arbeitsgesellschaften sind es um die 50 Prozent, in afrikanischen etwa

Zweidrittel. Damit ist ein Trend beschrieben, innerhalb dessen Arbeit keinen ausreichenden Schutz vor Armut bietet und unternehmerische Risiken auf die abhängig Beschäftigten abgewälzt werden können. Hinzu kommen insbesondere im globalen Süden informell Beschäftigte wie beispielsweise Hausangestellte. Diese Gruppen sind schwer zu organisieren, weil sie auf dem Arbeitsmarkt zu den vulnerabelsten Beschäftigtengruppen mit einem hohen Risiko, ihren Arbeitsplatz zu verlieren, gehören.

Als in den 1980er Jahren in Teilen Afrikas Strukturanpassungsprogramme einen Deindustrialisierungsprozess einleiteten, gerieten die Gewerkschaften zudem durch starke Mitgliederverluste und schwindende organisatorische und strukturelle Machtressourcen in Bedrängnis. In einigen afrikanischen Ländern spalteten sie sich und manifestierten dadurch ihre Handlungsunfähigkeit. Andernorts blieben sie organisationspolitisch flexibel und reagierten auf die Krise mit der Organisierung der Beschäftigten des informellen Sektors. Zu nennen sind hier beispielhaft der Ghana Trade Union Congress (GTUC – Gewerkschaftsbund Ghana) und die ihm angehörende Landarbeitergewerkschaft General Agricultural Workers Union (GAWU – Allgemeine Gewerkschaft der Landarbeiter). Sie orientierten außerdem auf Kampagnen und Koalitionen mit anderen zivilgesellschaftlichen Akteuren. In Uganda organisierte die Transportarbeitergewerkschaft ATGWU die informell beschäftigten Sammeltaxi-, Fahrrad- und Motorradtaxifahrer und stabilisierte auf diese Weise ihre Mitgliederentwicklung (Karakire 2019, 11 ff.). In Indien schlossen sich 2009 die rechtlosen und vielfach den Schikanen der Polizei ausgesetzten Straßenhändler im Nationalen Straßenhändlerverband NASVI zusammen und konnten auf diese Weise Organisationsmacht entfalten, um ihre Interessen durchzusetzen. „Als Millionen von Straßenverkäufern in den Streik traten und Hunderttausende von ihnen Briefe an die lokalen Gesetzgeber sandten, stellte die Bewegung unter Beweis, wie notwendig ihre Dienste für die hungernde Bevölkerung waren" (Putz 2019, 27). NASVI war keine Gewerkschaft im Sinne einer Organisation abhängig Beschäftigter, wie sie sich in den Industrieländern versteht. Sie war eher ein Zusammenschluss selbständig tätiger, durch prekäre Arbeits- und Lebensverhältnisse geprägte Straßenverkäufer. Dennoch verlieh ihnen die prekäre Situation der Bevölkerung, das de facto nicht vorhandene Sozialsystem und ihre Stellung in diesem Prozess eine strukturelle Macht, die durch kollektive Organisierung und Mobilisierung wuchs. Auf diese Weise gelang es ihnen, ihre rechtliche Anerkennung sowie weitreichende Schutzrechte durchzusetzen. Diese organisationspolitische Flexibilität scheint ein Strukturmerkmal der informell Beschäftigten zu sein, denn sie lässt sich auch für weite Teile Afrikas feststellen.

Es entsteht dabei ein Organisationsmodell, das sich an die vorherrschenden Bedingungen in den Arbeitsgesellschaften des Südens anpasst und über wachsende Organisationsmacht auch strukturelle, institutionelle und gesellschaftliche Macht aufbaut und die Interessen der überwiegend informell und prekär Beschäftigten erfolgreich durchzusetzen in der Lage ist.

Gleichzeitig haben vor allem im Norden globalisierte Produktionsprozesse die Gewerkschaften in Bedrängnis gebracht, weil die Möglichkeit von Produktionsverlagerungen dorthin, wo Wettbewerbsbedingungen am besten, wo Steuern niedrig und die Arbeitsbedingungen dereguliert waren, die Belegschaften in den industriellen Zentren erpressbar gemacht hat. Die Gewerkschaften mussten Antworten auf diese Entwicklungen finden und entwickelten bilaterale oder multilaterale grenzübergreifende Kooperationen etwa durch die Tätigkeit von Konzernbetriebsräten. In den USA unterstützte die IG Metall die US-amerikanische Gewerkschaft der Automobilarbeiter UAW mit Organizing-Konzepten in den Tochterunternehmen deutscher Fahrzeugbauer und Zulieferer (Paul 2019, 46). Im russischen Kaluga traten die Beschäftigten bei Volkswagen 2012 in den Streik, um einen Tarifvertrag durchzusetzen, nachdem sie auf einem von der IG Metall organisierten Betriebsräteseminar auf brasilianische Gewerkschafter getroffen waren, die ebenfalls bei Volkswagen beschäftigt waren (Suvorova 2019, 43).

Hinzu kommt: Der Rückgriff auf die von den US-Gewerkschaften in den 1930er Jahren entwickelten Organisierungsstrategien hat im internationalen Kontext in vielen Gewerkschaften eine anregende Organizing-Diskussion (Kocsis u.a. 2013; Wetzel 2013; Moody 2017; Blanc 2019; McAlevey 2019) ausgelöst, die den Aufbau von Organisationsmacht im Betrieb mit politischer Bündnisarbeit verbindet. Im Zentrum stehen Aktivierung, Mitgliedergewinnung und Partizipation. Die Diskussion erfasste die schwedische Transportarbeitergewerkschaften ebenso wie die deutsche IG Metall, die nordamerikanische Dienstleistungsgewerkschaft SEIU ebenso wie den britischen Dachverband UNITE. In Nordeuropa mündete sie 2012 in die Gründung der Baltischen Organizing Akademie (BOA). Gezielte Organisierungskampagnen in Estland und Litauen in der Eletronik- und Elektroindustrie, in der Bäckerei- und Geflügelindustrie, in Logistik- und Speditionszentren, im Einzelhandel und Hotels konsolidierten die gewerkschaftliche Mitgliederbasis in diesen Ländern und stärkten die betriebliche Verhandlungsposition der baltischen Gewerkschaften. „Nachdem die Mehrheit der Beschäftigten organisiert war, ging es Schlag auf Schlag. Ein kurzer Streik genügte und der Arbeitgeber (...) überwies die Mitgliedsbeiträge an die Gewerkschaft und akzeptierte sie als Verhandlungspartner“ (Häkkinen

2013, 289). In den USA führten sie 2018 und 2019 zu einer Welle von Lehrerstreiks, die nicht nur die Mitgliederentwicklung der Gewerkschaften stärkten, sondern das Bedürfnis der Beschäftigten nach existenzsichernder Entlohnung mit einer besseren Ausstattung des Bildungssystems verbanden: „Es ist auch ein Blick hinter die Kulissen, wo militante Lehrer-Organizer – die meisten von ihnen junge Aktivisten, die durch die Präsidentschaftskampagne von Bernie Sanders 2016 inspiriert wurden – diese illegalen Basisrebellionen initiierten und im Bündnis mit ihren Gewerkschaften zum Erfolg führten" (Blanc 2019, 3). Auch die schweizerische UNIA verbindet das Konzept der systematischen Betriebserschließung mit dem außerparlamentarischen Kampf um Gerechtigkeit (Boewe 2013).

Institutionelle Macht – Die institutionelle Macht der Gewerkschaften ergibt sich aus vergangenen Kämpfen und Bündnissen. Sie ist geronnene Macht, die sich in Arbeitsgesetzen, Tarifverträgen oder dem Streikrecht abbildet und auch bei nachlassender Organisationsmacht fortbestehen kann. In Vergangenheit und Gegenwart finden sich mehrere Beispiele, die zeigen, dass Gewerkschaften ihre institutionelle Macht ausbauen und das Anliegen ihrer Mitglieder in der Öffentlichkeit langfristig stärken können. In Uruguay unterstützten die Gewerkschaften beispielsweise seit der Regierungsübernahme des Linksbündnisses Frente Amplio deren Regierungsprojekt. Die Reaktivierung und Ausweitung der tripartistischen Kollektivverhandlungen stärkten die gewerkschaftlichen Machtressourcen, abgestützt durch die Wechselwirkung zwischen der „politischen Linksverschiebung und der erstarkten Arbeitermacht" (Weinmann 2013, 332 ff.).

Gesellschaftliche Macht – Die Fähigkeit der Gewerkschaften zu gesellschaftlichen und politischen Bündnissen wird als gesellschaftliche Macht bezeichnet. Die Gewerkschaften greifen zu Aktivitäten, die über den betrieblichen Rahmen hinausreichen und ergreifen dadurch ihr politisches Mandat. Die Literatur unterscheidet Bündnisse mit Parteien, NGOs oder Gruppen einerseits und mit Bewegungen andererseits (Fichter u.a. 2018, 9). Wegen ihrer Mobilisierungsstärke und ihrer institutionellen Macht werden Gewerkschaften in Bündniskonstellationen zu einem wichtigen Faktor. So spielte in Südafrika der gewerkschaftliche Dachverband Congress of South African Trade Unions (COSATU) im Bündnis mit dem African National Congress (ANC) und der South African Communist Party (SACP) eine entscheidende Rolle im Kampf gegen die Apartheid.[2] Als

2 Die Gewerkschaftsbewegung in Südafrika verstand sich immer explizit als Teil der Befreiungsbewegung. Sie hebt sich aufgrund ihres explizit politischen Charakters von anderen Gewerkschaftsbewegungen ab (Ludwig 2013, 297 ff.).

der ANC nach 1994 im Zuge der politischen Demokratisierung auch eine ökonomische Liberalisierung anstrebte, entwickelte sich das Bündnis jedoch mehr und mehr zur Last (Ludwig 2013, 297 ff.). Der Austritt der Metallgewerkschaft NUMSA aus dem Dachverband zeigt, dass Bündnispolitik auch zum Verlust von Organisationsmacht führen kann. Das Beispiel Südafrika zeigt aber auch, dass sich Bündnispolitik nicht statisch entwickelt, sondern permanenten äußeren Einflüssen unterliegt und gemessen an den Zielen wiederholt auf den Prüfstand gehört (Luig/Leiderer 2019).

Auch in Europa war der gewerkschaftliche Protest Teil der Auseinandersetzungen gegen die Austeritätspolitik. Weil die Reformvorgaben der europäischen Institutionen auf eine Veränderung der institutionellen Grundlagen der Arbeitsbeziehungen zielten und in der Konsequenz auf mehr Deregulierung und Flexibilisierung hinausliefen (Lanara 2012; Karamessini 2014), reagierten vor allem die südeuropäischen Gewerkschaften, aber auch die britischen, belgischen oder französischen Gewerkschaften mit starken Mobilisierungen auf den Ausbruch der Krise, was sich in einer „explosionsartigen Zunahme von politischen Streiks“ (Schmalz/Weinmann 2013, 94) ausdrückte: Allein 2010 und 2011 kam es in Europa zu 36 Generalstreiks, nahezu ausschließlich in Südeuropa und Frankreich. Griechenland und Portugal erlebten die größten Demonstrationen der Nachkriegsgeschichte. Insbesondere in Südeuropa entwickelten die Gewerkschaften eine verstärkte Mobilisierungsfähigkeit durch soziale Bündnisse. In Frankreich, wo sie traditionell eine enge Zusammenarbeit mit den sozialen Bewegungen kultivieren, schlossen die Mobilisierungen gegen die Krise „unmittelbar an einen gewerkschaftlichen Kampfzyklus an, der mit den Protesten gegen die Rentenreform 2003 begonnen hatte, sich dann nach den städtischen Unruhen in den Banlieus Ende 2005 durch die Jugendproteste gegen den Erstanstellungsvertrag im Folgejahr vertiefte und 2007 schließlich in landesweite Bildungsproteste mündete. Die gewerkschaftlichen Demonstrationen und Streiks gegen die Krisenpolitik Sarkozys Anfang 2009 fanden eine hohe Resonanz“ (ebd., 92). Auch Großbritannien erlebte die größten gewerkschaftlichen Mobilisierungen seit 1990. 2011 war das Jahr mit den meisten Streiktagen seit zwei Jahrzehnten. Insbesondere die Zunahme der politischen Streiks und Mobilisierungen zeigte, wie sehr auch der „strukturelle Einfluss des Kapitals auf das Regierungshandeln im Neoliberalismus“ zugenommen und die Auseinandersetzungen politisiert hatte (Gallas u.a. 2012, 8). Insbesondere die durch die Troika niedergerungenen Gewerkschaften in Südeuropa im Kontext der Eurokrise zeigen aber, dass gesellschaftliche Macht die anderen gewerkschaftlichen Machtressourcen nicht ersetzen kann, sondern eine starke

Beziehung mit den beiden Formen der Lohnabhängigenmacht – strukturelle Macht und Organisationsmacht – eingehen muss.

Gewerkschaften in der Pandemie

Die COVID 19-Pandemie war ein „exogener Schock“, der sich zwar aus den inneren Widersprüchen hyperglobalisierter kapitalistischer Gesellschaften entwickelte, aber das bestehende Gesellschaftsgefüge in seiner Gesamtheit von außen attackierte (Dörre 2020a). Dabei wurde die Pandemie sowohl in der Betrachtung des Nord-Süd-Gegensatzes, aber auch im nationalen Kontext stets ungleich erlebt. Wie häufig und schwer Infektionswellen verliefen, hing wesentlich von Wohnverhältnissen, Arbeitsbedingungen und dem Zugang zu einer adäquaten Gesundheitsversorgung ab. Gleichzeitig etablierte sich die Wirksamkeit des Gesundheitsschutzes an den Fragmentierungen unter den Lohnabhängigen: Während die einen im Homeoffice geschützt arbeiten konnten, galten weltweit etwa 1,7 Milliarden Beschäftigte des Dienstleistungssektors als Risikogruppe. Sie hatten nichts nur ein erhöhtes Infektionsrisiko, sondern wurden auch zu Infektionsträgern für andere. Doch nicht nur die Angst vor arbeitsbedingten Erkrankungen stieg im Kontext der Pandemie, sondern auch die Angst vor Arbeitsplatz- und Einkommensverlusten. Betroffen waren vor allem Beschäftigte mit niedrigerem sozioökonomischen Status (Takala u.a. 2021, XIV).

Und so waren die Auswirkungen der Pandemie auf die Lohnabhängigen weltweit gravierend. 93 Prozent aller Beschäftigten lebten in Ländern, in denen der Betrieb pandemiebedingt in weiten Teilen heruntergefahren wurde. Die Internationale Arbeitsorganisation (ILO – International Labour Organization) gibt an, dass der Verlust an Arbeitsstunden 2020 einem Jobäquivalent von 255 Millionen Jobs entsprach (Otieno u.a. 2021, 2). In weiten Teilen Südostasiens wie Kambodscha, Myanmar oder Bangladesh hatten die Entscheidungen der internationalen Einzelhandelskonzerne, angesichts erwarteter Umsatzeinbrüche in der Coronakrise ihre Aufträge bei den Zulieferern zu stornieren, zu einer existentiellen Bedrohung von tausenden von Näherinnen geführt (Labournet, 15.03.2021). Ein Bericht der thailändischen Sahmakum Tang Traut Organization (STTO) zeigt, dass der Einkommensverlust für über 70 Prozent der informell Beschäftigten in Folge der Pandemie bei über 50 Prozent lag (STT 2022).

Aber wie hat sich die Pandemie auf die gewerkschaftlichen Machtressourcen ausgewirkt? Diese Frage ist nicht leicht zu beantworten. Arbeitsplatzverluste und Infektionsschutzauflagen schränkten die Produktionsmacht der Lohnabhängigen ein – die Macht, Produktionsprozesse zu unterbrechen, lief ins Leere, als Lieferketten zerrissen. Die Auswirkungen dieser Störungen wurden durch ein niedriges Niveau des Sozialschutzes verschärft, wodurch sowohl Arbeitnehmer des informellen Sektors als auch diejenigen, die ihren Arbeitsplatz im formellen Sektor verloren haben, noch anfälliger für die Auswirkungen der Pandemie wurden. Der Verlust von Produktionsmacht schränkte auch die Organisationsmacht ein – nicht zuletzt weil Arbeitsplatzverluste mit dem Verlust von Mitgliederverlusten einherging.

Gleichzeitig stellt die ILO fest, dass mit Beginn der Pandemie die Bedeutung des sozialen Dialogs stieg – in weiten Teilen des globalen Nordens, aber auch im Süden sind Arbeitgeberverbände, Arbeitnehmerorganisationen und Regierungen bereits im März 2020 zu gemeinsamen Beratungen zusammengetreten. Die auf diesem Wege gemeinsam mit den Sozialpartnern beschlossenen Maßnahmen reichten von Sofortmaßnahmen zur Eindämmung des Virus bis zum Elternurlaub für die Betreuung von Kindern, von Maßnahmen zum Schutz am Arbeitsplatz bis hin zur Unterstützung der Unternehmen durch Lohnzuschüsse, Kreditgarantien und flexible Fälligkeitspläne für Steuerzahlungen und Sozialversicherungsbeiträge. „Nach Beratung mit Sozialpartnern haben viele Regierungen in allen Regionen (u.a. Argentinien, Aserbaidschan, Deutschland, Frankreich, Italien, Republik Korea, Portugal, Schweden und Tunesien) Konjunkturpakete zur Linderung der wirtschaftlichen und sozialen Auswirkungen der COVID-19-Krise angekündigt“ (ILO 2020a).

Hat dieser Pandemiekorporatismus als klassenübergreifende Kraftanstrengung die institutionelle und gesellschaftliche Macht der Gewerkschaften gegenüber den Arbeitgebern gestärkt? Die Antwort fällt nicht eindeutig aus. Otieno stellt fest, dass es im Zuge des sozialen Dialogs den Gewerkschaften gelang, ihre Mitgliederentwicklung zu konsolidieren (Otieno u.a. 2021, XII). Andolfatto hingegen führt am Beispiel Frankreichs aus, dass der unausgesprochene Burgfrieden zwischen Arbeitgebern und Gewerkschaften auch schnell wieder ein Ende fand und die Sozialpartner in ihre traditionellen Verhaltensmuster zurückfielen (Andolfatto 2021). Auch in anderen Ländern kann nach einer kurzen Phase, in der das Kräfteverhältnis zwischen Kapital und Arbeit stillstand, eher eine Konfliktzuspitzung festgestellt werden, in deren Kontext die gesellschaftlichen Kräfteverhältnisse und gewerkschaftlichen Machtressourcen neu verhandelt wurden. Die Stärkung des sozialen Dialogs muss darauf zurückgeführt werden, dass die Strategien zur Eindämmung der Pandemie die Interessen von Kapital und Arbeit gleichermaßen bedrohten. In der Konsequenz wirkten sie wie ein „Generalstreik ohne Verhandlungstisch“ (Peters 2020), weil sie gewerkschaftliche Tarifpolitik und betriebliche Mitbestimmung auf der Durchsetzungsebene neu herausforderten. Sie stellten mit der Wucht eines Generalstreiks die Produktion still, aber es fehlten Ort und Spielräume, um das Verhältnis von Kapital und Arbeit neu auszubalancieren.

Vor diesem Hintergrund war die Pandemie auch „ein Test für die Robustheit der Arbeiterbewegung“ (Ford/Ward 2021, 82), wie ein Blick nach Südostasien zeigt. Hier kämpften die Gewerkschaften nicht nur für den Infektionsschutz ihrer Mitglieder am Arbeitsplatz, sondern auch um soziale Absicherung. Das war keineswegs einfach in einer Arbeitsgesellschaft, in denen die überwiegende Anzahl der Arbeitsverhältnisse im informellen Sektor besteht und die Organisationsmacht der Gewerkschaften kaum über den formellen Sektor hinausreicht. Gleichzeitig versuchten die Regierungen durch Infektionsschutzregelungen Gegenreaktionen der Gewerkschaften zu unterbinden. In Indonesien beispielsweise peitschte die Regierung im Oktober 2020 das neoliberale Omnibusgesetz durch, das durch Deregulierungen zum Arbeitsplatzaufbau beitragen sollte (Wening 2021). In Thailand konnten Massenentlassungen und verschlechterte Arbeitsbedingungen in der Luftverkehrsbranche nicht abgewehrt werden. In Kambodscha dagegen konnte erreicht werden, dass die informell Beschäftigten im Bausektor registriert wurden. In Singapur gelang es Maßnahmen durchzusetzen, die die Ausbreitung von Infektionen am Arbeitsplatz eindämmten (Ford/Ward 2021, 82 ff.).

Während im Norden viele Gewerkschaften ihre Strategien zur Gegenwehr anpassten, indem sie zunehmend digitale Techniken nutzten, war dies im Süden nur bedingt eine Lösung. In Deutschland etwa begegneten die Gewerkschaften den hohen Infektionsschutzauflagen und umfangreichen Homeoffice-Regelungen mit kreativen Formen des Arbeitskampfes wie Digitalstreiks, Kundgebungen im Autokinoformat oder Autokorsos. Die Umstellung der Strategie war nicht nur eine Antwort auf die neuen Herausforderungen, sondern auch eine Reaktion auf die Verschärfung in den Arbeitsbeziehungen. Trotz der neuen Rahmenbedingungen stieg 2021 die Anzahl der Streiks in Deutschland um immerhin 40 Prozent. Auch das in Ausfalltagen gemessene Arbeitskampfvolumen war von 342.000 auf 590.000 Ausfalltage angestiegen (Frindert u.a. 2022). Im Unterschied dazu steht das Ausweichen auf alternative, digital gestützte Protestformate in den Ländern des Globalen Südens vor zwei großen Herausforderungen: Unbezahlbarkeit und fehlende Konnektivität. Aufgrund fehlender Infrastruktur, der hohen Besteuerung im Mobilfunknetz und ständiger Stromausfälle war diese Strategie daher nur bedingt geeignet, um die Interessen der Lohnabhängigen durchzusetzen.

Fazit

In der aktuellen Pandemie verschärfte sich der ungelöste Konflikt durch das Konkurrenzverhältnis zwischen gesundheitspolitischen und wirtschaftspolitischen Maßnahmen. Weltweit wurden Menschen in existentielle Krisen gestürzt. In diesen Kontext gestellt, wurde die Pandemie tatsächlich zu dem viel zitierten Brennglas – es zeigt, dass sich multiple Krise, autoritärer Kapitalismus, emanzipatorischer Protest und reaktionäre Revolte nicht zufällig und unverbunden, neben- oder nacheinander vollziehen, sondern in einem Wechselverhältnis stehen und als zusammenhängende gesellschaftliche Entwicklungen verstanden werden müssen. Daraus ergibt sich ein postpandemischer Widerspruch, denn die Pandemie hat einerseits weltweit die bonapartistischen Instinkte der politischen Klasse geweckt und autoritäre Politikmuster verstärkt. Andererseits erschwerte sie die Auseinandersetzungen an der gesellschaftlichen Konfliktachse zwischen Kapital und Arbeit, nicht zuletzt, weil die ökonomischen und sozialen Auswirkungen der Pandemie zu einer Verschärfung des Klassenkonflikts geführt haben.

Für die ACTRAV-Direktorin (ILO Bureau for Workers' Activities – ACTRAV) Maria Helena André ist die COVID-19 Pandemie auch eine Gelegenheit für die Gewerkschaften, sich zu revitalisieren. In Zeiten großer Umbrüche müssten sich diese für alle Lohnabhängigen zuständig fühlen, argumentiert sie, um auch weiterhin als Bewegung von Relevanz zu sein (André 2021, IX). Weltweit wächst das Protestgeschehen gegen die ökologischen und sozialen Zumutungen des hyperglobalisierten Kapitalismus. Dieser befindet sich jedoch in einer epochalen Umbruchphase und der Protest wird dadurch mehr und mehr zu einer Auseinandersetzung um eine neue systemische Ordnung. Die organisierte Arbeiterbewegung ist dafür unverzichtbar. Mit und nach der Pandemie wird das weltweite Protestgeschehen vermutlich in eine neue Phase übergehen, zeigen doch die Kämpfe gegen den Klimawandel, gegen Sozialkürzungen und Energiearmut, dass es für viele Menschen zunehmend ums Ganze geht.

3. Länderstudie Griechenland
Zwischen transnationalen Angriffen und nationaler Zersplitterung

Als im Verlaufe des Jahres 2008 die Weltwirtschaftskrise Griechenland erreichte, löste sie nicht nur eine ökonomische Krisensituation im Land aus, sondern auch eine Krise der liberalen Demokratie. Dabei wurde das politische System einem Schleuderprozess unterzogen, der die politische Teilhabe für breite Teile der Gesellschaft systematisch unterband. Im Zuge dessen spitzte sich der innere Widerspruch zwischen dem „formaldemokratischen Ordnungsprinzip und der antagonistischen Klassenstruktur" soweit zu (Kritidis 2014, 73), dass die Gläubigerinstitutionen selbst vor der Aufhebung der verfassungsrechtlichen Grundlagen des demokratischen Staatswesens und vor offenem Zwang unter Bruch geltenden Rechts nicht zurückschreckten, um den neoliberalen Umbau der griechischen Gesellschaft durchzusetzen. Dieser Prozess vollzog sich unter Herausbildung zweier völlig entgegengesetzter Tendenzen: einerseits eine Krisenpolitik von oben, die die wirtschaftlichen Anpassungsprogramme der Gläubiger autoritär durchstellte und dadurch den Abstand von neoliberalen Dogmen zu demokratischen Gepflogenheiten als Zerwürfnis sichtbar machte. Andererseits der demokratische Widerstand von unten, der sich in riesigen Streikbewegungen und dem Aufbau einer Solidarökonomie aus sozialen Zentren, Gemeinschaftsgärten, Tauschkreisen, selbstverwalteten Läden, Alternativwährungen, kollektiven Versorgungsstrukturen und Solidaritätsinitiativen ausdrückte (Mittendrein 2013, 10). Beide Entwicklungen stehen miteinander im Zusammenhang: Sie stellen den Kampf um das im Sozialstaat abgebildete Kräfteverhältnis zwischen den Klassen und die Einschränkung oder Erlangung von klassenbasierter Handlungsfähigkeit dar. Vor dem Hintergrund, dass Griechenland noch 2007 den niedrigsten Anteil von Teilzeitarbeit in der EU-15 und einen deutlich unterdurchschnittlichen Anteil von Beschäftigten mit befristeten Verträgen hatte (Karamessini 2014, 87 f.), müssen die Vorgaben zu wirtschaftlicher Anpassung vor allem als Angriff auf das griechische Wohlfahrts- und Beschäftigungsregime interpretiert werden. Dieser ging so weit, dass einige dieser von den Europäischen Institutionen durchgesetzten Forderungen sogar gegen die ILO-Kernarbeitsnormen verstießen (Lanara 2012, 10).

Die zivilgesellschaftlichen Gegenmobilisierungen zeigten, dass die Auseinandersetzung um den Erhalt der institutionellen Lohnabhängigenmacht auch zu einer Auseinandersetzung um demokratische Teilhabe wurde. Und je stärker die bürgerlichen Kräfte die Umverteilung autoritär organisierten, desto stärker formierte sich dagegen Protest. Es waren Berichte über manifeste Streikbewegungen und Demonstrationen mit hunderttausenden Teilnehmern, die einen Eindruck vom Grad der Auseinandersetzungen in Griechenland vermittelten. Dass sich die Gläubigerinstitutionen mit ihren sozial- und arbeitsmarktpolitischen Rückbauforderungen dennoch durchsetzen konnten, deutet auf eine Schieflage im gesellschaftlichen Machtgefüge nationaler und transnational-europäischer Beziehungen hin.

Azzelini verweist in seiner aktuellen Publikation über die herausragende Rolle der Gewerkschaften gegen autoritäre gesellschaftliche Strukturen auf Untersuchungen, die zu dem Ergebnis kommen, „dass autoritäre Regime Arbeiterbewegungen gegenüber in der Regel feindlich gesinnt sind" (Azzelini 2021, 11). In Griechenland spiegeln die Auseinandersetzungen wider, dass sich die herrschenden Klassen auf eine „autoritäre Sicherung und Ausübung der Staatsmacht" innerhalb eines liberaldemokratischen Ordnungsprinzips verständigt hatten (Candeias 2016, 14). Trotz bestehender Gesetze, Parlamente und Verfassungen trat dieser Verständigungsprozess „in Gestalt eines modernen Wachmanns im Dienste des strengen Neoliberalismus" (Chondros 2015, 45 f.) auf und führt zu deren institutioneller Abwertung. Indem sich die herrschenden Klassen für die autoritäre Variante der Umverteilung entschieden, zerstörten sie nicht nur formaldemokratische Mechanismen und Abläufe, sondern über die soziale Desintegration auch die Basis des liberaldemokratischen Ordnungsprinzips. Die Aushöhlung des Sozialstaates und die Aushöhlung der Demokratie gehen nicht nur Hand in Hand, vielmehr lässt sich das Ausmaß des Zerstörungsprozesses der Demokratie an den Angriffen auf das Wohlfahrtsregime ablesen. Denn die Demokratisierung der Arbeitswelt und gute Arbeitsbedingungen sind Grundvoraussetzung für eine breite Beteiligung am politischen Meinungsstreit, nicht zuletzt weil der Bürger ein „arbeitender Souverän" ist und die Beteiligung an demokratischen Prozessen auch etwas mit Würde und Selbstachtung zu tun hat (Honneth 2021). Vor allem aber wird innerhalb der antagonistischen Sozialstruktur moderner Klassengesellschaften erst der Formierungsprozess der abhängig Beschäftigten zur Voraussetzung der Interessenartikulation und -durchsetzung. „Wer nicht bereits in Unternehmen oder Behörden gelernt hat, dass seine Stimme bei Beschlüssen Gewicht hat, wird auch im Zusammenhang demokratischer Deliberationen nicht die Hoffnung hegen, die eigene Stimme würde gehört und bei der Urteilsfindung berücksichtigt. Ohne Mitspracherecht am Arbeitsplatz haben die Beschäftigten kein Vertrauen in die Gestaltungskraft ihrer politischen Überzeugungen", schreibt Honneth (ebd.). Eine Störung dieses Prozesses auf der betrieblichen Ebene unterbindet demokratisches Handeln in der Gesellschaft.

Im Folgenden werde ich mich mit dem autoritären Umbau der griechischen Gesellschaft im Zuge der Eurokrise auseinandersetzen. Dabei identifiziere ich für den Verlust demokratischen Handelns drei Ebenen: Zum einen die politische Ebene, zu der ich die Beziehung der Europäischen Institutionen zu den griechischen Regierungen, die Abläufe zur Durchsetzung der Maßnahmenprogramme innerhalb des griechischen Parlaments und schließlich innerparteilichen- und -fraktionellen Veränderungen wie den Ausschluss von abweichenden Mandatsträgern aus den Fraktionen von PASOK und Nea Dimokratia (ND) zähle. Zweitens die Ebene der politischen Kommunikation, die dadurch gekennzeichnet war, dass sie alle Möglichkeiten für ein alternatives Krisenmanagement ignorierte und dabei vor einer gezielten Desinformation der Öffentlichkeit nicht zurückschreckte. Und schließlich die Ebene des sozialen Ausgleichs, auf der die Handlungsfähigkeit der abhängig Beschäftigten dauerhaft eingeschränkt wurde. Auf dieser Grundlage werde ich die vier Machtquellen der griechischen Gewerkschaften untersuchen, um der Frage nachzugehen, warum es ihnen trotz beeindruckender Streikbewegungen und gesellschaftlicher Mobilisierungen nicht gelungen war, die Gläubigerinstitutionen zu einer Abkehr von der Austeritätspolitik zu zwingen.

Demokratieverlust durch Fiskalaufsicht

Als am 22. April 2010 der griechische Ministerpräsident Giorgos Papandreou verkündete, dass seine Vorgängerregierung mit manipulierten Zahlen ein riesiges Haushaltsdefizit verschleiert habe, Griechenland deshalb keine Kredite mehr von den Märkten bekomme und er nun die EU-Länder um finanzielle Unterstützung gebeten habe, waren die sozialen Härten und demokratischen Einschnitte noch nicht absehbar, die dieser Schritt schließlich nach sich zog. Recht schnell aber zeigte sich: Das 110 Milliarden Euro schwere Hilfsprogramm – 30 Milliarden Euro kamen vom IWF und 80 Milliarden von den übrigen 15 Ländern der Eurozone – war an Bedingungen geknüpft, die in drei Absichtserklärungen zusammengefasst wurden und einen erheblichen Eingriff in die Souveränität Griechenlands regelten. Sie unterstellten das Land einer strengen Fiskalaufsicht durch die EU und reduzierten die Regierung in Athen „auf die Rolle eines bloß Ausführenden" (Wehr 2016, 47). Mehr noch: Im Artikel 14 des Memorandum-Abkommens musste Griechenland auf seine gerichtliche Unangreifbarkeit gegenüber den Ansprüchen von Ausländern verzichten. Das gab den Gläubigern die Möglichkeit, sich öffentlichen Besitz auf juristischem Wege anzueignen (Chilas/Wolf 2016, 68) und die lukrativen Teile des griechischen Staates auf dem Markt zu verscherbeln. Der ehemalige Finanzminister Yanis Varoufakis bezeichnete diesen Akt als Verwandlung Griechenlands in ein „Schuldgefängnis", zu dem der Schlüssel fortgeworfen wurde (Varoufakis 2017, 29). Der bekannte griechische Verfassungsrechtler Giorgos Kassimatis[1] sprach gar von der „Auflösung" der Verfassung und der „Abtretung von Souveränitätsrechten" (vgl. Kritidis 2014, 73 f.) und bezog sich damit auf die Aufhebung der verfassungsrechtlichen Grundlagen des demokratischen Staatswesens – laut Verfassung erfordert die Ratifizierung derart weitreichender Verträge eine Dreifünftel-Mehrheit. Stattdessen wurde das Gesetz mit einfacher Mehrheit verabschiedet und war ab Unterzeichnung gültig. Es sah eine Entlastung des Staatshaushaltes um 30 Milliarden Euro durch Lohnkürzungen im öffentlichen Sektor und Steuererhöhungen (Mehrwertsteuer, Heiz- und Benzinsteuer) über einen Zeitraum von drei Jahren vor. Im Detail wurde festgelegt, welche Maßnahmen in welchem Quartal einzuleiten waren. Hinzu kamen Angriffe auf die Arbeitsverfassung, die Deregulierung des Arbeitsmarktes und die Aushöhlung der Tarifautonomie. Dabei bildeten Kreditabkommen und Memoranden „eine unzertrennliche Einheit" (Chilas/Wolf 2016, 62): Die Auszahlung jeder einzelnen Tranche war fest an die Erfüllung der Sparvorgaben geknüpft.

Der autoritäre Durchgriff auf die Fiskalpolitik Griechenlands wurde dadurch unterstrichen, dass die Einschränkung seiner parlamentarischen Handlungsfähigkeit mit der Einsetzung der Troika einherging, die sich aus Vertretern der Europäischen Kommission, der Europäischen Zentralbank (EZB) und des Internationalen Währungsfonds (IWF) zusammensetzte. Ein weder durch Wahlen, noch durch das Europäische Parlament, noch durch die Europäischen Verträge legitimiertes transnationales Gremium erhielt einen nahezu unbeschränkten Zugang zu den Ministerien eines Mitgliedstaates und weitreichende Kontrollbefugnisse. Ihre ständigen Vertreter in Athen sollten die Umsetzung der Memoranden überwachen. Hier zeigte sich, dass sich die Entrechtung des griechischen Parlaments und der Einflussverlust des Europäischen Parlaments ineinander verschränkt vollzogen. In einem vom Europaparlament beauftragten Bericht wird kritisch angemerkt, dass die drei institutionellen Bestandteile der Troika mit einer ungleichgewichtigen Verteilung der Verantwortungsbereiche, unterschiedlichen

1 Giorgos Kassimatis gilt als Vordenker der griechischen Verfassung und war in den 1980er Jahren juristischer Regierungsberater.

Mandaten, sowie unterschiedliche Verhandlungs- und Entscheidungsstrukturen ausgestattet waren, was zu einer „Abwesenheit der geeigneten Kontrolle und der notwendigen demokratischen Rechenschaftslegung“ beitrug (Chondros 2015, 46). Die von den europäischen Institutionen errichtete „Fiskaldiktatur“ (Lehndorff 2012, 20) löste schließlich eine beispiellose Rezession aus, die eine erhebliche Abweichung von den Haushalts- und Sparzielen nach sich zog. Die staatliche Bruttoschuld stieg auf 165 Prozent des BIP, und Griechenland war nicht mehr in der Lage, seine Schulden zu bezahlen. Im Evaluierungsbericht der Troika vom 8. Juni 2011 wurde zugegeben, dass die Rezession die bisherigen Vorgaben illusorisch gemacht hatte. Dennoch machten sie die zögerliche Umsetzung des Austeritätsprogramms für die Verfehlung der vereinbarten Konsolidierungsziele verantwortlich (Roth 2012, 19).

Einsetzung einer Technokratenregierung

Die Folge war im Juli 2011 ein zweites Austeritätsprogramm. Es sah nicht nur Verschärfungen beim Lohn- und Sozialabbau vor, sondern zusätzlich direkte Eingriffe in den öffentlichen Sektor wie Lohnsenkungen und Massenentlassungen. 50.000 Staatsangestellte wurden in Auffanggesellschaften überführt und erhielten dort für zwölf Monate 60 Prozent ihres Gehaltes, ehe sie arbeitslos wurden. Gleichzeitig sollte nur noch jeder zehnte altersbedingt frei gewordene Arbeitsplatz neu besetzt werden. Hinzu kamen Rentenkürzungen und Einsparungen bei den Gesundheitsausgaben. Außerdem wurde die PASOK-Regierung zur Gründung einer Nationalen Treuhandbehörde gezwungen, die Infrastruktureinrichtungen, Immobilienbesitz, Kommunikationsunternehmen und Versorgungsbetriebe in privates Eigentum überführen sollte.

Auch die Unterzeichnung dieses Programms ging mit fiskalpolitischer Erpressung einher: Erst nachdem Finanzminister Evangelos Venizelos den Privatisierungsplan akzeptierte, erklärte sich der Leiter der Troika-Kommission bereit, die Freigabe der fünften Kredittranche zu empfehlen (Roth 2012, 21). Gleichzeitig ließ die deutsche Regierung durchblicken, „dass sie bei einer weiteren Verzögerung ein beschleunigtes Bankrott-Szenario und den Austritt Griechenlands aus der Euro-Zone vorzog“ (ebd., 22). Dieses „fiskalische Waterboarding“ (Varoufakis 2017) hebelte die staatlichen Entscheidungsgewalt der griechischen Regierung aus und übertrug sie vollständig auf die europäischen Institutionen. Jeder Versuch, diese zurückzuerlangen, wurde mit einem Anziehen der Daumenschreiben beantwortet. Als Ministerpräsident Giorgos Papandreou ein Referendum über den neuen Kreditvertrag von 172 Milliarden Euro und die erwarteten Sanierungsmaßnahmen ankündigte, untersagten die Staatschefs aus Frankreich und Deutschland zusammen mit Jean-Claude Juncker (damals Vorsitzender der Eurogruppe), Christine Lagarde (Direktorin des IWF), Herman van Rompuy (damals Präsident des Europäischen Rates) und José Manuel Barroso (damals Präsident der Europäischen Kommission) die Auszahlung der nächsten Kredittranche aus dem ersten „Rettungspaket" bis zum Referendum (Chondros 2015, 52).

Nach dieser unverhohlenen Erpressung blieb Papandreou nur der Rücktritt. Doch anstatt Neuwahlen einzuleiten, drängte Barroso auf eine „Regierung der nationalen Einheit" mit dem ehemaligen Vizepräsidenten der EZB Loukas Papadimos[2] als Ministerpräsidenten an der Spitze. Das Ziel war klar: Papadimos war Teil des Establishments. Er sollte die Neuwahlen zum spätestmöglichen Zeitpunkt einleiten und in der Phase des „Übergangs" den Beschluss über die Umsetzung des zweiten Memorandums im griechischen Parlament herbeiführen (Chilas/Wolf 2016, 71). Bei der parlamentarischen Beratung und Beschlussfassung am 12. Februar 2012 stimmten neben den Mandatsträgern der radikalen Linken SYRIZA und der kommunistischen KKE 22 Mandatsträger der sozialdemokratischen PASOK und 21 von der konservativen ND gegen das Austeritätsprogramm.[3] Es sah einen drastischen Schuldenschnitt für die privaten Anlagen vor, der vor allem deutschen und französischen Banken dabei half, hohe Verluste abzuwenden. Dabei wurden die Privatinvestoren größtenteils von den EU-Staaten als Gläubiger abgelöst.[4]

2 Die „Regierung der nationalen Einheit" war eine Technokratenregierung im Interesse der Gläubiger. Papadimos war dafür ein geeigneter Protagonist. Er hatte 1980 als Ökonom in der Federal Reserve Bank in Boston gearbeitet, war 1985 nach Griechenland zurückgekehrt und wurde Wirtschaftsberater der Bank von Griechenland. 1993 wurde er zunächst Vizepräsident und ein Jahr später Direktor der Griechischen Zentralbank. Von 1994 bis 1998 war er Mitglied im Rat des Wirtschaftsinstituts, von 1993 bis 1995 Vorsitzender des Ausschusses für Währungspolitik des EZB-Rates und Mitglied der globalen, nichtstaatlichen Organisation Trilaterale Kommission. Von 2002 bis 2010 war er Vizepräsident der EZB (Chondros 2015, 53 f.). Als Gouverneur der Griechischen Zentralbank hatte er 2000/2001 in Zusammenarbeit mit Goldman Sachs die griechischen Schulden mittels „kreativer Buchhaltung" künstlich reduziert, wofür im übrigen Goldman Sachs 300 Millionen Dollar Honorar erhielt (Chilas/Wolf 2016, 74).

3 Die abweichenden Abgeordneten von PASOK und ND wurden daraufhin aus ihren Fraktionen ausgeschlossen.

4 Mit Hilfe der Austeritätsprogramme gelang es den deutschen Banken ihre griechischen Staatsschulden von Oktober 2011 bis März 2012 von 91,4 Milliarden Euro auf unter 795 Millionen Euro zu reduzieren. Den französischen Banken gelang die Schuldenreduzierung noch schneller und effizienter. Von den 63,6 Milliarden Euro griechischer

Sozialpolitische Zerrüttung

Damit einher gingen weitere Einschnitte in die Souveränität des Landes. So sollten alle Vorgänge, die im Zusammenhang mit dem Schuldenschnitt standen, aus der griechischen Rechtsprechung herausgenommen und der englischen Rechtsprechung unterstellt werden (ebd., 73). Aus Deutschland kam der Vorschlag, einen „Sparkommissar" einzusetzen, „der als 'Haushaltsbeauftragter der Europäischen Union für Griechenland' ein Vetorecht bei allen Entscheidungen, die den von den Gläubigern geforderten Konsolidierungskurs beeinträchtigten, erhalten sollte" (Roth 2012, 29 f.). Dazu kam es nicht, aber die Troika richtete ein Sperrkonto zur Bedienung des Schuldendienstes ein, auf das die griechische Regierung kein Zugriffsrecht hatte. Spitzenpolitiker der EU-Kommission machten das Sperrkonto zur Vorbedingung für weitere Verhandlungen, weil sie sich im Hinblick auf die für Mai geplanten Neuwahlen gegen eine etwaige Annullierung des Memorandums absichern wollten (ebd., 39). Erst nachdem das zweite Memorandum verabschiedet war, stimmte Barroso der Einleitung von Neuwahlen zu. Der durch fiskalpolitische Erpressung erfolgte Sturz einer demokratisch gewählten Regierung und die Ernennung eines willfährigen Ministerpräsidenten mit dem Ziel, die Krisenkosten auf die breite Masse der griechischen Gesellschaft umzuschichten, warf ein Schlaglicht auf die Krise der EU.

Nachdem die Übergangsregierung unter Papadimos die Interessen der Gläubiger durchgesetzt hatte, wurde sie im Juni 2012 nach Neuwahlen durch eine Regierung aus ND, PASOK und der Partei Demokratische Linke (DIMAR) unter Antonis Samaras als Ministerpräsidenten abgelöst. Zuvor hatte sich der damalige Chef der Euro-Gruppe Jean-Claude Juncker von den beiden Vorsitzenden von PASOK und ND schriftlich die Zusage geben lassen, dass sie auch danach zur Umsetzung des Austeritätskurses stehen würden und dieses Bekenntnis an die Freigabe des zweiten Darlehens im Umfang von weiteren 130 Milliarden Euro geknüpft. Die neue Regierung setzte in den folgenden zweieinhalb Jahren das zweite Memorandum gegen den breiten Widerstand der Bevölkerung durch, und trug so zur sozialpolitischen Zerrüttung – Chilas und Wolf sprechen von einem „gesellschaftlichen Wüstengebiet, (...) einer 'sozialen Sahara'" (Chilas/Wolf 2016, 68) – des Landes bei. Hunderttausende verloren ihre Jobs. Zeitweise hatte Griechenland mehr Arbeitslose als Beschäftigte.[5] Bei den unter 25-Jährigen

---

Staatsanleihen standen im Dezember 2012 keine mehr in ihren Büchern (Varoufakis 2017, 39).

5 Bis 2015 war die Arbeitslosigkeit um 160 Prozent gestiegen mit dem Ergebnis, dass 3,5 Millionen Beschäftigte 4,7 Millionen arbeitslose oder nicht arbeitende Griechen mit

lag die Arbeitslosigkeit über einen längeren Zeitraum bei über 60 Prozent. Selbst die Mittelschichten hatten ihre Ersparnisse aufgezehrt. Im Ergebnis zog diese soziale Polarisierung eine politische Polarisierung nach sich, die weite Teile der Stammklientel von PASOK und ND erreicht hatte.

New Economic Governance

Das zeigte sich bei den Wahlen am 25. Januar 2015, aus denen SYRIZA mit über 35 Prozent als Sieger hervorging und gemeinsam mit der rechtspopulistischen Anexartiti Elleni (ANEL) eine Regierung bildete. Die klassenübergreifende Radikalisierung der griechischen Bevölkerung, die im Wahlsieg der ehemaligen Vier-Prozent-Partei SYRIZA ihren Ausdruck fand, hatte auch in den bürgerlichen Klassen zu einer Radikalisierung beigetragen, die verhindern wollten, dass sich SYRIZA in der Regierung hielt: Als Ende 2014 die Umfragen einen Wahlsieg für die Partei der radikalen Linken voraussagten, beantragte der griechische Finanzminister bei der Eurogruppe eine Verlängerung der zweiten Rettungsvereinbarung, die zum 31. Dezember auslief, nicht um wie ursprünglich von der Troika vorgeschlagen sechs Monate, sondern nur um zwei Monate. Damit spekulierte Samaras darauf, dass die Troika mit dem Auslaufen der Rettungsvereinbarung zum 28. Februar 2015 die griechischen Banken schließen würde, und versuchte auf diesem Wege die Startbedingungen für SYRIZA zu erschweren. Gleichzeitig verbreitete nicht nur Samaras in seinen Reaktion auf die Meinungsumfragen, dass „am Montag nach dem Sieg" SYRIZAs die Banken geschlossen würden (Varoufakis 2017, 134). Auch der Gouverneur der Bank von Griechenland, Giannis Stournaras, rief in einem historisch beispiellosen Akt von Amtsmissbrauch zu einem Sturm auf die Banken auf, um die künftige SYRIZA-Regierung von Beginn an zu destabilisieren.[6]

Die Troika machte von Anfang an klar, dass sie die Anerkennung der Schuldverpflichtungen auch von der SYRIZA-Regierung erwartete, wie der Besuch von

---

ihren Beiträgen unterstützten. Von den drei Millionen erwerbsfähigen Personen waren 1,4 Millionen arbeitslos. Und von den 1,4 Millionen Arbeitslosen erhielten gerade einmal zehn Prozent Sozialleistungen und nur 15 Prozent überhaupt irgendeine Unterstützung (vgl. Varoufakis 2017, 158).

6 Das Kalkül von Samaras und Stournaras ging auf. Vom 15. Dezember, dem Tag, an dem Samaras mit seinen Interviews einen Bankensturm provoziert hatte, bis zum 22. Januar waren 9,3 Milliarden Euro von griechischen Banken abgezogen worden. Die Höhe der täglichen Abhebungen belief sich auf eine Milliarde. Damit erhöhte sich die Abhängigkeit der griechischen Banken von der EZB (Varoufakis 2017, 170).

Euro-Gruppen-Chef Jeroen Dijsselbloem wenige Tage nach der Wahl signalisieren sollte.[7] Auch EU-Parlamentspräsident Martin Schulz erklärte, dass er keine Spielräume für einen anderen finanzpolitischen Kurs sehe: „Ich habe keinen Bock, ideologische Debatten zu führen mit einer Regierung, die gerade mal zwei Tage im Amt ist" (Martens 2015). In der Folgezeit wurden die „im europäischen Staatsapparate-Ensemble verdichteten Herrschaftsverhältnisse des europäischen Kapitalismus und ihr Spannungsverhältnis zur Demokratie" (Oberndorfer 2017, 69 f.) wiederholt sichtbar. Varoufakis schildert in seinem Buch „Die ganze Geschichte. Meine Auseinandersetzung mit Europas Establishment" ausführlich, wie die Spitzenpolitiker der Europäischen Union ihn unter Androhung des Grexits zwingen wollten, gegen den artikulierten Mehrheitswillen der griechischen Bevölkerung einer weiteren Verschuldung Griechenlands zuzustimmen und damit die Zwangssparmaßnahmen zu verlängern (Varoufakis 2017, 548 f.). In der durch den Entzug der demokratischen Kontrolle über die griechische Fiskalpolitik eingeschränkten politische Handlungsfähigkeit der SYRIZA-Regierung und den „Verhandlungen" mit der Euro-Gruppe unter dem Damoklesschwert eines Grexits zeigte sich eine Politik, die mit dem Begriff „New Economic Gouvernance" (Candeias 2016) beschrieben wird: Trotz aller Verweise renommierter Ökonomen, dass es Alternativen zur ökonomischen und sozialen Zerrüttung eines Landes gab, waren die beharrlich im Zentrum stehenden Austeritäts- und Wettbewerbsauflagen des europäischen Krisenmanagements in einen kontinuierlichen Prozess überführt worden, der nicht nur autoritär durchgestellt wurde, sondern auch unter veränderten politischen Mehrheiten an dem eingeschlagenen Kurs festhalten sollte. „Hierbei werden die Exekutivapparate mit umfassenden Beschluss- und Sanktionskompetenzen ausgestattet, während die parlamentarischen Arenen geschwächt" wurden (ebd., 14).

Referendum gegen Gläubigerauflagen

Bei den Verhandlungen SYRIZAs mit den Gläubigerinstitutionen über den Abschluss und die Verlängerung des Kreditprogramms zeigte sich, dass die Gläubiger jeden Vorschlag nach Schuldenerleichterungen und einer Vermeidung weiterer sozialer Einschnitte abblockten. Die Auseinandersetzung spitzte sich im Referendum über die neuen Gläubigerauflagen zu. Trotz der Drohung Mario Draghis, die

7 Die selbstbewusste Antwort von Finanzminister Varoufakis, wonach SYRIZA gewählt worden sei, um wichtige Bestandteile der Kreditvereinbarung neu zu verhandeln, erwärmte die Seele der griechischen Bevölkerung ebenso wie die der europäischen Linken.

griechischen Banken zu schließen, lehnte die Regierung die Gläubigervorschläge, die noch „schlimmer als das Memorandum" seien (ND-Dossier 2015, 4) ab. In der Nacht auf den 27. Juni 2015 kündigte Tsipras ein Referendum an und warf damit die Möglichkeit eines Mehrheitswillens gegen die autoritären Minderheitsmeinungen der Gläubigerinstitutionen in die Waagschale weiterer Verhandlungen, die mehr und mehr den Charakter eines Ultimatums bekommen hatten.

Im Vorfeld dieses Memorandums fielen die europäischen Institutionen zudem durch eine unverhohlene Einmischung in den Prozess der Meinungsbildung innerhalb Griechenlands auf. Während die EZB offen drohte, die Geldhähne zuzudrehen und den Rahmen für Notfallkredite für griechische Banken nicht zu erweitern, griffen führende Vertreter der europäischen Institutionen mit Lügen in die nationalen Angelegenheiten Griechenlands ein. So behauptete EU-Kommissionspräsident Juncker, die Kürzungsforderungen seien „sozial fair" und kein „dummes Sparpaket". Von weiteren Rentenkürzungen sei zudem nie die Rede gewesen. Euro-Gruppen-Chef Dijsselbloem erging sich in fragwürdigen Drohgebärden, als er ankündigte, dass Griechenland im Falle eines „OXI" die Eurozone verlassen müsse. Der Präsident des Europaparlamentes Martin Schulz ging in einem beispiellosen Akt politischer Einmischung sogar soweit, die Regierung zum Rücktritt aufzufordern und sprach sich für die Einsetzung einer „technischen Regierung" aus, die die Verhandlungen mit den Gläubigern fortführen solle (ND-Dossier 2015, 7). Allen Einmischungen zum Trotz votierten am 5. Juli 61,3 Prozent der Griechen gegen die Gläubigerauflagen. Unter den 18 bis 24-Jährigen hatten 85 Prozent mit NEIN gestimmt, Unter den Angestellten im öffentlichen Sektor waren es 70 Prozent, unter Arbeitslosen 73 Prozent (ebd., 8).

Dass Tsipras das klare Votum des OXI-Referendums wohl eher als Pyrrhussieg empfunden haben musste denn als Rückenwind für die Verhandlungen, zeigte sich daran, dass er am nächsten Tag die Vorsitzenden der griechischen Parteien zusammenrief und Varoufakis um dessen Rücktritt bat. Einmal mehr verdichteten sich die Ereignisse zu der Erkenntnis, dass der Regierungswechsel vom 25. Januar nicht „die lang erwartete Notbremse des dahinrasenden Zuges autoritärer Kürzungsmaßnahmen" (Candeias 2016, 14) war, sondern ein Hinweisschild darauf, dass eine autoritäre Wendung des neoliberalen Projektes längst eingeleitet war: Postdemokratische Entleerung war durch die „offen autoritäre Setzung von Recht bei Bruch demokratischer Verfahren" ersetzt worden (ebd.).

In der Folge stellte Griechenland einen neuen Antrag für ein Kreditprogramm auf Basis des Europäischen Stabilitätsmechanismus und übersandte den Gläubigern ein Papier mit Vorschlägen, die den alten Bedingungen der Gläubiger weitgehend glichen: Rentenkürzungen, Steuererhöhungen, Privatisierungen in einem Volumen von 13 Milliarden Euro. An dem Euro-Gipfel in Brüssel am 07. Juli nahm der neue Finanzminister Efklidis Tsakalotos teil. Pünktlich zu den Verhandlungen der Eurogruppe über die griechischen Vorschläge tauchte ein Papier des deutschen Finanzministers Wolfgang Schäuble auf, das einen temporären Grexit nahelegte und damit den Verhandlungsdruck erhöhen sollte. Am Ende der Verhandlungen vom 13. Juli steht das dritte Memorandum. Es ist weitgehender als der ursprüngliche Entwurf der Gläubiger. Es waren umstrittene Auflagen, auf die man sich im Abschlussdokument „geeinigt" hatte, darunter der Ausverkauf des öffentlichen Eigentums mittels eines Treuhandfonds oder die Genehmigung wichtiger Gesetzesvorlagen durch die Gläubiger – beides ein Verlust von Souveränität für die griechische Regierung. Neben strengen Spar- und Reformauflagen regelt es die Rückkehr zur Institutionen-Kontrolle in den staatlichen Apparaten durch die Aufgabe der Haushaltsautonomie und eine automatische Kürzung der Staatsausgaben bei Nichterreichung des Sparziels (Bischoff/Radke 2015, 14). In den sozialen Medien überschlug sich die Kritik an der Vereinbarung unter dem Hashtag *#This Is A Coup*. Darin spiegelte sich auch das Entsetzen wider, dass das autoritäre Vorgehen gegen die griechische Regierung und Bevölkerung wiederholt eine in der Linken vielfach unterschätzte „Zählebigkeit der gesellschaftlichen Verhältnisse" (Kritidis 2014, 11) möglich gemacht hatte.

Demokratieverlust auf der Ebene der politischen Kommunikation

Die autoritäre Krisenlösungsstrategie der Gläubigerinstitutionen, die Strohschneider treffend als „das Berliner Modell aus Exportnationalismus, autoritärem Institutionalismus und 'schwarzer Null'" (Strohschneider 2016, 102) bezeichnete, und damit die Melange beschrieb, zu der sich die Radikalisierung der Dogmen des freien Marktes verbanden, war auch eine Antwort auf den ideologischen Kollaps des Neoliberalismus. Es war die gewaltsam erzwungene Rückkehr zur Politik des alternativlosen Regierens mit dem Ziel, die Dominanz des Neoliberalismus wiederherzustellen. Dabei wurde das thatcheristische Diktum „There is no alternative" zum Bezugspunkt von Spar-, Lohnkürzungs- und Privatisierungsdiktaten. Der Grund: Durch die Lehman-Pleite waren neoliberale Grundsätze sich selbstregulierender Märkte, die seit den 70er Jahren politisches Handeln bestimmt hatten, gesellschaftlich in die Defensive geraten. Das Scharnier zwischen der Erwartungshaltung der breiten Öffentlichkeit, diejenigen sollten für die Krise zahlen, die sie auch verursacht hatten, und dem Bedürfnis der Herrschenden nach einer wiederhergestellten Dominanz des Neoliberalismus war eine politische Rhetorik, die zwar die Marktdogmen in Frage stellte, aber „Fortschritte bei der Regulierung von Finanzmärkten" vermissen ließ (Drautz/Scholle 2009, 10). Gleichzeitig gelang es den bürgerlichen Klassen, den Fokus von der Verantwortung der Banken auf die sprunghaft angestiegenen Staatsschulden zu verschieben und dadurch wieder Diskurshoheit zu erringen (Lehndorff 2012, 19). Aus der Bankenkrise wurde eine Staatsschuldenkrise, für die eine expansive und verschwenderische Ausgabenpolitik einiger Mitgliedstaaten verantwortlich gemacht wurde und die nun als Gegenmaßnahmen Sparsamkeit und Disziplin verlangte. Damit wurden ab 2012 die Folgen zur Ursache erklärt, denn natürlich hatten erst die umfangreichen Rettungs- und Stützungsmaßnahmen zugunsten des Bankensektors in allen europäischen Ländern zu einem sprunghaften Anstieg der Staatsverschuldung geführt.

Mit dieser Erzählung konnten die Gläubigerinstitutionen an der politischen Praxis einer Schockökonomie anknüpfen, mit der der IWF seit 1973 zunächst Chile und dann weitere Länder Lateinamerikas zum Experimentierfeld neoliberaler Strukturanpassungen gemacht hatte. Klein arbeitet diese Politik als „Schockstrategie" heraus, nach der der IWF vor allem in Phasen politischer Umbrüche demokratisch gewählte Regierungen unter Druck setzte, um der ökonomischen Schockbehandlung zuzustimmen (Klein 2012). Dabei hatten die Staatsschulden immer eine Schlüsselrolle gespielt, denn sie ermächtigten den IWF zur politischen und ökonomischen Einflussnahme. Die Folge waren brutale Austeritätsprogramme, die die Gesellschaften nach der neoliberalen Doktrin von Privatisierung, Liberalisierung und Deregulierung umbauten.

Der neoliberale Ruf nach Sparmaßnahmen, der in den Monaten nach der Lehman-Pleite vereinzelt zu hören war, aber im Chor derjenigen unterging, die auf Rettungsmaßnahmen drängten, wurde durch die Griechenlandkrise wieder lauter. Die Zahlungsunfähigkeit des Landes wurde in apokalyptischen Prophezeiungen als Beispiel dafür aufgegriffen, dass die strengen Gebote der Haushaltsdisziplin alternativlos waren. Sie mussten zur Begründung eines neuen Kurses herhalten, der Konjunkturpakete durch Sparpakete ersetzte (Krugmann 2012, 217) und leiteten eine „stille Revolution" ein, im Verlaufe derer, so Barroso, die Mitgliedstaaten akzeptierten, „dass den europäischen Institutionen starke Machtinstrumente der wirtschaftlichen Überwachung und der wesentlich strikteren Kontrolle der öffentlichen Finanzen übertragen" wurden (vgl. Lehndorff 2012, 11). Das Exekutieren einer alternativlosen Sparpolitik mit autoritären Eingriffen in die nationale Souveränität stellte in seiner Radikalität nicht nur die Dominanz des Neoliberalismus wieder her. Es wurde auch zum Disziplinierungsinstrument gegenüber den anderen Mitgliedstaaten, „um die übrigen Regierungen der überschuldeten europäischen Peripherieländer von der Notwendigkeit eines selbst verantworteten rigorosen Austeritätskurses zu überzeugen, wenn sie die Einsetzung einer De-Facto-Zwangsverwaltung à la Troika vermeiden wollten" (Roth 2012, 18).

Unterdrückung der Kommunikationsgrundrechte

Autoritäre Politikmuster gehen mit einer Veränderung des politischen Diskurses einher. Das Staatsschuldennarrativ gab zugleich den Auftakt zur vehementen Unterbindung und sogar Unterdrückung der Kommunikationsgrundrechte. In Griechenland wurde der Wettstreit der Meinungen, der durch den Austausch von Argumenten, Gründen und Gegengründen erfolgen kann, auf zwei Ebenen obstruiert: Zum einen durch die Unterdrückung alternativer Krisenszenarien. Varoufakis legt in seinem „Enthüllungsbericht" über die Verhandlungen mit der Troika dar, dass Schäuble, Juncker oder Lagarde der Richtigkeit seiner Analyse zur Ursache der griechischen Situation nicht widersprachen und auch nicht in Abrede stellten, dass Schuldenerleichterungen und niedrige Steuersätze eine Vorbedingung für die wirtschaftliche Erholung Griechenlands waren (Varoufakis 2017). Zudem lehnten führende Ökonomen wie Joseph Stiglitz die ökonomische Unvernunft der Europäischen Institutionen ab: „Seit sechzig Jahren vertritt kein seriöser Volkswirt mehr die Meinung, dass eine Volkswirtschaft, die auf eine Rezession zusteuert, einen ausgeglichenen Staatshaushalt haben sollte" (vgl. Lehndorff 2012, 21). Selbst der IWF war 2011 in einer Untersuchung zu dem Ergebnis gekommen, dass Sparmaßnahmen grundsätzlich negative Auswirkungen auf die wirtschaftliche Entwicklung hatten (vgl. Krugman 2012, 224). Doch der Schutz der Anlegerinteressen war wichtiger als ein Schuldenschnitt, obgleich fast alle international renommierten Ökonomen die Austeritätspolitik kritisierten. Wider besseren Wissens und entgegen anderslautenden Empfehlungen hielten die Gläubigerinstitutionen an der Politik harter Sparprogramme fest.

Auf einer zweiten Ebene ging die Obstruktion alternativer Krisenbearbeitungsszenarien mit der Unterdrückung von Gegenprotest einher, im Zuge derer der stellvertretende Regierungschef Theodoros Pangalos sogar mit dem Einsatz der Armee gegen die griechische Bevölkerung drohte (Kritidis 2014, 90). Hinzu kam eine einseitige mediale Berichterstattung, die SYRIZA als gefährlich, korrupt, unfähig und unprofessionell darstellte (Chondros 2015, 116). Die Darstellung war Ausdruck der Unzufriedenheit mit den neuen gesellschaftlichen Machtverhältnissen. Auf der Grundlage einer traditionell engen Verquickung von Großkonzernen, Banken, Medien und politischen Parteien hatte sich eine „Berlusconisierung" der Medienformate entwickelt (Kleiser 2015, 18), die die

Verschiebung im politischen Koordinatensystem nicht akzeptieren wollte. Einzig die Eleftherotypia (Freie Presse) berichtete weitestgehend unabhängig, weil sie die einzige Zeitung war, die nicht vom Handels- oder Baukapital kontrolliert wurde.

Aber auch in den deutschen Medien zeigte sich: Die Auseinandersetzungen um die Wiederherstellung des neoliberalen Projektes wurden von einem Informationskrieg begleitet. Eine Medien-Studie, die im Auftrag des Instituts für Makroökonomie und Konjunkturforschung (IMK) der Hans-Böckler-Stiftung erstellt wurde, kommt zu dem Schluss, dass die Berichterstattung zur griechischen Staatsschuldenkrise „sehr stark regierungsgeprägt, mehrheitlich meinungsorientiert und wertend“ gewesen sei und nicht die „erforderlichen Qualitätsstandards“ erfüllt habe (Otto/Köhler 2016, 1). Die Reformvorhaben der Troika wurden als alternativlos und politisch vernünftig dargestellt, während die Berichterstattung über Initiativen zur Besteuerung hoher Einkommen „mit einer mehrheitlich negativen Beurteilung der griechischen Regierung verbunden“ wurde (ebd., 65).

Der Anspruch der Medien, in parlamentarisch verfassten politischen Systemen „vierte Gewalt“ zu sein, indem sie zur politischen Willensbildung der Bevölkerung beitragen und die Arbeit der Legislative, Exekutive und Judikative durch öffentliche Berichterstattung kontrollieren sollten, wurde in der Berichterstattung über die Krise und ihre Folgen nahezu vollständig aufgegeben. Stellvertretend für die vielen Beispiele soll der Leiter des ARD-Studios in Brüssel, Rolf-Dieter Krause, genannt werden, der mehrfach durch subjektiv-wertende und herabwürdigende Aussagen auffiel. In der Fernsehsendung „Hart aber fair“ Ende Juni 2015 sagte er: „Jetzt kommen diese Jungs von Syriza und führen Europa am Nasenring durch die Manege. (...) Wer so blöd ist, gehört zum Teufel gejagt“. Im TV-Talk „Anne Will“ hatte er eine Woche zuvor gesagt: „Die Griechen wollen schlemmen und die Rechnung für die Party an andere schicken“. Und in der Sendung „Presseclub“ verlautete er: „Diese Regierung hat sich den Wahlsieg erschlichen. Durch Wahlbetrug. Da gibts keinen Anspruch auf ein gutes Leben. Der muss erarbeitet werden. Das ist kein seriöser Verein, mit dem wir es da zu tun haben“ (vgl. Chondros 2015, 117 f.).

Über die Einhaltung des Abschlusspapiers des EU-Gipfels vom 13. Juli 2015 berichteten zahlreiche Medien sogar wahrheitswidrig, die griechische Regierung habe sich nicht an die Absprachen gehalten und verabschiede die versprochenen Gesetze nicht fristgerecht. Die Falschdarstellung wurde durch den GRÜNEN-Europaabgeordneten Sven Giegold öffentlich dementiert und die Art der öffentlichen Berichterstattung als Faktenkrise kritisiert (Giegold 2015). Die Beispiele zeigen: Radikalisierung des neoliberalen Prinzips drückte sich mit gleicher Radikalität im politischen Diskurs und der medialen Berichterstattung aus. Diese

Entwicklung erreichte ihren vorläufigen Kulminationspunkt, als im öffentlich rechtlichen Fernsehen ein Gespräch mit Varoufakis so manipuliert wurde, dass der Eindruck entstand, der griechische Finanzminister würde den deutschen Steuerzahlern den Mittelfinger zeigen.

Dass Politik Legitimationserzeugung braucht, um allgemein verbindliche Regeln herzustellen und durchzusetzen (Georgakis 2011, 174), mag erklären, warum mediale Berichterstattung und politisches Handeln während der Krise einander derart durchdrangen, dass von „vierter Gewalt“ und Kontrolle keine Rede mehr sein konnte und auch als Ausdruck einer schleichenden Krise der Demokratie gewertet werden muss. Eine solche Erklärung wirft allerdings kein gutes Licht auf den Zustand der Demokratie. Die Berichterstattung über Griechenland folgte zudem einem Trend, der bereits in den 90er Jahren sichtbar geworden war. Umfragen hatten ergeben, dass unter Journalisten das Bedürfnis, Kritik an den gesellschaftlichen Entwicklungen zu üben, abgenommen hatte.[8] In der Griechenlandberichterstattung verdichtete sich dieses verlorengegangene Selbstverständnis eines kritischen Journalismus zu einer tendenziösen Darstellung der Regierungsposition, die mit politischen Ressentiments und ökonomischer Alternativlosigkeit aufgeladen war. Der schon länger zu beobachtende Trend des Verzichts, gesellschaftliche Entwicklungen grundsätzlicher zu betrachten und kritisch zu hinterfragen, beschleunigte während der Griechenlandkrise den medialen Durchdringungsprozess der politischen Machtsysteme und führte dazu, dass weite Teile der Massenmedien die Maßstäbe der Regierung zu ihren eigenen machten und sich dadurch „selbst zu besseren PressesprecherInnen“ degradierten, denn „je weiter sich der Journalismus von einer Diskussion über Grundsatzfragen und prinzipielle Alternativen entfernt, umso näher rückt er an die Politik – und übernimmt ihre Prämissen ebenso wie ihr Denken“ (OXI 12.04.2016). Dadurch wurde die öffentliche Berichterstattung zum Spiegel realer Machtverhältnisse, welche die Zurücksetzung und Diskriminierung auf der politischen Ebene reproduzierten.

8 Zwei repräsentative Journalistenbefragungen von 1993 und 2005 hatten herausgefunden, wie sehr sich das Rollenselbstbild der Journalisten verändert hatte. Der Anteil der Journalisten, die „Kritik an den Verhältnissen üben“ als Ziel angaben, war innerhalb dieses Zeitraums von 63 auf 57 Prozent zurückgegangen. Der Anteil der Journalisten, die „sich einsetzten für die Benachteiligten in der Bevölkerung“ war von 43 auf 29 Prozent gesunken. Der Anteil jener, die „Politik, Wirtschaft und Gesellschaft kontrollieren“ wollten, von 27 auf 23 Prozent. Mehr und mehr betrachteten sich Journalisten im komplexen Regelwerk von Machtbeziehungen zwischen Bürgern, Parteien, Parlament und Regierung als reine Informationsjournalisten oder News-Manager (Ferch/Juchler 2011, 15).

Die europäische Variante der Krisenbekämpfung kann schon allein deshalb nicht als akzeptable Lösung bezeichnet werden, weil sie dem Ausgleich der Interessen eine autoritäre Sanktionspolitik vorzog. Der Schaden für die liberale Demokratie wird auch an der offensichtlichen Komplizenschaft der Massenmedien deutlich. Die Radikalität, mit der auch auf der Ebene der öffentlichen Kommunikation, der Ausgleich der Interessen vernachlässigt und unterbunden wurde, wird jedoch nur begreifbar, wenn man die Funktionalität versteht, die die Reformen im Hinblick auf Wiederherstellung der in die Krise geratenen neoliberalen Ideen hatten. „Einstweilen triumphieren die gescheiterten Ideen ein weiteres Mal", schreibt Lehndorff in Anlehnung an Krugman. „Die paradoxe Basis dieses Triumphes ist die wegen des Vertrauens in diese Ideen sprunghaft angestiegenen Staatsverschuldung, und sein Vehikel ist das der Eurozone oktroyierte Austeritätsregime. Daran zeigt sich, dass die gescheiterten Ideen diesmal nicht als Heilsversprechen daherkommen, sondern ihr neuerlicher Triumph auf Einschüchterung und Angst beruht. Dies offenbart die Schwäche des Starken" (Lehndorff 2012, 34).

Neoliberale Zerrüttung der Gesellschaft

Der Kreditmechanismus der Gläubiger-Institutionen war mit strukturellen Anpassungen verbunden, die auf den Umbau der arbeits- und sozialgesetzlichen Bestimmungen und eine innere Abwertung durch Lohn- und Preissenkungen drängten. Sie zielten gleichzeitig auf den Umbau der gesellschaftlichen Ordnung durch Privatisierungen öffentlichen Eigentums und weitreichende Deregulierungen. Vor allem aber griffen sie weit in die Regularien des sozialen Dialogs ein und verschoben das Kräfteverhältnis zwischen den Klassen institutionell zuungunsten der Lohnabhängigen. Während die im Memorandum verlangten Steuererhöhungen, teilweise auch die Kürzungen im Sozial-, Bildungs- und Gesundheitsbereich sowie die Privatisierungen nicht immer Applaus von den politischen Vertretern und der griechischen Bourgeoisie bekamen, aber am Ende dennoch gebilligt wurden, wurde der Angriff auf die institutionellen Machtquellen der Lohnabhängigen uneingeschränkt unterstützt (Wehr 2016, 47).

Bereits die ersten Schritte zur Umsetzung des Programms ließen die negativen Auswirkungen auf die wirtschaftliche und soziale Entwicklung erkennen. Vor allem die Massenentlassungen, Lohn- und Rentenkürzungen, Einsparungen von öffentlichen Ausgaben, Steuererhöhungen und Privatisierungen entzogen weiten Teilen der griechischen Bevölkerung die finanziellen Grundlagen. Die kurzsichtige Austeritätspolitik zum Ausgleich der öffentlichen Haushalte hatte katastrophale Folgen für die wirtschaftliche und soziale Entwicklung des Landes und zwang die Regierung, „in einer Art Verelendungsspirale (...) den sinkenden Einnahmen hinterherzusparen" (Lehndorff 2012, 21). Dramatische Einkommenskürzungen standen Erhöhungen bei Waren des täglichen Bedarfs gegenüber. Von Juli 2008 bis Juli 2015 erhöhte sich der Strompreis 15 mal und verteuerte sich im Vergleich zum Ausgangspreis um 44 Prozent, während der Druck auf die völlige Aufhebung der Preisbindung des elektrischen Stroms bei gleichzeitiger Privatisierung der öffentlichen Stromerzeuger von Memorandum zu Memorandum erhöht wurde (Chondros 2015, 69).

Die Folge war eine Zunahme von Armut und Verelendung. Bereits nach dem ersten Memorandum vervierfachte sich der Anteil der Armen in der Gesellschaft. Fast vier der insgesamt zehn Millionen Griechen waren 2013 von Armut oder gesellschaftlichem Ausschluss betroffen. Für 52 Prozent aller Haushalte stellten die Renten der Eltern und Großeltern die Haupteinahmequelle dar, und 42 Prozent äußerten sich pessimistisch über die Möglichkeit, auch 2015 den finanziellen Grundverpflichtungen nachkommen zu können. Fast die Hälfte der Bevölkerung sagte, dass ihr Familieneinkommen nicht ausreiche, um ihre Grundbedürfnisse zu befriedigen, und 55 Prozent der Bevölkerung gaben an, dass sie auf zusätzliche Einkommensquellen wie Verwandte, Bankkredite, Veräußerungen von Vermögenswerten oder Pfandanleihen zurückgreifen mussten (ebd., 70 ff.). Die Einkommen sanken im Durchschnitt um 35 bis 40 Prozent. Jeder Dritte war ohne Krankenversicherung und ohne Zugang zu einer grundlegenden medizinischen Versorgung (Kritidis 2014, 134 f.). Die soziale Zerrüttung der Gesellschaft spiegelte sich allerdings nicht nur in den Armutsstatistiken wider, sondern ebenso an den erschreckenden Entwicklungen im Alltag: Eine Erhöhung der Säuglingssterblichkeit, der Anstieg der Suizidrate, Kinder, die in den Schulen wegen Unterernährung in Ohnmacht fielen, eine sinkende Lebenserwartung der Gesamtbevölkerung, ein Anstieg der HIV-Infektionen bei Drogenkonsum um 1.250 Prozent und erstmals seit 40 Jahren Ausbrüche von Malaria und Tuberkulose (Chondros 2015, 73 ff.). Es waren nicht zuletzt die Kürzungen im Gesundheitsbereich, die erhebliche Auswirkungen auf die Alltagssituation der Menschen hatte. Noch 2007 lag die Ärztedichte bei 229 Einwohner pro Arzt, sie veränderte sich bis 2012 auf 502 (Kleiser 2015, 31).

Einschränkung von Lohnabhängigenmacht

Begleitet wurde dieser Prozess von einer radikalen Umstrukturierung des Arbeitsmarktes und der systematischen Einschränkung institutioneller Lohnabhängigenmacht. Die Deregulierung des Arbeitsmarktes sah die Erleichterung und Verbilligung von Kündigungen vor, ebenso wie die Verlängerung des zulässigen Zeitraums für aufeinanderfolgende befristete Arbeitsverträge. Insbesondere ab 2012 fand dieser Umbau in radikalisierter Form statt. Dazu wurde zunächst das Günstigkeitsprinzip, das den Vorrang von Flächentarifverträgen vor Firmentarifverträgen regelte, abgeschafft, was den Unternehmen die Möglichkeit verschaffte, auf der betrieblichen Ebene von den Tarifregelungen der Fläche nach unten abzuweichen. Die Allgemeinverbindlichkeit wurde bis auf weiteres ausgesetzt. Schließlich sollten von der Unternehmensleitung zu gründende nichtgewerkschaftliche betriebliche Arbeitnehmervereinigungen die Möglichkeit erhalten, Tarifverträge auf Unternehmensebene abzuschließen, wenn diese von mindestens drei Fünfteln der Belegschaft unterstützt werden (Schulten 2015, 3 f.). Dies führte zu einem veränderten Kräfteverhältnis, was sich an einer Zunahme von Rechtsbeugungen und Rechtsbrüchen ablesen ließ. So meldete die griechische Arbeitsinspektion im Januar 2013 eine halbe Million Beschäftigte, die zwei bis fünf Monate lang keinen Lohn bekommen hatten (Chondros 2015, 66). Besonders sichtbar aber wurde die Auflösung der Tarifvertragsbeziehungen an der rückläufigen Zahl neu abgeschlossener Tarifverträge: Waren es bis zum Ausbruch der Krise jährlich zwischen 150 bis 250, ging ihr Anteil auf etwa 20 pro Jahr zurück (Schulten 2015, 2).

Die Demontage der Nationalen Tarifverträge und des Arbeitsrechts schränkten die Möglichkeiten für soziale Kompromisse ein und unterstrichen zugleich, dass es nicht allein um Budgetsanierung ging, sondern um die Etablierung eines neuen ökonomischen und sozialen Modells (Chilas/Wolf 2016, 65). Der griechische Kapitalismus hatte von 1994 bis 2008 eine lang anhaltende Wachstumsphase erlebt. Mit einem jährlichen BIP-Wachstum von durchschnittlich 3,7 Prozent für die Zeit von 1994 bis 2007 war Griechenland nach Irland die am schnellsten wachsende Volkswirtschaft in der Eurozone. Der Aufschwung wurde getragen durch eine steigende Binnennachfrage, die sich auf steigende Reallöhne und Profite stützte, und erhöhte Staatsausgaben – bei gleichzeitigen Steuersenkungen, einem hohen Grad an Steuerhinterziehung und steigender privater Verschuldung. Hinzu kamen Investitionen in die öffentliche Infrastruktur, verstärkt in den Jahren vor den Olympischen Spielen 2004 in Athen, und die Investitionen in privaten Wohnraum (Karamessini 2014, 83). Während dieser Phase zeichnete sich eine Annäherung an die entwickelten Volkswirtschaften der EU-Mitgliedsländer ab. Griechenland durchlebte einen Transformationsprozess von einem staatsgeführten, von familiären Strukturen geprägten Kapitalismus hin zu einem liberalen Kapitalismus.

Im Zuge dieser Entwicklung hatte es bereits in den 90er Jahren Versuche der bürgerlichen Klassen gegeben, das Wohlfahrts- und Beschäftigungsregime zurückzubauen, dafür ein neues Arbeitsregime zu etablieren und die Reproduktionskosten der Ware Arbeitskraft zu senken (Karamessini 2012, 2014; Kritidis 2012). Eines der Hauptbestandteile war der starke Kündigungsschutz für unbefristet Beschäftigte. Versuche, im Bereich der regulären Beschäftigung flexible Beschäftigungs- und Arbeitszeitformen einzuführen, trafen auf eine anhaltende Gegenwehr der Gewerkschaften in den 1990er und 2000er Jahren. Diese schwächten die Flexibilisierungsmaßnahmen ab und stellten im Bereich Leiharbeit und Teilzeit einen relativ starken Schutz sicher. „Im Jahr 2007 hatte Griechenland den niedrigsten Anteil von Teilzeitarbeit und flexiblen Arbeitszeiten in der EU-15, und der Anteil der Beschäftigten mit befristeten Verträgen lag unterhalb des Durchschnitts der EU-27" (Karamessini 2014, 88).

Ohne vorherigen sozialen Dialog wurden derart weitreichende soziale und politische Einschnitte implementiert und ohne temporäre Befristung in einen kontinuierlichen Prozess überführt. Dabei wurden Fragen des sozialen Schutzes sowohl von den Gläubigerinstitutionen als auch von den griechischen Gesetzgebern ausgeblendet (Lanara 2012, 4). Ein Ausgleich der Interessen zwischen Kapital und Arbeit wurde immer weniger möglich. Der Aushandlungsprozess wich einer exekutiven Krisenlösungsstrategie. Relevante Entscheidungen wurden in Expertengremien und Kommissionen ausgelagert. Die schwindende „Transparenz politischer Entscheidungsfindung durch exekutive Dominanz" (Wöhl 2016) richtete sich gegen die abhängig Beschäftigten und begünstigte die Kapitalfraktionen. „Hier sollen soziale Rechte von Arbeitnehmerinnen und -nehmern beschränkt werden, indem eine Lohnflexibilität nach unten und noch flexiblere Arbeitsverträge ermöglicht werden" (ebd.). Am Beispiel Griechenlands wurde die Radikalisierung des neoliberalen Projektes europaweit exponiert.

Gewerkschaftliche Machtressourcen in der Krise

Für die Betrachtung gewerkschaftlicher Handlungsfähigkeit im Kontext der Eurokrise schlagen Müller und Platzer vor, die Mehrebenen-Betrachtung heranzuziehen, um das krisenbedingte Auseinanderdriften gewerkschaftlicher Machtquellen und Einflussstrategien, nach nationaler und transnational-europäischer Ebene unterschieden, zu untersuchen (Müller/Platzer 2016, 13 ff.). Dieses Vorgehen empfiehlt sich wegen der offenkundigen Kluft zwischen der „gewerkschaftlichen Mobilisierungsmacht" (Vandaele 2014, 351) einerseits und der frappierenden Durchsetzungsschwäche der griechischen Gewerkschaften andererseits – ganz im Unterschied zu den 1990er und 2000er Jahren, die von relevanten Arbeitskampfepisoden geprägt waren, in denen es den Gewerkschaften tatsächlich gelungen war, das neoliberale Rückbauprojekt der gesellschaftlichen Eliten zu stören und teilweise zu stoppen. Sowohl die Privatisierung von Staatsunternehmen wie Hellas-Telecom, Olympic-Airways oder die Elektrizitätswerke als auch die Prekarisierung der dort Beschäftigten konnte damals wegen der mobilisierenden Gegenwehr der Gewerkschaften nur zum Teil realisiert werden (Kritidis 59). Die unter die Krisenproteste zu ziehende Bilanz hingegen markiert eine vollständige Durchsetzung marktorientierter Krisenlösungspolitik seitens der Gläubiger-Institutionen und eine deutliche auch institutionelle Einschränkung gewerkschaftlicher Machtquellen. Dass vor der Krise noch 40 Prozent der Generalstreiks zu sozialen oder politischen Zugeständnissen geführt hatten (Wilde 2012, 19), deutet darauf hin, dass die geringe strukturelle Macht der griechischen Gewerkschaften im Kontext sich verändernder transnational-europäischer Beziehungen im Zuge der Krise nicht mehr kompensiert werden konnte.

Leider sind die für die Arbeitskampfforschung unentbehrlichen Streikstatistiken als ein Indikator für gewerkschaftliche Produktionsmacht in Griechenland unzureichend. In vielen westeuropäischen Ländern wurde die Aufzeichnung von Arbeitskämpfen nach 2008 eingestellt (Vandaele 2014, 346). Für Griechenland liegen von offizieller Seite lediglich Daten für die Zeit von 1990 bis 1998 und unvollständige Daten für den Zeitraum von 1999 bis 2002 vor. Dennoch lässt sich feststellen, dass das Land „das Epizentrum des sozialen Protests während der Krise" war (ETUI 2017). Nach 2010 und erst recht 2011 und 2012, nachdem die ersten Austeritätsmaßnahmen verordnet worden waren, gab es eine Welle von Protest in allen Sektoren, in den privaten ebenso wie in öffentlichen Unternehmen. Festgestellt werden kann eine deutliche Zunahme an Generalstreiks, Arbeitsniederlegungen in verschiedenen Sektoren und zahlreiche Demonstrationen. Hinzu kamen Besetzungen von Fabriken, Ministerien, Behördengebäuden und öffentlichen Einrichtungen. Nach Angaben des GSEE Institute of Employment organisierten allein die Gewerkschaften des Dachverbandes GSEE zwischen Mai 2010 bis Ende 2015 28 Generalstreiks, die meisten dauerten zwischen 24 und 48 Stunden, flankiert von landesweit 201 weiteren Streiks und 116 Arbeitsniederlegungen für das Jahr 2011 und 232 bzw. 104 für 2012. Ab 2013 sind diese Zahlen leicht rückläufig (ebd.).

Strukturelle Macht der Gewerkschaften

Für Gewerkschaften stellen zunächst die nationalen Strukturen der Arbeitsregulierung die zentrale Handlungsarena dar. Dabei eröffnen die betriebliche, sektorale und branchenübergreifende Regulierungsebene gewerkschaftliche Aktionsfelder (Henning 2013, 103). Spezifische produktions- und beschäftigungsstrukturelle Voraussetzungen geben den Rahmen vor. In Griechenland lässt sich zunächst ein unterentwickelter industrieller Sektor identifizieren. Auf das gesamte verarbeitende Gewerbe entfiel im Jahr 2010 lediglich ein Zehntel der Wertschöpfung. Je Einwohner gerechnet war 2010 die industrielle Wertschöpfung mit 1.800 Euro geringer als in Mecklenburg-Vorpommern (Brenke 2012, 5).[9] Die hergestellten Güter werden vor allem regional gehandelt. Relevant ist lediglich die Mineralölverarbeitung, deren Produkte auch exportiert werden. Auch ein Blick auf die umsatzstärksten Waren – Erfrischungsgetränke, Zigaretten, Käseerzeugnisse, Milchprodukte, Wurstwaren, Obstprodukte, Backwaren, Druckerzeugnisse, Zement, Betonprodukte und andere baunahe Erzeugnisse – unterstreicht die starke Binnenmarktausrichtung des verarbeitenden Gewerbes. Hinzu kommen „Reste von Schiffbau“ und eine Reihe von Pharmaproduzenten mit geringem Umsatzvolumen (ebd., 6 f.). Das verarbeitende Gewerbe ist durch eine überwiegend kleinteilige Beschäftigungsstruktur geprägt: Fast die Hälfte aller dort Erwerbstätigen arbeitet in Betrieben mit weniger als zehn Beschäftigten (ebd., 7). In diesen Bereichen ist die gewerkschaftliche Organisierung in der Regel deutlich schwerer, weil hier das Verhältnis Arbeitgeber-Arbeitnehmer einen „paternalistisch-persönlichen Charakter“ annimmt, nicht aber einen gewerkschaftlichen und durch Verhandlungen geprägten (Voulgaris 2017, 242 f.).

Gleichzeitig ist die Zahl der Beschäftigten im Industriesektor um fast ein Fünftel von 19,59 (2010) auf 15,17 Prozent (2020) zurückgegangen (Statista 02.08.2022), was sich insbesondere negativ auf die großen Unternehmen auswirkte und so die gewerkschaftliche Verankerung im privaten Sektor weiter schwächte (Voulgaris 2017, 242). Dem steht ein ausgeprägter Dienstleistungssektor gegenüber, in dem mehr als Zweidrittel aller Personen im erwerbsfähigen Alter tätig sind. Eine bedeutende Rolle spielt dabei das Gastgewerbe, das 2010 knapp sieben Prozent zur gesamten Wertschöpfung beitrug, mehr als das doppelt so viel wie im EU-Durchschnitt (Brenke 2012, 8). Hinzu kommt ein ausgeprägter Anteil von

9 Innerhalb des verarbeitenden Gewerbes entfällt auf die Herstellung von Nahrungsmitteln ein Drittel der gesamten Wertschöpfung. Bedeutend sind darüber hinaus Holz, Papier sowie die Herstellung von Waren aus Kunststoff, Glas und Keramik (vgl. Brenke 2012, 6).

Beschäftigten im von Parteiklientelismus dominierten Staatssektor: Hier arbeiteten zu Beginn der Krise 20,7 Prozent aller Lohnabhängigen (Statista, 13.02.2012). Und ein ebenfalls überwiegend kleinbäuerlich strukturierter Agrarsektor mit fast zwölf Prozent der Beschäftigten (ebd.). Auffällig ist mit 35,4 Prozent eine im europäischen Vergleich überdurchschnittlich hohe Selbständigenquote, die sich durch alle gesellschaftlichen Bereiche zieht. Damit führt Griechenland das Ranking in Europa an. Zum Vergleich: In Luxemburg sind es 6,2 Prozent der erwerbsfähigen Menschen, in Deutschland 11,0 Prozent und in Italien immerhin schon 24,9 Prozent (Statista, 05.08.2016). Besonders hoch ist die Quote in der Landwirtschaft, im Gastgewerbe, bei wissenschaftlichen und technischen Diensten sowie im Handel- und Verkehrsgewerbe. Die vielen Kleinbetriebe und die überproportional selbständig Beschäftigten führen im Ergebnis dazu, dass nur etwa die Hälfte der arbeitsfähigen Bevölkerung lohnabhängig beschäftigt ist (Terizaklis 152).

Produktionsmacht korreliert in der Regel mit Organisationsmacht. Traditionell sind die Gewerkschaften vor allem in den großen Monopolunternehmen des erweiterten öffentlichen Sektors stark, in der Strombranche, Telekommunikation, Wasserversorgung, Luftverkehr oder Banken. Als Ende der 1990er Jahre ein Teil dieser Unternehmen privatisiert wurden, änderten sich die Arbeitsbedingungen für die Beschäftigten wie auch die Organisationsbedingungen für die Gewerkschaften. Die Stärke der Gewerkschaften im öffentlichen Sektor begründet sich auch daher, dass dort beschäftigte Gewerkschaftsmitglieder unkündbar waren (Voulgaris 242 f.). Die Mobilisierungsstärke der Lehrkräfte, Metromitarbeiter, Redakteure, Fährarbeiter und Müllfahrer, die ein wichtiger Bestandteil des Protestes waren (Karyoti 2012; Kritidis 2014) war also auch Folge dieser besonderen Produktions-, Beschäftigungs- und Organisationsbedingungen.

Gleichzeitig zeigten die Streiks der überwiegend selbständig arbeitenden und mit staatlichen Lizenzen ausgestatteten Taxifahrer, dass sich in der Krise die Streikaktivitäten nicht allein auf die Lohnabhängigen beschränkten (Kritidis 2012, 92). Die überdurchschnittlichen Streikbewegungen im Dienstleistungssektor im Unterschied zur Industrie haben zum Teil etwas mit dem in Griechenland unterentwickelten Industriesektor und der Stärke der Dienstleistungsgewerkschaften zu tun, spiegeln aber auch einen europäischen Trend wider, der eine Verlagerung der Streikaktivität von der Industrie hin zum Bereich der Dienstleistungen im privaten Sektor und insbesondere im öffentlichen Dienst andeutet (Vandaele 2014, 347). Hier verfügten in der Vergangenheit insbesondere die Beschäftigten des Logistik- und Transportwesens aufgrund ihrer besonderen Stellung im Produktionssystem über eine bessere betriebliche und sektorale Verhandlungsposition. Gleichzeitig wurde diese starke Stellung und die damit verbundene Möglichkeit, den „Produktionsprozess" zu stören, durch die Massenentlassungen, Einschränkungen im Kündigungsschutz und Gehaltskürzungen beeinträchtigt. Darauf deutet möglicherweise auch der Rückgang der Streikzahlen ab 2013 hin, als die „Reformen" ihre Wirksamkeit zeigten. So fallen die rückläufigen Streikzahlen mit dem Anstieg der Arbeitslosenzahlen zusammen, die sich von 12,7 Prozent im Januar 2010 auf 24,4 Prozent 2011 fast verdoppelten und 2012 auf 27,5 Prozent anstiegen (Statista 21.04.2022). Die Arbeitslosigkeit der unter 25-Jährigen kletterte sogar auf über 50 Prozent. Gleichzeitig schränkte nicht allein der Anstieg der Arbeitslosenzahlen, sondern auch die häufig fehlende soziale Absicherung im Falle von Arbeitslosigkeit die Marktmacht der Beschäftigten und die Verhandlungsmacht der Gewerkschaften ein: In 35,9 Prozent der Haushalte lebte mindestens ein Arbeitsloser, nicht einmal jeder Elfte davon erhielt Arbeitslosenleistungen (Chondros 72).[10]

Gleichzeitig muss betont werden, dass der nationale Handlungsrahmen der Gewerkschaften gestört wurde. Die autoritäre Durchstellung neoliberaler Deregulierungsvorgaben durch die Gläubigerinstitutionen zielte ganz bewusst auf eine Ausschaltung dieser nationalen Handlungsarena: Die Regierung als nationaler Akteur wurde durch die Gläubiger als transnational-europäische Akteure abgelöst. Der Eingriff in die nationale Souveränität eines Landes durch einen transnationalen Akteur hätte auch auf der Seite der Gewerkschaften ein stärkeres transnationales Handeln erforderlich gemacht, insbesondere unter Beteiligung der deutschen Gewerkschaften, deren Regierung den autoritären Kurs gegenüber Griechenland entscheidend mit vorangetrieben hatte. Der damalige deutsche Finanzminister Wolfgang Schäuble sowie Bundeskanzlerin Angela Merkel hätten vermutlich weniger rigide in die Souveränität anderer Länder hineinregieren können, wäre der Druck auf sie im eigenen Land oder auf europäischer Ebene größer gewesen. In Ansätzen war eine „Europäisierung gewerkschaftlicher Durchsetzungskraft" (Urban 2013, 390) in Gestalt europaweiter Mobilisierungen beobachtbar, etwa die seit 2008 vom Europäischen Gewerkschaftsbund (EGB) zur Abwehr der Austeritätspolitik organisierten europaweiten Demonstrationen in Ljubljana, Straßburg, Berlin, Brüssel, Madrid, Prag, Budapest und Luxemburg mit relevanten Teilnehmerzahlen: 20.000 Demonstranten im März 2011 in

10 Die Arbeitslosenquote der Frauen war überdurchschnittlich hoch, was darauf hindeutet, dass Frauen die Verliererinnen der Flexibilisierung waren. So ist im Mai 2008 die Zahl von Beschwerden über ungerechtfertigte Entlassungen aufgrund von Schwangerschaft oder Mutterschaftsurlaub stark gestiegen (Lanara 2012, 6).

Brüssel, als der Euro-Plus-Pakt verabschiedet wurde. Und einen Monat später waren in Budapest 40.000 Demonstranten gegen die Verabschiedung weiterer europäischer Austeritätsmaßnahmen auf der Straße. Zusammengefasst muss jedoch festgestellt werden, dass die Bemühungen des EGB um eine gemeinsame gewerkschaftliche Antwort über symbolische Reaktionen nie hinauskamen.

Vielversprechend klang dagegen zunächst der EGB-Aufruf zu einem europaweiten Streik- und Aktionstag am 14. November 2012. Doch gestreikt wurde lediglich in den vom Austeritätsregime besonders stark zugerichteten Ländern Südeuropas wie Griechenland, Zypern, Portugal, Spanien und Italien. In anderen Ländern kam es zu Kundgebungen, Demonstrationen und Solidaritätsaktionen, während insbesondere die deutschen Gewerkschaften „weitgehend abseits" blieben (Bierbaum 2013, 7). Das Ausbleiben einer solidarischen Machtentfaltung auf der transnational-europäischen Ebene begünstigte die Erosion der Arbeitsverhältnisse auf der nationalen Ebene und schwächte die gewerkschaftlichen Machtquellen zusätzlich. Die Übernahme der Fiskalkontrolle durch die Gläubigerinstitutionen konfigurierte das Verhältnis zwischen Kapital, Arbeit und Politik neu und veränderte dabei das Kräfteverhältnis zuungunsten der Lohnabhängigen, während die europäischen Gewerkschaften es versäumten, in einem abgestimmten Prozess „Einfluss auf die Europapolitik der Regierungen und damit auf die Krisenpolitik der EU-Ebene zu nehmen" (Urban 2013, 390). Dabei waren es vor allem die unterschiedlichen strategischen Handlungsmuster der Gewerkschaften, die ein abgestimmtes Vorgehen in der Eurokrise erschwerten (Henning 2013, 114). Das gilt um so mehr, als die Wahl der Machtressourcen nicht unter frei gewählten Umständen stattfindet, sondern immer an gesellschaftliche Verhältnisse gekoppelt ist (AK Strategic Unionism 2013, 375).

Die nationale und transnational-europäische Ebene greifen also ineinander. Die für die griechischen Gewerkschaften „besonders günstige" Periode (Voulgaris 2017, 257) von 1990 bis 2009[11] öffnete den Weg, nach der Phase der Militärdiktatur die Gewerkschaftsarbeit zu normalisieren und zu stabilisieren. Ihre Erfolge in den 1990er und 2000er Jahren gründeten sich dabei auf eine Produktionsmacht, die ihnen die Anwendung von Militanz und zeitlich begrenzten Generalstreiks gestattete. Diese gründeten sich jedoch nur solange auf eine offensive Position der Gewerkschaften, solange die Regierung kooperationsbereit war. Die Übertragung

11 Voulgaris führt das darauf zurück, dass es anders als 1974, 1982 und 1985 keine Interventionsversuche der Regierung in die Gewerkschaften gab, um eine regierungsfreundliche Gewerkschaftsführung durchzusetzen. Hinzu kam, dass die Zwangsschlichtung abgeschafft und damit die Tarifverhandlungen an die Arbeitnehmer- und Arbeitgeberorganisationen übertragen wurden (Voulgaris 2017, 257)

der Fiskalkontrolle auf die transnational-europäische Ebene schaltete diesen Mechanismus aus und machte die griechischen Gewerkschaften angesichts der autoritären Kooperationsverweigerung der Gläubiger-Institutionen machtlos. Mehr noch: Politische Instabilität wurde nicht mehr mit Zugeständnissen gerahmt, sondern mit der Auswechslung der Regierung „von oben“ oder fiskalpolitischer Erpressung.

Gewerkschaftliche Organisationsmacht

Die ökonomisch-strukturelle Machtquelle einer Klasse muss sich durch die kollektiven Zusammenschlüsse der abhängig Beschäftigten zu Gewerkschaften entfalten. Die sich daraus etablierende Organisationsmacht definiert sich durch Mitgliederzahlen und Organisationsgrade einerseits und durch damit verbundene Finanz- und Personalausstattungen wie Hauptamtlichkeit, Streikkassen oder Infrastruktur andererseits. Insbesondere letzteres zeigt, dass Organisationsmacht „nicht nur eine quantitative, sondern auch eine qualitative Größe“ ist, die sich in der Fähigkeit zur Mitgliedermobilisierung, in kollektivem strategisch abgestimmten Handeln und um die Vitalität und Attraktivität der Organisation zeigt (Müller/Platzer 2016, 14).

Zum Zeitpunkt der Krisenproteste waren in Griechenland etwa 26 Prozent aller abhängig Beschäftigten gewerkschaftlich organisiert. Es gibt zwei Dachverbände: Für die privatwirtschaftlich Beschäftigten gibt es die Allgemeine Konföderation der Arbeiter Griechenlands (GSEE), sie verfügte über etwa 450.000 Mitglieder. Die Oberste Leitung der Verbände öffentlich Bediensteter (ADEDY) besteht aus 567.000 Mitgliedern (FES Gewerkschaftsmonitor 2019). Unterhalb der Dachverbandsstruktur gibt es zwei weitere Ebenen. Auf der zweiten Ebene der GSEE gibt es einerseits 75 Arbeiterzentren und Arbeiterverbünde und andererseits 62 Einzelföderationen. Auf der dritten Ebene splittert sich die GSEE in 4.200 bis 4.500 Einzelgewerkschaften auf, die sich nach Berufsverbänden, Branchenvereinigungen und betrieblichen Organisationen aufteilen (Terizakis 2009, 153).

Der Organisationsgrad war mit 26 Prozent zu Beginn der Krise gering, aber im westeuropäischen Vergleich durchaus im durchschnittlichen Bereich, ist allerdings seit einigen Jahren rückläufig. 1986 erreichte er mit 42,9 Prozent seinen Höhepunkt, verminderte sich 1992 auf 41,3 Prozent und stürzte bis 2004 auf 27,1 Prozent ab. Der allgemeine Durchschnitt verbirgt den starken Schwerpunkt im staatlichen Sektor: 2004 erreichte ADEDY einen Organisationsgrad von 67,4 Prozent, während er bei der GSEE bei 19,6 Prozent lag (Voulgaris 2017,

244). Das nun im Zuge der Memoranden beschlossene Recht der Arbeitgeber in Unternehmen mit zehn bis 40 Beschäftigten eine nicht-gewerkschaftliche Arbeitnehmerorganisation zu gründen und mit dieser einen Unternehmenstarifvertrag abzuschließen, stellte einen gezielten Angriff auf die Organisationsmacht der Gewerkschaften da und untergräbt ihre kollektive Stärke. „Sie können einseitig oder einvernehmlich Vollzeitarbeitsverträge in Teilzeit- oder reduzierte stundenbasierte Arbeitsverträge umwandeln" (Lanara 2012, 9). Ein anderer Angriff war das Streikverbot im Arbeitskampf der Metrobeschäftigten im Januar 2013. Die Beschäftigten hatten trotz eines Gerichtsurteils, das ihnen den Streik untersagte, ihren Arbeitskampf gegen drastische Gehaltskürzungen, Fahrpreiserhöhungen, Kündigungen und Privatisierungen des öffentlichen Personennahverkehrs fortgesetzt. Die Regierung Samaras verhängte deshalb als disziplinarische Maßnahme ein Streikverbot. Mit der gleichen Methode ging die Regierung gegen die Lehrkräfte vor, die im Mai 2013 während der panhellenischen Schulabschlussprüfungen einen Streik ausgerufen hatten.

Die Organisationsmacht der griechischen Gewerkschaften ist durch ihre ausgeprägte organisatorische Zersplitterung an der Basis und ihre ungleichmäßige Stärke der verschiedenen Berufszweige beeinträchtigt. Dies spiegelt nicht nur die Produktions- und Beschäftigungsstruktur des Landes wider, sondern hat vor allem historische Wurzeln. Seltsamerweise hatte die Gründung eines Dachverbandes 1918 die Gewerkschaften nicht vereinheitlicht, sondern ihre Zersplitterung beschleunigt: Nach den Statuten der GSEE konnte jede Einzelgewerkschaft mindestens einen Delegierten zum Kongress entsenden, was die Zahl der Gewerkschaftsgründungen vor dem Hintergrund ideologischer Auseinandersetzungen inflationär vermehrte. Hatten am Gründungskongress der GSEE 44 Gewerkschaften teilgenommen, stieg die Zahl bis 1936 auf mehrere hundert an (Richter 2017, 18).

Mit der starken Zersplitterung ging eine finanzielle und institutionelle Abhängigkeit vom Staat einher, die die griechische Gewerkschaftsbewegung von Beginn an politisch einhegte, statt ihre freie Entfaltung zu fördern (ebd., 53 f.). So erfolgte bereits die Gründung der GSEE 1918 unter Einfluss der liberalen Regierung Venizelos, um über einen verlässlichen Verhandlungspartner die zunehmenden Widersprüche zwischen Kapital und Arbeit einfangen zu können. Die Gewerkschaften sollten die Modernisierung mittragen, mit geringer Autonomie auskommen und nicht unter kommunistischen Einfluss geraten (Terizakis 2009, 151). Auch ADEDY wurde 1945 von oben gegründet. Unter den Bedingungen der Militärdiktatur verschärfte sich der staatliche Einfluss auf die Gewerkschaften. Nach dem Ende der Militärdiktatur 1974 sicherte sich die konservative Regierung Karamanlis den Einfluss auf die Arbeitnehmerorganisationen, indem sie mehrfach in die Verbandsstruktur eingriff und den jeweiligen Verbandsvorsitzenden austauschte. Die staatliche Einflussnahme änderte sich erst, als mit dem Regierungswechsel 1981 PASOK Reformen erließ, die die gewerkschaftliche Tätigkeit schützen und ihre institutionelle Verankerung absichern sollte. An dem Instrument der staatlichen Zwangsschlichtung von Tarifauseinandersetzungen hielt sie allerdings fest „und setzte sie bis zum Überdruss ein, um die Einkommenspolitik festzulegen" (Voulgaris 2017, 253).

Damit schuf sie jedoch einen Widerspruch, den die Gewerkschaften für sich zu nutzen wussten. Denn einerseits schwächte das Instrument der Zwangsschlichtung die qualitative Seite von organisatorischer Macht: die Fähigkeit der Strategiebildung. Wenn am Ende einer Tarifauseinandersetzung immer der paternalistische Eingriff des Staates steht, dann verlieren Gewerkschaften nicht nur die Fähigkeit, einen Arbeitskampf erfolgreich zu Ende zu führen, sondern auch das Drohpotential gegenüber dem Arbeitgeber, den Produktionsprozess so lange zu stören, bis die Forderungen erfüllt sind bzw. sich beide Seiten auf einen Kompromiss verständigt haben. Andererseits änderten die Reformen das politische Klima, denn der Aufstieg PASOKs in die Regierung führte zu einem breiten gesellschaftlichen sozialistischen Diskurs. Die paternalistische Rolle des Staates verkehrte sich mit dem Regierungswechsel in ihr Gegenteil und generierte für die Gewerkschaften einen Vorteil, als PASOK die Gewerkschaftsbewegung zu einer der drei Säulen der Demokratie erklärte, was in den Gewerkschaftsorganisationen zu Massenbeitritten führte (ebd.).

Doch auch unter PASOK erwies sich die Herausbildung autonom und selbstbewusst agierender Gewerkschaften als Trugschluss, denn der staatliche Einfluss endete 1981 nicht, sondern setzte sich unter sozialdemokratischem Vorzeichen fort. Mit dem Regierungswechsel verstärkte sich die bipolare Ausrichtung der Gewerkschaften am Parteiensystem. Und die objektive, auf der Grundlage der Produktionsstruktur beruhende interne Spaltung wurde „durch die Parteizugehörigkeit der Mitglieder nochmals verschärft, (sie) liegt quer zu der organisatorischen und Branchenaufteilung" (Terizakis 2009, 152). In der Literatur wird von einer Minireplica des Parlamentes innerhalb der Verbände gesprochen bzw. von drei Gewerkschaftsbewegungen analog zu den Parteien ND, PASOK und KKE (ebd.), was den Tatbestand der gewerkschaftlichen Spaltung unterstreicht. Während jedoch das politische Klima für Gewerkschaftspolitik unter PASOK günstiger wurde, profitierte vor allem die PASKE, die gewerkschaftsinterne Fraktion der PASOK, von den Massenbeitritten und konnte so den sozialdemokratischen Einfluss innerhalb der Gewerkschaften stärken.

Damit veränderte sich auch der Charakter des staatlichen Einflusses auf die Gewerkschaften: aus der administrativ-institutionellen Kontrolle wurde eine stärkere politische Kontrolle. Auf dem Fundament ähnlicher politischer Werte erfolgte eine Einbindung der Gewerkschaften in das politische Machtsystem des PASOK-geführten Staates. Während unter der ND-Regierung der Dachverbandsvorsitzende von der ND eingesetzt wurde und die Kontrolle der Gewerkschaften über die Einbindung des Vorsitzenden erfolgte, die Gewerkschaften aber nur geringen autonomen Einfluss hatten, änderte sich unter PASOK der Charakter der staatlichen Kontrolle: Die Gewerkschaftsfraktionen wurden zu Massenorganisationen mit Verhandlungsmacht und eigenen Interessen, auch wenn die zugestandene Beinfreiheit nur innerhalb des Machtsystems von PASOK bestand. Während die ND die Führung der GSEE einbinden und kontrollieren wollte, um Organisierungsprozesse zu verhindern, zielten die sozialdemokratischen Reformen ab 1981 darauf, die Herrschaft auf der Ebene der Organisierung der Arbeitnehmer und der kollektiven Verfahren zu erringen (Voulgaris 2017, 253). Kritidis spricht von einer „klientelistischen Einbindungsstrategie der PASKE als Mehrheitsfraktion der GSEE", die eine eigenständige politische Willensbildung und Positionierung der Gewerkschaften dauerhaft verhindert habe (Kritidis 2014, 63). In der Konsequenz erschwerte die durch politische Einbindung bedingte Fragmentierung der Gewerkschaften ihre Verhandlungsmacht, weil die parteipolitische Durchdringung ihre Vielstimmigkeit förderte und Verhandlungsergebnisse nach innen eine schwache Bindungskraft aufwiesen.

Die hohe interne Autonomie der Gewerkschaften, die sich im Verlaufe der PASOK-Periode durch zahlreiche Gesetze in den 1980er und 1990er Jahren zur Stärkung des sozialen Dialogs entwickelte, ging mit einer Entwicklung einher, die die Gewerkschaften zu „parteipolitischem Freiwild" (Terizakis 2009, 154) machten. Ein Beispiel, das zu tragischer Berühmtheit gelangte, war der Arbeitskampf der Stahlarbeiter in Aspropyrgo westlich von Athen im Herbst 2012. Die mehrheitlich von der kommunistischen PAME organisierten Stahlarbeiter erfuhren eine breite, weltweite Solidarität. Der Versuch der KKE, diesen Streik zu monopolisieren, anstatt den Schulterschluss mit den mehrheitlich von der PASKE organisierten Arbeitern im Stahlwerk von Volos zu fördern, führte zu dessen Isolierung und konnte von der Regierung beendet werden (Kritidis 2014, 111 f.).

Die durchschnittliche quantitative Organisationsmacht, die eine Mobilisierungsstärke der griechischen Gewerkschaften in einzelnen Sektoren möglich machte, wurde durch eine schwach ausgeprägte qualitative Verhandlungsmacht beeinträchtigt. Damit verstärkte sich ihre Abhängigkeit von den Zustimmungsstrategien der Regierung. Solange diese in wahltaktische Zwänge eingebunden war, bestand die Verhandlungsmacht der Gewerkschaften in eben jener Zustimmungsstrategie. Mit der Krise von 2010 und der Verlagerung der Kontrollstrukturen auf die transnational-europäische Ebene wurde jedoch die Schwäche ihrer Verhandlungsmacht zunehmend sichtbar.

Institutionelle Macht der Gewerkschaften

Die institutionelle Macht ist eine sekundäre Macht, auf die die Gewerkschaften nur mittelbar Einfluss haben. Sie resultiert aus früheren Arbeitskämpfen und beschreibt die Beziehung zwischen Unternehmen, Staat und Gewerkschaften. Ihre Kompromisse haben sich in Form des Sozialstaates, des Tarifsystems, der Mitbestimmung oder des Arbeitsrechts historisch verfestigt. Die institutionelle Macht bewegt sich in dem merkwürdigen Widerspruch, einerseits durch Beständigkeit die gewerkschaftliche Partizipation zu sichern, ohne einer permanenten Mobilisierungspflicht nachkommen zu müssen, andererseits steht sie gerade in Wirtschaftskrisen zur Disposition. Die Angriffe auf die institutionelle Macht zielen auch auf eine Schwächung der Produktions- und Organisationsmacht. Auf der transnational-europäischen Ebene kommt sie in den EU-vertraglichen bzw. EU-Recht geschaffenen Europäischen Arenen zur Geltung (Müller/Platzer 2016, 14).

Das durch das Instrument der staatlichen Zwangsschlichtung geschwächte griechische Tarifsystem hatte mit Beginn der 1990er Jahre eine grundlegende Wende erfahren. Die Abschaffung der staatlichen Zwangsschlichtung sollte konsensorientierte Einigungen möglich machen (Terizakis 2009, 149). Während im öffentlichen Sektor bis heute Löhne und Arbeitsbedingungen nicht durch freie Tarifverhandlungen, sondern durch staatliche Verordnungen geregelt werden, sah das 1990 verabschiedete Tarifvertragsgesetz für die Privatwirtschaft den Aufbau eines mehrstufigen Verhandlungssystems mit insgesamt vier Tarifvertragsparteien vor. Auf nationaler Ebene verhandelten die Arbeitgeberverbände mit der GSEE einen nationalen Rahmentarifvertrag, in dem bestimmte Mindestarbeitsbedingungen vereinbart wurden. Zusätzliche Regelungen konnten auf nationaler und regionaler Ebene in Tarifverträgen für bestimmte Branchen oder Berufsgruppen vereinbart werden. Ergänzend konnten auf der betrieblichen Ebene spezielle Unternehmenstarifverträge abgeschlossen werden. Dabei wurde das Günstigkeitsprinzip streng hierarchisch ausgelegt, d.h. in den Unternehmenstarifverträgen konnten für Beschäftigte nur Verbesserungen, nie Verschlechterungen geregelt werden.

Bedingt durch die kleinteilige Unternehmenslandschaft Griechenlands ist die Verbreitung von Allgemeinverbindlicherklärungen stark ausgeprägt.[12] Gleichzeitig wurde das griechische Tarifsystem durch die Pflicht zu Tarifverhandlungen auf Wunsch einer Seite gestärkt. Die Etablierung dieses mehrstufigen Tarifsystems führte in der Fläche zu einer Tarifbindung von 80 Prozent und auf Unternehmensebene von zehn Prozent (Schulten 2015, 1 f.). Diese auch im europäischen Vergleich hohe Tarifbindung war vermutlich der Grund dafür, warum der Umbau des Tarifsystems von Anfang auch im Fokus der Gläubigerinstitutionen stand. Neben der Aufhebung des Günstigkeitsprinzips, der Aussetzung der Allgemeinverbindlichkeit und der Zulassung von nicht-gewerkschaftlichen Arbeitnehmervertretungen wurde die Nachwirkung von Tarifverträgen von sechs auf drei Monate reduziert, ihre Geltungsdauer auf drei Jahre begrenzt und der Mindestlohn um 22 Prozent abgesenkt. Damit war das ursprüngliche Tarifsystem vollständig zerschlagen. Zeitweilig war ein temporärer Anstieg von Unternehmenstarifverträgen zwischen 2011 und 2013 zu beobachten. Diese wurden mehrheitlich von nicht-gewerkschaftlichen Arbeitnehmerorganisationen abgeschlossen. Weniger als ein Drittel dieser Tarifverträge ging auf die Gewerkschaften als Vertragspartner zurück. Nahezu alle wichen von den Regelungen in der Fläche ab und enthielten für die Beschäftigten ungünstigere Regelungen. Drei Viertel aller Vereinbarungen sahen beispielsweise Lohnkürzungen vor. In lediglich 1,5 Prozent der Fälle waren Lohnerhöhungen geregelt (ebd., 3). Bei den Beschäftigten machten sich diese Regelungen durch drastische Einkommensverluste bemerkbar. So ist im Verlaufe der Jahre 2010 und 2011 das Gesamtvolumen der Löhne und Gehälter um 9,2 Milliarden Euro gesunken, was einer durchschnittlichen Einbuße von mindestens 1.500 Euro pro Arbeitnehmer und Jahr gleichkommt (Lanara 2012, 6).

Mit Hilfe der Troika ist ein dezentralisiertes Tarifsystem mit niedriger Tarifbindung entstanden, was das zuvor funktionierende System von Arbeitgeber-Arbeitnehmer-Beziehungen demontierte. Dieser Prozess wurde durch Einschränkungen im Arbeitsrecht flankiert. Die Vereinfachung und Verbilligung

12 Bevor die Austeritätsmaßnahmen das Tarifvertragssystem Griechenlands zerstörten, war für den allgemeinen nationalen Tarifvertrag geregelt, dass automatisch alle Unternehmen an den Tarifvertrag gebunden waren. Die Branchen- und Berufstarifverträge wurden vom griechischen Arbeitsministerium für allgemeinverbindlich erklärt, sobald sie eine Mehrheit der Beschäftigten in der jeweiligen Branche oder Berufsgruppe repräsentierten. Und auch wenn die Tarifbindung schwach war, konnten Tarifverträge für allgemeinverbindlich erklärt werden, wenn dies von einer der beiden Tarifvertragsparteien beantragt wurde (vgl. Schulten 2015,1).

von Entlassungen wurde möglich gemacht, indem die Schwelle für Massenentlassungen aufgehoben und Abfindungszahlungen und Kündigungsschutzfristen gekürzt wurden. Die Schwächung der arbeitsrechtlichen Institutionen durch die Gesetzgebung verstärkte die krisenbedingte Unsicherheit auf dem Arbeitsmarkt. Im Verlaufe dieses Prozesses wurde das System gut entlohnter, unbefristeter und sozial abgesicherter Beschäftigungsverhältnisse vollständig aufgebrochen. In Kombination mit der sinkenden Marktmacht der Beschäftigten hat sich ein Jobsystem etabliert, das sich vor allem durch wachsende Prekarität auszeichnet. So sind die von den Arbeitgebern einseitig eingeführten Stundenarbeitsverträge in der Zeit von 2010 bis 2012 um 4.000 Prozent gestiegen (ebd., 9).

Gesellschaftliche Macht der Gewerkschaften

Gesellschaftliche Macht resultiert aus der Fähigkeit, allein oder in Kooperation mit zivilgesellschaftlichen Bündnispartnern in öffentliche Debatten einzugreifen, aber auch zu einer wirksamen Präsenz gewerkschaftlicher Ideen im öffentlichen Raum beizutragen. Das erfordert auf der nationalen Ebene eine hohe Diskurs- und Bündnisfähigkeit. Für die europäisch-transnationale Ebene benennen Müller und Platzer zudem ein hohes Maß an Übereinstimmung hinsichtlich ideologisch-programmatischer Positionen einerseits und eine Vermittlungsfähigkeit europapolitischer Strategievorstellungen gegenüber den EU-Organen andererseits, und drittens die Bündnisfähigkeit mit transnationalen Nichtregierungsorganisationen (Müller/Platzer 2016, 15).

Historisch ist die griechische Gesellschaft „eine in extremem Maße konfliktiv agierende politische Gesellschaft“ (Egner/Terizakis 2009b, 13), die sich durch einen konfrontativen Politikstil der Parteien charakterisiert. Insbesondere in der Logik des Bürgerkrieges und der parteipolitischen Bipolarität bildete sich ein gesellschaftlicher Konfliktmodus heraus, der nicht nur im Parteiensystem, sondern auch in der politischen Kultur zur Herausbildung von nicht-strukturellen Konfliktlinien führte, die sich in einem symbolischen Rechts-Links-Gegensatz ausdrückten (Auernheimer 2009, 94). In zwei empirischen Untersuchungen aus den Jahren 1985 und 1988 zum Thema „Politisches Interesse“ in Griechenland, Italien, Spanien und Portugal erklärten 58 Prozent der befragten Griechen, an politischen Angelegenheiten ein großes oder ziemlich großes Interesse zu haben, während die Zahlen in den anderen Ländern deutlich geringer waren. In Italien waren es 33, in Spanien 24 und in Portugal sogar nur zwölf Prozent (ebd., 98).

Die Betrachtung der strukturellen Machtquellen hat gezeigt, dass die spezifische Beschäftigungs- und Produktionsstruktur der griechischen Arbeiterklasse die subjektive Klassenbildung in den Kapital-Arbeitsbeziehungen erschwert hat. Die geringe gesellschaftliche Verhandlungsmacht wurde verstärkt durch eine starke Abhängigkeit vom Staat. Insbesondere letzteres beförderte eine intensive interne Ideologisierung und Politisierung. Indem sich in den Gewerkschaften die Konflikte zwischen den Parteien widerspiegeln, sind sie in hohem Maße politisiert (Terizakis 2009, 153). Im Unterschied zu anderen südeuropäischen Ländern, wo sich die Politisierung der Gewerkschaftsbewegung und ihr Verhältnis zu den Parteien in der Bildung separater Dachverbände ausdrückt, verlagert sich die parteipolitische Spaltung der Gewerkschaftsbewegung in Griechenland in die einheitliche Dachverbandstruktur hinein. Jede Partei hat ein ihr geneigtes gewerkschaftliches Lager, so dass die Parteienkonflikte in der innengewerkschaftlichen Strategiediskussion reproduziert werden und die Handlungsfähigkeit der Gewerkschaften in ihrer Gesamtheit beeinträchtigen (Voulgaris 2017, 248).

Möglicherweise ist diese Schwäche der Grund für die Entstehung neuer sozialer Bewegungen, die seit den 1990er Jahren zu beobachten sind und sich in der Herausbildung und Zunahme neuer kollektiver Aktionen, freiwilliger Zusammenschlüsse und Nichtregierungsorganisationen ausdrücken (ebd., 263). Die politische Kulisse für diesen Entstehungsprozesse war ein Mix aus einer zu Beginn der 1990er Jahre an ihre Grenzen geratene keynesianisch orientierte Politik unter der Regierung von Andreas Papandreou, einem Aufschwung von Streiks und politischen Konfrontationen nicht zuletzt an Schulen und Hochschulen, einer Zuspitzung des sozialen Konflikts, einer Brutalisierung von Polizeieinsätzen und zahlreichen Korruptionsfällen der politischen Klasse (Candeias/Völpel 2014, 144 ff.).

Mit voller Wucht offenbarten sie eine neue Mobilisierungsstärke und die tief liegende soziale Unzufriedenheit erstmals im Dezember 2008, als ein Polizeibeamter den 15-jährigen Schüler Alexandros Grigoropoulos im Athener Stadtteil Exarchia erschoss. Die öffentliche Erklärung des Polizeibeamten, sein Opfer sei sozial auffällig gewesen und deshalb von der Schule verwiesen worden, löste einen Proteststurm aus. Es war der Funke, der die prekarisierte Jugend, die unter der Modernisierung des Bildungssystems nach europäischen Maßgaben und fehlenden Jobperspektiven in eine Tretmühle zusätzlicher Bildungsanstrengungen geraten war, entflammte (Kritidis 2014, 25). „Während die ersten Demonstrationen in Reaktion auf den Tod des 15-jährigen Jugendlichen von organisierten linksradikalen und anarchistischen Gruppen ausgingen, die in diesem Bezirk traditionell stark verankert waren, breiteten sich die wütenden antistaatlichen Proteste innerhalb von weniger als zwei Tagen auf mehr als ein Dutzend griechischer Städte und Inseln aus“ (ebd., 41). An den Protesten beteiligten sich nicht nur Jugendliche, sondern auch prekarisierte Arbeiter, Erwerbslose und Migranten (Malamatinas 2011, 14).

Während PASOK, ND, die KKE und die rechtspopulistische LAOS die Proteste verurteilten, solidarisierte sich lediglich SYRIZA mit der revoltierenden Jugend. Im Aktionsradius der Revolte standen Besetzungen von 700 Schulen, 140 Hochschulfakultäten, Rathäuser, Theatern, Radio- und Fernsehsendern und der GSEE-Zentrale. Die Gewerkschaften der Lehrer und Universitätsangestellten solidarisierten sich mit den aufständischen Schülern und Studenten. In verschiedenen Behörden kam es zu Arbeitsniederlegungen, weil sich die Angestellten an Massenprotesten und Streiks beteiligten (Kritidis 2014, 41). Die Revolte stützt sich einerseits auf einen tiefgreifenden Legitimitätsverlust des gesamten politischen Systems unter großen Teilen der griechischen Bevölkerung sowie auf eine klassenübergreifende Mobilisierung (ebd., 42). Nicht nur mit den Besetzungen war etwas Neues in die Welt gekommen. Die Revolte selbst bildete auch den „Auftakt für die Gründung zahlreicher neuer Nachbarschaftskomitees oder Initiativen" (Candeias/Völpel 2014, 148 f.).

Die Bewegung der Empörten konnte im Sommer 2011 daran anknüpfen, als sie aus Protest gegen die Austeritätsmaßnahmen den Syntagma-Platz in Athen besetzte. Im Zuge der Platzbesetzung dynamisierte sich die Entstehung der Solidarischen Ökonomie (Mittendrein 2013, 79). Die mit Beginn der Krise sichtbarer gewordenen Tauschökonomien, Umsonstmärkte, Zeitbanken, Schenkbörsen, Alternativwährungen und genossenschaftlichen Produktionen bekamen neuen Auftrieb. Hinzu kamen Nachbarschaftsversammlungen in den Stadtteilen von Athen, die zum Ausgangspunkt für die Organisation von Solidarität, Hilfe und gegenseitiger Unterstützung wurden (ebd., 109 ff.), auch um dem sozialen Zersetzungsprozess der Gesellschaft etwas entgegenzusetzen. Unter den Bedingungen der wirtschaftlichen Depression hatten sich Strukturen entwickelt, die unter Ausschaltung des Zwischenhandels den Direktverkauf mit Grundnahrungsmitteln organisierten. In Umsonstmärkten gab es Kleider, Haushaltsartikel und andere Güter nach dem Bedürfnisprinzip. Für die medizinische Versorgung sorgten Solidarische Praxen mit ehrenamtlich tätigem medizinischen Personal sowie Solidarische Apotheken. Hinzu kamen einige wenige Betriebsbesetzungen wie die der Baustofffabrik Vio.Me in Thessaloniki, die als Genossenschaft weitergeführt wurde und ihre Produktion auf ökologisch hergestellte Reinigungsmittel umstellte. Aber auch die Zeitung der Redakteure, die aus der Schließung der Eleftherotypia hervorgegangen war und ebenso zum Medium der Bewegungsberichterstattung wurde wie der ehemals staatliche Fernsehsender ERT, der über Monate von den Beschäftigten besetzt worden war.

SYRIZA hat im Zuge dieser Entwicklungen nicht nur die zahlreichen solidarischen Initiativen im Netzwerk Solidarität 4 All organisiert, sondern wurde auch zum Scharnier zwischen den neuen sozialen Bewegungen und gewerkschaftlichen Protesten. Die meisten Formen der direkten Aktionen wie Betriebsbesetzungen fanden „konträr zu den Traditionen der griechischen Arbeiterbewegung" statt (Kritidis 2014, 124). Während die kommunistischen Gewerkschaften (PAME) Formen der Selbstorganisationen wie bei Vio.Me kritisch beäugten oder wie im Falle der Stahlarbeiter in Aspropyrgo parteipolitisch monopolisierten und dadurch eine zivilgesellschaftliche Bündnisstrategie mit den neuen sozialen Bewegungen verhinderten, ordnete der Vorsitzende von SYRIZA, Alexis Tsipras, diese Proteste als Klassenkämpfe ein und forderte, sie zu unterstützen (ebd.).

Die gesellschaftliche Macht der Gewerkschaften in Griechenland ist schwach ausgeprägt. Der Fokus auf die internen parteipolitischen Konfliktlinien und eine ausgeprägte Top-Down-Praxis verstellte lange den Blick auf die Notwendigkeit für neue gesellschaftliche Bündnisoptionen. Insbesondere die PASOK-dominierten Dachverbände taten sich schwer mit breiten gesellschaftlichen Mobilisierungen. Gleichzeitig zwang die Schärfe der Krise die phlegmatischen Dachverbandsapparate in einen Widerspruch zur Regierungspolitik. Die politische Fraktionierung schwächte die gesellschaftliche Macht der Dachverbände zusätzlich, weil sie die internen Konflikte eher verschärfte, statt der Durchsetzung einer Einheitsstrategie den Weg zu ebnen. Der politischen und parteipolitischen Polarisierung stand eine vertikale Konfrontation innerhalb der Organisationen gegenüber, die ein einheitliches Agieren unmöglich machte. Die gewerkschaftliche Kultur der parteipolitischen Polarisierung verhinderte die Herstellung der Klassensolidarität. Die Gewerkschaftsfraktionen mobilisierten und marschierten getrennt. Was während der Tarifkonflikte der 1990er Jahre durch die Zustimmungsstrategie der Regierung weniger auffiel, erwies sich als offensichtliches Problem im Moment langfristiger Mobilisierungen. „Die Gewerkschaftskultur neigte mehr zum Zunftwesen als zur Sicherung der Klassensolidarität mit den schwachen Teilen des Arbeitsmarktes, sie erwies sich als fähiger bei Lohnforderungen denn bei der Formulierung weiterführender strategischer wirtschaftlich-gesellschaftlicher Ziele" (Voulgaris 2017, 251).

Fazit

Ein genauerer Blick auf die gewerkschaftlichen Machtressourcen unter Einbeziehung der Mehrebenenbetrachtung beantwortet einerseits die Frage nach der Durchsetzungsschwäche der griechischen Gewerkschaften. Die starke Produktionsmacht der Dienstleistungsgewerkschaften stellte sich lediglich in der unmittelbaren Auseinandersetzung mit dem Staat als Gegenpart dar, verlor sich aber in dem Moment, in dem die Entscheidungsstrukturen auf die transnational-europäische Ebene gehoben wurden. Dabei verstärkte das Ausbleiben einer gemeinsamen linken europäischen Gegenstrategie das nationale Dilemma. Der im europäischen Vergleich durchschnittliche Organisationsgrad ermöglichte Mobilisierungen insbesondere im Dienstleistungssektor, wo die Gewerkschaften über eine starke Verankerung verfügten.

Die politische Hypothek eines ausgeprägten staatlichen Einflusses erschwerte jedoch den Prozess der Strategiebildung, insbesondere vor dem Hintergrund, dass die starke institutionelle Macht, die historisch ebenfalls Ergebnis eines Prozesses von oben war, von den Gläubigerinstitutionen frontal angegriffen wurde und die ausgeprägten Regularien zum Ausgleich der Interessen systematisch schwächte. Auch die gesellschaftliche Macht in Form einer politischen Bündnisbildung war vermutlich aufgrund der geringen Organisationsmacht stark eingeschränkt. Hinzu kommt, dass das griechische Verbändewesen weit über die Gewerkschaften hinaus schwach ausgeprägt und ebenfalls stark am bipolaren Parteiensystem ausgerichtet ist.

Dass die neuen sozialen Bewegungen, insbesondere die Solidarökonomie, in Opposition zur Regierungspolitik entstanden und Ausdruck der gesellschaftlichen Schwäche der gewerkschaftlichen Dachverbände waren, erschwerte zudem die Entstehung neuer gesellschaftspolitischer Allianzen. Vor diesem Hintergrund ist andererseits die Mobilisierungsstärke und die große Anzahl an Streiks, insbesondere an Generalstreiks erstaunlich. Sie lässt sich vermutlich durch zwei gesellschaftliche Entwicklungen erklären: Einerseits die Schärfe der Krise, die in ihrer Radikalität mobilisierend wirkte, andererseits die starken gesellschaftlichen Mobilisierungen, die den Rückenwind für gewerkschaftliche Mobilisierungen schufen.

Mit der Unterzeichnung des dritten Memorandums durch Tsipras war der gesellschaftliche Machtkampf zwischen der griechischen Bevölkerung und den Gläubigerinstitutionen an ein vorläufiges Ende gekommen. Der gesellschaftliche Protest war geprägt von Kämpfen, die in ihrer Radikalität und Mobilisierungsstärke fast schon an Aufstände erinnerten. Die Regierung zu einer Abkehr der Austeritätspolitik zu zwingen, war nicht gelungen. Dennoch dokumentiert diese Phase des Widerstandes einen tiefen gesellschaftlichen Wandel, der mit einer Radikalisierung des Alltagsbewusstseins einherging, bei der die „Menschen bereit (waren), alles neu zu überdenken, was bislang als selbstverständlich galt und die zentralen Grundsätze des herrschenden Diskurses in Frage zu stellen: vom

Liberalismus bis hin zum europäischen Integrationsprojekt" (Sortiris 2016, 106). Diese Radikalisierung des Alltagsbewusstseins ging jedoch gleichzeitig mit einer ebenso radikalen systematischen Veränderung einher, bei der die moralischen Kompromisse der Nachkriegszeit „im Namen einer höheren, einer finanzökonomischen Vernunft zerstört werden", schreibt Schirrmacher und sieht darin den schleichenden Prozess einer neu entstehenden gesellschaftlichen Ideologie, ähnlich wie es für die „Inkubationsphasen der großen autoritären Krisen des 20. Jahrhunderts" diagnostiziert werden kann (Schirrmacher 2011).

Die Wucht des gewerkschaftlichen Widerstandes gründete sich vor allem auf die Mobilisierungen, die im Windschatten gesellschaftlicher Gegenwehr ihre Dynamik entfalteten, konnte aber die autoritären Angriffe auf ihre Machtressourcen nicht abwehren. Die Abwesenheit einer „europaweiten und europafreundlichen Widerstandsbewegung gegen das Regime der autoritären Stabilität und für ein kooperatives und demokratisches Europa schwächte die griechischen Gewerkschaften zusätzlich. Eine solche Widerstandsbewegung hätte allerdings eine „Mehrebenen-Perspektive" zur Voraussetzung gehabt, also „eine Überwindung des unverbundenen Nebeneinanders von Verteilungskonflikten im nationalstaatlichen Rahmen einerseits und davon losgelösten oder abgehobenen europäischen Deklarationen oder auch Demonstrationen in Brüssel" andererseits (Lehndorff 2012, 31).

4. Länderstudie Ungarn
Schwache Machtressourcen im selektiven Wirtschaftsnationalismus

In Ungarn gelangten die autoritären Populisten, mit Viktor Orbán an der Spitze, 2010 in die Regierung. Ihre Macht hat sich seitdem gefestigt. Bei den Parlamentswahlen im April 2022 errang die FIDESZ 86 von 88 Sitzen in den Einzelwahlbezirken außerhalb Budapests. Überraschend war weniger der Wahlsieg, sondern mehr das Ausmaß des Erfolges. Vermutlich drückt sich darin eine gesellschaftliche Sehnsucht nach Sicherheit und Stabilität aus – nicht zuletzt vor dem Hintergrund des Ukrainekrieges.

Ein zentrales Element, die eigene Macht zu festigen, bestand für Orbán aber immer auch in dem autoritären Staatsumbau. Diesen hat er vor allem in der ersten Phase der Corona-Pandemie weiter vorangetrieben. So band das Ermächtigungsgesetz vom 31. März 2020 die Erlasse der Regierung nicht mehr an geltendes Recht. Es setzte für die Dauer des Notstandes Wahlen aus, machte Regierungserlasse gegenüber den staatlichen Instanzen unanfechtbar, reduzierte die parlamentarische Kontrolle und schuf die Möglichkeit, die Arbeit des Parlaments durch einen Regierungserlass gänzlich einzustellen. Zusätzlich wurden weitere Kontrollinstanzen ausgeschaltet: Auf Regierungsanordnung stellten die Gerichte ihre Arbeit ein, was die richterliche Kontrolle des Regierungshandelns unterband. Die Einführung eines neuen Straftatbestandes, wonach falsche Behauptungen über den Notstand mit bis zu fünf Jahren Gefängnis bestraft werden können, verhinderte zudem einmal mehr eine kritische Medienberichterstattung und damit den Prozess einer offenen Meinungsbildung über die Richtigkeit der Regierungspolitik. Damit implodierte das demokratische Gerüst, mit dem Orbán sein politisches Machtsystem umzäunt hatte. Sichtbar wurde eine autoritäre Architektur, die für die Zeit der Pandemie nicht einmal mehr zum Schein bereit war, auf dem Boden der repräsentativen Demokratie zu stehen. Eine Periode, in der die Regierung Orbán die demokratische und gesellschaftliche Kontrolle immer weiter einschränkte und die Grundlagen für autoritäres Regierungshandeln schrittweise ausbaute, erreichte damit ihren vorläufigen Höhepunkt.

Wie sind die ungarischen Gewerkschaften auf die Auseinandersetzung um die Verteilung der Krisenkosten unter den Bedingungen des autoritären Staatsumbaus vorbereitet? Diese Frage ist eng verknüpft mit der Geschichte des ungarischen Wachstumsmodells. So lässt die Diskussion über Staatsumbau und die Verletzung von demokratischen und rechtsstaatlichen Prinzipien häufig außer Acht, dass sich das Regierungsprojekt von FIDESZ nicht im Staatsumbau erschöpft. Es ist vielmehr der Versuch, ein Wachstumsmodell zu entwickeln, das die strukturellen ökonomischen Widersprüche Ungarns und die autoritären Vorgaben der EU zur Haushaltskonsolidierung durch eine größere ökonomische Eigenständigkeit aufzulösen versucht. Dabei soll der Umbau staatlicher Strukturen zur Voraussetzung für die Entstehung einer nationalen Unternehmerklasse werden.

Der Aufstieg der FIDESZ unter Orbán muss deshalb auch als Ergebnis einer ökonomischen Entwicklung, im Verlaufe derer sich der spezifische Wachstumspfad Ungarns mit der europaweiten Wirtschaftskrise verband, eingeordnet werden. Dabei befeuerten sich die ökonomische Krise und die Beschäftigungskrise gegenseitig und stellten das ungarische Wohlfahrtsregime von Grund auf in Frage (Tóth u.a. 2012, 150). Die Folge war ein politischer Umbruch, in dem es FIDESZ gelang, ein institutionelles Vakuum zu füllen, dessen Ursachen weit in die Zeit des Realsozialismus unter János Kádár zurückreichen. Die Niederschlagung des Volksaufstandes im Jahre 1956 war in einen gesellschaftlichen Kompromiss gemündet, der aus der politischen Demobilisierung der abhängig Beschäftigten und sozialen Zugeständnisse auf der Basis einer paternalistischen Lohnpolitik „von oben" bestanden und sich in dieser Grundtendenz auch in der postsozialistischen Ära fortgesetzt hatte. In dieser Zeit waren die gewerkschaftlichen und zivilgesellschaftlichen Strukturen institutionell und politisch unterentwickelt, und die Neukonfiguration der Arbeitsbeziehungen war von einer solchen Heftigkeit, dass sich diese Strukturen nicht entfalten konnten, sondern schwach blieben.

Im Unterschied zum Realsozialismus werden die Lohnabhängigen heute nicht mehr für ihre politische Passivität mit sozialen Zugeständnissen belohnt. Vielmehr beschleunigt eine anhaltende Krisendynamik den Abbau sozialer Errungenschaften. Die Aushebelung gewerkschaftlicher Machtressourcen wird dabei zum zwingenden Element der Wachstumsstrategie. Gleichzeitig zeigen sich anhand sozialer Zugeständnisse auch die politischen Folgen dieses widersprüchlichen Wachstumsmodells. Im Folgenden sollen die Widersprüche herausgearbeitet, der Aufstieg von FIDESZ in den Kontext tiefgreifender ökonomischer wie politischer Veränderungen gestellt und nach den gewerkschaftlichen Handlungsoptionen unter den Bedingungen dieser autoritären Wachstumsstrategie gefragt werden.

Autoritärer Staatsumbau

Seit 2010 regiert die FIDESZ gemeinsam mit der Christlich-Demokratischen Volkspartei KDNP. Mit einer verfassungsändernden Zweidrittelmehrheit haben sich beide Parteien seither nicht nur „konstitutioneller Fesseln entledigt“, sondern auch das Gesetz zum Instrument ihres Regierungshandelns gemacht – dadurch hat es seine Kontrollfunktion gegenüber dem Parlament verloren (Tóth 2014, 217). Der damit einhergehende Umbau des Landes ist beträchtlich: Staat und Politik wurden grundlegend umgeformt. Die Regierung schwächte die Gewaltenteilung und stärkte ihre eigene Rolle. Eine neue Verfassung mit Gottesbezug trat in Kraft, gegen die die EU unter anderem wegen der Einschränkung der Unabhängigkeit von Nationalbank und Datenschutzbehörde rechtliche Schritte eingeleitet hat.[1] Auch die Autonomie des Verfassungsgerichtes wurde eingeschränkt. Es darf vom Parlament beschlossene Grundgesetzänderungen nur noch formal, nicht aber inhaltlich prüfen. Richter dürfen sich in ihren Entscheidungen nur noch auf Urteile berufen, die nach Inkrafttreten der neuen Verfassung gefällt wurden. Diese Verfassungsänderungen, so argumentiert Matthes, führten zwar zu einer stärkeren Konzentration politischer Macht und zu einer Aushebelung von Kontrollmechanismen, revidierten aber nicht den parlamentarischen Charakter, den das politische System noch immer habe (Matthes 2019, 729).

Für großen Unmut sorgte auch das Mediengesetz, gegen das die EU ebenfalls vor dem EuGH geklagt hat. Es streicht unter anderem den Informantenschutz und entzieht den Radio- und TV-Sendern die Nachrichtenprogramme. Hinzu kommen weitere Einschränkungen: Die Meinungsfreiheit darf zum Schutze der „Würde der ungarischen Nation“ eingeschränkt werden, ohne dass die konkrete Bedeutung näher definiert wird. Hochschulabgänger werden unter Androhung hoher Gebühren zum Verbleib im Land verpflichtet, den Hochschulen die Finanzautonomie genommen und damit die Wissenschaftsfreiheit beschnitten. Der

---

1 Bezogen auf die Nationalbank ordnet Becker den Konflikt zwischen Kommission und Orbán wie folgt ein: „Damit geht die Kommission ausgerechnet in einem Bereich in einen Konflikt mit der ungarischen Regierung, wo diese im Gegensatz zu anderen Bereichen – tendenziell eher demokratisierend wirkte. (...) Die ungarische Zentralbank verfolgt nicht nur eine Niedrigzinspolitik zur Stimulierung der Wirtschaft, sondern hat auch ein eigenes Kreditprogramm für Klein- und Mittelbetriebe in Höhe von 9% des BIP aufgelegt. So soll die restriktive Kreditvergabe durch die Privatbanken in diesem Bereich konterkariert werden. Währungspolitisch ist die ungarische Zentralbank eher auf eine leichte Abwertung – zugunsten des Exportsektors – orientiert. Für eine solche Politik gewinnt die ungarische Regierung durch die De-Euroisierung der Kredite auch Spielräume“ (Becker 2015, 72).

verfassungsrechtliche Schutz der Familie wird auf verheiratete heterosexuelle Paare mit Kindern beschränkt. Menschen, die den öffentlichen Raum für Wohnzwecke nutzen, also Menschen ohne Obdach, werden ebenso kriminalisiert wie Menschenrechtsorganisationen. Durch die Reformen hat die Regierung ihren Einfluss auf zentrale Bereiche des öffentlichen Lebens ausgeweitet und den Handlungsspielraum der Zivilgesellschaft deutlich eingeschränkt. Hinzu kommt: An den Schalthebeln in Wirtschaft, Politik und Kultur sitzen vielfach FIDESZ-Vertraute, installiert nach dem Prinzip der „Kontrastselektion“: Vertreter der Opposition werden durch loyale Gefolgsleute ersetzt (Rühle 2011). Umgekehrt müssen Kritiker mit Konsequenzen rechnen. Dem Budapester Festivalorchester wurden die Zuschüsse gekürzt, nachdem deren Leiter ein kritisches Interview in der FAZ gegeben hatte. Kritische Schriftsteller und Intendanten müssen mit Anfeindungen rechnen. Eine Mitarbeiterin im Umweltministerium verlor ihren Job, nachdem sie dem stellvertretenden Ministerpräsidenten widersprochen hatte (ebd.).

Lang beschreibt diesen Umbau im Ergebnis als „ein System der hierarchischen Machtballung mit spürbaren Zentralisierungstendenzen und ausgeprägter Exekutivdominanz“ (Lang 2015, 3), der den Charakter der ungarischen Demokratie zwar verändert, aber nicht aufgehoben habe. Er argumentiert, dass das politische System mit einer konsens- und kompromissbasierten Verhandlungsdemokratie nicht mehr vergleichbar sei, und spricht deshalb m Kontext einer tief verwurzelten gesellschaftlichen Polarisierung von einer „antagonistischen Mehrheitsdemokratie mit einer ausgeprägten Machtzentralisierung und einer geschwächten Verfassungsgerichtsbarkeit.“ Das Anliegen des minoritären Gegners bleibe mit Verweis auf die gemeinsamen gesellschaftlichen Ambitionen weitgehend unberücksichtigt (ebd.). Indem Schaffar nicht nur bei der Beurteilung der konstitutionellen Ebene stehen bleibt, sondern sie in den gesellschaftlichen Kontext stellt und so nach ihrer Funktionalität im politischen Machtsystem fragt, weitet er diesen Blickwinkel. Dabei unterscheidet er zwischen dem frühen und dem späten Orbán, letzterer ist für ihn klassischer „autoritärer Populist“ und das Projekt Orbáns ein „hybrides System“, dessen Ausrichtung weder klar neoliberal, noch klar paternalistisch ist, sondern vielmehr in seiner Widersprüchlichkeit als Gegenentwurf zum europäischen Entwicklungs- und Integrationsmodell in Stellung gebracht wird. Dabei wird die Illiberalität als Alternative zum neoliberalen Modell betont (Schaffar 2019a, 25 f.).

Staatsumbau in der Pandemie

Unter dem Eindruck der weltweit größten gesellschaftlichen Krisensituation der Nachkriegszeit erreichte der autoritäre Staatsumbau Orbáns jedoch einen weiteren Höhepunkt. Die ungarische Regierung verkündete im März 2020 wegen der Corona-Pandemie die außerordentliche Gefahrenlage per Regierungsverordnung. Die Verkündung wurde entgegen geltender Rechtslage nicht innerhalb von 15 Tagen vom Parlament bestätigt. Stattdessen wurde der Entwurf einer Sondervollmacht eingebracht, der an der erforderlichen Vierfünftelmehrheit scheiterte, aber dann mit der Zweidrittelmehrheit der Regierungsfraktion verabschiedet wurde. Mit der Sondervollmacht ermächtigte sich die Regierung zum eigenständigen Handeln (Mészáros 2020). Sie schränkte die parlamentarische Kontrolle ein und stärkte die Exekutive.

Die Regierung nutzte diese Situation zur Durchsetzung von Zielen, die mit der Pandemie wenig zu tun hatten. So wurde dem Nationalen Sicherheitsdienst ermöglicht, elektronische Kommunikationsnetze zu überwachen. Die Vorratsdatenspeicherung wurde auf bis zu 40 Jahre ausgeweitet. Möglichkeiten zur rechtlichen Anerkennung für Transsexuelle wurden abgeschafft und vieles andere mehr. Zwar gab Orbán die Sondervollmacht im Juni 2020 wieder ab, sicherte sich aber durch die Hintertür neue Vollmachten. So hat die Regierung fortan die Möglichkeit, einen auf sechs Monate beschränkten Gesundheitsnotstand zu erklären. Doch weder für die Verhängung noch für die Verlängerung ist eine parlamentarische Zustimmung vorgesehen.

Aufstieg der FIDESZ

Die FIDESZ hat damit ein Machtsystem geschaffen, dass seine Logik in den gesellschaftlichen Entwicklungen der letzten 30 Jahre hat. Entstanden 1988 im Umfeld des studentischen Protestmilieus als oppositionelle und zunächst dem Liberalismus verschriebene radikaldemokratische Studentenvereinigung. Der Aufbau ähnelte den neuen sozialen Bewegungen Westeuropas zu dieser Zeit. In autonomen, auf Basisdemokratie ausgerichteten Ortsgruppen diskutierten die Mitglieder über umwelt-, wirtschafts- und demokratietheoretische Fragen, bei denen häufig der Umgang mit der nationalen Identität eine Rolle spielte (Elliesen 2019, 40 f.). Ihr politisches Verständnis gründete sich auf eine ausgeprägte Ablehnung des Kádárismus.[2] Es verfestigte sich nach Richtungskämpfen zwischen dem liberalen und nati-

2 Insbesondere der spätere Parteivorsitzende Viktor Orbán war durch seine öffentlich artikulierte Regimekritik landesweit bekannt geworden. Im Juni 1989 hatte er in seiner Rede zur Wiederbeerdigung des ehemaligen reformsozialistischen Ministerpräsidenten Imre Nagy öffentlich den Abzug der sowjetischen Truppen gefordert. Nagy war 1958 wegen seiner führenden Rolle beim Volksaufstand 1956 exekutiert und in einem unbekannten Grab verscharrt worden. Zu seinem 30. Todestag hatte die sich langsam

onalpopulistischen Flügel zu einem populistischen Antikommunismus, als die Kluft zwischen dem linken und dem rechten Lager den Weg in ein bipolares Parteisystem entlang der politischen Konfliktlinie Kommunismus-Antikommunismus ebnete.[3] Nach der Abspaltung des liberalen Flügels entwickelte sich FIDESZ zwischen 1994 und 1998 zu einer rechtsnationalen Sammelpartei (ebd., 40). Dabei setzte sie den Abstiegsängsten der Mittelschicht die Vision eines bürgerlichen Ungarns mit guten Aufstiegschancen für alle entgegen und bot ihnen damit eine Identität.

Zwischen 1994 und 1998 verstärkte FIDESZ die Strategie der neurechten Metapolitik, wie sie auch die rechte Identitäre Bewegung propagiert. Sie zielt darauf, im vorpolitischen Raum den Diskurs zu verändern, um so einen grundlegenden Wandel in Gesellschaft und Politik herbeizuführen. Dazu verstärkte sie die Zusammenarbeit mit zentralen Akteuren des national-populistischen Lagers und baute Netzwerke zur ungarischen Kirche, parteipolitischen Stiftungen und einzelnen Unternehmern auf (ebd., 47). Ab 1998 in der Regierung tauschte FIDESZ systematisch das Personal im Staatsapparat und in den Medien aus und besetzte die Stellen mit loyalen Gefolgsleuten. Durch diese kluge „Ressourcenakkumulation" gelang es der Partei, die gesellschaftliche Monopolstellung der regierenden MSZP aufzubrechen. Als sie 2002 wieder in die Opposition ging, konzentrierte sie sich noch stärker auf den vorpolitischen Raum. Dazu richtete sie sogenannte Bürgerkreise ein, in denen sich klassen- und milieuübergreifend Menschen zusammenfanden und denen sich Think Tanks, Institute und Vereine

---

formierende Opposition den Fundort des Leichnams ausfindig gemacht und forderte eine ordentliche Beerdigung. 250.000 Menschen versammelten sich 1989 auf und um den Budapester Heldenplatz. Die Wiederbeerdigung wurde zu einem Schlüsselereignis im Wendejahr 1989, weil sie den Aufstand von 1956 als berechtigt und nicht länger als Konterrevolution einstufte und seine Führer damit rehabilitierte. Die Ära von János Kádár verlor damit ihre Grundfeste. Orbán war für seine Rede kritisiert worden, weil er versuchte „die Tür einzutreten, die bereits offen stand". Zu diesem Zeitpunkt war das System bereits in Auflösung und der Abzug der sowjetischen Truppen bereits im Gange. Ein kleiner Teil von ihnen hatte das Land bereits verlassen. Orbán aber baute darauf sein politisches Image auf. Zu behaupten, dass diese Rede so wichtig für den Fall des Regimes gewesen sei, stimme einfach nicht, sagen Augenzeugen (Günther 2019).

3 Die führende Partei im linken Lager ist die MSZP, eine reformierte Nachfolgepartei der ehemaligen Kommunistischen Partei. Nach 1989 hatte sie eine pro-europäische Programmatik angenommen, die einen universalistischen Wohlfahrtsstaat mit einer Bejahung der Marktwirtschaft verband. Mitte der 1990er Jahre wurde die FIDESZ mit einer ausgeprägt antikommunistischen Ausrichtung zur führenden Kraft auf der Rechten. Die Partei machte sich stark für eine staatlich geleitete wirtschaftliche Entwicklung und verband dies mit christlich-konservativen Auffassungen zu Kultur und Lebensweise (Tóth 2014, 215 f.).

aus dem nationalpopulistischen Spektrum anschlossen. Auf dem Höhepunkt der Bewegung organisierten sich 160.000 Menschen in 11.000 Bürgerkreisen, die häufig die Räumlichkeiten der Kirche für ihre politische Bildungsarbeit nutzten (ebd., 56 f.). Dadurch schaffte es FIDESZ, traditionelle rechte, rassistische und nationalchauvinistische Strömungen unter der eigenen Führung zu integrieren. Das schuf eine organisatorische und diskursive Basis für die Zeit zwischen 2006 und 2010, in der sich ökonomische und politische Krisenmomente verdichteten und Anknüpfungspunkte für die FIDESZ boten.

Wirtschaftliche Übergangskrise

Der populäre Autoritarismus Orbáns und der widersprüchliche und hybride Charakter seiner Politik lässt sich nur in der historischen Betrachtung erfassen. Ungarn hat eine sehr spezifische ökonomische Entwicklung hinter sich. Den Ländern des realexistierenden Sozialismus war gemein, dass in den Transformationsjahren 1989/90 eine langsame ökonomische Öffnung gegenüber dem europäischen Markt für die wirtschaftliche Entwicklung besser gewesen wäre. Diese Strategie war 1989 wegen des Triumphzugs, den die neoliberale Globalisierung seit den 1970er Jahren im Kontext von Deregulierung, Flexibilisierung und Privatisierung angetreten hatte, nicht möglich (Tóth u.a. 2012, 150). Fast über Nacht waren die Volkswirtschaften der ehemaligen Ostblockländer der westlichen Konkurrenz ausgesetzt. Die technologisch veraltete industrielle Basis und der Zusammenbruch der Sowjetmärkte führte insbesondere in den ersten Jahren des Übergangs zu sozialen Tragödien. Zwischen 1990 und 1993 ging das BIP um 20 Prozent zurück, weil die geschützten Exportmärkte der RGW-Staaten zusammenbrachen und die Liberalisierung des Außenhandels zur Verdrängung einheimischer Unternehmen führte (Richter 2011, 214 f.). In der Folge wurden im gleichen Zeitraum etwa 30.000 Betriebe geschlossen und etwa ein Viertel aller Arbeitsplätze gestrichen (Elliesen 2019, 32). Lebten 1989 noch elf bis zwölf Prozent der Bevölkerung unter dem Existenzminimum, stieg dieser Anteil bis 1993 auf 35 Prozent (Richter/Binder 2011, 215). Der übermäßige Sozialtransfer stellte eine zusätzliche Belastung für den Staatshaushalt dar.

Die wirtschaftliche Übergangskrise fiel mit einer im osteuropäischen Vergleich exorbitant hohen Staatsverschuldung Ungarns zusammen. Diese Hypothek fällt zurück in die Zeit des realexistierenden Sozialismus. Ungarn hatte unter János Kádár[4]

---

4 1956 wurde der Aufstand, der auch den Reformsozialisten Imre Nagy für kurze Zeit an die Spitze des Staates gespült hatte, von sowjetischen Truppen gewaltsam nieder-

aus Angst vor einer Wiederholung der 1956er Revolte über Jahrzehnte materielle Zugeständnisse durch westliche Kreditaufnahme finanziert. Obwohl die Planwirtschaft stagnierte, stiegen die Sozialausgaben zwischen 1950 und 1980 um das Vierzigfache. Bereits 1982 hatte Ungarn mit rund neun Milliarden US-Dollar die höchste Auslandsverschuldung unter den Ostblockländern – sie betrug zu Beginn der 1990er Jahre 73 Prozent des Bruttoinlandsprodukts (BIP) (Elliesen 2019, 24 ff.). Doch im Unterschied zu anderen Ländern des Ostblocks gab es in Ungarn zunächst keine Schocktherapie, sondern eine Ausweitung des öffentlichen und privaten Konsums (Illing 2000). Zwar hatte die prekäre Haushaltssituation eine umfassende Privatisierung des Staatseigentums erzwungen, aber die Regierung hielt an zahlreichen Errungenschaften wie einem kostenlosen Bildungs- und Gesundheitssystem fest und baute diese teilweise sogar noch aus. Dieser Weg wurde über den Aufbau einer Exportindustrie finanziert. Als einziges der ehemaligen Ostblockländer setzte Ungarn auf eine ökonomische Entwicklung durch ausländische Direktinvestitionen (FDI). Diese stiegen seitdem kontinuierlich. Im letzten Jahr, 2021, lag die Exportquote bei 76,6 Prozent. Über die Hälfte der Exporte gehen in die EU (GTAI 2022). Der Umbau Ungarns zu einer Exportindustrienation und ihre erfolgreiche Einbindung in die Wertschöpfungsprozesse des europäischen Wirtschaftsraums generierten ein ökonomisches Wachstum, das proeuropäische Haltungen förderte und die Entwicklung des Landes als junge liberale Demokratie festigte (Tóth 2012, 152).

Mit der sozialliberalen Koalition aus MSZP[5] und SZDSZ[6] von 1994 bis 1998 setzte eine neoliberale Wende drastischer Sozialkürzungen sowie eine „wettbewerbsstaatliche Konfiguration der Staatsapparate" ein (Elliesen 2019, 34). Dabei ging es sowohl um den Abbau der Staatsschulden als auch um die An-

---

geschlagen. Die moskautreue Funktionärselite reorganisierte sich unter dem neuen Generalsekretär János Kádár, der bis kurz vor dem Zusammenbruch des Regimes an der Spitze Ungarns stand. Der sogenannte Kádárismus war eine historisch und regional einzigartige Variation des Realsozialismus, den der ungarische Politikwissenschaftler József Bayer als liberal-paternalistisch-autoritären sozialistischen Wohlfahrtsstaat bezeichnete (vgl. Elliesen 2019, 23). Er war das Produkt der Revolte und zugleich ein Kompromiss zwischen Regime und Volk, der in einem anhaltenden indirekten Handlungsdruck für die Führungsriege bestand: Aus Angst vor einer neuen Erhebung setzte sie auf Lohnerhöhungen und die Produktion von Konsumgütern (Elliesen 2019; Heller/Fehér 1981).

5 Magyar Szocialista Munkáspárt, sie ging aus der ehemaligen kommunistischen Staatspartei USAP hervor.

6 Szabad Demokraták Szövetsége, die liberale Partei Ungarns.

werbung transnationalen Kapitals. Im Zentrum des „Bokros-Paketes“[7] stand die Privatisierung des Rentensystems, die Privatisierung medizinischer Leistungen, die Einführung der Studiengebühren, Steuersenkungen für Unternehmer und Steuererhöhungen für den Großteil der Bevölkerung.[8]

Regierungsära 1998 – 2002

Die erste Regierungsära mit Orbán als Ministerpräsidenten (1998–2002) war wesentlich von den Beitrittsgesprächen im Rahmen der EU-Osterweiterung geprägt, die das Ideal ausgeglichener Staatsfinanzen zum Leitbild erhoben. Sie fielen mit einem Rückgang der FDI nach der Jahrtausendwende zusammen, infolgedessen sich das Wirtschaftswachstum verlangsamte. Hintergrund war, dass sich die Monopolstellung Ungarns in Bezug auf eine FDI-orientierte Wirtschaftsstrategie dadurch auflöste, dass seine Nachbarländer dazu übergingen, diese Strategie nachzuahmen. Insbesondere Länder wie Polen, Rumänien und die Slowakei hatten im Konkurrenzkampf um FDI-Projekte durch niedrigere Lohnkosten Vorteile. Orbán steuerte aus Sorge um die politische Stabilität mit einer keynesianischen Strategie zur Stimulierung des Binnenmarktes gegen. Dazu erhöhte er den Mindestlohn um 60 Prozent, die Gehälter für Beamte der Staats- und Justizverwaltung um 75 Prozent und initiierte ein großzügiges Hypothekenkreditprogramm zur Unterstützung des Wohnungsbaus.

Auch die sozialistische MSZP, die die Regierung ab 2002 erneut führte, verfolgte ein ambitioniertes Sozialprogramm. Mit dem einsetzenden Wirtschaftswachstum erhöhte sich jedoch auch die Staatsverschuldung, die im Zuge

---

7 Benannt nach dem damaligen Finanzminister Lajos Bokros.

8 Im Kern lassen sich drei Gründe für diese Wende identifizieren. Zu nennen ist zum einen der durch die hohen Staatsschulden bedingte enge Handlungsspielraum der sozialliberalen Regierung. Zum anderen folgte die Regierung damit einem europaweiten Trend, nachdem sozialdemokratische Parteien neoliberale Politikprojekte umsetzten. Und schließlich hatte sich seit den 1970er Jahren in der Regierungspartei USAP (später MSZP) ein Reformflügel etabliert, der auf der Suche nach Deutungsmustern für die ausgeprägte Ineffizienz der Staatsbetriebe auf die Schriften neoliberaler Ökonomen wie Friedrich August von Hayek und Milton Friedman gestoßen war und diese heimlich gelesen und diskutiert hatte. Nicht zuletzt führte die Kreditpraxis Ungarns dazu, dass das Land bereits Anfang der 1980er Jahre dem IWF beitrat, so dass die ungarische Führungsriege bereits vor dem Zusammenbruch des Ostblocks in die transnationalen Netzwerke integriert wurde. So wurde der „Neoliberalismus – zunächst unbemerkt und leise – zur hegemonialen Weltanschauung von Teilen der sozialistischen Herrschaftselite“ (Elliesen 2019, 24f.).

der Beitrittsverhandlungen um die EU-Osterweiterung und die vereinbarten Konvergenzkriterien erneut zur Sprache kam. Als die öffentliche Neuverschuldung auf über zehn Prozent anstieg, lehnte die Europäische Kommission 2005 das Konvergenzprogramm ab und erwartete nach den Wahlen eine drastische Kehrtwende in der Ausgabenpolitik (Tóth u.a. 2012, 154).

Ab 2006 verschränkten sich die strukturellen Probleme der ungarischen Wirtschaft und die EU-Beitrittsbedingungen miteinander. Auf Druck der EU-Kommission verabschiedete die neugewählte soziallliberale Regierung ein Austeritätsprogramm zur strukturellen Anpassung. Es sah Sozialstaatskürzungen, Steuererhöhungen sowie Kürzungen im Gesundheits- und Bildungsbereich vor. Hinzu kamen Stellenkürzungen in den Ministerien, eine Solidarsteuer auf Unternehmensgewinne von vier Prozent sowie eine faktische Erhöhung der Körperschaftssteuer von 16 auf 20 Prozent. Höher besteuert wurden auch private Einkommen von mehr als 2.000 Euro monatlich. Die Erhöhung der Mehrwertsteuer führte zu Preissteigerungen bei Lebensmitteln, im öffentlichen Nah- und Fernverkehr sowie bei Strom, Gas und Wasser. Gleichzeitig wurden staatliche Zuschüsse für Gas und Wasser gestrichen (Richter/Binder 2011, 219). Während das durchschnittliche Einkommen der Bevölkerung um 1,8 Prozent und die staatlichen Investitionen um 20 bis 30 Prozent zurückgingen, stieg die Exportquote um 14 Prozent und die Investitionen im verarbeitenden Gewerbe um 25 Prozent (Inotai 2009) Als der Öffentlichkeit eine Ansprache des Premierministers Ferenc Gyurcsány bei einer nichtöffentlichen Fraktionssitzung im Herbst 2006 zugespielt wurde, in der er zugab, dass die Regierung während des Wahlkampfes gelogen und die Wählerschaft mit gefälschten Statistiken getäuscht hatte, um die Wiederwahl sicherzustellen, sank das Vertrauen in die Regierung weiter.

Internationale Finanzmarktkrise

Die strukturellen Schwächen des ungarischen Wachstumspfades überlagerten sich im Herbst 2008 mit dem Zusammenbruch der Investmentbank Lehman Brothers. Insbesondere das Wegbrechen der Exporte traf die exportorientierte Wirtschaft enorm. Der Außenhandel, der über Jahre hinweg eine wesentliche Wachstumsstütze gewesen war, brach in den ersten beiden Monaten 2009 um 30 Prozent ein (ebd.). Zudem hat sich Ungarn auf moderne und technologieintensive Sektoren konzentriert. In der Ausfuhr stellten zudem Maschinen, Ausrüstungen und Transportmittel einen im EU-Vergleich überdurchschnittlichen Anteil von fast zwei Drittel dar, Sektoren, die in der Krise stark vom Rückgang betroffen waren.[9] Als dem Land die Zahlungsunfähigkeit drohte, wandte sich die Regierung unter Ferenc Gyurcsány an den IWF und die EU. Für die finanzielle Unterstützung in Höhe von 21 Milliarden Euro erwartete der IWF jedoch weitere Strukturanpassungen zur Haushaltskonsolidierung. Im öffentlichen Bereich wurden Löhne und Gehälter eingefroren, das 13. Monatsgehalt ebenso wie die 13. Monatsrente gestrichen. Die Anhebung von Sozial- und Familienbeihilfen wurde ausgesetzt, und der Bezugszeitraum für Kinderbetreuungsgelder wurde von drei auf zwei Jahre verkürzt. Gleichzeitig war in jeder Familie nur noch eine Person zu einer Lohnausgleichzahlung berechtigt. Auch das Krankengeld für Arbeitnehmer wurde gekürzt, das Renteneintrittsalter von 62 auf 65 Jahre angehoben. Außerdem wurde die Berechtigung zum Erhalt von Vorruhestands- und Invalidenrenten sowie die Möglichkeit einer Integration in den Arbeitsmarkt einer Überprüfung unterzogen. Hinzu kam die Kürzung der Sozialversicherungsbeiträge um fünf Prozent (Forkas 2011).

Unter diesen Bedingungen verflocht sich die bestehende strukturelle Krise mit der weltweiten Finanzkrise und mit einer manifesten politischen Krise und löste „ein richtig gehendes politisches Gewitter aus“ (Tóth 2014, 209), aus dem die FIDESZ bei den Wahlen 2010 mit überwältigender Mehrheit als Gewinnerin hervorging. Weder war der Wahlsieg allein Ergebnis der ökonomischen noch der politischen Krise. Vielmehr agierte die Partei innerhalb des historischen Kontextes und der darin entstandenen Widersprüche.

Elliesen identifiziert drei zentrale Diskurselemente bei der FIDESZ: Sie griff, erstens, die enttäuschten Wohlstandsversprechen auf. Sie inszenierte, zweitens, die MSZP als korrupte Nachfolgepartei des Kádár-Regimes, deren Selbstbereicherung krisenverschärfend wirkte. Die Proteste gegen die Austeritätspolitik wurden dabei in den Kontext der Proteste gegen das Kádár-Regime gestellt. Und drittens pflegte FIDESZ von sich selbst das Bild als unverbrauchte Erneuerung, die die gesellschaftliche Mehrheit präsentiert. Dafür mobilisierte sie die Mittelklassen und die subalternen Gruppen. „Mit dieser diskursiven Strategie konnte FIDESZ erfolgreich die soziostrukturellen Grenzen überwinden, die die Partei sich durch ihr ausschließlich nationalpopulistisches Profil sowie die sozialpolitische Adressierung der Mittelklassen selbst aufgelegt hatte“ (Elliesen 2019, 66). Die etwas über 50 Prozent der Stimmen genügten für eine Zweidrittelmehrheit im Parlament. Eine Koalition gemeinsam mit der christdemokratischen KDNP bildet dafür die Grundlage. Orbán kündigte den Beginn einer revolutionären

9 In Tschechien und der Slowakei sind es 55 bis 60 Prozent, in Slowenien 45 Prozent, in Polen 40 Prozent, in den baltischen Staaten weniger als ein Drittel (Inotai 2009).

Übergangsperiode an, in der ein neuer Gesellschaftsvertrag die Fehler der zurückliegenden 20 Jahre korrigieren sollte (Tóth 2014, 216).

Selektiver Wirtschaftsnationalismus

In der Folge baute er das politische System um. Gleichzeitig scheiterten die Verhandlungen mit dem IWF über fiskalische Lockerungen, um die Krise durch eine antizyklische, auf Expansion setzende Konjunktur zu überwinden. Angesichts der Griechenlandkrise bestanden IWF und Europäische Kommission auf einer Senkung des Haushaltsdefizits unter drei Prozent (Forkas 2011, 3). In der ablehnenden Rhetorik gegenüber der EU spiegelt sich die „asymmetrische Machtbeziehung zwischen der EU und den MOEL[10]" wider, die sich bereits während der Beitrittsverhandlungen zur EU-Osterweiterung gezeigt hatte. Sie wird „durch das Naben- und Speichersystem politischer und ökonomischer Beziehungen, die die EU ihren osteuropäischen Nachbarn auferlegt hat, verstärkt und ist durch ein hohes Maß von Konditionalität geprägt" (Bohle 2002, 360).

Aus dieser Konstellation entwickelte sich ein widersprüchliches wirtschaftspolitisches Konzept, das in der Praxis zu einem hybriden Politsystem wurde (Schaffar 2019a, 25 f.). Im Kern kann es als „selektiver Wirtschaftsnationalismus" (Tóth 2014, 218 ff.) beschrieben werden, der das Produkt einer widersprüchlichen ökonomischen und politischen Entwicklung auf der nationalen wie auf der transnational-europäischen Ebene ist.

Die Abhängigkeit von der Exportstärke der Unternehmen in ausländischem Besitz, die zudem in globale Zuliefernetzwerke integriert sind, führe, so Tóth, im Bereich der Industrie und der unternehmensnahen Dienstleistungen zu einer neoliberal orientierten Politik. So ziele das neue Arbeitsgesetz darauf ab, die wettbewerbsfähigste Arbeitsmarktregulierung zu schaffen und es multinationalen Unternehmen zu erleichtern, flexible Arbeits- und Beschäftigungsformen zu praktizieren. Hinzu komme die Kürzung verschiedener Sozialleistungen zur Etablierung eines neoliberalen „workfare"-Modells. Im Bereich der öffentlichen Versorgungsunternehmen, dem Einzelhandel und der Banken dagegen versuche die Regierung durch erhebliche staatliche Investitionen, die Rolle der ausländischen Anbieter zu reduzieren. Hinzu kämen gezielte Steuererhöhungen für große Unternehmen, die in der Regel in ausländischem Besitz sind. Harte Regulierun-

10 MOEL: Mittelosteuropäische Länder. Die zehn Beitrittskandidaten aus MOE sind: Estland, Lettland, Litauen, Polen, Tschechien, Slowakei, Ungarn, Slowenien, Rumänien und Bulgarien.

gen hätten zudem erreicht, dass Privatunternehmen von ihren Eigentümern zu einem niedrigen Preis entweder an den Staat oder an private inländische Anbieter im Rahmen eines staatlichen Ausschreibungsverfahren übertragen worden seien (ebd., 220).

Im Kern zielt Orbáns Umstrukturierung des Landes also nicht nur auf ein neues Gesellschafts-, sondern auch auf ein neues Wirtschaftsmodell. Im Zentrum steht die Stärkung des nationalen Kapitals. Dazu sollen nach dem Prinzip des kontrollierten Konflikts mit dem Auslandskapital Eigentumsverhältnisse zugunsten einheimischer Eigentümer verschoben werden (Becker 2015, 71). Während in bestimmten Dienstleistungsbereichen das einheimische Kapital gestärkt wird, um die ausländische Dominanz zurückzudrängen, sollen Investitionsanreize im Bereich der Exportindustrie Auslandskapital halten und anziehen. Dabei wird ein Wachstumsmodell mit starken binnenwirtschaftlichen Akteuren angestrebt, das autark und weniger krisenanfällig ist. Die Voraussetzung dafür ist ein starker Entwicklungsstaat. Im Folgenden soll herausgearbeitet werden, dass es auch im Bereich der Sozialpolitik eine selektive Entwicklung gibt.

Selektiver Wohlfahrtsstaat

Mit der Regierungsübernahme durch FIDESZ 2010 setzte auch ein Neuordnungsprozess der industriellen Beziehungen ein. Dabei ist „eine hart-neoliberale Politik zu beobachten, die durch ein scharfes Workfare-Regime in der Sozialpolitik ergänzt wird" (Becker 2015, 74). Unmittelbar nach der Wahl hatte Orbán ein ehrgeiziges wirtschaftspolitisches Programm angekündigt: Das Wachstum sollte durch radikale Steuersenkungen angekurbelt werden, in zehn Jahren sollten eine Million neuer Arbeitsplätze geschaffen und die Löhne erhöht werden. In der Folge setzte eine Politik der radikalen Steuersenkung ein: Der Einkommensteuersatz wurde vereinheitlicht und von 17 bzw. 32 Prozent auf 16 Prozent gesenkt und die Körperschaftssteuer für kleine und mittlere Unternehmen von 19 auf zehn Prozent reduziert. Hinzu kamen eine Reihe von Steuerneuerhebungen und -erhöhungen (Richter/Binder 2011, 221).

Neben ihrem sichtbaren Kampf gegen die EU führt FIDESZ auch einen unsichtbaren Feldzug gegen Alte, Kranke und Arme (Mihály 2015). Die Bezugsdauer des Arbeitslosengeldes wurde von neun auf drei Monate reduziert und eine Arbeitspflicht für die Empfänger von Sozialleistungen eingeführt. Die Kürzungen der Sozialausgaben gingen mit Ausgrenzung und Kriminalisierung einher. So wurde die Invalidenrente abgeschafft und durch eine Invalidenversorgung ersetzt. Ärzte entscheiden nun nach Neuüberprüfung, ob eine Berechtigung vorliegt. „So entstanden erstaunliche Diagnosen: Eine 53-Jährige etwa wurde trotz Venen-, Herz- und Gelenkleiden, Asthma und akuter Inkontinenz für arbeitsfähig erklärt. Es wurden einarmige und einbeinige 'Betrüger' überprüft, selbst Blinde und Gehörlose wurden beordert. Auch der, dessen Behinderung anerkannt wurde, fuhr nicht besser, weil die neue 'Invalidenversorgung' auf ein Niveau festgelegt wurde, von dem niemand leben kann" (ebd.). Hinzu kamen Einschnitte im Gesundheitswesen, die Streichung des Wohnkostenzuschusses oder die Aufkündigung der Allgemeine Pflegehilfe zur Betreuung von Angehörigen. Während der Fahrtkostenzuschuss für den Weg in die Kita abgeschafft wurde, hat Orbán die Inanspruchnahme des Kitaplatzes verpflichtend vorgeschrieben und bei Zuwiderhandlungen ein Bußgeld in Aussicht gestellt.

Gleichzeitig verschärfte FIDESZ den Druck auf die Lohnabhängigen durch die Erleichterung von Entlassungen und eine Flexibilisierung der Arbeitsbeziehungen. So rühmte sich Orbán damit, „den flexibelsten Arbeitsmarkt in Europa" geschaffen zu haben (vgl. Becker 2015, 73). Das neue Arbeitsgesetz von 2018 sieht zudem weitreichende Regelungen bei den Überstunden vor. Danach können Arbeitgeber ihre Mitarbeiter zu 400 Überstanden im Jahr verpflichten. Nach Berechnungen der ungarischen Gewerkschaften entspricht die Neuregelung der verdeckten Einführung der Sechstagewoche. Das als „Sklavengesetz" im öffentlichen Diskurs charakterisierte Gesetz gestattet zudem, Gehaltszahlungen bis zu drei Jahre hinauszuzögern. Des Weiteren wurden die betrieblichen Vertretungsmöglichkeiten der Gewerkschaften zugunsten der Betriebsräte beschnitten und damit das Kräfteverhältnis zwischen Kapital und Arbeit zugunsten der Kapitalseite verschoben. Außerdem hat die Regierung die mit rechtlich bindenden Befugnissen ausgestattete ständige tripartistische Kommission abgeschafft und ein neues „übertripartistisches" Beratungsforum gegründet, an dem auch die Kirchen und NGOs beteiligt sind. Damit wurde der soziale Dialog erschwert und der Mechanismus für den Ausgleich der Interessen geschwächt. Sein Regulierungsbereich beschränkt sich auf den privaten Sektor. Im öffentlichen Sektor gibt es keine nationalen Verhandlungsstrukturen. Zudem wurde das Streikrecht im öffentlichen Dienst abgeschafft (Tóth 2014, 217). Bei genauer Betrachtung wird deutlich, dass der selektive Wirtschaftsnationalismus „sein Pendant in der Sozialpolitik" hat und FIDESZ die sozialen Einschnitte aus Angst vor Zustimmungsverlust in der Bevölkerung selektiv gestaltet (ebd., 221). Während einige Bereiche wie die Arbeitslosenunterstützung und die Frühverrentung stark zusammengestrichen wurden, wurde das Rentenniveau oder der Bereich der Familien mit Kindern nicht angetastet. Vielmehr ist das Gegenteil der Fall: Das einzige Gebiet, in dem die Regierung Ausgaben und Ansprüche ausdehnt, ist die Familienpolitik.

Orbán hat eine widersprüchliche Zielsetzung formuliert: Er will einerseits Steuerbelastungen für diejenigen senken, die er als strategisch wichtig ansieht, und andererseits das Haushaltsdefizit beschneiden. Hinter dieser Politik steckt ein Angebot an die Unternehmen. Flexible Arbeitszeiten werden als Wettbewerbsvorteil in die Waagschale für die Ansiedlung von ausländischem Kapital geworfen. In diesem Zusammenhang war auch die Wiederverstaatlichung der Rente mehr ein Beitrag zur Haushaltskonsolidierung als ein soziales Zugeständnis. Orbán verkaufte den Schritt als Versuch, die ausländischen Banken daran zu hindern, dass diese mit den Renten ungarischer Bürgerinnen an der Börse spekulieren (Girndt 2013, 8). Der um die Jahrtausendwende eingeführte neue Pfeiler der Rentenversicherung, der auf Pflichtbeiträgen in der privaten Zusatzversicherung beruhte, hatte einen riesigen privaten Rentenfonds geschaffen, der 2011 renationalisiert und das Guthaben von zehn Milliarden Euro in einen staatlichen Sonderfonds überführt wurde.

> „Dies verschaffte dem Staatshaushalt eine so große Einmal-Einnahme, dass sich das Haushaltsdefizit, das 2010 noch bei -4,3% gelegen hatte, in einen Überschuss von +4,3% in 2011 verwandelte. (…) Diese Zusatzeinnahme war nicht nur politisch wichtig, um den Forderungen der EU-Kommissionen nach Senkung des Defizits nachzukommen, sondern auch, um die erwähnte Re-Nationalisierung von Versorgungsunternehmen zu finanzieren und staatliche Ausgabenprogramme zu starten" (Tóth 2014, 222).

Der Blick auf die Welt der Arbeit und die Funktionalität des selektiven Wirtschaftsnationalismus kann eine Antwort auf die Frage nach dem Charakter des politischen Systems geben: populärer Autoritarismus, hybrides System, antagonistische Mehrheitsdemokratie oder leere parlamentarische Demokratie ohne Kontrollmechanismen? In erster Linie scheint es ein politisches Machtsystem in demokratischer Hülle zu sein, das einen selektiven Wirtschaftsnationalismus nutzt, um die Unabhängigkeit der ungarischen Wirtschaft von ausländischen Einflüssen zu stärken und eine neue von der Regierung und lokalen Wirtschaftsakteuren dominierte Wirtschaft zu schaffen. Zur Durchsetzung dieses strategischen Ziels setzt sie auf autoritäre, politische Demobilisierung und einen selektiven Wohlfahrtsstaat.

Gewerkschaftliche Machtressourcen

Gewerkschaftliche Machtressourcen messen sich an ihren Erfolgen. Dazu gehört, dass sich die Nominallohnentwicklung seit 2017 mit Werten von sieben bis zehn Prozent nach oben bewegt (Statista, 03.08.2022). Sie sind das Ergebnis von beachtlichen Erfolgen in der Automobilindustrie. So erzielten die Beschäftigten bei Mercedes-Benz in Kecskemét 2019 eine Erhöhung ihrer Löhne um 35 Prozent, und bei Audi in Györ gelang nach einem einwöchigen Streik eine Lohnerhöhung von 18 Prozent (Deppe 2019). Wie ist diese Entwicklung zu erklären?

Strukturelle Macht der Gewerkschaften

Diese Erfolge sind um so erstaunlicher, weil die ungarischen Lohnabhängigen durch eine zerklüftete und marginalisierte Gewerkschaftsbewegung und ein eingeschränktes Streikrecht über ausgesprochen unterentwickelte Instrumente zur kollektiven Durchsetzung ihrer Interessen verfügen. Gleichzeitig aber ist ihre Marktmacht mit einer Arbeitslosigkeit von unter vier Prozent gewachsen. Dass die atypische Beschäftigung trotz der durch die Orbán-Regierung umfangreich geschaffenen Deregulierungsmöglichkeiten gesunken ist (Eichhorst/Tobsch 2017), erstaunt zunächst und stärkt die Position der Beschäftigten zusätzlich. So waren beispielsweise 2019 nur 6,2 Prozent aller Arbeitsverträge befristet (Destatis 2022), was deutlich unterhalb des EU-Schnitts von 10,7 Prozent lag. Hintergrund für diese Entwicklung ist ein Fachkräftemangel, der so gravierend ist, dass die Orbán-Regierung Stellenstreichungen in der öffentlichen Verwaltung plant, um die Arbeitskräfte der Wirtschaft zur Verfügung zu stellen (Siebenhaar 2016). Die Gründe dafür sind das Ergebnis des ungarischen Wachstumspfades und reichen teilweise bis weit in die Zeit der Transformation zurück. So hat der Umbau zur Exportnation den industriellen Sektor in der Transformationsperiode stabilisiert. Knapp 33 Prozent aller Beschäftigten arbeiten im Industriesektor (statista, 05.02.2020) und erwirtschaften mit 26 Prozent mehr als ein Viertel des BIP (WKO 2022). Der Schwerpunkt liegt auf komplexen Exportartikeln wie elektrischen Maschinen, Kraftwagen, Zugmaschinen, Pharmazeutischen Erzeugnissen und Kunststoffen, wovon mehr als ein Viertel nach Deutschland geht. Der durchschnittliche Nettolohn liegt bei 675 Euro (Deppe 2019). Von allen Audi-Werken in Europa verdienen die Mitarbeiter in Ungarn mit 1.100 Euro monatlich am wenigsten (Németh/van de Sand 2020).

Die Anwerbung von ausländischem Kapital basierte immer auf der Basis niedriger Lohnkosten und kollidierte mit der Strategie einer Exportorientierung, die ihren Schwerpunkt auf die Entwicklung von Schwerindustrie und Hochtechnologie legte: Die Asymmetrie bestand darin, dass die Einkommensentwicklung der Strategie eines Billiglohnlandes folgte, während die Schwerpunktsetzung bei der Exportorientierung die eines entwickelten Industrielandes war. Diese Strategie wurde immer dann zu einem Problem, wenn die Vorgaben zur Haushaltskonsolidierung Sozialkürzungen erzwangen und damit die Stärkung der Binnennachfrage durchkreuzten.

Die Bevölkerung bezahlte diese Entwicklung mit einem sinkenden Lebensstandard. Die Konsumrate der privaten Haushalte ist unter Orbán von knapp 53 Prozent auf 49 Prozent im Jahre 2019 leicht gesunken (WKO 2021). Trotz Vollbeschäftigung ist Ungarn inzwischen das zweitärmste Land in der EU. 40 Prozent der Menschen leben unter dem Existenzminimum (Deppe 2019), was eine ungebremste Abwanderung von gut Ausgebildeten und hoch Qualifizierten zur Folge hatte: Etwa 320.000 Ungarn zwischen 20 und 65 arbeiten mittlerweile in einem anderen EU-Land (Németh/van de Sand 2020). In diesen Kontext muss auch das sogenannte „Sklavengesetz" eingeordnet werden. „Wenn es zu wenig Leute gibt, müssen die, die da sind, eben mehr arbeiten" (Deppe, Kerstin 2019). Vor diesem Hintergrund war das Gesetz der Versuch, die erstarkte Marktmacht der Lohnabhängigen durch die institutionell geregelte Entgrenzung der Arbeitszeit von dem Druck, den sie auf die Arbeitgeber ausübte, zu befreien. Die Intention des Gesetzes liegt vermutlich in dem Versuch, diejenigen Unternehmen zu entlasten, die vom Fachkräftemangel eingeholt wurden (Németh/van de Sand 2020).

Gleichzeitig hat die Regierung Orbán verschiedentlich Initiativen ergriffen, um das System der dualen Berufsausbildung zu stärken (Siebenhaar 2016), denn das Fehlen von Fachkräften hat seine Wurzeln auch in der Transformationsperiode, weil 1989 mit dem Zusammenbruch der staatlichen Industriebetriebe auch die duale Ausbildung zusammenbrach (Tóth 2012, Elliesen 2019). Die Folge: In Ungarn gibt es viele angelernte, aber kaum ausgebildete Arbeitskräfte" (Imwinkelried 2021). Gleichzeitig zeigt gerade das „Sklavengesetz", dass die Arbeitgeber auf eine in ihrem Interesse stehende staatliche Rahmensetzung seitens der Regierung angewiesen sind. Die gesellschaftlichen Gegenmobilisierungen konnten das Gesetz nicht verhindern, weil die Verhandlungsmacht auf der gesellschaftlichen und institutionellen Machtebene gering ist. Da aber, wo strukturelle Macht und Organisationsmacht zusammenkamen und einander verstärkten, gelang es den Beschäftigten, relevante Verbesserungen ihrer Arbeitsbedingungen durchzusetzen. Nicht zufällig konzentrieren sich die Arbeitskämpfe gegenwärtig auf die Automobilindustrie, die mit einem Anteil am Wirtschaftswachstum von über zehn Prozent erheblich zur wirtschaftlichen Entwicklung Ungarns beiträgt (Németh/van de Sand 2020).[11]

---

11 Dass am 14. März 2019 auch der Gewerkschaftsbund SZEF die Beschäftigten im öffentlichen Dienst zum Streik aufrief, verweist vielleicht auf die Signalwirkung der Arbeitskämpfe in der Automobilindustrie.

Dass der ausgeprägte Fachkräftemangel zu einer strukturellen Machtquelle für die ungarischen Beschäftigten wird, hat mit durchaus üblichen Arbeitsmarktsegmentierungen zu tun, deren Bruchlinien entlang von Qualifikationen verlaufen, die auf dem Arbeitsmarkt nachgefragt und angeboten werden. Dieser Prozess öffnet oder schließt Schutzräume für die Beschäftigten, indem er die Beschäftigungsrisiken je nach Qualifikation minimiert oder maximiert. Die Marktmacht der Lohnabhängigen steigt, wenn die Konkurrenz der Berufsinhaber untereinander geringer wird und an ihre Stelle die Konkurrenz der Arbeitgeber um die Arbeitskräfte tritt (Allmendinger 2014, 9).

Organisationsmacht der Gewerkschaften

Die Gewerkschaftslandschaft in Ungarn ist durch ein ebenso zersplittertes wie marginalisiertes System der Gewerkschaftsbünde geprägt. Das Land wird daher nicht zufällig als „Land der tausend Gewerkschaften" bezeichnet (Girndt 2013, 3). Mit einem landesweiten Organisationsgrad von gerade einmal neun Prozent organisieren sich die Mitglieder in fünf konkurrierenden Dachverbänden (ILOSTAT Country Profiles, 2019). Der Grundstein dafür wurde während der Transformationsperiode gelegt. Unter den Bedingungen des realexistierenden Sozialismus bestand die Hauptaufgabe der ungarischen Gewerkschaften in politischer Demobilisierung. Makó greift für die Charakterisierung dieses Verhältnisses auf den Begriff des „Transmissionsriemens" zurück, um zu beschreiben, dass die Gewerkschaften der verlängerte wirtschaftspolitische Arm der Regierung in die Betriebe waren. Die Lohnabhängigen wurden kontrolliert, statt vertreten und erhielten im Gegenzug stabile Beschäftigungsbedingungen (Makó 2010, 2).

Zu einem Wendepunkt kam es bereits 1988, als im Zuge der politischen Liberalisierung eine Pluralisierung des Partei- und Verbändewesens einsetzte. In einer Atmosphäre der politischen Liberalisierung wuchs einerseits das Bedürfnis, zur parteistaatlichen Vergangenheit sichtbar auf Distanz zu gehen (Girndt 2013, 2), und andererseits, Beschäftigteninteressen in einer Organisationsform, unabhängig von der Kontrolle der Parteibürokratie, besser durchsetzen zu können. In der Folge wurde die monolithische Organisationsstruktur mit nur einem gewerkschaftlichen Dachverband durch ein mehrgliedriges Dachverbandsystem ersetzt, in dem Branchen-, Sparten-, regionale Fach- und Betriebsgewerkschaften parallel und nebeneinander bestehen.

Dieser Prozess vollzog sich in zwei unterschiedlichen Richtungen. Während auf der betrieblichen Ebene neue betriebsgewerkschaftliche Strukturen mit rechtlich selbständigen Organisationen „von unten" entstanden, erfolgte die Reformierung der traditionsreichen Branchengewerkschaften in einem Prozess „von oben“, den die Mitglieder weitestgehend passiv über sich ergehen ließen und der zudem von dramatischen Mitgliederverlusten begleitet wurde (ebd., 3). Waren gegen Ende des Kádár-Regimes 40 Prozent der Beschäftigten gewerkschaftlich organisiert, sank diese Zahl fortlaufend, konzentrierte sich aber im Kern auf den staatlichen Sektor: Wenig mehr als fünf Prozent der Beschäftigten privater Unternehmen sind Gewerkschaftsmitglieder, wohingegen es in staatlichen Unternehmen mit 22 Prozent fünf mal so viele sind (Makó 2010, 7). Den ersten Schritt machten die technisch-wissenschaftlichen Angestellten, die sich in der TDDSZ organisierten, wenig später gründeten die Film- und Fernsehschaffenden die MODESZ. Zum Ende des Jahres 1988 schlossen sich die bis dahin entstandenen unabhängigen Gewerkschaften zur Demokratischen Liga unabhängiger Gewerkschaften, kurz LIGA, zusammen.

Als im November 1989 verschiedene Interessenvertretungen von Hochschulen und wissenschaftlichen Institutionen aus dem bis dahin allein existierenden Landesrat der Gewerkschaften (SZOT) austraten und sich in der Gewerkschaftlichen Vereinigung der Intelligenz ÉSZT zusammenschlossen, zerfiel das traditionelle System mit nur einem gewerkschaftlichen Dachverband. Neben der LIGA und der ÉSZT traten die Gewerkschaften des öffentlichen Sektors bzw. der öffentlichen Versorgungsunternehmen dem Forum der Gewerkschaftlichen Zusammenarbeit SZEF bei.

Die Konföderation Autonome Gewerkschaften (ASZSZ) war schließlich auf Initiative der Chemiegewerkschaft entstanden und organisiert über die Beschäftigten der Chemieindustrie hinaus auch den Versorgungs- und Transportsektor. 1990 kam der Landesverband der Arbeiterräte MOSZ hinzu. Mit seiner Gründung versuchten ab 1989 vor allem die Beschäftigten aus Schwerindustrie und Bergbau an die Tradition von 1956 anzuknüpfen und sich in Arbeiterräten zu organisieren (Girndt 2013, 2).[12]

12 Heller und Fehér verweisen darauf, dass infolge des spontanen und auch nur sporadischen Generalstreiks vom 24. Oktober 1989 aber auch durch das allgemeine politische Chaos erstmals eine Situation des politischen Austauschs in den Fabriken entstand, die in die Gründung von Arbeiterräten mündete. So hatte der unorganisierte Charakter des Generalstreiks bewirkt, dass die Lohnabhängigen, die zum Teil wie gewohnt ihren Arbeitsplatz aufgesucht hatten, eine Situation vorfanden, in der sie durch die chaosbedingten Produktionsausfälle und die Niederlegung ihrer Arbeit zum ersten Mal seit zehn Jahren die Möglichkeit hatten, die allgemeine Lage frei mit den anderen abhängig Beschäftigten zu diskutieren. Aus diesen informellen Versammlungen entstanden vielerorts Arbeiterräte. Zu ihrer Zentrale wurde schließlich der Budapester Arbeiterrat (Heller/Fehér 1982, 104 f.).

Der traditionelle Dachverband SZOT benannte sich in den Landesverband ungarischer Gewerkschaften MSZOSZ um und organisierte vor allem Beschäftigte aus der verarbeitenden Industrie, dem privaten Dienstleistungssektor und dem Einzelhandel. Er stand auch weiterhin der ebenfalls unbenannten und reformierten Ungarischen Sozialistischen Partei MSZP nahe.

Die Gewerkschaftsbünde grenzen sich in Machtkämpfen voneinander ab, unter ihrem Dach entstand eine unübersichtliche und zersplitterte Struktur von Branchengewerkschaften und unabhängigen Betriebsgewerkschaften. Insgesamt 990 Gewerkschaften zählte das ungarische Register 2019 (Németh/van de Sand 2020, 2). Zugleich existiert in Ungarn ein duales System der Interessenvertretung, weil neben den gewerkschaftlichen Betriebsorganisationen seit 1993 in regelmäßigen Abständen Betriebsräte gewählt werden können. 2013 schlossen sich MSZOSZ, ASZSZ und SZEF zum Dachverband MSZSZ zusammen, was nicht zuletzt auch eine Reaktion auf die FIDESZ-Regierung war und das Bedürfnis widerspiegelte, den Zustand von Spaltung und Zersplitterung zu überwinden (ETUI 2013). Dafür sorgte die Gründung des „siebten Gewerkschaftsbundes", dem MSZEDDSZ im Gesundheitsbereich dafür, dass die durch Fusionsbemühungen vorgenommene „Flurbereinigung der zersplitterten Gewerkschaftslandschaft erneut konterkariert" wurde (Németh/van de Sand 2020, 2). Diese Unübersichtlichkeit wird dadurch verstärkt, dass diese Gewerkschaftsbünde branchengewerkschaftlich organisiert sind, während LIGA und der christliche MOSZ Beschäftigte aller Wirtschaftszweige vertreten.

Damit wurde zur organisationspolitischen Hypothek für die Lohnabhängigen, dass ein „autonomes System der Arbeitsbeziehungen" (Makó 2010, 3) in einer Zeit entstehen musste, die durch den gesellschaftspolitischen Umbruch ebenso geprägt war wie durch den Rückgang der Industrieproduktion und den Anstieg der Arbeitslosigkeit.[13] Die gewerkschaftlichen Machtkämpfe in der Zeit des Übergangs waren mehr vom Kampf um politische Legitimierung und der Aufteilung des früheren Gewerkschaftsvermögens als von Strategiebildung geprägt. Der wirtschaftliche Strukturwandel hätte statt durch Zersplitterung eine durch Geschlossenheit getragene Stärkung der gewerkschaftlichen Verhandlungsposi-

13 Insbesondere der industrielle Strukturwandel hatte Auswirkungen auf die objektive Mobilisierungsstärke der Gewerkschaften. An die Stelle staatlicher Großbetriebe mit rückständiger Industrietechnologie traten kleinere Privatunternehmen in ausländischem Besitz. Damit änderte sich die Produktionsmacht der Beschäftigten, während sich ihre Marktmacht durch die plötzliche Arbeitsplatzunsicherheit verringerte. Mitte der 1990er Jahre gehörten neun von zehn ungarischen Firmen (92,4 Prozent) zur Gruppe der kleinen und mittleren Unternehmen (Makó 2010, 2).

tion erforderlich gemacht. Doch infolge eines tiefgreifenden gesellschaftlichen Wandels, in dem sich sowohl die politische Klasse neu formierte als auch die Beziehungen zwischen Kapital und Arbeit neu konfigurierten und nicht zuletzt durch den ökonomischen Öffnungsdruck verschärften, waren die Gewerkschaften mit einer „doppelten Herausforderung" konfrontiert. Die Überwindung des Zustandes „politischer Demobilisierung aus der Zeit des realexistierenden Sozialismus" einerseits und eine fortgesetzte gewerkschaftliche Strategieanpassung infolge der historisch beispiellosen „ständigen Veränderungen in der Wirkungsweise der Marktwirtschaft" andererseits (ebd., 2).

Infolge dieser Entwicklung ist die Organisationsmacht der ungarischen Gewerkschaften schwach ausgeprägt. Einer ungarischen Arbeitskräfteerhebung aus dem Jahre 2009 zufolge organisierten die Gewerkschaften mit 380.000 abhängig Beschäftigten etwa zwölf Prozent der Lohnabhängigenklasse, zehn Jahre später waren es sogar nur noch neun Prozent (ILOSTAT Country profiles). Die Kluft zu den 600.000 Mitgliedern, die die Gewerkschaften eigenen Angaben zu Folge hatten, verweist zudem auf einen großen Unterschied zwischen erwerbstätigen Mitgliedern und solchen im Ruhestand (ETUI – National Industrial Relations). Die Konkurrenz zwischen den Gewerkschaftsbünden erschwert verlässliche Mitgliederaussagen. ETUI stützt sich auf die bei Gewerkschaftstagen präsentierten Mitgliederbilanzen. Demnach verfügt der MSZSZ mit Stand 2013 über 250.000 erwerbstätige Mitglieder und 100.000 Rentner, LIGA über 112.000, ÉSZT über 52.300 erwerbstätige Mitglieder und 24.200 nicht erwerbstätige Mitglieder und MOSZ über 50.000 erwerbstätige Mitglieder (ebd.). An der dramatischen Mitgliederentwicklung im Verlaufe der folgenden zwei Jahre wird deutlich, dass die Verluste vor allem zu Lasten des MSZSZ ging. Er verlor im Verlaufe von nur zwei Jahren mehr als die Hälfte seiner Mitglieder und kam 2015 auf nur noch 110.000 Mitglieder, während LIGA mit 100.200, ÉSZT mit 76.000, SZEF mit 59.000 und MOSZ mit 50.000 Mitglieder weitestgehend stabil blieben (ebd.).

Die hohen Mitgliederverluste für den MSZSZ sind Folge des ökonomischen Strukturumbruchs und vor allem auf die „rasante Zunahme kleiner und mittlerer, weitgehend gewerkschaftsfreier Unternehmen (KMU), die mittlerweile 75 Prozent aller ungarischen Unternehmen und zwei Drittel der Arbeitnehmerinnen stellen", zurückzuführen – so hatte die „traditionsreiche Metallgewerkschaft Vasas" 1989 mehr als 300.000 Mitglieder und kommt heute auf nur noch knapp 24.000 (Girndt 2013, 4). Ähnlich verhält es sich bei der Gewerkschaft Chemie, Energieindustrie und verwandte Berufe (VDSZ): von den 500 Chemiebetrieben Ungarns sind nur die fünf Großbetriebe gewerkschaftlich organisiert (ebd.). Gleichzeitig hat der MSZSZ als Nachfolgeorganisation der staatliche Monopolgesellschaft einen hohen Anteil von Mitgliedern im Rentenalter, 2013 immerhin knapp ein Drittel, so dass die hohen Mitgliederverluste auch auf demographische Veränderungen zurückgeführt werden müssen. Entgegen dem Trend gibt es bei der Freien Gewerkschaft der Ingenieure und Techniker (MTSZSZ), organisiert bei ÉSZT, einen Mitgliederanstieg von 2.000 auf 10.000 im Verlaufe der letzten 20 Jahre. Und auch die Vereinigte Gewerkschaft der Elektroenergieindustrie EVDSZ kann einen überdurchschnittlichen Organisationsgrad von 60 Prozent vorweisen (ebd.).

Im Zeitraum von 1999 bis 2008 ist eine kontinuierliche Zunahme von Streiks und durch Gewerkschaften organisierte Straßenaktionen zu beobachten. Dabei ist auffällig, dass die Zahl der streikbedingten Arbeitstage pro 1.000 Beschäftigten insbesondere nach 2006 radikal steigt und nach 2009 ebenso radikal wieder abnimmt (Makó 2010, 7). Möglicherweise wirkte der durch die Finanzkrise verursachte soziale Druck mobilisierend und kompensierte die fehlende betriebliche Verankerung. Darauf deutet die Tatsache hin, dass es vor allem die mit einer hohen Produktionsmacht ausgestatteten Beschäftigten des staatlichen Sektors waren, die die ungarischen Krisenproteste trugen (ebd., 8). Sie waren zugleich auch diejenigen Beschäftigten mit der höchsten Organisationsmacht. In der überwiegenden Mehrzahl wurden die Proteste durch die Gewerkschaften im Verkehrswesen organisiert: durch die Freie Gewerkschaft der Bahnbeschäftigten VDSZSZ ebenso wie durch die Vereinte Luftverkehrsgewerkschaft LESZ.

Ungarn hatte 2010 nach den skandinavischen Ländern und Frankreich mit 20 Prozent den höchsten Anteil an Beschäftigten im Staatssektor (OECD 2015, 45). Der Organisationsgrad im staatlichen Sektor ist fast fünfmal so hoch wie im privaten Sektor. Die Dichte des gewerkschaftlichen Organisationsgrades ist in der Energiewirtschaft (Elektrizität, Gas, Dampf) mit 29,0 Prozent am höchsten, gefolgt von Transport und Lagerung mit 22,3 Prozent, Bildung mit 19,0 Prozent und Gesundheit mit 17,7 Prozent, wohingegen die öffentliche Verwaltung nur zu 10,7 Prozent organisiert ist (ETUI – National Industrial Relations). Nach den Krisenprotesten war es die sozialliberale Regierung, die die Organisationsmacht der Gewerkschaften gezielt schwächte, indem das Innenministerium den automatischen Abzug von Gewerkschaftsbeiträgen durch den Arbeitgeber beendete. Dadurch hat sich die Gewerkschaftsdichte in der öffentlichen Verwaltung in der Zeit von 2009 bis 2015 von 22,4 auf 10,7 Prozent mehr als halbiert (ebd.).

Die schwach ausgeprägte Organisationsmacht der Gewerkschaften hat auch Auswirkungen auf das Tarifsystem. Tarifverhandlungen finden nur selten stand. Branchentarifverträge spielen eine untergeordnete Rolle. Nur 5,8 Prozent fielen 2009 unter ihren Geltungsbereich (Girndt 5), was auch daran liegt, dass in vielen

Bereichen keine Arbeitgeberverbände existieren und deshalb der Verhandlungspartner für Regelungen auf Branchenebene fehlt. Deshalb geben die ungarischen Gewerkschaften den betrieblichen Tarifverträgen den Vorzug, die aber 2009 ebenfalls nur 22 Prozent der Beschäftigten schützten (ebd., 6). Die Voraussetzung für Tarifverhandlungen hatte sich mit Orbáns Regierungsübernahme 2010 noch einmal verschlechtert, nicht zuletzt, weil FIDESZ es schaffte, die organisatorische Spaltung der Gewerkschaftsbünde durch eine politische Spaltung zu verstärken. Dennoch sind seit geraumer Zeit eine Reihe von Revitalisierungsstrategien zu beobachten, die insbesondere in der LIGA diskutiert werden. Dazu gehört die Organizing-Kampagne „Anklopfen von Tür zu Tür", die das Ziel hat, 75 Prozent der KMU-Betriebe zu erschließen oder der Versuch die LIGA-Akademie zu einem weiterhin gewerkschaftlichen, aber staatlich anerkannten Institut der Erwachsenenbildung zu erweitern (ebd., 14).

Institutionelle Macht der Gewerkschaften

Die in der Transformationsperiode geschaffenen institutionellen Machtquellen zum Ausgleich der sozialen Interessen wurden unter Orbán schrittweise eingeschränkt und durch ein Arbeitsregime ersetzt, das Klasseninteressen nicht ausgehandelt, sondern einseitig diktiert. Ein Instrument zur tripartistischen Aushandlung der Interessen ist der 1988 geschaffene Landesrat für Interessenabstimmung (OET).[14] Neben den Regierungsvertretern nahmen die Repräsentanten der sechs Gewerkschaftsbünde sowie Vertreter der neun Arbeitgeberverbände daran teil. Die Sozialpartner hatten ein Recht auf Information, Meinungsäußerung und Abstimmung (Makó 2010, 3). Unmittelbar nach seinem Regierungsantritt beendete Orbán die Zusammenarbeit des Gremiums mit den Worten: „Es kann nicht sein, dass die Arbeitgeberseite die Arbeitgeber vertritt und die Arbeitnehmerorganisationen die Arbeitnehmer; das Kabinett vertritt die Wahlbürger der ungarischen Nation, somit auch die Arbeitnehmer und jene, die sie beschäftigen" (vgl. Girndt 2013, 6). An die Stelle des OET trat ein neu geschaffener Wirtschafts- und Sozialrat (NGTT). Außer den bisherigen, im OET vertretenden Akteuren sitzen nun auch Vertreter aus Kammern, Zivilorganisationen, wissenschaftlichen Institutionen und Kirchen am Verhandlungstisch. Gleichzeitig hat sich die Regierung von der Verhandlungsebene verabschiedet, sie ist im NGTT nicht mehr vertreten und unterliegt damit keinerlei Handlungsverpflichtung mehr (ebd.). Für

14 1990 entstanden weitere Gremien. Hinzu kam 2004 der Wirtschafts- und Sozialrat und 2008 der Rat für Nachhaltige Entwicklung (Makó 2010, 3).

ihre Einführung, die von einem Teil der Gewerkschaften stark kritisiert wurde, machte sich die Regierung die parteipolitische Spaltung der Gewerkschaften zu Nutze, die sich im Zuge der Austeritätspolitik vertieft hatte und bezog „in die Konsultationen nur ein bis zwei bevorzugte Partner unter den Gewerkschaften ein", was die übrigen Gewerkschaften in den Zustand eines „institutionellen Vakuum(s)" versetzte (Lehndorff u.a. 2018, 20).

Traditionell hat der MSZSZ eine enge Verbindung mit der Ungarischen Sozialistischen Partei. 2006 hieß es in einem Bericht zum Gewerkschaftskongress des MSZOSZ, der 2013 im Dachverband MSZSZ aufgegangen ist, dass die vom Gewerkschaftsbund vertretenen Werte auch die der Sozialistischen Partei seien, der Gewerkschaftsbund aber auch gegen eine sozialliberale Regierung opponieren würde, um die Interessen der Beschäftigten zu verteidigen. Während SZEF, ASZSZ und ÉSZT an ihrer parteipolitischen Unabhängigkeit festhalten, steht der MOSZ als christliche Gewerkschaft eher am rechten Rand des Gewerkschaftsspektrums. Um gegen die Sparpolitik der sozialliberalen Koalition zu protestieren, hatten MOSZ und LIGA Streiks organisiert und Demonstrationen unterstützt und dafür streckenweise auch mit FIDESZ zusammengearbeitet (ETUI – National Industrial Relations). Während die Regierung zunächst nur mit MOSZ und LIGA, später auch unter Einbindung der MSZOSZ, über einen Ersatz für den aufgelösten tripartistischen OET verhandelten, blieben die anderen drei Gewerkschaftsbünde von den Verhandlungen ausgeschlossen. Widerstrebend stimmten die verhandelnden Dachverbände den Grundprinzipien des neuen Arbeitsrechts schließlich zu, auch weil es die einzige von der Regierung akzeptierte Institution war, in der ein „tripartiter Diskurs über Fragen der Beschäftigung, Einkommensentwicklung, Arbeitsbeziehungen sowie Arbeits- und Rentengesetzgebung" möglich war (Girndt 2013, 6 f.). Die Politik der Spaltung, die auch über die Verhandlungen zum neuen Konsultationsforum hinaus von der FIDESZ-KNDP-Regierung betrieben wurde,[15] mündete schließlich in den Zusammenschluss von MSZOSZ, SZEF und ASZSZ zu MSZSZ. Im Mai 2013 bezogen sich die drei Gewerkschaftsbünde explizit auf die Politik der Zwietracht, die die Regierung gegenüber den Gewerkschaften betrieben habe und auf die es als Antwort eine Strategie der Vereinigung brauche (ETUI – National Industrial Relations).

---

15 Beispielsweise wurden EU-Subventionen durch die Regierung so verteilt, dass die LIGA im Unterschied zu den anderen Gewerkschaftsbünden in allen sieben Regionen Ungarns Vollzeitmitarbeitern einstellen konnte (ETUI 2013).

Wie wenig der paternalistische Politikstil Orbáns die Gewerkschaften als Interessenvertretung akzeptiert, zeigte sich 2010 auch in seinem Angriff auf das Streikrecht. Unter der Vorgabe, dass ein Streik das „System der nationalen Zusammenarbeit" nicht stören dürfe, wurden hohe Hürden geschaffen. So sind Arbeitskämpfe nur dann rechtmäßig, wenn Arbeitgeber und Gewerkschaften sich zuvor auf eine „zu gewährleistende ausreichende Mindestversorgung" während des Streiks geeinigt haben. Kommt keine Einigung zustande, entscheidet das Arbeitsgericht über die Rechtmäßigkeit. In der Folge untersagte das Landesarbeitsgericht im Juli 2011 einen Streik im öffentlichen Nahverkehr gegen die Abschaffung der Frührente, weil Arbeitsniederlegungen nur zu wirtschaftlichen und sozialen Belangen zulässig seien und sich Unternehmen von „öffentlicher Bedeutung" einen tragbaren Notdienstplan gerichtlich zu genehmigen hätten. In der Konsequenz wirkte die Änderung des Streikrechts tatsächlich disziplinierend – so hatte in den ersten Jahren nach Inkrafttreten des Gesetzes kein Streik mehr stattgefunden (Girndt 2013, 7).[16]

Nachdem die institutionellen Machtquellen der Gewerkschaften eingeschränkt waren, setzte die Regierung Orbán eine umfassende Novellierung des Arbeitsrechts durch, die den Arbeitsmarkt flexibler machen und Entlassungen vor allem aus dem Staatsdienst erleichtern sollte. Gleichzeitig wurde der Urlaub gekürzt, Schichtzulagen wurden geschmälert und der Kündigungsschutz für Mütter im Erziehungsurlaub und für ältere Arbeitnehmer beschnitten. Die Mobilisierung der Gewerkschaften dauerte fast ein ganzes Jahr und erzwang zusammen mit der wachsenden internationalen Kritik durch ILO, EGB und EU minimale Veränderungen (ebd., 8). Ein weiterer Vorstoß der Regierung folgte 2018 mit dem „Sklavengesetz".

Und auch im Verlaufe der Pandemie schreckte die FIDESZ-KNDP-Regierung nicht davor zurück, das Krisenmanagement mit weiteren Eingriffen in das ungarische Arbeitsrecht zu verbinden. Dabei bekam das Militär eine Schlüsselfunktion und wurde zur Aufrechterhaltung lebenswichtiger Bereiche in strategisch wichtige (Industrie-)Unternehmen, 65 staatliche und 74 private Betriebe, entsandt (Girndt/Németh 2020, 5). Gleichzeitig wurde den Arbeitgebern mit der Krisenverordnung im März 2020 das Recht eingeräumt, einseitig Arbeitspläne zu modifizieren, Homeoffice anzuordnen und Gesundheitsprüfungen zu veranlassen. All diese Regelungen können natürlich im Rahmen einer Pandemiebekämpfung

16 Gleichzeitig stellte der Oberste Gerichtshof fest, dass aber die Einigung über einen tragbaren Notdienstplan nicht zur Verhinderung von Arbeitskämpfen missbraucht werden dürfen (Girndt 2013, 7).

sinnvoll sein. Sie wurden allerdings in Ungarn nicht nach einem gemeinsamen Austausch der Perspektiven als Ergebnis des sozialen Dialogs beschlossen, sondern waren – entgegen dem globalen Trend einer Stärkung der Sozialpartnerschaft – das Resultat einer einseitigen Ermächtigung der Arbeitgeber durch die Regierung. In dieser Logik stand auch die Aufhebung der kollektivvertraglichen Regelungen für die Dauer der Verordnung (ebd., 5 f.). Ihr folgten weitere Regierungserlasse. Sie gaben den Arbeitgebern die Möglichkeit, wiederum einseitig einen Arbeitszeitrahmen von bis zu 24 Monaten anzuordnen. Damit wurde geregelt, dass Industriebetriebe im Falle von pandemiebedingten Zwangsstilllegungen ihren Beschäftigten den Basislohn weiterzahlen und die ausgefallenen Arbeitsstunden später innerhalb des Arbeitszeitrahmens wieder abarbeiten lassen können. Arbeitsrechtler und Gewerkschaften kritisierten diese Regelung, die aus dem Arbeitsverhältnis eine Art Schuldverhältnis mache und den Arbeitnehmern „unerträgliche Lasten aufbürden“ könnte (ebd., 6). Girndt und Németh verweisen darauf, dass die pandemiebedingte Krisendynamik unter den Bedingungen des Fachkräftemangels zu einer Prekarisierung unter umgekehrten Vorzeichen führe. An die Stelle von Flexibilität trete eine „Schollenbindung“ (ebd.), die vielleicht ähnlich prekarisierend wirke wie eine Befristung, insbesondere in Kombination mit der Verknappung der zu gewährenden Ruhetage auf einen Tag pro Monat und der Möglichkeit für den Arbeitgeber, einseitig eine Wochenarbeitszeit von bis zu 60 Stunden anzuordnen. Damit wurde die Pandemie zum Katalysator eines Prozesses, der infolge des Fachkräftemangels insbesondere in der Automobilindustrie schon seit längerem sichtbar war: Eine hohe Arbeitsbelastung, intransparente Lohnstrukturen, Überstunden, die nicht vergütet wurden und zwischen den Schichten Ruhezeiten, die nicht eingehalten wurden. Aufgrund des Personalmangels konnte dort bereits vor der Pandemie rund ein Drittel des Urlaubs nicht genommen werden (Deppe 2019).

Gesellschaftliche Macht der Gewerkschaften

Gesellschaftliche Macht gründet sich auf gesellschaftliche Diskursmächtigkeit. Die besonderen Entstehungsbedingungen, unter denen sich der Prozess der Autonomisierung der Gewerkschaftslandschaft ausgehend vom Zustand politischer Demobilisierung bis hin zur Formierung von Gegenprotest zur kollektiven Interessendurchsetzung vollzog, erschwerten die Herausbildung von Diskursmacht. Dieser Prozess wurde nicht nur behindert durch das historisch belastete Verhältnis zwischen Partei- und Gewerkschaftspolitik, sondern auch durch die politischen Rahmenbedingungen, unter denen die Sparpolitik ab 2006 durchgesetzt wurde. So war es in Ungarn zwar nicht die Troika, sondern der IWF, der ein eisernes Programm zur Haushaltskonsolidierung angeordnet hatte. Aber „wie überall (waren es) sozialdemokratische Regierungen", die die Wende zur Austeritätspolitik einleiteten, und „anders als in Südeuropa war diese Wende nicht mit einer linken Bewegung konfrontiert", die führende Oppositionskraft gegen die Sparpolitik war FIDESZ (Lehndorff u.a. 2018, 20).

Wohl aus diesem Grund beschränkten sich die Gewerkschaften lange auf ihr Kerngeschäft und hielten sich sowohl zum undemokratischen Staatsumbau als auch beim zivilgesellschaftlichen Protest gegen Antisemitismus, Rassismus oder die Ausgrenzung der Roma als Organisationen sichtbar zurück (Girndt 2013, 11). Große Teile gesellschaftlicher Diskursmacht liegen unübersehbar bei FIDESZ. Sie sind das Ergebnis komplexer politischer Prozesse in der Vergangenheit und neurechter Metapolitik gegen Ende der 1990er Jahre. Nach wie vor genießt die Partei großen Rückhalt in der Bevölkerung. Bei den Parlamentswahlen 2018 stimmte knapp die Hälfte der Wähler für die FIDESZ-KDNP-Koalition und noch einmal 20 Prozent für die rechtsextreme Jobbik. Das ist ein politischer Rückhalt von fast 70 Prozent unter Wählerinnen und Wählern (Elliesen/Pichl 2020). Doch gesellschaftliche Hegemonien werden brüchig, wenn herrschende Ideen in Widerspruch zu konkret gemachten Erfahrungen geraten. So haben die Proteste gegen das „Sklavengesetz" im Winter 2018/2019 gezeigt, dass neue gesellschaftliche Bündnisse jenseits alter ideologischer Konfliktlinien möglich sind. Während die Gewerkschaften gegen das Gesetz mobilisierten, regte sich an den Universitäten Protest gegen die Bildungsreform, die unter anderem die von George Soros gegründete Privatuniversität zum Teilumzug nach Wien zwingen sollte. Eine gesellschaftliche Protestdynamik auf unterschiedlichen Konfliktfeldern hatte dazu geführt, dass sich erstmals „sämtliche Oppositionsparteien gemeinsam mit den Studierenden und den Gewerkschaften auf öffentlicher Bühne" zeigten (Németh/van de Sand 2020). Diese neuen Allianzen sind auch das Ergebnis jüngster tarifpolitischer Erfolge wie in den Betrieben der Automobilindustrie oder auf der politischen Ebene: Die durch den Fachkräftemangel ausgebaute starke Produktionsmacht der Lohnabhängigen hatte die Verhandlungsmacht der Gewerkschaften auch beim Mindestlohn gestärkt und zu deutlichen Steigerungen von 15 Prozent für 2017 und zwölf Prozent für 2018 geführt (Lehndorff 2018 u.a., 20).

Fast scheint es, als begünstige der autoritäre Staatsumbau den Politisierungsprozess der Gewerkschaften. Die Proteste gegen das Sklavengesetz waren von einer solchen gesellschaftlichen Relevanz, dass die Regierung mit gewalttätigen Übergriffen auf die Demonstranten reagierte, Tränengas einsetzte und

Oppositionelle festnehmen ließ. Das beschleunigte den Prozess der politischen Verallgemeinerung: In den sozialen Medien kursierten „Fünf Forderungen für die Freiheit“ – die Rücknahme des „Sklavengesetzes“, weniger Überstunden für die Polizei, unabhängige Gerichte, die Bekämpfung der Korruption durch europäische Behörden und unabhängige Medien. In den Gewerkschaften wurden unterschiedliche Strategien für die Auseinandersetzung mit der Regierung diskutiert, selbst von Generalstreik war die Rede. Diese Forderungen mündeten Mitte Januar 2019 in einen landesweiten Aktionstag. Es kam zu Verkehrsbehinderungen in Budapest und rund 60 anderen Städten. Neben der Rücknahme des Sklavengesetzes gehörte zu den zentralen Forderungen der Gewerkschaften die Erhöhung der Mindestlöhne, die Wiederherstellung des Streikrechts und Verbesserungen im Rentensystem. Die Entwicklung zeigt, dass der wachsende Druck der Regierung Orbán auf die Lohnabhängigen zu einer gesellschaftlichen Machtquelle für die ungarischen Gewerkschaften werden kann. Der historisch bedingte paternalistische Umgang mit den ungarischen Lohnabhängigen wirkte lange demobilisierend, in der Kombination mit aktuellen sozialen Härten stimuliert er jedoch die politische Bündnisfähigkeit und trägt zur Kompensation der zu schwach ausgeprägten gesellschaftlichen Macht bei.

Fazit

Der Aufstieg der rechten FIDESZ war das Ergebnis komplexer gesellschaftlicher Prozesse, die auch in der organisatorischen, institutionellen und gesellschaftliche Schwäche der ungarischen Gewerkschaften ihre Ursache hatten. Im Verlaufe dieser Entwicklung hatten sich „ein religiöses, konservatives, nationalistisches und etatistisches Lager einerseits und ein liberales, marktwirtschaftliches und pro-europäisches Lager andererseits“ herausgebildet. Beide „Blöcke kamen durch die dramatischen Ereignisse seit 2006 in Bewegung“ (Tóth 2014, 216). Dabei beschleunigte insbesondere die plötzliche Kehrtwende der sozialdemokratischen MSZP die sich schon seit längerem abzeichnende Dynamik eines politischen Umbruchs und band einen Teil des gesellschaftlichen Protestpotentials an FIDESZ. In dieser Situation gelang es Orbán, die verschiedenen rechtsgerichteten Ideologien zu einem Zukunftsversprechen zu verschmelzen, das weit über dieses Lager hinaus reichte (ebd.). Die kurze Wachstumsphase nach den postsozialistischen Krisenjahren reichte weder aus, um eine breite Basis für die Entwicklung gesellschaftlichen Reichtums zu schaffen (Tóth u.a. 2012, 150), noch um eine gesellschaftlich relevante demokratische Oppositionskraft entstehen zu lassen. Das Fehlen einer sozialdemokratischen Parteitradition, welche das Milieu der

Arbeitswelt organisatorisch, ideologisch und kulturell band, verhinderte, dass in dem Moment, in dem die MSZP ihre austeritätspolitische Wende einleitete, eine nennenswerte Oppositionskraft links von der MSZP entstehen und den Unmut an der Sparpolitik von links einfangen konnte. Dies wirkte sich auch auf die Gewerkschaften aus, über die der Vorsitzende der Konföderation Autonomer Gewerkschaften, Tomás Székely einmal sagte, dass es „weder Organisation noch Mobilisierungsfähigkeit noch Zusammenhalt gebe" (Girndt 2020, 11). Die politischen Herausforderungen der ungarischen Gewerkschaftsbewegung liegen in der organisatorische Erneuerung einerseits und dem Kampf um institutionelle Macht andererseits. Konkrete Anknüpfungspunkte sind der Ausbau des sozialen Dialogs, der Ausbau des Tarifvertragssystems oder der Kampf um die Reformierung des Rentensystems. Da die Gewerkschaften auf der betrieblichen Ebene wenig Einfluss haben, müssen sie ihre Produktionsmacht nutzen, um ihre gesellschaftliche Machtressource auszubauen. Dazu bedarf es eines Verständnisses von der Notwendigkeit zu Kooperation und Zusammenarbeit einerseits und eine verstärkte politische Bündnisfähigkeit andererseits. Mit Zunahme der Auseinandersetzungen um die Begleichung der Pandemiekosten wird diese Strategie vermutlich wichtiger denn je werden.

5. Länderstudie USA
Gesellschaftlicher Verfall und gewerkschaftliche Handlungsfähigkeit

Die Wahl Trumps zum Präsidenten der Vereinigten Staaten kam für viele überraschend. Sie war das Ergebnis einer neuen Polarisierung des politischen Systems, in dem das neoliberale Amerika für ein „Weiter so" und die Arroganz des Establishments gegenüber den unteren Einkommensklassen stand und von Hillary Clinton repräsentiert wurde. Dagegen stand der autoritär-chauvinistische Populismus Donald Trumps, der die von Abstiegsängsten geprägte Mittelschicht gegen das liberale Establishment mobilisierte. Dagegen stand aber auch der linke Ökosozialismus von Bernie Sanders, der all jenen Hoffnung gab, die eine Alternative zum linksliberalen „Weiter so" suchten und dabei nicht bereit waren, dem nationalistischen, rassistischen und sexistischen Kandidaten der Republikaner zu folgen.

Während sich Teile der Linken in eine Argumentation des kleineren Übels – die Establishment-Politikerin Clinton gegen die Gefahr des Faschismus unterstützen – einbinden ließen (Solty 2016), war die extreme Rechte auf dem Höhepunkt politischer Restrukturierung angekommen. Sie hatte sich unter Federführung des ehemaligen Vorsitzenden des Ku Klux Klan, David Duke, in den Jahren vor der Präsidentschaftswahl darauf konzentriert, die einzelnen extrem rechten Organisationsstrukturen mittels einer klugen cyber-rassistischen Strategie zu einer rechten Sammlungsbewegung zusammenzuziehen. Der vorläufige Höhepunkt dieser Strategie war der Einzug Trumps ins Weiße Haus, der sich mit Steve Bannon und Sebastian Gorka zwei Chefstrategen des extrem rechten Nachrichtenmagazins Breitbart News als Berater ins Weiße Haus holte (Anzlinger/Wulf 2017).

Das autoritäre Regierungsprojekt Trumps war durch drei Merkmale gekennzeichnet: Innenpolitisch griff er die Lohnabhängigen frontal an. Einsparungen bei den sozialen Leistungen und im Umweltschutz standen der Senkung von Kapital- und Reichensteuern gegenüber. Mit einem Volumen von geschätzt zwei Billionen Dollar wurde unter Trump das größte Paket an Steuererleichterungen in der Geschichte der USA beschlossen. Außenpolitisch vertrat er die Ansicht, die USA sollten sich um ihre eigenen Angelegenheiten kümmern. Zahlreiche gekündigte Handelsabkommen und eine protektionistischen Handelspolitik sollten Arbeitsplätze schaffen und Handelsdefizite senken, verpufften aber (DIW 2020) und provozierten einen Dauerkonflikt mit den global orientierten Kapitalfraktionen. Das dritte Merkmal: Trump regierte häufiger als jeder andere seiner Vorgänger in den letzten 30 Jahren per Executive Order – die Möglichkeit des Präsidenten, per Dekret ein Gesetz zu erlassen. Doch er verzichtete dabei auf einen autoritären Staatsumbau zur langfristigen Sicherung seiner Macht. Augenfällig ist ein rüder Krawall-Autoritarismus: Er entließ Beamte, wenn sie nicht seine Politik stützten. Er beschimpfte die Medien. Er versuchte die Wahlen zu beeinflussen, indem er veranlasste, dass die Post die (überwiegend von Demokraten) abgegebenen Briefwählerstimmen unzuverlässig und zu spät zustellen sollte. Aber er ließ die Verfassung unangetastet. Darin spiegelt sich die Schwäche Trumps wider, der das populistische Bündnis mit den erodierenden Mittelklassen suchte und dabei auf eine Allianz mit den Kapitalfraktionen verzichtete. Trump gab regelmäßig den unfairen Spielführer, aber es gelang ihm nicht, die Spielregeln so zu ändern oder auch nur auszulegen, dass ihn das in die Lage versetzte, das Spiel zu gewinnen.

Mit Beginn der Pandemie war die Klassenpolitik Trumps plötzlich in allen Lebensbereichen spürbar. So wurde der rasante Anstieg der Arbeitslosigkeit – allein im März und April 2020 kam es zu 20 Millionen Entlassungen (Hulverscheidt 2021) – zwar durch ein 800 Milliarden-schweres Entlastungsprogramm aufgefangen, die Leistungen für die Leistungsbezieher wurden allerdings halbiert. Die zusammengesparte öffentliche Verwaltung konnte zudem nicht einmal sicherstellen, dass das Geld rechtzeitig bei den Menschen ankam. Vor diesem Hintergrund dynamisierten sich die politischen Polarisierungsprozesse unter dem Eindruck der Pandemie. Insbesondere die Spaltung des Arbeitsmarktes entlang von Hautfarben, das schlecht ausgestattete Gesundheitssystem und der Rassismus der Polizei zeigten die besondere Vulnerabilität der schwarzen Bevölkerung. So stieg die Arbeitslosigkeit für Schwarze schneller als für Weiße. Gleichzeitig war das Virus für Schwarze ansteckender und tödlicher als für Weiße. Und dann waren es am Ende vor allem Schwarze, die wegen des Verstoßes gegen die Stay-at-home-Anweisungen überproportional oft verhaftet und verurteilt wurden. In diesem gesellschaftlichen Kontext wurde der letzte Satz von George Floyd – „I can't breath" – zu einem Synonym für die rassistische Polizeigewalt, die der schwarzen Bevölkerung die Luft abdrückte, ein überlastetes Gesundheitssystem mit zu wenigen Schutzmasken und Beatmungsgeräten und eine in ein enges Korsett aus Armut und sozialen Widersprüchen eingeschnürte Gesellschaft, die es einem Großteil der Menschen schwermachte, sich frei zu atmen (Feffer 2020).

Diesen Entwicklungen beschleunigten nicht nur die soziale, sondern auch die politische Polarisierung: Der stürmische, landesweite und ethnisch übergreifende BLM-Protest stand einer zunehmenden Radikalisierung und Militanz autoritär-nationalistischer Kräfte gegenüber.

Vor dem Hintergrund sich neu sortierender gesellschaftlicher Kräfteverhältnisse versuchte auch die amerikanische Gewerkschaftsbewegung ihren Platz zu finden. Sie kann zwar auf eine inspirierende, stolze und kämpferische Tradition verweisen, musste aber seit den 1980er Jahren mit der Krise des Fordismus einen langsamen und kontinuierlichen Niedergang erfahren. Die Austeritätspolitik Barack Obamas hatte sie zudem zusätzlich geschwächt. Unter keinem Präsidenten in der Geschichte der USA war die Ungleichheit so stark gestiegen wie unter Obama. Im Folgenden soll der Aufstieg des autoritär-nationalistischen Lagers nachgezeichnet und die Politik der Regierung Trump als widersprüchliches Klassenprojekt herausgearbeitet werden. Insbesondere in der Pandemie ist der Klassencharakter der Trump-Regierung unter der Verschärfung ökonomischer und sozialer Widersprüche sichtbar geworden. Dabei soll nach der gewerkschaftlichen Handlungsfähigkeit auf der Basis bestehender gesellschaftlicher Rahmenbedingungen aber auch auf der Basis der historischen Erfahrungen der amerikanischen Arbeiterbewegung gefragt werden.

Aufstieg Trumps

Trumps Aufstieg steht im Kontext des weltweiten Aufstiegs rechtsautoritär-nationalistischer Kräfte in der globalen Krise des Kapitalismus. Die USA waren das Epizentrum der Finanzmarktkrise von 2007. Der Zusammenbruch der Investmentbank Lehman Brothers erschütterte nicht nur die amerikanischen Märkte, sondern radikalisierte auch den Vertrauensverlust vor allem der Mittelklassen in die Regierungspolitik. Nachdem jahrzehntelang gebetsmühlenartig das Dogma wiederholt worden war, es sei kein Geld da, wurde nun ein neuer Staatsinterventionismus zum Instrument des Krisenmanagements. Über Nacht verabreichte die US-Regierung den kollabierenden Banken Finanzspritzen und legte mit 790 Milliarden Euro das größte Konjunkturpaket seit dem Zweiten Weltkrieg auf. Vor allem die Selbstverständlichkeit und Vehemenz, mit der Staatsinterventionen eingefordert und möglich gemacht wurden, nachdem der Staat drei Jahrzehnte lang aus nahezu allen gesellschaftlichen Bereichen herausgedrängt worden war, die Geschwindigkeit, mit der ganz plötzlich die Konsolidierungslitanei vergessen war und die Rekapitalisierung der Banken eingeleitet werden konnte, hatten die neoliberale Hegemonie in eine Legitimitätskrise gestürzt und einen politischen

Diskurswechsel eingeleitet. Neoliberale Protagonisten und Positionen wurden kritisiert und sogar verspottet (Hank 2021; Walpen 2009, 208). Zeitweise wuchs sich diese Kritik sogar zu einer regelrechten Anti-Banken-Stimmung aus (Tooze 2018, 343). Der Legitimitätsdruck war so groß, dass sich sogar Gordon Brown im Herbst 2008 dazu hinreißen ließ, das Verhalten der Bänker öffentlich als „exzessiv und unverantwortlich" zu brandmarken (vgl. Scherrer 2008, 535).

Doch es war nicht allein der ideologische Widerspruch, der die Vertrauenskrise beförderte, sondern es waren vor allem die sozialen Tragödien in Folge der Krise. Mit dem Platzen der Immobilienblase ging das Wachstums auf Pump zu Ende. Es hatte über Jahrzehnte den Aufstieg der Mittelklassen abgesichert, dadurch aber die Schere zwischen verfügbarem Einkommen und Schuldenstand weit geöffnet. Von 2000 bis 2007 hatte die Verschuldung der Haushalte von etwa 100 Prozent des verfügbaren Einkommens auf fast 140 Prozent zugelegt (Feil/Librizzi 2012). In weiten Teilen des Landes führten die Zahlungsrückstände für Immobilienhypotheken zu einem schlagartigen Anstieg der Zwangsversteigerung von Eigenheimen. Als sich beispielsweise zwischen Januar 2008 und Juni 2009 die Arbeitslosigkeit in Detroit auf 28,9 Prozent verdoppelte, wurden 67.000 Häuser zwangsversteigert – in einer Stadt mit 714.000 Einwohnern (Mayer 2011, 255). Insgesamt gab es im ganzen Land in der Zeit von 2006 bis 2008 mehr als drei Millionen Zwangsversteigerungen, 2010 kam noch einmal eine Million hinzu (ebd., 257). Der Verlust der Eigenheime verband sich mit dem Verlust der Altersversorgung. Nach Angaben des Rechnungshofes der US-Regierung verloren öffentliche und private Pensionsfonds bereits in den ersten eineinhalb Jahren zwei Billionen Dollar. Ihr Wert war um 20 Prozent gesunken (Brandon 2008).

Zum Einbruch der Altersversorgung für die Zukunft kam der Verlust des Arbeitsplatzes in der Gegenwart, der für viele Familien ein tiefer materieller Einschnitt war. Allein im Krisenjahr 2008 stieg die Arbeitslosenzahl um drei Millionen. Mindestens ein Drittel der Menschen waren entweder selbst oder durch ein Familienmitglied von Arbeitslosigkeit betroffen. Fast 40 Prozent waren zudem mit Arbeitszeitverkürzungen, Lohnausfällen oder der Streichung von Sozialleistungen konfrontiert. Diese Krisenerfahrungen spiegelten sich in einem veränderten Alltagsverhalten wider. Erstmals seit 20 Jahren ging der private Konsum um mehr als ein Fünftel zurück (Handelsblatt, 30.01.2009). Gleichzeitig stieg die Zahl der 24- bis 34-Jährigen, die noch bei ihren Eltern lebten (Krugmann 2012, 19 ff.). Mit der Finanzmarktkrise starb der amerikanische Traum. „Das Versprechen, dass harte Arbeit sich lohnt und die Kinder es besser haben werden als die Eltern, wurde zu einem zynischen Witz, als die Eltern ihre Arbeit verloren und der Sheriff mit dem Räumungsbefehl vorfuhr, um die Kinder aus dem Haus zu werfen" (Wetzel 2018).

Kaum hatte sich die US-Wirtschaft von ihrer tiefsten Krise seit der großen Depression erholt, leitete Obama eine neoliberale Wende ein. Im Sommer 2011 verabschiedeten Republikaner und Demokraten ein Spargesetz, das quer durch alle Ressorts pauschale Einschnitte von mehr als einer Billion Dollar über ein Jahrzehnt vorsah. Der Konsolidierungskurs zerstörte die Grundfeste der öffentlichen Daseinsvorsorge. Die kommunale Verschuldung führte zu Personalabbau, dem Einstellen kommunaler Dienstleitungen, Gebühren- und Fahrpreiserhöhungen, die unbezahlte Vier-Tage-Woche bzw. unbezahlter Urlaub für kommunale Mitarbeiter oder Schließungen von Sport- und Kultureinrichtungen. „Maywood, eine 50.000-Einwohner-Stadt südöstlich von Los Angeles, hat sämtliche städtischen Angestellten entlassen und alle Aufgaben an Private und Nachbarkommunen vergeben" (Mayer 2011, 261). Die sozioökonomische Entwicklung radikalisierte sich vor allem zu Lasten der unteren und mittleren Einkommen und erschütterte das Vertrauen in die Arbeit des Parlaments. Nach Angaben des Meinungsforschungsinstituts Pew hatten im ersten Quartal 2010 fast 80 Prozent aller US-Bürger kein Vertrauen mehr in die politische Führung. Es war der höchste Wert seit einem halben Jahrhundert (Pew 2010).

Die Finanzkrise von 2008 war der Bruch zwischen „denen da oben" und „denen da unten". Dieser Bruch wurde um so tiefer, je länger die USA brauchten, aus der ungewöhnlich intensiven Rezession wieder herauszukommen. Nach Datierung des National Bureau of Economic Research (NBER) war der Abschwung mit einer Dauer von 18 Monaten der längste seit 1929 (vgl. Feil/Librizzi 2012). Hinzu kam: Der darauffolgende Aufschwung war nicht nur flach, sondern vollzog sich als „Jobless Growth" ohne entsprechendes Beschäftigungswachstum. Dabei wirkte sich das, was einmal Triebfeder des amerikanischen Wirtschaftswachstums war, negativ auf die ökonomische Erholungsphase aus: Der „privatisierte Keynesianismus" (Bellofiore 2011) hatte über einen langen Zeitraum Nachfrage und Wirtschaftswachstum geschaffen. Jetzt ging die Entschuldung der privaten Haushalte durch die vielen Privatinsolvenzen zu Lasten des Konsums. In der Folge verfestigte sich vor allem die Langzeitarbeitslosigkeit: Die jahresdurchschnittliche Arbeitslosendauer erreichte eine Durchschnittsdauer wie seit 1948 nicht mehr und stieg von 16,8 Wochen (2006) auf 40 Wochen (2011) (Feil/Librizzi 2012). Vor dem Hintergrund der wachsenden Kritik Obamas an der zunehmenden sozialen Ungleichheit entwickelten sich die Auswirkungen der Finanzmarktkrise im Hinblick auf die Arbeitsmarktsituation zum Hauptantrieb extrem rechter Mobilisierungen. „Die Rezession", schrieb die Süddeutsche Zeitung „hat einen Nährboden für eine rechte Graswurzelbewegung geschaffen" (Koch 2010).

Rechtsverschiebung im Lager der Konservativen

Gleichzeitig war Trumps Wahl auch Ausdruck einer deutlichen Rechtsverschiebung im Lager der Konservativen. Der amerikanische Historiker Rick Perlstein verweist auf die wachsende Konkurrenz zwischen den beiden traditionellen Strömungen innerhalb der Konservativen: Die eine sei schon immer „extremistisch und paranoid, furchtbar rassistisch und sogar gewalttätig" gewesen, während sich lange Zeit der deutlich gemäßigtere Mainstreamkonservatismus durchgesetzt hatte (vgl. Simon 2019). Die Erosion der Mittelklassen und die austeritätspolitische Krisenbearbeitung der Obama-Administration verschärfte nicht nur die politischen Auseinandersetzungen zwischen Republikanern und Demokraten, sondern führt innerhalb des Lagers der Republikaner zu einer wachsenden Entfremdung zwischen den Flügeln. Dabei verselbständigte sich der Anti-Establishment-Populismus der Republikaner und entglitt zunehmend der Kontrolle der Parteiführung. „Die Basis wartete nicht länger auf Ansagen aus der Parteizentrale" (Greven 2021, 84). Die Tea Party-Bewegung, die sich 2009 gründete, wird zum offensichtlichsten Merkmal dieses Entfremdungsprozesses zwischen Basis und Führung, der auch eine Entfremdung zwischen den global orientierten Kapitalfraktionen und den Republikanern widerspiegelte (Solty 2018, 89). Die Bewegung war der Ausdruck der radikalisierten Mittelklassen. Die Anhänger waren zu 90 Prozent weiß, mit einem überdurchschnittlichen Einkommens- und Bildungsniveau. Programmatisch steht die Tea Party für einen Minimalstaat und wendet sich gegen staatliche Bevormundung durch die Wirtschaft. Internationale Handelsabkommen lehnen sie ab. Protektionismus befürworten sie. Der Aussage, die USA müsse anfangen, sich um ihre eigenen Angelegenheit kümmern, stimmen sie zu. Ihre Hauptfinanciers, die Brüder Charles und David Koch, sprechen sich gegen ein staatliches Gesundheitssystem aus, gegen Klimaschutz und für die Streichung von Sozialtransfers (Koch 2010). Lautstark forderte die Tea Party den Abbau der rasant gestiegenen Staatsverschuldung, eine strenge Haushaltsdisziplin und eine Reduzierung des Budgetdefizits. Die zähe Hartnäckigkeit der Tea Party-Bewegung und der herablassende Spott des damaligen Präsidenten Obama über ihre Forderungen beschleunigen die Anti-Establishment-Stimmung. „Obamas Herablassung und Clintons ostentative Sorge vor Gewalt werden (...) den Zorn der konservativen Aktivisten befeuern, die sich von der Machtelite der Demokraten an der Ost- und Westküste als 'White

Trash' mit beschränkten intellektuellen Fähigkeiten, einem Hang zum religiösen Primitivismus und einer Neigung zur Gewalt hingestellt sehen" (Rüb 2010). Mit der Kandidatur Trumps erreichte diese Entwicklung einen neuen Höhepunkt: Trump richtete den Anti-Establishment-Populismus in Gestalt einer ausgeprägten Elitenverachtung gegen das eigene Parteiestablishment und nutzte es zur Loyalisierung von Abgeordneten und Senatoren.

Autoritär-nationalistische Sammlungsbewegung

Die extreme Rechte hatte es verstanden, den wachsenden Vertrauensverlust für den Aufbau eigener Organisationsstrukturen zu nutzen und dazu einen Strategiewechsel eingeleitet. Zu Beginn der 2000er Jahre hatten klassische Neonaziorganisationen, rassistische Skinheadgruppen oder der Ku Klux Klan organisationspolitisch an Zustimmung verloren, stattdessen gewannen Anti-LGBTQ-Gruppen antimuslimische Hate Groups und die White Nationalists an Zulauf (SPLC). David Duke baute eine extrem rechte Sammlungsbewegung auf, die Anknüpfungspunkte an die individuellen und gesellschaftlichen Umbrucherfahrungen der Menschen suchte, indem sie die Idealisierung des Dritten Reiches durch einen kulturellen Rassismus, Anti-Migrationspolitik und Anti-Gender-Themen ersetzte. Über Websites wie Stormfront oder Breitbart News wurde den unterschiedlichen Gruppen die Gelegenheit gegeben, miteinander in Verbindung zu treten und eine „virtuelle Gemeinschaft" zu schaffen (Wetzel 2018). Insbesondere Stormfront gilt inzwischen als eines der gefährlichsten ultrarechten Online-Netzwerke, deren Nutzer in der Vergangenheit überproportional für Hassverbrechen verantwortlich waren (Valsecchi 2017). Im Zuge dieses Strategiewechsels entwickelten extrem rechte Vordenker wie Duke und Bannon ein ideologisches Geflecht aus einem tief verwurzelten Rassismus und Antisemitismus, Homophobie, Frauenfeindlichkeit und weißer Vorherrschaft (white supremacy). Während diese Sammlungsbewegung entsteht, registriert SPLC einen signifikanten Zulauf rechtsextremer Hate Groups (SPLC), eine Entwicklung, die nach der Wahl Trumps eine zusätzliche Radikalisierung erfuhr, als sich Terrordrohungen gegen jüdische Einrichtungen in den USA schlagartig erhöhen (Wetzel 2018).

Schrittweise gelingt es dieser autoritär-nationalistischen Sammlungsbewegung, extrem rechte Inhalte in der etablierten Politik zu verankern. Verschwörungsmythen der QAnon-Bewegung, die im Zuge der Pandemie Konjunktur hatten, haben hier ihren Ursprung und reichten bis weit ins Milieu der Republikaner hinein. „Verschwörungstheorien über eine despotische Zentralregierung, die

Mitte der 1990er Jahre noch im militanten Milieu des Oklahoma-Attentäters zu finden waren, wirkten nun bis in die Basis der Republikanischen Partei. Ausdruck fand diese systematische Delegitimierung Washingtons vor allem in der Frage staatlicher Steuerhoheit und im Phänomen der Birther, die anzweifelten, dass Präsident Obama gebürtiger Amerikaner sei. Ihre Protagonisten verstanden es, den sozialen und ökonomischen Abstieg der weißen unteren Mittelschicht in einen Kampf der Rassen und Kulturen umzudeuten. Auf den Druck von digitaler Revolution, Automatisierung und Globalisierung sowie des Wandels in der US-amerikanischen Demografie entstand eine America-First-Bewegung" (Wetzel 2018). Erstmals sichtbar wurde die Sammlungsbewegung 2017 beim Aufmarsch mehrerer extrem rechter Gruppen in Charlottesville, der bezeichnenderweise unter dem Motto „Vereinigt die Rechte" firmierte. Der Aufmarsch, der von der Identitären Alt-Right-Bewegung – Alt Right steht für Alternative Rechte – organisiert wurde, war ein großes Wiedersehen extrem rechter Gruppen, Neonazis und Ku-Klux-Klan. Mehrere tausend Menschen marschierten, zum Teil bewaffnet, mit Fackeln durch die Innenstadt und griffen die Gegendemonstranten an. Als einer der Neonazis sein Auto mit hoher Geschwindigkeit in die Gruppe der Gegendemonstration fuhr, starb eine Frau. 29 Personen wurden verletzt. Trump hatte die Ausschreitungen in Charlottesville erst mit Verzögerung kommentiert und sich dabei nicht eindeutig distanziert. Er hatte vielmehr deutlich gemacht, dass die Gewalt von unterschiedlichen Seiten ausgegangen sei.

Dass bereits im Wahlkampf 2016 zunehmend Berührungspunkte zwischen der extremen Rechten und dem radikalisierten Flügel der Republikaner entstanden waren, zeigte sich, als Duke einen Unterstützungsaufruf für Trump initiierte und öffentlich zu dessen Wahl aufrief. In seiner Wahlkampagne warnte er vor Masseneinwanderung, hohen Steuern und hoher Arbeitslosigkeit und sagte „Wir verlieren unser Land" (Frankfurter Allgemeine Zeitung, 30.08.2016). In der politischen Diskussion der extremen Rechten verband sich die Behauptung, Einwanderung sei eine Form des „Völkermordes" an den Weißen immer mehr mit dem Aufruf, die politische Ordnung zu destabilisieren und einen Rassenkrieg zu führen (Mason 2021). In der Pandemie kam es schließlich zu gezielten Destabilisierungsversuchen, als Mitglieder rechter Milizen, weißer Extremisten und der sogenannten Boogaloo Bois auf Chaos und Gewalt in den Straßen setzten, um den Niedergang des multikulturellen Amerikas zu beschleunigen. Die Entwicklung zeigt: Die Strategie, die eigene Organisationsstruktur zu verändern und die Milieus neu auszudifferenzieren, war wesentlich für den Aufstieg der extremen Rechten. „An die Stelle straffer rechtsterroristischer und neonazistischer Organisationen ist ein breiteres und inhaltlich diffuses Spektrum getreten. Während klassische neonazistische und rassistische Organisationen an Bedeutung verloren und zu Randerscheinungen wurden, finden ihre Inhalte einen größeren Widerhall" (Wetzel 2018). Damit erhöhte sich die Anschlussfähigkeit an die Republikaner, und es gelang das Comeback des äußeren rechten Rands.

Autoritärer Staatsumbau

Auch für Trump kann wie für andere autoritäre Populisten festgestellt werden, dass sich das politische System unter seiner Präsidentschaft veränderte. Allerdings anders, als dies für Orbán oder Kaczynski festgestellt werden muss. Kern seines autoritären Systems war eine laute, pluratitätsverneinende Anti-Establishment-Rhetorik, die darauf abzielte, bestehendes Recht mit einer manipulierten öffentlichen Berichterstattung zu unterminieren. Im Unterschied zu Orbán und Kaczynski veränderte er jedoch dabei das Recht nicht, sondern beugte es „lediglich". Er baute die Medien nicht um. Und er ging auch nicht so weit wie Erdogan oder Putin, sich über eine Veränderung der Verfassung einen längeren Machtanspruch zu sichern. Das Gerüst der amerikanischen Demokratie blieb während seiner Amtszeit weitestgehend intakt, was zur Grundvoraussetzung für seine Abwahl wurde.

Dieser Umstand ist jedoch weniger Trumps autoritärer Zurückhaltung geschuldet, sondern Spiegelbild seiner Schwäche. Während Putin, Erdogan oder Orbán ihren Autoritarismus auf ein Bündnis mit Oligarchen gründeten und den Staatsapparat aus Angst vor Delegitimierung und Machtverlust autoritär umbauten oder wie im Falle von Ungarn, diesen Staatsumbau in den Dienst des ungarischen Wirtschaftsnationalismus stellten, stützte sich Trump auf eine autoritär-nationalistische Bewegung, die ihn in einen Konflikt mit den transnationalen Kapitalfraktionen trieb. Wenn er für diese Auseinandersetzungen rechtsstaatliche Institutionen einschaltete, verlor er diese regelmäßig. So wurde das von Trump angeordnete Download-Verbot der Kurzvideo-Plattform Tiktok durch einen US-Richter gekippt. In der Fehde zwischen Trump und Amazon-Chef Jeff Bezos stoppte ein Gericht eine Auftragsvergabe, weil Amazon dabei übergangen worden war. Auch der Motorradhersteller Harley Davidson geriet in Trumps Kreuzfeuer, als er ankündigte, seine Produktion ins Ausland zu verlagern, weil die von Trump verhängten Strafzölle zu einer Erhöhung der Produktionskosten geführt hatten. Trumps Reaktion: Er drohte dem Konzern und unterstützte die Boykottaufrufe seiner Anhänger (Capital, 25.10.2020). Diese traten noch deutlicher hervor, als führende Kapitalvertreter wie der stellvertretende Vorstandsvorsitzende von Goldman Sachs, Gary Cohn, oder der Leiter des National

Economic Council, Steven Mnuchin in die Regierungsbank aufrückten, um die Fortführung der Globalstrategie der US-Regierung sicherzustellen, und dort mit Bannon und Gorka konkurrierten. Letztere vertraten die Idee des „Wirtschaftsnationalismus als Antithese zur Globalisierung" und traten daher für eine stärkere Regionalisierung der Produktion statt „jobfressender Billigimporte" ein (Ter Haseborg 2019). Aus diesem Konflikt ergab sich zumindest eine Zweideutigkeit in der amerikanischen Außen- und Wirtschaftspolitik: Ein protektionistischer Ausstieg aus dem Investitionsschutzabkommen TTIP und TTP, Ausstieg aus internationalen Organisationen wie der WHO, Blockade der WTO und ein Handelskrieg mit China einerseits und eine Deregulierung der Finanzwirtschaft, Deregulierung des Energiesektors und Begrenzung der Sozial- und Gesundheitsabgaben andererseits. Gerade letztes hatten die amerikanischen Ökonomen auf ihrer Jahrestagung Anfang 2017 klar gefordert und dabei Aufforderungen des Präsidenten über Twitter, adressiert an das transnationale Kapital, Standortverlagerungen ins Ausland zu unterlassen, eine klare Absage erteilt (Fischer 2017).

Trump kompensierte den Verlust an Autorität mit institutionellem Autoritarismus. Als Präsident wechselte er seinen Mitarbeiterstab, selbst den engsten, häufiger aus als vermutlich alle Präsidenten vor ihm zusammen. Darunter Geheimdienstchefs, Geheimdienstkoordinatoren, Energieminister, Sicherheitsberater. Mindestens 50 hochrangige Personen wurden ausgetauscht (Neue Züricher Zeitung, 24.08.2020). Er ersetzte kritische Beamte durch loyale Anhänger. Gerichtsurteile, die ihm nicht gefielen, führten zu Beschimpfungen der Richter und kurz vor Ende seiner Amtszeit machte er von einem Begnadigungsrecht für persönlich Vertraute Gebrauch (Baumann 2020). Nach seinem Freispruch im Amtsenthebungsverfahren erklärte er, er habe das Recht zu entscheiden, wer vom Justizministerium strafrechtlich verfolgt werde und wer nicht. Im Anschluss leitete er eine Säuberung gegen die Beamten ein, die im Verfahren ausgesagt hatten. Gleichzeitig radikalisierte er die Umgangsformen im politischen Raum durch Angriffe auf Führungspersonal und Medien (V-DEM 2021, 24). Weil er die Auseinandersetzungen nicht gewinnen konnte, konzentrierte er sich auf eine Veränderung der Kultur und des Rahmens für den politischen Streit und veränderte auf diese Weise die demokratischen Spielregeln. Dabei wurde deutlich: Politische Prozesse erodieren nicht allein durch die Änderung der konstitutionellen Grundlage, sondern auch wenn der politische Gegner diffamiert, unabhängigen Medien mit Strafe gedroht und die Eskalation von Gewalt als Möglichkeit erwogen wird (Baumann 2020).

Die Ankündigung Trumps, das Wahlergebnis nur im Falle des eigenen Wahlerfolgs akzeptieren zu wollen, war der vorläufige Höhepunkt dieser Entwicklung.

Er setzte die Regeln nicht außer Kraft, aber er destabilisierte die „Legitimationsbeziehung zwischen Regierenden und Regierten" (Leggewie 2020), weil er das Signal aussendete, Wahlergebnisse würden nicht mehr verlässlich über die Rollenzuschreibungen von Regierung und Opposition entscheiden, sondern über das Recht des Stärkeren ausgetragen. Über Wochen hatte Trump im Vorfeld der Wahl seine Anhänger mit der Behauptung eines massenhaften Wahlbetrugs aufgewiegelt und die Möglichkeit gewalttätiger Ausschreitungen angedeutet. Dabei war es bereits während des Wahlkampfes immer wieder zu Ausschreitungen und Übergriffen gekommen. In Texas hatten bewaffnete Trump-Anhänger einen Kampagnenbus der Demokraten mit Pick-Ups eingekreist und versucht, diesen abzudrängen. In Michigan verhinderte das FBI eine seit Monaten geplante Entführung der demokratischen Gouverneurin Gretchen Whitmer. Und schließlich hatte die Investigativ-Journalistin Sarah Ashton-Cirillo aufgedeckt, dass Trump die militanten Proud Boys[1] aufgefordert hatte, sich für die Stürmung von Wahllokalen bereitzuhalten, um die Stimmenauszählung zu stören (Schmid 2021). Die aufgeheizte Stimmung setzte sich am Wahlabend fort. Vielerorts verschwanden Geschäfte aus Angst vor Ausschreitungen hinter Bretterverschlägen. In North-Carolina hatte ein Trump-Anhänger mit einer Schusswaffe im Wahllokal Wähler eingeschüchtert. In Oregon kam es zu gewalttätigen Ausschreitungen in der Innenstadt von Portland. In Arizona mussten Wahllokale polizeilich gesichert werden, weil sich bewaffnete Trump-Anhänger zum Zeitpunkt der Stimmenauszählung vor dem Gebäude versammelt hatten. Und in New York City und Seattle waren Tausende auf die Straße gegangen, um die vollständige Auszählung der Stimmen zu fordern – ein Ereignis, das in einem funktionierenden politischen System eigentlich selbstverständlich gewesen wäre. Und schließlich zeigte die Rolle Trumps, der am 6. Januar 2021 einen gewalttätigen, von Umsturzphantasien getriebenen Mob zum Sturm auf das Regierungsgebäude anstachelte (Baumann 2021), dass die extreme Rechte „nicht die Rettung, sondern eine Gefahr für diese Regierungsform" ist (Schäfer/Zürn 2021).

Krisenmanagement in der Pandemie

Sozialpolitisch verfolgte Trump ein marktradikales Regierungsprogramm. Er strich öffentliche Wohnungsbauprogramme, kürzte in den Bereichen Bildung und

1 Die Proud Boys gelten als militante, nationalistische und islamophobe Strömung innerhalb des rechten amerikanischen Extremismus. Mehrere Mitglieder sind wegen gewalttätiger Übergriffe verurteilt worden.

Klimaschutz und legte für die wohlhabenden Teile der Gesellschaft das größte Steuersenkungsprogramm in der Geschichte der USA auf. Als sich die Pandemie global ausbreitete, gehörten die USA mit über 95 Millionen Infektionen zu den am stärksten betroffenen Ländern (Statista, 26.08.2022), was zu einer Zuspitzung bestehender sozialer Widersprüche führte. Ähnlich wie Bolsonaro hatte auch Trump ein wirksames Krisenmanagement verschleppt und gleichzeitig zum Widerstand gegen die Schutzmaßnahmen in den von Demokraten regierten Bundesstaaten aufgerufen (Stör 2020). Die Untätigkeit der Trump-Administration fiel mit einer Pandemieentwicklung zusammen, bei der Infektionsrisiko und Krankheitsverlauf wesentlich durch die Lebenssituation bestimmt wurden. Das lag vor allem daran, dass einkommensschwächere Stadtteile US-amerikanischer Großstädte über eine geringere Krankenhausdichte und eine schlechtere medizinische Ausstattung verfügten. Folglich war die Todesrate in Krankenhäusern ärmerer Randbezirke New Yorks dreimal so hoch wie in den gut ausgestatteten Kliniken Manhattans (Lohmann/Thimm 2020). Gleichzeitig führte fehlender Versicherungsschutz dazu, dass an COVID-19 Erkrankte die notwendige Behandlung häufig nicht in Anspruch nahmen. „All das verkompliziert den Umgang mit den Auswirkungen der Covid-19-Pandemie in erheblichem Maße und erhöht nicht nur das individuelle Risiko für Erkrankte, sondern erschwert auch die Bekämpfung von Neuinfektionen. Jeder Schritt von der Früherkennung über die Eindämmung bis zum Management der Pandemie leidet darunter, dass Menschen aus Furcht vor hohen Kosten keine medizinische Hilfe suchen oder dass sie – wie rund ein Viertel aller Arbeitnehmer – trotz erhöhten Risikos gezwungen sind, den Arbeitsplatz aufzusuchen, damit sie ihren Krankenversicherungsschutz nicht verlieren“ (ebd.). Hier zeigte sich die Fahrlässigkeit der Regierungspolitik im Umgang mit der Corona-Pandemie. Es fehlte an Masken, Schutzausrüstungen und Beatmungsgeräten. Die Krankenhäuser standen vor dem Kollaps. Gleichzeitig produzierte die rasant ansteigende Arbeitslosenquote auf 14,7 Prozent Erinnerungen an die Massenarbeitslosigkeit von 1929/30 (Fischer/Schmid 2020).

Die sozialen Folgen waren erheblich. Zwischen Januar und September 2020 brach der Konsum von Dienstleistungen um sechs Prozent ein. 22 Millionen Menschen verloren im ersten Pandemiefrühjahr ihren Job (Dethlefsen 2021, 3). Da in den meisten Bundesstaaten der Arbeitslosenanspruch 26 Wochen nicht übersteigt, verloren weitere 14 Millionen in dieser Zeit ihre Arbeitslosenansprüche (Bischoff 2021, 38). Zwar bewahrte die Einigung auf ein weiteres Hilfspaket im Umfang von 900 Milliarden Dollar viele Empfänger vor vollständigem Leistungsverlust, doch die Leistungen wurden gleichzeitig halbiert (Dethlefsen 2021, 3) und kamen wegen der maroden öffentlichen Infrastruktur nicht rechtzeitig bei den Menschen an. So hatten sich zwischen März und April in Florida 1,5 Millionen Beschäftigte arbeitslos gemeldet, aber vier Wochen später hatten erst drei Prozent von ihnen ihr Arbeitslosengeld erhalten (Panknin 2020a).

Damit traf das Coronavirus auf eine Gesellschaft, die von einer Krise der politischen Repräsentation und enormen sozialen Verschärfungen geprägt war und radikalisierte auf mehreren Ebenen gesellschaftliche Prozesse. Die marode öffentliche Infrastruktur machte die Menschen noch anfälliger für die gesundheitlichen und sozialen Folgen der Pandemie. In dem Kontext von Unsicherheit und Krise verschärfte sich die politische Polarisierung nach links und rechts: Einerseits durch die Wucht des plötzlichen, teils militanten Auflebens der 2013 gegründeten BLM-Bewegung. Andererseits durch rechte Bürgerwehren, die eine zunehmende Bereitschaft zur Destabilisierung der gesellschaftlichen Ordnung zeigten. Exemplarisch dafür stand die Zunahme von Fahrzeugattacken. Immer öfter hatten gewaltbereite Neonazis Autos als Waffen gegen Demonstrationen eingesetzt. Was im August 2017 in Charlottesville begonnen hatte, weitete sich unter der durch die Pandemie entstandenen Unsicherheit aus. Allein im Mai und Juni 2020 registrierten die amerikanischen Behörden mindestens 50 derartige Vorfälle, zwischen Mai und September waren es über 100, die meisten mit extrem rechtem Hintergrund (CEP).

Dass der gewaltsame Tod des schwarzen US-Amerikaners George Floyd einen gesellschaftlichen Aufschrei verursachte, war kein Zufall, sondern vielmehr das Aufeinandertreffen verschiedener Entwicklungslinien. Die Pandemie hatte bestehende Ungleichheiten verschärft, vor allem für die vulnerabelsten Teile der Klasse. Studien hatten herausgefunden, dass People of Color nicht nur häufiger an Corona erkrankten, sondern dabei auch häufiger schwere Verläufe hatten und häufiger an Covid-19 starben als der Rest der Bevölkerung (Golden 2020). So waren in Chicago fast drei Viertel aller Corona-Toten schwarz, obwohl ihr Anteil an der Bevölkerung bei nur einem Drittel lag. Dass das ein landesweiter Trend war, lag vor allem daran, dass US-Amerikaner mit Einwanderungsgeschichte in der Regel in engeren Wohnverhältnissen lebten und überproportional in Berufen mit Publikumsverkehr tätig waren. Hinzu kamen eine fehlende Krankenversicherung und eine schlechtere, armutsbedingte Immunabwehr (ebd.).

Doch die höhere Krisenanfälligkeit der schwarzen Bevölkerung beschränkte sich nicht nur auf den Gesundheitsschutz, sondern zeigte sich auch in den Arbeitslosenzahlen. Als es in der Pandemie zu Massenentlassungen kam, waren überproportional Schwarze betroffen. Nach Angaben des Bureau of Labor Statistics lag die Arbeitslosigkeit unter Schwarzen im ersten und zweiten Quartal doppelt so hoch wie unter Weißen. Und als die Zahlen wieder zurückgingen, nahmen sie weniger schnell für PoC ab. Im dritten Quartal 2021 lag die Arbeitslosenquote für Weiße bei 4,6 und für Schwarze bei 8,4 Prozent. Der Druck auf die schwarze Bevölkerung spiegelte sich auch im Lohngefälle wider. Der mittlere Lohn eines schwarzen Beschäftigten lag über 20 Prozent unter dem eines weißen (BLS 2021). Als die staatlichen Unterstützungsleistungen auf sich warten ließen, verschärfte sich die bestehende Lohnungleichheit zwischen Schwarzen und Weißen zusätzlich.

Als George Floyd wegen der Brutalität eines weißen Polizisten starb, brachen sich sowohl die stärkere soziale Benachteiligung als auch das überdurchschnittlich hohe Infektionsrisiko Bahn. Die BLM-Proteste waren die größte soziale Bewegung in der jüngsten Geschichte der Vereinigten Staaten. Mehr als eine halbe Million Menschen waren allein am 6. Juni 2020 auf der Straße (V-Dem 2021, 29). Sie waren gleichzeitig der Versuch, sich dagegen zu wehren, dass bei der Durchsetzung des Infektionsschutzgesetzes Schwarze überproportional häufig verhaftet wurden und mit polizeilichen Ermittlungen zu rechnen hatten. Floyd zählt zu den 7.666 Menschen, die zwischen 2013 und 2019 von der Polizei ermordet worden waren (Haddad 2020). Sein Tod fiel in eine Zeit, in der die schwarze Bevölkerung durch die Pandemie unter starkem Druck stand. Doch anstatt Defizite im Gesundheitssystem zu beheben oder Schritte gegen die Lohnungleichheit einzuleiten, reagierte der amerikanische Staat mit Repression. Im Zuge der BLM-Proteste hatte das US-Justizministerium bewaffnete Bundespolizei nach Portland geschickt, vorgeblich um offizielle Einrichtungen vor Beschädigung zu schützen. Videoaufnahmen zeigten jedoch, dass auch Demonstranten verhaftetet worden waren, von denen keine Gewalt ausgegangen war. Selbst der Bürgermeister von Portland, Ted Wheeler, wurde Opfer eines polizeilichen Tränengaseinsatzes (Mai 2020), während Trump unmissverständlich erklärte, dass er Militär einsetze, um das Problem zu lösen, sollte ein Bundesstaat sich weigern, Maßnahmen gegen „die Unruhen" zu ergreifen.

Als Präsident hatte Trump den nationalen Notstand ausgerufen, verfügte über weitreichende Befugnisse und konnte Notstandsverordnungen ohne Beteiligung oder Zulassung des Kongresses erlassen (Oberheiden 2020). Auch auf der Ebene der Bundesstaaten war das zu beobachten. In über dreißig Bundesstaaten hatten die Republikaner seit 2020 sogenannte „anti-riot bills" in die Landesparlamente eingebracht und an vielen Orten bereits verabschiedet. Unter dem Deckmantel, die geltende Rechtsordnung besser durchsetzen zu können, dienten die Strafrechtsreformen jedoch vor allem dazu, Proteste leichter zu kriminalisieren und das Demonstrationsrecht schneller einzuschränken. In Texas sollte künftig eine Ansammlung von sieben und mehr Personen, die die Arbeit der Sicherheitskräfte stören, potentiell einen Sachschaden verursachen könnten oder den Verkehr blockieren, als illegitimer Aufstand gedeutet und mit Gefängnis geahndet werden (Müller 2021). In Oklahoma dagegen reagierten die Republikaner auf die wachsende Zahl der Autoattacken – das bewusste Anfahren von Menschen insbesondere bei Demonstrationen. Über 100 mal wurden allein im Sommer 2020 Teilnehmer an BLM-Protesten von Autos angefahren. Die Strafrechtsreform gewährt den Tätern in Oklahoma künftig Straffreiheit, weil das Gesetz nicht mehr den Fahrer einer Autoattacke kriminalisierte, sondern die Teilnehmer von Straßenblockaden (ebd.).

Sozialer Verfall des Landes

In einem entwickelten Land wie den USA ist fast die Hälfte der Menschen nicht in der Lage, 400 Dollar extra aufzubringen, um eine unerwartete Ausgabe zu tätigen (Panknin 2020b). Das soziale Netz bleibt weitmaschig. 26 Wochen dauert im Schnitt der Anspruch auf Arbeitslosengeld, in North Carolina oder Florida sind es sogar nur zwölf Wochen. Die Ungleichheit nimmt zu, die soziale Mobilität zwischen den Klassen ab, so sehr, dass sich dies seit ein paar Jahren sogar negativ auf die Lebenserwartung auswirkt. Weiße Industriearbeiter zwischen 45 und 54 Jahren bezahlen die Folgen von Deindustrialisierung, fehlender gesellschaftlicher Anerkennung und persönlichem Bedeutungsverlust mit einer Zunahme von Suiziden, Überdosen und alkoholbedingten Lebererkrankungen. Zwischen 1990 und 2017 haben sich die Zahlen der Todesfälle verdreifacht (Sandel 2020, 319). Noch schlimmer trifft es Schwarze und Latinos. Während die Lebenserwartung der weißen Bevölkerung im Zeitraum von 2018 bis 2020 um fast zwei Jahre auf 76,9 Jahre fiel, reduzierte sich die der Schwarzen und Latinos um mehr als drei Jahre. Damit war der Rückgang der Lebenserwartung in den USA im Vergleich zu anderen Industrieländern am drastischsten, wie eine Studie der Virginia Commonwealth University School of Medicine in Richmond herausgefunden hatte (RND 2020). Gleichzeitig wuchs der Abstand zwischen den höchsten und den niedrigsten Einkommen in der Pandemie noch einmal rasant an. Allein in Kalifornien haben Menschen mit niedrigen Einkommen in der Zeit der Pandemie vier Lebensjahre verloren – besonders betroffen Migranten. Während die Lebenserwartung in den reichen Wohngegenden in Folge der Pandemie um weniger als ein Jahr zurückging (Schwandt u.a. 2022). Gleichzeitig haben neoliberale Rosskuren den Staat nahezu bis zur Handlungsunfähigkeit geschrumpft. 43 Prozent der öffentlichen Straßen sind in einem schlechten oder mittelmäßigen Zustand. Und statistisch erleben die Menschen alle zwei Minuten einen Wasserleitungsschaden. Die Schäden im Leitungsnetz sind von einem solchen Ausmaß, dass das Wasser, das durch kaputte Leitungen täglich ungenutzt versickert, mehr als 9.000 Swimmingpools füllen könnte (ASCE 2021). Weitestgehend privatisiert liegt die Verantwortung für viele dieser Bereiche nicht mehr beim Staat. Im Zerfall der öffentlichen Infrastruktur visualisiert sich die schwankende Demokratie, die den Zugang des einzelnen zu öffentlichen Gemeingütern von der Verfügbarkeit finanzieller Ressourcen abhängig macht.

Gewerkschaftliche Machtressourcen

Die Machtressourcen der US-amerikanischen Gewerkschaften waren nicht erst durch Trump Angriffen ausgesetzt. Dennoch ist seit einigen Jahren ein leichter Aufschwung an Arbeitskämpfen zu beobachten. Die Pandemie wirkte dabei nur leicht bremsend, setzte den Trend jedoch fort. Die Zahl der Streiks kletterte von 29 im Jahr 2020 auf 39 in den ersten zehn Monaten des Jahres 2021 (BLS 2021a). Beteiligten sich 2017 etwa 43.200 Beschäftigte an Arbeitsniederlegungen, waren es 2019, im Jahr vor der Pandemie, 571.900. 2020 waren es immerhin noch 69.800 und bis einschließlich Oktober 2021 immerhin schon wieder 76.100 (ebd.). Auch die Betrachtung des Streikvolumens, das sich in ausgefallen Arbeitstagen misst, bestätigt diesen Trend. 2,8 Millionen Arbeitstage fielen 2018 aus. 2019 waren es schon 3,2 Millionen (ebd.). Und dort wo die Beschäftigten erfolgreich für ihre Interessen streiten, verbessern sich auch die Arbeitsbedingungen signifikant. Der Durchschnittslohn eines Elektrikers in Los Angeles liegt mit 31,82 Dollar in nicht gewerkschaftlich organisierten Betrieben fast 25 Prozent unter dem in gut gewerkschaftlich organisierten Betrieben von 43,87 US-Dollar (ebd.).

Wirft man einen Blick hinter die Statistik und schaut sich die Arbeitskonflikte genauer an, wird die Bedeutung gewerkschaftlicher Kämpfe gegen das autoritäre Klima deutlich. Beispielhaft sind die Streiks der Lehrer, die Blanc als „Red-State-Revolt“ eindrucksvoll beschreibt (Blanc 2019). Sie waren in den Bundesstaaten, in denen Trump besonders erfolgreich war, mit besonderer Heftigkeit geführt worden. Hintergrund war die kaputt gesparte Infrastruktur. In West-Virginia, Arizona und Oklahoma hatten Lehrkräfte an den öffentlichen Schulen jahrelang einen Rückgang der Reallöhne bei zunehmender Klassengröße erlebt. In West Virginia lagen die Lehrergehälter auf Platz 48 der 50 Bundesstaaten. Gleichzeitig beabsichtigte Bildungsministerin Betsy Delos das Bildungswesen weiter zu privatisieren (Young 2021, 83/84). Obwohl Streiks im öffentlichen Sektor West Virginias verboten waren, traten die Beschäftigten nach einer Urabstimmung in den Ausstand. Nach drei Wochen hatten sie eine Lohnerhöhung von fünf Prozent durchgesetzt (Hahn 2018). Auch die Lehrer in Oklahoma und Arizona konnten sich wenige Wochen später mit dem Großteil ihrer Forderungen durchsetzen. „Die Bewegung im Frühjahr 2018 hat das nationale Narrativ, wer für die Krise im Bildungssystem verantwortlich ist, radikal verändert" (Blanc 2019, 211).

Der Streik der Lehrer war zugleich eine direkte Auseinandersetzung mit dem autoritären Staat unter Trump, der versuchte, den Ausstand zu kriminalisieren. Doch die große Solidarität in der Bevölkerung mit den Streikenden ebenso wie das couragierte Auftreten der Lehrer, die sich über das Streikverbot hinwegsetzten, half, die Lohnforderung gegenüber der Regierung durchzusetzen. Mehr Selbstbewusstsein gegenüber der Regierung zeigten im übrigen nicht nur die Lehrer, sondern auch die Gewerkschaft der Flugbegleiter und Fluglotsen (AFGE). Trump hatte sich im Dezember 2018 geweigert, einen Gesetzentwurf zur Finanzierung des Weiterbetriebs der Bundesverwaltung zu unterzeichnen, weil darin keine Mittel für den Bau seiner umstrittenen Grenzmauer zu Mexico vorgesehen waren. Etwa 800.000 Beschäftigte wurden zwangsweise beurlaubt, 400.000 mussten unbezahlt weiterarbeiten, unter ihnen Flugleiter und Fluglotsen. Die Gewerkschaft verhielt sich zunächst zögerlich, argumentierte dann aber öffentlich, dass sie unter diesen Umständen nicht mehr für die Sicherheit an den Flughäfen garantieren könnte, was schließlich dazu führte, dass Trump den Gesetzesentwurf unterzeichnete und den Shutdown beendete (Young 2021, 85 f.).

Strukturelle Macht der Gewerkschaften

Insbesondere die letzten Jahre haben gezeigt: Der US-amerikanische Arbeitsmarkt ist krisenanfällig und bietet Beschäftigten wenig Schutz. Von den acht Kernarbeitsnormen der ILO haben die USA nur zwei ratifiziert, die Vereinbarungen zur Vereinigungsfreiheit und das Recht auf Kollektivverhandlungen sind nicht darunter (Panknin 2021, 7). Diverse Gesetzesinitiativen haben den Arbeitsmarkt zudem eher unsicherer als sicherer gemacht. Ein Kündigungsschutz existiert nur marginal, und eine Entlassung bedeutet sowohl den Verlust der Einkommensquelle als auch den Verlust von Sozialleistungen wie der Krankenversicherung (Kirstein u.a., 2000, 9). Gleichzeitig schwächt die starke transnationale Orientierung des US-amerikanischen Kapitals die Belegschaften und macht sie erpressbar. Vor allem Unternehmen aus der Technologiebranche dominieren die Rangliste der weltweit größten transnationalen Unternehmen. Nach einer Studie von Price Waterhouse Coopers gelang es den US-amerikanischen Global Playern nach der globalen Finanzkrise ihre Spitzenposition unter den transnationalen Unternehmen weiter auszubauen. Inzwischen kommen neun der zehn größten Unternehmen aus den USA (PwC 2014). Lohnkostenvorteile, Markterschließung, Ressourcennähe hatten sich in der Vergangenheit als Motivation für Standortverlagerungen herauskristallisiert und zur räumlichen wie branchenspezifischen Umstrukturierung ganzer Industriezweige beigetragen (Klepzig u.a. 2012, 27 ff.). Die hohe Zahl transnationaler Unternehmen macht den Arbeitsmarkt flexibler, weil das gegenseitige Ausspielen der Belegschaften für die Unternehmen dadurch einfacher wird. Überraschenderweise basierte der rasche Beschäftigungsaufbau nach der globalen Finanzkrise zu einem Teil auch auf Standortrückverlagerungen aus China und anderen Ländern. Insgesamt 400.000 Jobs waren dadurch wieder in der Industrie entstanden sowie weitere 1,2 Millionen Arbeitsplätze, die davon abhängig sind (Evans 2018, 18). Dabei handelte es sich nicht um ein US-amerikanisches Phänomen, sondern offenbar um einen globalen Trend. Auch deutsche Unternehmen verlagerten seit 2010 viele ihrer Produktionsstandorte wieder zurück nach Deutschland. Gleichzeitig hatte die Verlagerungen deutscher Unternehmensanteile ins Ausland den tiefsten Stand seit 15 Jahren erreicht. Diese Entwicklung ist eine Reaktion auf schrumpfende Lohnkostenvorteile durch teils kräftigte Lohnerhöhungen im globalen Süden. Gleichzeitig entfallen Transportgebühren und Zölle, was in Zeiten von zunehmenden Handelskriegen erhebliche Kostenverursacher sein können (Fehr 2010).

Während der Pandemie war ein weiteres interessantes Paradox zu beobachten. Obwohl die Massenarbeitslosigkeit im März und April mit zum Teil einer Million Entlassungen am Tag geradezu explodierte, kündigten bereits ein Jahr später. 4,3 Millionen Amerikaner ihre Festanstellung. „Das entspricht fast drei Prozent aller Beschäftigten im Land und ist die höchste Quote, die seit Einführung der Statistik 2001 gemessen wurde. Binnen fünf Monaten gaben damit fast 20 Millionen Menschen ihren bisherigen Job auf" (Hulverscheidt 2021). Besonders viele Kündigungen gab es im Hotel- und Gaststättengewerbe, im Einzelhandel, im Bereich der Finanz-, Rechts- und Marketingberatung und im Gesundheitswesen, was den Schluss nahelegt, dass die Menschen gerade jene Jobs aufgaben, die ihnen keine sichere Perspektive boten oder sich als riskant für die eigene Gesundheit erwiesen haben. Damit vollzieht sich, nach Einschätzung des IWF, die aktuelle Erholung des US-Arbeitsmarktes anders als frühere und produziert einen akuten Personalmangel bei gleichzeitiger Arbeitslosigkeit (ebd.). Obwohl die Zahl der offenen Stellen auf einem Rekordhoch liegt, bewegen sich die Arbeitslosenzahlen noch immer etwa 50 Prozent über dem Vor-Pandemie-Niveau (Cambon 2021). „Die Firmen sind gezwungen, Bewerbern höhere Gehälter und andere Annehmlichkeiten zu bieten, von mehr Urlaub über eine günstige Krankenversicherung bis hin zu einer besseren Kinderbetreuung“ (Hulverscheidt 2021). Dieser passiv hergestellte Verhandlungsvorteil wurde in den republikanisch regierten Bundesstaaten mit Streichung der pandemiebedingten Sonderbeihilfe für Arbeitslose in Höhe von 300 Dollar pro Person zum Stichtag 06.09.21 quittiert. Die Maßnahme kann als Mobilisierungsversuch für den Arbeitsmarkt verstanden werden (Richters 2021).

Gewerkschaftliche Organisationsmacht

Die Organisationsmacht der amerikanischen Gewerkschaften ist seit den 1970er Jahren rückläufig. Die ILO gibt den gewerkschaftlichen Organisationsgrad für das Jahr 2016 mit 10,3 Prozent an, was etwa elf Millionen Gewerkschaftsmitgliedern entspricht. Das heißt, nur noch jeder zehnte Beschäftigte ist Mitglied einer Gewerkschaft. Die Stärke der Gewerkschaften liegt klar im öffentlichen Sektor. Während hier mehr als jeder dritte Beschäftigte gewerkschaftlich organisiert ist, sind es in der Privatwirtschaft weniger als sieben Prozent (McCartin 2014). Der Bereich der privaten Dienstleistungen dagegen ist mit zwei Prozent „faktisch unorganisiert“ (Choi 2012, 84). Die Gewerkschaftslandschaft ist mit den beiden Dachverbänden American Federation of Labor-Congress of Industrial Organization (AFL-CIO) und Change to Win (CTW) wenig zersplittert und relativ überschaubar. Von den 65 Gewerkschaften organisieren sich 57 Gewerkschaften in der AFL-CIO, die sich 1955 aus den beiden Dachorganisationen AFL (gegründet 1886) und CIO (gegründet 1938) zusammengeschlossen hatte. Die AFL organisierte traditionell das Handwerk, während die CIO die Beschäftigten der großen Automobil-, Stahl-, Textil-, der Gummi-, Chemie- und Elektroindustrie organisierte. Heute umfasst die AFL-CIO Beschäftigte des Handwerks, der Industrie, der Dienstleistung und der Regierungsbehörden.

Weit weniger Gewerkschaften, nur vier bis fünf, organisieren sich unter dem Dach von CTW. Die Dachorganisation war 2005 von Gewerkschaften gegründet worden, die sich nach Meinungsverschiedenheiten um Organizing-Strategien von der AFL-CIO losgesagt hatten. Die beiden mächtigsten Gewerkschaften unter diesem Dach sind die Service Employees International Union (SEIU) mit etwa 1,87 Millionen Mitgliedern und die Teamsters mit 1,26 Millionen (McCartin 2014). Insbesondere die SEIU konnte in der Vergangenheit beeindruckende Organisierungserfolge vorweisen und galt Anfang der 2000er Jahre als die „am schnellsten wachsende Gewerkschaft Nordamerikas“ (Wisdorff 2007). Hinzu kommen einige diesen beiden Dachverbänden nicht angeschlossene Gewerkschaften wie die United Brotherhood of Carpenters and Joiner, in der sich etwa

400.000 Tischler und Zimmerer organisieren oder die größte Gewerkschaft des Landes, die National Education Association (NEA).

Das vorrangige Organisationsprinzip entlang von Industrieverbandsstrukturen beugt einer Zersplitterung vor. Die föderale Struktur stützt sich im wesentlichen auf die Locals. Diese umfassen die Beschäftigten eines Betriebes, einer Beschäftigtengruppe oder einer Region und kommen auf regionaler Ebene in Central Labor Councils (CLC) zusammen (Choi 2012 119 f.).

Die rückläufige Mitgliederentwicklung ist neben strukturellen Transformationsprozessen beispielsweise im Bereich der Automobilindustrie vor allem das Ergebnis einer aggressiven Bekämpfung von Gewerkschaften. Seit der weitestgehenden Aufkündigung des sozialen Kompromisses in den 1970er Jahren hatte sich in den Betrieben eine hochaggressive Union-Busting-Atmosphäre durchgesetzt. Insbesondere als Reagan 1981 durch den Einsatz von Streikbrechern die Fluglotsen der PATCO niedergerungen hatte, setzte sich eine zunehmend gewerkschaftsfeindliche Unternehmenspolitik durch. Union Busting wurde salonfähig: In den 1970er und 1980er Jahren entstanden zahlreiche Unternehmen, die sich mit rechtlichen und psychologischen Kampagnen auf die Abwehr von Gewerkschaften spezialisiert hatten und damit Jahresumsätze in Millionenhöhe machten. „92 Prozent der Arbeitgeber im privaten Sektor zwingen ihre Beschäftigten dazu, hinter verschlossenen Türen antigewerkschaftliche Vorträge anzuhören. 80 Prozent verordnen ihren Abteilungsleitern Trainings in Gewerkschaftsabwehr und diese müssen in 78 Prozent der Fälle den Beschäftigten nachweislich antigewerkschaftliche Informationen vermitteln“ (ebd., 86). Dass diese antigewerkschaftliche Offensive auf die Beschäftigten ihre Wirkung zeigte, ist nicht verwunderlich. Während die Gewerkschaften in den 1950er Jahren noch rund 75 Prozent der Wahlen zur Anerkennung einer Gewerkschaft im Betrieb gewannen, ging diese Entwicklung seit 1974 um mehr als die Hälfte verloren. Gleichzeitig hat sich die Zahl der Aberkennungswahlen, in denen die Beschäftigten eine bereits anerkannte Gewerkschaft im Betrieb auch wieder abwählen können, seit den 1970er Jahren verdreifacht (ebd., 85).

Der niedrige und seit den 1950er Jahren kontinuierlich sinkende Organisationsgrad – damals war mit 35 Prozent mehr als jeder Dritte organisiert – wirkt sich auch auf die Zahl der Arbeitsniederlegungen aus. Das Bureau of Labor Statistics stellt für das Jahr 2017 nur sieben Arbeitsniederlegungen in Betrieben mit mehr als 1.000 Beschäftigten fest. Das war der Tiefpunkt eines kontinuierlichen Abwärtstrends, wenn man vom Krisenjahr 2009 absieht (BLS 2021b). Allerdings lässt sich seit 2018 eine Trendwende erkennen.

Institutionelle Macht der Gewerkschaften

Die institutionelle Verankerung der amerikanischen Gewerkschaften ist schwach ausgeprägt und steht in direkter Beziehung zur rückläufigen Mitgliederentwicklung. Dies hängt auch mit dem speziellen System zusammen, auf dessen Grundlage die gewerkschaftliche Mitgliedergewinnung in den USA stattfinden kann. Den Rahmen dafür bildet ein betrieblicher Anerkennungsprozess: Erst wenn eine Gewerkschaft als Tarifpartner anerkannt ist, kann sie Mitglieder werben und Tarifverhandlungen führen. Die Möglichkeit der individuellen Mitgliedschaft, ohne dass eine Gewerkschaft im Betrieb anerkannt ist, gibt es daher nicht. Diese starke Einhegung der Arbeitsbeziehungen ist im amerikanischen Arbeitsrecht, dem National Labor Relations Act, geregelt. Er geht zurück auf das Jahr 1935. Präsident Franklin D. Roosevelt wollte auf dem Höhepunkt der Weltwirtschaftskrise Tarifverhandlungen fördern, um eventuellen Unruhen gegenzusteuern. In den darauffolgenden Jahrzehnten hat das Gesetz allerdings eine Reihe von Novellierungen erfahren und die Rolle der Gewerkschaften wurde dabei zunehmend geschwächt.

Über dem Prozess der gewerkschaftlichen Anerkennungsverfahren wacht die unabhängige Regulierungsbehörde National Labor Relations Board (NLRB). Sie lässt Gewerkschaften als Tarifpartei zu, wenn sie zuvor eine betriebliche Anerkennungswahl gewonnen haben. Um eine solche Wahl einzuleiten, müssen sich 30 Prozent der Beschäftigten dafür aussprechen, was in der Regel mit der Unterzeichnung einer Unterschriftenliste oder mit individuellen Wahlzetteln, so genannten Union Cards, erfolgt. Auf dieser Grundlage beantragen die Gewerkschaften bei der NLRB eine Wahl. Ab diesem Moment konzentrieren sich die Gewerkschaften auf die Organisierung der Beschäftigten und die Arbeitgeber auf deren Verhinderung. „90 Prozent der Wahl-Organisierer werden zu Einzelgesprächen mit dem Arbeitgeber gerufen, und bei jeder Kampagne werden auch ein paar Leute gefeuert“, sagte Anfang der 2000er Jahre SEIU-Chef Andrew L. Stern und versuchte damit das hohe Risiko zu beschreiben, das mit der Wahl einer Gewerkschaft für jeden einzelnen Beschäftigten einherging (Wilsdorff 2007). Wenn die Gewerkschaft die Wahl mit mehr als 50 Prozent gewinnt, wird sie als Gewerkschaft anerkannt und kann Tarifverhandlungen mit dem Unternehmen aufnehmen. Ein Selbstläufer ist das allerdings nicht. Von den 2007 1.510 im NLRB-Verfahren anerkannten Gewerkschaften war ein Jahr später 52 Prozent der Abschluss eines Tarifvertrages noch immer nicht gelungen. Zwei Jahre später waren es immerhin noch 37 Prozent (Choi 2012, 132).

Gesellschaftliche Macht der Gewerkschaften

Sinkende Mitgliederzahlen und institutionell schwach strukturierte Arbeitsbeziehungen schwächen auch die gesellschaftliche Macht der Gewerkschaften. Eine zentrale Rolle spielte dabei die Niederlage im Fluglotsenstreik von 1981, von dem die Gewerkschaften sich nie wieder erholt hatten. Die Professional Air Traffic Controllers Organization (PATCO), zum damaligen Zeitpunkt die größte Gewerkschaft amerikanischer Bundesangestellter, hatte ihre Mitglieder für höhere Löhne und eine kürzere Wochenarbeitszeit in den Ausstand gerufen. Der damalige Präsident Ronald Reagan zeigte sich unbeeindruckt. Um den gewerkschaftlichen Streik zu brechen, erklärte er diesen für illegal, entließ alle Streikenden und setzte Fluglotsen des Militärs ein, um die Wiederaufnahme des Betriebs an den Verkehrsflughäfen des Landes zu erzwingen (Young 2021, 85). Seither erleben die Gewerkschaften einen Abschwung, der mit gewerkschaftsfeindlichen Kampagnen, einer Prekarisierung des Arbeitsmarktes und signifikanten Mitgliederverlusten einhergeht. Hinzu kommt, dass im Zweiparteiensystem die Demokratische Partei kein zuverlässiger Bündnispartner ist, wie an der austeritätspolitischen Wende Obamas unschwer zu erkennen ist (McCartin 2014, 14). Dennoch sind für die Demokratische Partei die Beziehung zu den Gewerkschaften wichtig. Sie sind einerseits eine zuverlässige Finanzierungsquelle und verfügen andererseits über eine große Mobilisierungserfahrung beispielsweise durch Tür-zu-Tür-Gespräche, bei denen sie für die Wahl der Demokraten argumentieren und die eigenen Mitglieder dazu aufrufen. „Das Engagement ihrer Mitglieder und Verbündeten sichert den Gewerkschaften kontinuierlich ein Maß an Einfluss, das in keinem Verhältnis zu ihren sinkenden Mitgliedszahlen steht“ (ebd., 15).

Ein eklatantes Hindernis für die Entfaltung gesellschaftlicher Macht ist die Größe des Landes und die starke regionale Konzentration von Gewerkschaftsmitgliedern. Über die Hälfte der Mitglieder lebt in den sieben Bundesstaaten Kalifornien, New York, Illinois, Pennsylvania, Michigan, New Jersey und Ohio. (ebd.). Grundsätzlich schwach sind die Gewerkschaften im Süden und Südwesten des Landes. Das Fehlen einer flächendeckenden, landesweiten Verankerung verkleinert deshalb auch den Spielraum für eine politische Lobbyarbeit zum gezielten Kampagnenaufbau, weil diese angesichts der starken regionalen Konzentration bestenfalls punktuell möglich wäre. Trotz dieser organisationspolitischen Schwachstellen war es den Gewerkschaften mit den Lehrerstreiks 2018 dennoch gelungen, eine Auseinandersetzung mit der autoritären Regierung Trump zu führen und diese auch zu gewinnen. Darin zeigte sich eine ausgeprägte Fähigkeit zur politischen Verallgemeinerung. Die Beschäftigten und ihre Gewerkschaften beschränkten sich nicht allein darauf, höhere Löhne zu fordern. Vielmehr machten sich die beiden Bildungsgewerkschaften American Federation of Teachers (AFT) und die NEA vor dem Hintergrund der erlebten Bildungsmisere neben einer besseren Bezahlung für eine bessere Ausstattung der Schulen, eine Rücknahme der jahrzehntelangen Bildungskürzungen sowie höhere Steuern auf Unternehmensgewinne stark (Brinkmann 2018).

Dieser Streik war einerseits erfolgreich, weil ihn aktive Organizer, die zwei Jahre zuvor in der Kampagne für Bernie Sanders Erfahrungen im politischen Organizing sammeln konnten, organisierten. Andererseits hatten die Bildungskürzungen für die Schulen und die Lohnzurückhaltung für das Lehrpersonal die Arbeits- und Lebensbedingungen erheblich erschwert. Es gab Familien, die wegen der steigenden Mieten und aus Angst vor Verschuldung darüber nachdachten, in einen Wohnwagen zu ziehen. Andere wechselten den Bundesstaat. Die meisten hatten sich zu Multijobbern entwickelt. „Viele Lehrer haben mehrere Jobs. Einer von ihnen ist Mickey Miller, Lehrer aus Oklahoma. Seine Erfahrung ist nicht untypisch. Tagsüber unterrichtet er an der Booker T. Washington High School in Tulsa. Wenn der Schultag rum ist, lädt er bis 19.30 Uhr am Flughafen bei Delta Airplanes Gepäck auf und ab. Und wenn er dort fertig ist, hat er noch einen dritten Job und geht die Kinder im Tulsa Fußballclub unterrichten", beschreibt Blanc das Arbeitspensum der meisten Lehrer (Blanc 2019, 19). Gleichzeitig hatten die Bildungskürzungen nicht nur zu größeren Klassen geführt, sondern auch dazu, dass das Angebot an allgemeiner Bildung nicht mehr vollständig zur Verfügung gestellt werden konnte: So wurde der Unterricht in einigen Bundesstaaten auf vier Tage reduziert und Unterrichtsfächer wie Kunst, Sprachen oder Sport vom Lehrplan gestrichen (ebd., 27). Diese Widersprüche radikalisierten die Lehrer schließlich und haben den Streik trotz der schwach ausgeprägten institutionellen und organisatorischen gewerkschaftlichen Machtressourcen angetrieben.

Dass das Streikgeschehen in den USA während der Pandemie nicht zum Erliegen kam, war auch Folge zunehmender sozialer Sorgen. Sie verdichteten sich während der Pandemie und verbanden sich mit der Angst vor Ansteckung. Die Menschen erlebten einen Staat, der sich in keinerlei Hinsicht als handlungsfähig erwies. Die Zahl von ungenehmigten, „wilde(n), nicht gewerkschaftlich organisierte(n) oder gebilligte(n) Streiks" nahm zu, weil diejenigen, die nicht im Homeoffice arbeiten konnten, keinerlei angemessene Schutzausrüstung erhielten. Mehr als 260 dieser wilden, ungenehmigten Streiks ereigneten sich allein zwischen dem 1. und 31. Mai 2020. Die Beschäftigten forderten Covid-19-Schutzmaßnahmen. Um die Forderungen durchzusetzen, reagierten die Gewerkschaften mit einer strategischen Anpassung an die neue Pandemiesituation. Sie organisierten Videoschulungen und erstellten Leitfäden für Beschäftigte, die spontane Arbeitsniederlegungen organisierten, um Schutzausrüstung, bezahlten Krankenstand oder Gefahrenzulagen durchzusetzen (Young 2021, 86).

Als es nach dem Tod von George Floyd landesweit zu Großdemonstrationen kam, reagierten die Gewerkschaften zunächst mit symbolischen Solidaritätsadressen. Gleichzeitig führte vermutlich der hohe Mitgliederanteil unter der schwarzen Bevölkerung dazu, dass nur wenige Wochen nach der ersten Demonstration eine gemeinsame Bündnispolitik zwischen BLM und Gewerkschaften entstand. So gehörten 2013 15 Prozent der Schwarzen einer Gewerkschaft an, unter Weißen waren es zwölf Prozent, unter Asiaten und Latinos waren es jeweils zehn Prozent (McCartin 2014, 6). Dieser hohe Mitgliederanteil beförderte beeindruckende Aktionseinheiten. Die Hafenarbeitergewerkschaft International Longshore and Warehouse Union (ILWU) organisierte einen achtstündigen Solidaritätsstreik mit BLM, an dem sich alle 29 Häfen der Pazifikküste beteiligten. Bei landesweiten Aktionen in Hunderten von Betrieben gingen die Beschäftigten gemeinsam für die Dauer von acht Minuten und 46 Sekunden[2] auf die Knie und schwiegen. Diese Aktionen waren ein Meilenstein für die US-amerikanischen Gewerkschaften, die sich aufgrund des stark eingehegten Systems der Arbeitsbeziehungen stets für eine klare Trennung von Arbeitskampf und politischer Aktion ausgesprochen hatten. Und sie waren ein wichtiges gewerkschaftliches Signal gegen die Trump-Regierung.

Fazit

Trumps Autoritarismus war eine „Momentokratie", analysierte der Tagesspiegel. „Er beherrschte jeweils nur den Augenblick. Er entschied stets ad-hoc. Er schuf weder langfristig angelegte Seilschaften, noch baute er die Hardware von Recht und Gesetz um, wie es in anderen 'illiberalen Demokratien' zu beobachten ist" (Sauerbrey 2020). Er mochte den autoritären Stil, aber er blieb oberflächlich dabei. Diese Beobachtung ist richtig und doch wird die Personifizierung den gesellschaftlichen Widersprüchen nicht gerecht. Demokratien werden durch formale Prozesse getragen. Die stellte der Krawall-Autoritarismus Trumps in Frage. Sein marktradikales Programm war zudem ein Angriff auf die Klasse der Lohnabhängigen, aber der Angriff auf die institutionelle Macht der Gewerk-

2 So lange hatte Floyds Todeskampf gedauert.

schaften, wie wir dies in Griechenland, Ungarn oder Chile erlebten, blieb unter Trump aus.

Vielleicht war ein solcher Angriff auch gar nicht nötig. Die amerikanische Gesellschaft ist nach fast 50 Jahren neoliberaler Politik erschöpft. Die Infrastruktur funktioniert nicht, die Ungleichheit hat zugenommen, ebenso die Diskriminierung. Die Pandemie war das Fass, das in vielerlei Hinsicht überlief und dabei auch die Gewerkschaften unter Zugzwang setzte, stärker und aktiv einzugreifen. Dies ist, wie Young richtig herausarbeitet, gelungen: bei den Lehrerstreiks, als es um die Frage der öffentlichen Infrastruktur ging; beim Shutdown, als es um die Frage ging, ob das Geld für die Bezahlung der Beschäftigten oder rassistische Mauerbauprojekte ausgegeben wird; bei den spontanen Streiks für eine bessere Schutzausrüstung und schließlich in den gemeinsamen BLM-Bündnissen, als es im Kern darum ging, die Risiken der Pandemie nicht auf die schwarze Bevölkerung abzuwälzen (Young 2021, 82 ff.).

Indem die Pandemie gesellschaftliche Defizite sichtbar machte, radikalisierte sie Sichtweisen, beschleunigte demokratische Entfremdungsprozesse und befeuerte gesellschaftliche Spannungen. Die Gewerkschaften spielten dabei oft erst im zweiten Schritt eine Rolle. Sie waren nicht der Initiator von Gegenwehr, aber sie wirkten mobilisierend und verstärkend, als BLM auf die Straße ging. Und „dort, wo Gewerkschaftsmitglieder am Arbeitsplatz aktiv wurden – von den Lehrerstreiks bis hin zu den in der Luftfahrtindustrie angedrohten Arbeitsniederlegungen und den wilden Streiks während der Covid-19-Pandemie –, ist es den Gewerkschaften gelungen, die Entwicklung in Richtung Autoritarismus zu bremsen" (ebd., 88). Die aktuellen Entwicklungen rufen die Akteure der Zivilgesellschaft auf den Plan, deren wichtigster Vertreter die Gewerkschaften sind. Dabei hat es den Anschein, als seien es nicht die Machtressourcen, die die Gewerkschaften handlungsfähig machen, sondern die kaum mehr ertragbaren sozialen und politischen Widersprüche. Dabei entstehen neue, temporäre Bündnisse, die zeigen, dass die Gewerkschaften auch unter einem Präsidenten der autoritären Rechten strategische Möglichkeiten zur Gegenwehr haben.

6. Länderstudie Chile

Gewerkschaften als Teil einer antineoliberalen Revolte, die ohne Gesicht auskommt

Chile war das Labor des Neoliberalismus. Seit fast 50 Jahren stehen die Arbeits- und Lebensbedingungen der Menschen hier unter dem Veränderungsdruck von Deregulierung, Flexibilisierung und Privatisierung. Lange bildete die Militärdiktatur von Augusto Pinochet[1] dafür den politischen Rahmen, auch weil die gewerkschaftlichen Machtressourcen gewaltsam stillgestellt wurden. Doch die Schatten der Diktatur reichten bis weit in die Zeit nach ihrem Ende 1990, nicht zuletzt weil die unter Pinochet beschlossene Verfassung zum wichtigsten Instrument für neoliberale Kontinuität wurde. Sie schuf den rechtlichen Rahmen für die Dauerhaftigkeit weitreichender Deregulierungen, denn sie machte einerseits eine neoliberale Politik möglich und begrenzte gleichzeitig einen möglichen Politikwechsel auf der Grundlage eines Wechsels der Regierung. Insbesondere durch das Subsidiaritätsprinzip des Staates in der Verfassung war festgeschrieben, dass auch die Kritiker neoliberaler Deregulierungen in einer neuen Regierungskonstellation zur Fortsetzung dieses Politikpfades gezwungen sein sollten. Das Prinzip regelte den Vorrang von Privatunternehmen gegenüber dem Staat und schrieb die Privatisierung zentraler Bereiche der öffentlichen Daseinsvorsorge

1 Unter General Augusto Pinochet putschte am 1973 eine Militärjunta gegen den sozialistischen Präsidenten Salvador Allende. Mit maßgeblicher Unterstützung der CIA ging die damalige chilenische Geheimpolizei Division de Intelligencia Nacional (DINA) gegen die Anhänger Allendes und gegen Regimegegner vor. Die Diktatur gehörte zu den blutigsten in Lateinamerika. Verhaftungen, Folter und Morde durch die Machthaber waren an der Tagesordnung. Untersuchungen der chilenischen Wahrheitskommission zufolge wurden 3.200 Regimegegner getötet und 27.000 gefoltert und misshandelt (Weber 2006, 18 f.). Die Zahl der Gefolterten wurde Jahre später nach weiteren Untersuchungen von offizieller Seite auf über 40.000 erhöht (Segador 2014). Von vielen fehlt bis heute jede Spur. Trotz der demokratischen Wende 1990 blieb Pinochet bis 1998 Oberbefehlshaber des Heeres, wurde auf Grundlage der Verfassung sogar Senator auf Lebenszeit und genoss dadurch bis zu seinem Tod 2006 politische Immunität. Er wurde nie für seine Verbrechen verurteilt.

in der Verfassung fest (Boddenberg 2020b). Der Rechtsrahmen blieb auch nach Ende der Militärdiktatur neoliberal.

Unter der Regierung des rechts-konservativen Präsidenten Sebastián Piñera (2010–2014; 2018–2022) zeigte sich der beispiellose Erschöpfungszustand der chilenischen Gesellschaft nach fünf Jahrzehnten neoliberaler Rosskur. Piñera ist kein autoritärer Populist im klassischen Sinne. Er hatte sich vom Programm der Chicagoboys distanziert und beim Referendum 1988 gegen die Militärdiktatur gestimmt. Auch den Ausnahmezustand und die nächtlichen Ausgangssperren während der Pandemie ließ er nur zögernd beschließen. Stattdessen leitet Piñera den nachhaltigen Umbau des Landes ein, ohne dabei auf Konfrontationskurs zu gehen. Er versprach mit seinem grünen Kapitalismus das Land zu retten und blieb dabei unternehmerfreundlich. Aber als aus Protest gegen die Fahrpreiserhöhung der Andenstaat im Oktober 2019 von der größten Revolte seiner Geschichte erfasst wurde, antwortete der mit repressiver Härte. In der Folge kam die Regierung Piñera in Umfragen nur noch auf sechs Prozent Zustimmung (Seiwerth 2021b). Gleichzeitig ebneten die Proteste den Weg für einen verfassungsgebenden Prozess, der erstmals in der Geschichte Chiles unter Einbindung der Zivilgesellschaft stattfand und nicht vom Militär durchgesetzt wurde. Das war nicht nur ein Sieg über die Militärdiktatur, sondern auch ein Sieg gegen den Neoliberalismus. Die Beteiligung der Bevölkerung als wesentliches Element in diesem Prozess dokumentiert die Diskreditierung der politischen Elite. In seinem Geburtsland Chile hatte der Neoliberalismus einen erheblichen Stabilitätsverlust erfahren.

Für die Gewerkschaften war der Putsch gegen Allende mit einer weitgehenden Zerstörung ihrer Machtressourcen verbunden. Und nach dem Ende der Militärregierung verhinderte der neoliberale Rechtsrahmen ihre Revitalisierung. Weil sich in Chile gewerkschaftliche Machtressourcen historisch immer in Abhängigkeit zur Zivilgesellschaft herausgebildet hatten, stellt sich nun die Frage, in welchem Verhältnis Gewerkschaften und Protestbewegung zueinander stehen. Führt der Aufschwung der sozialen Bewegungen zu einer Fortsetzung des gleichförmigen Verhältnisses von Zivilgesellschaft und Gewerkschaften? Wie verhält sich die neue Protestbewegung, die bislang ohne ein „Gesicht" auskam und weitgehend dezentral organisiert wurde, zur geschwächten Gewerkschaftsbewegung? Und welche Rolle können die Gewerkschaften in einer Bewegung spielen, die bewusst auf die Infrastruktur zentral aufgebauter Organisationen verzichtet?

Im Folgenden sollen diese Fragen untersucht werden. Dafür soll zunächst ein Blick auf das Zusammenspiel von Militärdiktatur und Neoliberalismus geworfen werden, um im Anschluss die Machtressourcen unter den Bedingungen der

Gegenwart zu analysieren. Denn die sozialen und politischen Verwerfungen im heutigen Chile beruhen auf seiner wechselvollen Geschichte

Militärputsch gegen Allende

Der Sturz der sozialistischen Regierung Salvador Allendes am 11. September 1973 war ein schwerer Schlag für die Mehrheit der Menschen in Chile. Allendes Regierung, die Unidad Popular, eine linke Volksfrontregierung, war am 4. November 1970 durch demokratische Wahlen an die Macht gekommen. Sie stand für den Versuch eines „demokratischen, freiheitlichen und pluralistischen Übergangs zum Sozialismus" (Debray 1974) und leitete ein Programm sozialer und politischer Veränderungen zur Modernisierung des Staates und zur Armutsbekämpfung ein. Am 11. September 1973 putschte das Militär. Die Luftwaffe bombardierte den Präsidentenpalast. Tausende Linke und Gewerkschafter wurden in das Stadion in Santiago gesperrt, anschließend verschleppt, gefoltert und ermordet. Der Putsch wurde von den USA unter Präsident Richard Nixon und Außenminister Henry Kissinger politisch, finanziell und auf Geheimdienstebene initiiert und unterstützt (vgl. Baer/Dellwo 2013, 57). Eigentlich war dieser Schlag für den 14. September 1973 vorgesehen, wurde aber wegen einer geplanten Rede Allendes, die er am 11. September halten wollte, kurzfristig vorverlegt. Vermutlich war bei den rechten Kräften im Land durchgesickert, dass der Präsident den Menschen die Abhaltung eines Referendums vorzuschlagen beabsichtigte, „in dem das chilenische Volk mit dem demokratischen Mittel einer allgemeinen Wahl zum Ausdruck bringen sollte, wie es zu den Uneinigkeiten zwischen der Regierung und ihren Gegnern stand," erinnert sich Orlando Letelier, zu jenem Zeitpunkt Verteidigungsminister und enger Freund Allendes (Letelier 2010, 24). Mit dieser chronologischen Betrachtung bekommt der Militärputsch fast eine Folgerichtigkeit. Denn so wie Allende seine politische Handlungsfähigkeit aus einer starken Verankerung innerhalb der Bevölkerung bezog, musste der Weg in die Militärdiktatur durch die Unterdrückung eines breiten Bevölkerungswillens geebnet werden. In den kommenden Jahren sollten Plebiszite in der Auseinandersetzung zwischen besitzenden und besitzlosen Klassen immer wieder eine signifikante Rolle spielen. Auf diejenigen, die ihren eigenen Regierungsauftrag im Interesse der besitzenden Klassen definierten, mussten die plebiszitären Elemente im politischen Handeln einer Regierung bedrohlich wirken. Offenkundig jedenfalls hatten US-Präsident Richard Nixon und dessen Außenminister Henry Kissinger, insbesondere unter den Konstellationen des Kalten Krieges, kein Interesse daran, dass sich Chile zum südamerikanischen Präzedenzfall für Armutsbekämpfung und direkte Demokratie entwickelte. Nicht zuletzt auch deshalb, weil Allende sich anschickte, den Bergbausektor, der mit seiner ertragreichen Kupferindustrie für 80 Prozent der Exporterlöse des Landes verantwortlich war, aber unter der Kontrolle von US-amerikanischen Konzernen stand,[2] zu verstaatlichen. Nixon und Kissinger mussten allerdings machtlos dabei zuschauen, wie Chile als sozialistische Alternative zunehmend an Strahlkraft gewann. Obwohl sie heimlich mehr als acht Millionen US-Dollar in die Destabilisierung der Unidad Popular-Regierung gesteckt hatten (Klein 2012, 98), war Allende nach den Parlamentswahlen 1973 stärker denn je. Offenkundig wuchs in der breiten Bevölkerung der Wunsch nach einer Wirtschaftspolitik, die im Interesse breiter Bevölkerungsschichten auf Verstaatlichung und Sozialprogramme setzte. Nixon und Kissinger fassten schließlich den Beschluss, einen Militärputsch gegen Allende politisch, finanziell und auf Geheimdienstebene zu initiieren.

Gleichzeitig waren die chilenischen Unternehmensverbände angesichts der Bedrohung ihrer Interessen und ihrer drohenden Entmachtung durch die Verstaatlichungspläne der Regierung die treibenden Kräfte hinter der Putschidee. Ihr Agieren spiegelte zunehmend antidemokratische, autoritäre Züge wider:

> „Zunächst versuchten sie, ihren Einfluss auf die konservativen Parteien dahingehend geltend zu machen, die Amtsübernahme von Allende überhaupt zu verhindern und entgegen den langjährigen Gepflogenheiten des parlamentarischen Systems nicht den Führer der Partei mit den meisten Stimmen in den Präsidentschaftswahlen zum Präsidenten küren zu lassen, sondern einen anderen. Sodann setzten sie auf das konservative Beharrungsvermögen politischer und staatlicher Institutionen, um den Reformwillen der Regierung Allende (...) zu hintertreiben, Allende des Amtes entheben zu lassen und auf kritische Punkte seiner Regierungspolitik hinzuweisen. Angesichts gemeinsamer Handlungsstrategien von Gewerkschaften und Linksparteien gelangten sie zu einer immer kritischeren Haltung gegenüber dem als 'Massendemokratie' abqualifizierten politischen System des Landes. Schließlich (...) heizten (sie) die ohnehin angespannte wirtschaftliche Lage und konfliktreiche gesellschaftliche Situationen durch wiederholte Unternehmerstreiks (...) zusätzlich auf und bemühten sich letztendlich erfolgreich darum, die Streitkräfte von der Notwendigkeit eines Putsches zu überzeugen" (Imbusch 2004, 109).

---

2 Die Ausbeutung der Kupferminen stellten nach Imbusch ein „Musterbeispiel für eine Enklavenwirtschaft" dar, da diese nahezu vollständig vom chilenischen Wirtschaftskreislauf isoliert blieb. An den Gewinnen der Kupferkonzerne partizipierte der chilenische Staat lediglich in Form von Exportsteuern. Gleichzeitig war der traditionelle Einfluss der Unternehmen auf die politischen Eliten mit dem Sieg der Unidad Popular abrupt zu Ende gegangen (Imbusch 2004, 107).

International war der Putsch nach dem Geschmack konservativer und rechter Kräfte, die das sozialistische Experiment mit Misstrauen beobachtet hatten. In einem Gespräch zwischen Nixon und Kissinger fiel der Satz: „Wir waren es, niemand weiß es" (Letelier 2010, 14). Für den ehemaligen CSU-Chef Franz Joseph Strauß hatte das Wort Ordnung „wieder einen süßen Klang" bekommen, und für die Vorstandsebene der Höchst AG war der Putsch samt anschließender Säuberung „glänzend ausgeführt" und Chile künftig für Höchster Produkte ein attraktiver Markt. „Die Regierung Allende hat das Ende gefunden, das sie verdient", hieß es bei Höchst (vgl. Baer/Dellwo 2013, 57).

Aufstieg des Neoliberalismus

Parallel dazu arbeiteten seit 1972 die Chicago Boys an einem Plan für die Destabilisierung und den Sturz der Regierung und wurden dabei durch die CIA und chilenische Unternehmerorganisationen großzügig finanziert (Müller-Plantenberg 2013, 8). Die Chicago Boys waren junge chilenische Männer, die an der Chicagoer Wirtschaftsschule die Idee von Milton Friedman studierten. Friedman ging davon aus, dass Angebot, Nachfrage, Inflation und Arbeitslosigkeit unveränderliche Konstanten seien und sich in einem perfekten Gleichgewicht ohne äußeres Zutun selbst regulierten. Friedman und seine Anhänger waren von dem Gedanken besessen, dieses Zusammenspiel des Marktes in einem gesellschaftlichen Feldversuch zu beweisen (Klein 2012, 77).

Nach ihrer Rückkehr aus den USA arbeiteten die Chicago Boys in Chile als Ökonomie-Professoren oder Wirtschaftsplaner, gingen in die wichtigsten Unternehmen des Landes oder besetzten Positionen im Regierungsapparat. Der Bruder des späteren Präsidenten Sebastián Piñera, José Piñera, wurde Minister für Arbeit und Bergbau und hatte maßgeblich an der Ausarbeitung des Plan Laboral, der geänderten Arbeitsgesetzgebung, mitgewirkt. Sergio de Castro wurde erst Wirtschafts- und später Finanzminister. Orlando Sáenz wurde Präsident des Industriellenverbandes, ein anderer Chef der Zentralbank (ebd., 115 ff.). Unter diesen Voraussetzungen waren sie in der Lage, ab 1975 die von Friedman entwickelte ökonomische „Schockbehandlung" auf Chile anzuwenden (Berndt 2013, 278). Dabei entstand ein Bündnis zwischen Militärregierung und neoliberalen Ökonomen, das ein Interesse am Putsch gegen Allende hatte und sich gegenseitig brauchte. Es stellte die perfekte Symbiose für den extremen neoliberalen Umbau der chilenischen Gesellschaft dar und hatte seine zentrale Basis bei den Unternehmern, die ihre Interessen in einem Militärregime gegenüber Verstaatlichungsplänen und sozialen Mobilisierungen geschützt sahen. „Die

Frage der Demokratie war dabei nur von untergeordneter Bedeutung, bedeutete Demokratie für sie in historischer Perspektive ohnehin nur Einflussverlust und Bedeutungsgewinne für jene sozialen Gruppen", welche die Macht der Unternehmen zu unterminieren versuchten (Imbusch 2004, 111). Die wirtschaftspolitische Neuorientierung setzte auf drei Elemente: die Verkleinerung des öffentlichen Sektors, die Zurückdrängung des staatlichen Einflusses auf die Ökonomie und die Beseitigung jeglicher Form von Entwicklungsförderung (Müller-Plantenberg 2013, 11). Unter dieser Prämisse demontierten die Chicago Boys den Sozial- und Wohlfahrtsstaat, der als Ausdruck temporärer Kompromisse zwischen den Klassen bestanden hatte, nahezu vollständig. Nachdem sie die Öffnung der Wirtschaft zum Weltmarkt, den radikalen Abbau von Zöllen und Handelsbeschränkungen sowie die vollständige Deregulierung der Finanzmärkte sichergestellt hatten, privatisierten sie von der Autobahn bis zu Krankenhäusern, von Gefängnissen bis zu Grundschulen alles, was an solvente Investoren abzugeben war. Damit drängten sie die bisherige und von Allende geprägte Vorstellung einer sozialen Ordnung zurück und machten den Sozialstaat nur noch „zum Garanten der vorherrschenden Ordnung" (Berndt 2013, 279). Diese Politik wurde von den Unternehmerverbänden nicht nur passiv unterstützt, vielmehr war ihre starke, gestaltende Einbindung über die Besetzung hoher politischer Ämter sichergestellt. Kern der Militärdiktatur war eine enge personelle Verflechtung von wirtschaftlicher und politischer Macht in allen wichtigen Ministerien sowie Planungs- und Stabsstellen (Imbusch 2004, 111). Auf diese Weise zogen die marktradikalen Ideen Friedmans in das Regierungshandeln der Militärjunta ein und machten Chile zu einem gesellschaftlichen Experimentierfeld des Neoliberalismus (Caspari 2017). Bereits 1975 kürzte die Regierung die öffentlichen Ausgaben erstmals um 27 Prozent, 1980 waren es etwa 50 Prozent (Klein 2012, 118). Hatte insbesondere die Gesundheitsversorgung unter Allende den Charakter einer sozialen Medizin bekommen und damit den Anspruch, die medizinischen Versorgung auch der ärmeren Klassen zu stärken, wurde gerade dieser Bereich durch Kürzungen schwer in Mitleidenschaft gezogen. Zwischen 1974 und 1989 reduzierten sich die Ausgaben für das Gesundheitssystem von jährlich 17,5 auf 6,9 Prozent (Thulin 2013, 14). Die Gesundheitsversorgung, das Bildungssystem auf allen Ebenen und das System der Sozialversicherung wurde weitgehend privatisiert, sozialer Wohnungsbau und staatliche Investitionen vollständig gestrichen. Mehr als 500 staatseigene Unternehmen oder Banken wurden an private Investoren veräußert (Klein 2012, 118) und in nur vier Jahren ein Fünftel der Beschäftigten im öffentlichen Sektor abgebaut (Müller-Plantenberg 2012, 11). 1980 wurde der Plan Laboral beschlossen. Die Arbeitsgesetzgebung war federführend von

Arbeitsminister José Piñera ausgearbeitet worden. Mit der Arbeitsreform baute er die Rechte der Beschäftigten ab und privatisierte das Rentensystem (Kohn 2015). Auf diese Weise wurden ab 1980 auch die Arbeitsbeziehungen repressiv geregelt, um die Unterordnung der Politik unter das Primat der Ökonomie ungestört durchzusetzen.

Das gesellschaftliche Kräfteverhältnis, dessen politischer Ausdruck die Regierung Allendes gewesen war, war mit Wucht aus der Balance gebracht werden, um das neoliberale Wirtschaftsmodell gegen die besitzlosen Klassen durchzusetzen. Die Repression stellte sicher, dass soziale Proteste das Wirtschaftsmodell nicht gefährdeten (Höhl 2010, 24). Für die Entfesselung des Marktes wurde der politische Autoritarismus der Militärregierung durch die gewaltsame Unterdrückung der besitzlosen Klassen und ihrer kollektiven Handlungsfähigkeit daher „zum notwendigen Element der neoliberalen 'Revolution'" (Müller-Plantenberg 2013, 11). Gleichzeitig verschaffte die neoliberale Wirtschaftspolitik der Chicago Boys der Militärregierung durch den Wirtschaftsaufschwung Legitimation und Rückhalt im finanzstarken Bürgertum (Maier 2013, 38). Je mehr die Marktöffnung die inzwischen „sozial passiv(en)" Menschen (Berndt 2013, 279) auf eine Rolle als scheinbar freie und gleiche Konsumenten festlegte, desto mehr schuf diese Politik eine Mentalität, die die Diktatur stabiler und dauerhaft stützte, als Repressionen allein dies vermutlich hätten leisten können. Die Umlenkung der kollektiven Abstiegserfahrung in eine gemeinsame Aufstiegserwartung wurde zum gesellschaftlichen Kitt: „In den neu entstehenden Supermärkten lagen Artikel aus aller Welt zum Kauf bereit, die Banken verteilten freigiebig Kreditkarten. Schulden zu haben war Ehrensache (...) Die Erfüllung unmittelbarer Bedürfnisse (...) schuf einen Konsens des Lebensstils" (Maier 2013, 38). Je mehr das System der sozialen Sicherheit abgebaut wurde, desto stärker wirkte dieser Prozess zugleich auf die Herausbildung dieses Kitts. Und er wirkt bis heute nach. Die Menschen in Chile träumten davon, Millionäre zu werden, fasste Pedro Santander, Professor für Journalismus an der Universität Valparaíso, dieses widersprüchlichen Mechanismus zusammen, weil nichts sie und ihre Familien vor Schicksalsschlägen schützte (vgl. Caspari 2017). Dass dieser Kitt nicht von Dauer war, zeigen nicht nur die Proteste der letzten Jahre, sondern auch die Konsumparameter. 80 Prozent der Bevölkerung sind verschuldet. Im Schnitt geben sie mehr als die Hälfte ihres Einkommens für die Rückzahlung von Konsumkrediten aus. „Es verwundert daher nicht, dass der Verbrauch von Antidepressiva zwischen 1990 und 2004 um (...) 470 Prozent angestiegen" ist (Berndt, 2013, 282).

Der Niedergang der Diktatur

17 Jahre war das Bündnis zwischen Chicago Boys, Unternehmerklasse und Militärjunta tragfähig. Doch während der schweren Wirtschaftskrise 1982/83 bekam dieses Bündnis erste Risse. Diese sollten in der Folge zu einer Verselbständigung des Unternehmerlagers gegenüber der Militärregierung führen. Indem die Chicago Boys ihre monetaristische Politik fortsetzten und die Krise damit verschärften, brachten sie insbesondere die kleinen und mittleren Unternehmer gegen sich auf. Öffentlich forderten sie eine Kurskorrektur in der staatlichen Wirtschaftspolitik und besiegelten damit „das Ende der radikal-monetaristischen Koalition" (Imbusch 2004, 115). Aus dieser Uneinigkeit der bürgerlichen Klasse resultierte schließlich die widersprüchliche Politik der Militärregierung aus „Konsens und Repression" (Maier 2013, 39). Fortan hielt sich das Regime einerseits durch die Niederschlagung der aufkommenden Sozialproteste und andererseits durch vorsichtige Öffnungen an der Macht. Auf dieser Grundlage vollzog sich 1988 ein Prozess, bei dem es möglich war, dass sich die autoritären Spielregeln des Systems schließlich gegen die Militärregierung selbst richteten. So wie ein verhindertes Plebiszit 1973 den Weg in die Militärdiktatur pflasterte, war es 1988 ein tatsächliches Plebiszit, welches das Ende von Pinochet an der Spitze des chilenischen Staates einläutete. Mit der Verfassung von 1980, die in einem (undemokratischen) Plebiszit bestätigt worden war, wollte die Militärregierung den „Übergang vom Militärregime zu einer verfassungsmäßigen Regierung" einleiten (Höhl 2010, 25)[3] und legte darin fest, dass alle acht Jahre ein Plebiszit über den Verbleib des Präsidenten im Parlament entscheiden solle. Dies war 1988, acht Jahre nach Annahme der Verfassung, der Fall. Die Unternehmerverbände hielten bis zum Schluss am politischen System der Militärregierung fest, von dem sie nach wie vor profitierten. Aber die monetaristischen Strukturanpassungen, die die Chicago Boys während der Weltwirtschaftskrise vornahmen und die Kurskorrektur, die ein Teil der Unternehmer schließlich einforderte, schwächte ihre „bedingungslose Nähe" (Imbusch 2004, 117) zum Staat und zur Regierung. Nachdem infolge der Finanz- und Wirtschaftskrise von 1982 die Proteste der Zivilgesellschaft gegen das Regime zugenommen hatten, verschärfte die Regierung einerseits ihre Repressionen, ließ aber zugleich begrenzte politische Öffnungen wie Versammlungen zu. Vor diesem Hintergrund wurde die Abstimmung am 5. Oktober 1988 zum „entscheidenden Ereignis im Prozess der chilenischen

3 Das Plebiszit fand unter den Bedingungen der Militärregierung statt. Verhaftungen, Razzien und Folter häuften sich wieder. Über die Fälschung von Stimmzetteln wird gemutmaßt. Das Ergebnis war nicht nachprüfbar.

Regimetransformation" (Krumwiede 254). Bei einer sehr hohen Wahlbeteiligung von über 90 Prozent sprachen sich 54,7 Prozent der Wähler gegen den weiteren Verbleib von Pinochet aus. Und als es etwa ein Jahr später am 14. Dezember 1989 zu Präsidentschaftswahlen kam, setzte sich der Kandidat des aus 16 Mitte-Links-Parteien zusammengeschlossenen Bündnisses Concertación de Partidos para el NO, Patricio Aylwin Azócar,[4] mit 55 Prozent der abgegebenen Stimmen durch. Damit war der Weg frei für einen Systemwechsel.

Ausbleibender Systemwechsel

Doch auch wenn der Amtsantritt Aylwins am 11. März 1990 einen wichtigen Einschnitt darstellte, blieb ein wirklicher Neustart aus. Das lag vor allem daran, dass die Parteien der Concertación auf der Grundlage historischer Kontinuitäten regierten (Höhl 2017, 26), statt auf einen Bruch zu drängen. Dazu gehörte erstens, dass die Akzeptanz der Verfassung auch weiterhin Bestandteil der Regierungspolitik blieb, weshalb sich wenig Spielraum für einen qualitativen Politikwechsel eröffnete. Dazu gehörte zweitens die unveränderte Präsenz der Militärjunta, die aufgrund der Verfassung bis 1988 nicht von ihren Posten enthoben werden konnte. Indem die Parteien der Concertación „die autoritären Enklaven der Verfassung" akzeptierten (Boddenberg 2020b), stellten sie sicher, dass die Militärjunta eine Rolle im Übergangsprozess spielen und sich wichtige materielle und juristische Privilegien sichern konnte. Dass Pinochet als Präsident bis 1998 Oberbefehlshaber des Heeres blieb und als Ex-Präsident Senator auf Lebenszeit, war ihm zugleich eine lebenslange Immunität sicherte, was Ausdruck dieser Verfassung. Hinzu kam, dass Pinochet die Monate bis zum Amtsantritt Aylwins nutzte, um die künftigen Handlungsspielräume der neuen Regierung maximal einzuschränken. Die Berufung neuer dem Regime loyaler Verfassungsrichter, die mit einer Amtszeit von acht Jahren starteten, sicherte ihm auch weiterhin die Gewogenheit der Verfassungsgerichte. Staatsbedienstete wurden mit einer Nichtkündbarkeit ausgestattet. Zugleich wurden fast alle Bürgermeister neu ernannt, Ihre Amtszeit begann 1989 und dauerte vier Jahre. Und schließlich unterzeichnete Pinochet zwölf Tage vor Aylwins Amtsantritt ein neues Militärgesetz, welches das Recht des Präsidenten zur Zwangspensionierung von Offizieren

4 Der Christdemokrat Aylwin hatte 1973 zunächst den Militärputsch unterstützt, weil er das Ende der sozialistischen Volksfrontregierung befürwortete. Seine Hoffnungen hatten auf schnellen Neuwahlen gelegen. Als diese ausblieben, distanzierte er sich von der Militärregierung. 1988 wurde er gemeinsam mit dem Sozialisten Ricardo Lagos zum Begründer der Parteienkoalition für das NEIN (Karnofsky 2007).

beseitigte (Krumwiede 260). Hinzu kam schließlich drittens die Beibehaltung des Wirtschaftsmodells, was dazu führte, dass die Ungleichheit seit 1990 nicht abgebaut werden konnte. Der Gini-Koeffizient liegt seit 1990 konstant hoch und betrug 2013 0,52 (Ramos 2017, 6). Der historisch niedrigste Wert wurde in den 1970er Jahren gemessen.

Diese Entwicklung ist darauf zurückzuführen, dass der Spielraum für Alternativen im Falle eines Politikwechsels verfassungsrechtlich stark begrenzt war und gegen Änderungen mit hohen Mehrheitsanforderungen versehen wurde. Im Zentrum der Verfassung steht das Subsidiaritätsprinzip des Staates. Es regelt den Vorrang von Privatunternehmen gegenüber dem Staat. Damit ist die Privatisierung zentraler Bereiche der öffentlichen Daseinsvorsorge wie Bildung, Gesundheit, Wohnen, Wasserversorgung oder Rentenbezug in der Verfassung festgeschrieben (Boddenberg 2020b). Diese festgeschriebene Unterordnung des Primats der Politik unter die Ökonomie hatte zur Folge, dass keine Regierung seit dem Ende der Diktatur einen Sozialstaat aufbauen konnte, „denn eine Politik, die öffentliche Güter stärkt, ist meist nicht verfassungskonform" (Reperger 2021). Entsprechende Versuche wurden in der Vergangenheit vom Verfassungsgericht wieder zurückgenommen, wie beispielsweise die Bildungsreform im Dezember 2015, die das Schul- und Universitätssystem grundlegend verändern und Bildung über eine Gratisklausel kostenlos machen wollte (Keller 2015).

Die unterlassene Lossagung von der Diktatur drückte sich im übrigen auch sprachlich aus. Während der Prozess der Transición in Argentinien als Re-Demokratisierung bezeichnet wurde und die Herstellung demokratischer Rechte einen positiven Bezug auf die Zeit vor der Militärdiktatur bekam, firmierte die historische Epoche des Transformationsprozesses in Chile als Postdiktatur (Berndt 2013, 281). Der Bezug blieb die Militärdiktatur, als wären Sozialprogramme und Volksreferenden keine anknüpfungsfähigen politischen Traditionen. Klar war: Der ausbleibende Bruch mit der Verfassung war Ausdruck bestehender gesellschaftlicher Kräfteverhältnisse, was sich in Ansätzen auch in der parlamentarischen Zusammensetzung widerspiegelte. Trotz ihres Sieges bei den Präsidentschaftswahlen und der guten Wahlresultate bei den darauffolgenden Wahlen verfügte die Concertación nicht über die notwendige Mehrheit, um die autoritäre Verfassung zu verändern (Ensignia 2004, 128). Während die Organisationen der Zivilgesellschaft nach 17 Jahren Diktatur organisationspolitisch atomisiert waren, konnte sich Pinochet noch immer auf das Militär stützen. Als die Regierung 1991 beispielsweise die „Kommission Rettig" zur Aufarbeitung der Vergangenheit einsetzte, erhöhte die Junta zur Einschüchterung der Bevölkerung die „Militärpräsenz in Santiagos Straßen" (Höhl 2010, 28). Es schien, als hätte das

Plebiszit eine Pattsituation geschaffen, in der sich die gesellschaftlichen Kräfteverhältnisse neu zu justieren begannen: Während die Militärjunta angeschlagen, aber noch präsent war, war die Zivilgesellschaft dabei, aus dem Zustand erzwungener Passivität herauszutreten. Vor diesem Hintergrund stellte die Regierungszeit der Concertación (1990–2010) lediglich den Übergang von der „neoliberalen Diktatur (...) in eine neoliberale Demokratie" sicher, in der die entscheidenden Strukturen der ökonomischen Diktatur bestehen blieben (Boddenberg 2020).

Erstarken der Zivilgesellschaft

Ab 2011 zeichneten sich ein Erstarken der Zivilgesellschaft ab, was die Möglichkeit zur Verschiebung der Kräfteverhältnisse bot – insbesondere als die Forderung nach einem Verfassungsreferendum zu einer der Hauptforderungen der Studierendenproteste wurde. Mit kreativem Protest[5] hatten Schüler und Studenten auf das ungerechte Bildungssystem und die hohe Verschuldung von Studierenden aufmerksam gemacht. Die Regierung reagierte darauf mit Repression: körperliche Gewalt, Wasserwerfer, Gummigeschosse und Tränengas selbst gegen Minderjährige, was UNICEF und andere Organisationen veranlasste, das staatliche Vorgehen offiziell zu verurteilen. Der unverhältnismäßige Einsatz der Polizei, die übrigens bis heute von ehemaligen Militärs geschult wird (Berndt 2013, 292), bewirkte, dass sich breite Teile der Bevölkerung mit den demonstrierenden Jugendlichen solidarisierten. Der zentrale Gewerkschaftsverband Central Unitaria de Trabajadores (CUT) hatte sich mit einem zweitägigen Generalstreik angeschlossen. Wieder andere waren dem landesweiten Aufruf zu Cacerolazos[6] gefolgt. Die Regierung Piñera lenkte nach monatelangem Protest schließlich

5 Sie organisierten Vorlesungen und Theaterstücke auf zentralen Straßen, Plätzen und sogar in Metros und Bussen. Populäre Lieder wurden originell umgetextet. Hinzu kamen Flashmobs und große Verkleidungsaktionen. Als eine Studie der Universität Plaza Ancha in Valparaíso feststellte, dass 300.000 Studierende an staatlichen Einrichtungen eingeschrieben waren und ihre Studiengebühren zusammengerechnet etwa 1,8 Milliarden US-Dollar betrugen, was ungefähr einem Drittel des damaligen Militärbudgets entsprach, kam es zu zahlreichen Aktionen im Zusammenhang mit der Zahl 1.800. Darunter die großen Kussaktion unter dem Titel „Leidenschaft für das Recht auf Bildung". 1.800 Sekunden bzw. 30 Minuten lang wurden an den wichtigsten Plätzen Chiles geküsst (Berndt 2013, 289 ff.).

6 Cacerolazos ist eine Protestart aus den 1980er Jahren. Zu einem verabredeten Zeitpunkt schlagen die Menschen – wie einst gegen Pinochet – auf Töpfe und Pfannen, um die Polizeigewalt zu verpönen und die Bewegung zu unterstützen. Im Zuge des Protestaufschwungs ertönten sie erstmals auch in wohlhabenden Vierteln (Berndt 2013, 293).

ein und signalisierte ihre Bereitschaft zum Dialog, allerdings nicht ohne als Druckmittel die Stipendien für Studierende zu streichen und die Lehrergehälter für die Schulen, die während der Bewegung besetzt waren, nicht auszuzahlen. Parallel dazu hatte sie ein Gesetz zur Einschränkung des Versammlungsrechtes beschlossen (ebd., 295).

Gleichzeitig vollzogen sich 2011 eine Reihe von Großdemonstrationen, organisiert von Bauern und Umweltschützern gegen die Einführung eines Abkommens mit Monsanto[7] sowie gegen Hidroaysén.[8] In der Region Magallanes gab es Proteste gegen den extremen Anstieg der Gaspreise. In den Regionen Aysén, Calama und Arica erstarkten Anfang 2012 regionale Bürgerbewegungen gegen die soziale Benachteiligung der Region. Es gab Proteste der Mapuche-Ureinwohner. Es gab Proteste für die Rechte sexueller Minderheiten. Tierschützer, Fischer und Bergarbeiter, Gewerkschafter, Angestellte aus dem öffentlichen und privaten Sektor – sie alle stürmten „wiederholt und massenhaft, spontan oder organisiert" auf die Straßen (ebd., 276 f.). Der Aufschwung sozialer Bewegung zeigte einerseits, dass offenbar vor allem die jüngere Generation erkannt hatte, „dass der Ursprung unterschiedlicher Probleme in der vorherrschenden, zutiefst neoliberalen Struktur des Landes liegt, welche ihr (...) Fundament in der 1980 von der Militärdiktatur verabschiedeten Verfassung findet" (ebd., 278). Dieser Prozess ging mit einem wachsenden Vertrauensverlust in die Regierung und ihre Institutionen einher. Dieses lag 1991 landesweit bei noch über 50 Prozent und sank bis 2019 auf sechs Prozent (Boddenberg 2020d).

Massenproteste von 2019 – Forderung nach einem Verfassungsreferendum

Die Reaktion auf die Erhöhung der Fahrpreise im Oktober 2019 hat eine signifikante Protestbewegung zur Einführung eines Verfassungsreferendums provoziert. Studierende hatten zunächst zum gemeinsamen Fahren ohne Ticket aufgerufen, was zu schweren Zusammenstößen mit der Polizei führte. Menschenrechtsorganisationen prangerten die „Polizeigewalt bis hin zur sexuellen Demütigung von Frauen" an (Dilger/Kim 2019). Augenzeugen berichteten von gepanzerten Polizisten, die auf wehrlose Demonstranten einprügelten, ätzende Chemikalien in die Tanks der Wasserwerfer gaben oder Metallkugeln durch Gummigeschosse

7 Monsanto ist der größte multinationale Konzern genetisch manipulierter Samen.

8 Dabei handelt es sich um ein Energieprojekt in Patagonien, welches den Bau mehrerer Staudämme vorsieht.

ersetzten, mit denen sie bewusst auf die Augen der Menschen zielten (Gurk 2020). Die Bilanz spricht Bände: 460 Augenverletzungen, 33 Tote, 11.500 Verletzte, 36.000 Festnahmen (Boddenberg 2020b). Wieder solidarisierten sich weite Teile der Gesellschaft mit den Studierenden, was zu einer Ausweitung der Bewegung im Zentrum und an den Rändern der Hauptstadt führte. Als Reaktion darauf rief Piñera den Notstand aus und verhängte eine nächtliche Ausgangssperre. Außerdem setzte er bewaffnetes Militär zur Unterstützung der Polizei ein. Mit diesem Rückgriff auf diesen aus der „Diktatur bekannte(n) politisch-militärische(n) Autoritarismus" (Pérez/Osorio 2021 55) heizte er die Revolte zusätzlich an, die inzwischen auf fast alle Landesteile übergegriffen hatte. Bis zu 1,5 Millionen Menschen gingen allein am 25. Oktober 2019 auf die Straße. Zu vergleichbaren Protesten kam es auch in allen großen und mittleren Städten.

Was mit dem gewaltfreien Widerstand einiger Schüler und Studierender gegen die Preiserhöhung im Nahverkehr begonnen hatte, hatte sich in wenigen Tagen zu den größten Protesten ausgewachsen, die Chile seit dem Ende der Pinochet-Diktatur erlebt hatte. Das Ende des Ausnahmezustandes und die Einberufung eines Verfassungskonvents wurden zu den beiden zentralen Forderungen der Bewegung. Es gehe nicht um 30 Pesos, sondern um 30 Jahre, war als Slogan immer wieder auf den Demonstrationen aufgetaucht. Die Geschwindigkeit und die Wucht, mit der sich der Frust auf den Straßen entladen hatte, kamen überraschend, aber dass die gesellschaftliche Unzufriedenheit in den vergangenen Jahren immer weiter angewachsen war, hatte sich nicht zuletzt an den sinkenden Umfrageergebnissen der Regierung Piñera (Seiwerth, 2021b) deutlich gezeigt.

Die anhaltenden Proteste stürzten die Regierung in eine noch tiefere Krise. Um diese zu beenden, willigte die Regierung am 15. November ein, einen verfassungsgebenden Prozess einzuleiten (Pérez/Osorio 2021, 57). Das Referendum wurde zunächst für April 2020 angesetzt, musste aber aufgrund der COVID-Pandemie verschoben werden. Als es schließlich am 25. Oktober 2020 abgehalten wurde, stimmte mit 78,3 Prozent ein Großteil der Bevölkerung dafür, eine neue Verfassung auszuarbeiten und das Gremium, das diese Verfassung ausarbeitet soll, neu zu wählen (Boddenberg 2020c). Die Wahlbeteiligung hatte bei 50,9 Prozent gelegen und damit deutlich über der bei den Präsidentschaftswahlen in der jüngeren Vergangenheit und das, obwohl die Teilnahme an der Wahl insbesondere für ältere Menschen durch die Pandemie erschwert war. Vor allem Menschen in den sozial benachteiligten Bezirken sowie junge Menschen waren vermehrt zur Abstimmung gegangen (Löhning 2020).

Die Wahl der 155 Mitglieder des Verfassungskonvents, die Mitte Mai 2021 stattgefunden hatte, war bereits ein deutliches Zeichen. Seine konsequent paritätische Besetzung nach Mann und Frau gab der Frauenbewegung, die in den letzten Jahren gegen die zahlreichen Femizide gekämpft hatte, ein würdiges Gesicht (Ruderer 2021). Die Wahl der 36-jährigen Mapuche Natividad Llanquileo stand stellvertretend für die hungerstreikenden Mapuche-Kämpfer. Und Camila Zárate repräsentierte die Bewegung gegen die Wasserprivatisierung. Es waren die unterschiedlichen sozialen Kämpfe, die sich prominent im Verfassungskonvent abbildeten. Ihre spezifischen Forderungen nach der Abschaffung des privatisierten Rentensystems, nach dem freien Zugang zu den Wasserreserven des Landes oder nach dem Schutz von Frauen, die durch Gewalt bedroht sind, bündelten sich im Konvent und waren ein starkes Zeichen in die Gesellschaft. Damit saßen erstmals Menschen in einem wichtigen politischen Organ, die die Lebensrealität der besitzlosen Klassen abbildeten und deren Kämpfe und Problemlagen kannten. Wie sehr sich die Verfassungsdelegierten den sozialen Bewegungen verantwortlich fühlten, zeigte daher vor allem die erste offizielle Stellungnahme des Konvents. Darin forderten die Delegierten eine Amnestie für die politischen Gefangenen, die infolge der Demonstrationen von 2019 noch immer ohne Prozess in Haft saßen. Die Erklärung, die bei der Regierung auf Ablehnung gestoßen war, wurde mit mehr als Zweidrittel der Stimmen im Konvent angenommen (ebd., 2021).

Die Regierung Piñera

Der rechtsliberale Sebastián Piñera, der bis Dezember 2021 Präsident Chiles war, setzte zunächst auf konsensorientierten Politikstil und lud andere Parteien zur Mitarbeit ein. Statt rechter „Rabauken-Rhetorik“ versprach er wirtschaftliche Stabilität, ohne dabei an die Zeit der Militärdiktatur anzuknüpfen. Vielmehr war das Gegenteil der Fall. Der Milliardär, der in Harvard Ökonomie studiert hatte und in den 70er Jahren unter Pinochet mit der Einführung eines Kreditkartensystems reich wurde, distanzierte sich von der Militärdiktatur und gab bekannt, dass er 1988 gegen den Verbleib Pinochets gestimmt hatte. Dennoch stellten selbst bürgerliche Medien Piñera bruchlos in eine Reihe mit Pinochet. So schrieb die NZZ über den Regierungswechsel 2010: „Diese (die chilenische Rechte, U.E.) hatte mit Präsident Sebastián Piñera (...) erstmals seit dem Ende der Diktatur wieder die Regierungsgeschäfte übernommen“ (Marti 2013). Doch obwohl er der erste rechtsliberale Präsident seit dem Ende der Diktatur war, vermied Piñera es, den Eindruck zu vermitteln, dass es mit ihm wieder zurück in die Zeit der Militärdiktatur ginge. Offiziell lehnte Piñera die Gewalt der Militärdiktatur ab, aber ohne Zweifel stand er für die Fortführung ihres neoliberalen Programms. „Sarkozy statt Pinochet, könnte man sein Motto beschreiben“

(Kalverkamp 2010). Piñera gelang es, sich bei den Präsidentschaftswahlen gegen das Concertación-Bündnis durchzusetzen, weil es dem Bündnis nie gelungen war, den neoliberalen Rechtsrahmen der Militärdiktatur rückgängig zu machen. Das politische System wurde nicht reformiert, die neoliberale Verfassung nicht geändert. Das Parlament ist durch diese Rechtsrahmen geknebelt, haushaltsrelevante Gesetze können von ihm nicht auf den Weg gebracht werden. Es war eine „strikt marktliberale Wachstumspolitik mit nur vorsichtigen Schritten in der Armutsbekämpfung" (Kalverkamp 2011), die den Weg für Piñera ebnete. Die Regierungen der Concertación hatten es vermieden, sich den Interessen der Bourgeoisie entgegenzustellen.

Auch inhaltlich unterschied sich Piñera von autoritären Populisten wie Trump oder Orbán. So wurde unter seiner Präsidentschaft die gleichgeschlechtliche Ehe auf den Weg gebracht. Er fiel nicht durch rassistische oder diskriminierende Äußerungen in der Öffentlichkeit auf. Und er leugnete auch nicht die Notwendigkeit, das Klima zu schützen. Dabei war er allerdings darauf bedacht, dass die von ihm eingeleiteten Klimaschutzmaßnahmen nicht in Widerspruch zu seinem marktradikalen Wachstumskurs gerieten. Beschlossen wurden daher nur, was den nachhaltigen Umbau förderte und sich dabei bruchlos in das neoliberale Wachstumsmodell Chiles integrieren ließ: Das Verbot von Plastiktüten im Handel, das Jahr 2040 als Ziel für die Kreislaufwirtschaft, die Förderung von Recycling in der Industrie, die Senkung der Unternehmenskosten beim nachhaltigen Umbau und nicht zuletzt die Schließung aller Kohlekraftwerke bis 2040. Doch das Programm war nicht nur wenig ambitioniert, es kann auch als „Fallstudie für das Scheitern des 'grünen Kapitalismus'" angesehen werden (Soto 2019). Denn die ökologischen Zielformulierungen hielten Piñera nicht davon ab, an seinem Privatisierungskurs auch im Bereich Rohstoffindustrie festzuhalten: Beispielsweise als er ein Freihandelsabkommen unterzeichnete, das die Übertragung des nationalen Saatgutmonopols an Bayer/Monsanto veranlasste oder als er die Inbetriebnahme neuer kohlenstoffbasierter Kraftwerke genehmigte (ebd.). Der chilenische Wachstumspfad beruht auf der Ausbeutung der Ressourcen – vor allem Kupfer und Lithium. Um der Bergbauindustrie die Ausbeutung natürlicher Ressourcen zu erleichtern, ließ Piñera das Gletscherschutzgesetz ändern und weigerte sich, den Escazú-Vertrag zu unterzeichnen. Der Vertrag, der von 14 lateinamerikanischen Ländern bereits ratifiziert worden war, regelte die Einbeziehung der Zivilgesellschaft bei Umweltentscheidungen. Und als 2021 ein internationales Netzwerk investigativer Journalisten die Pandora Papers veröffentlichte, kam heraus, dass Piñera beim Verlauf der Mine „Mineral Dominga" an eine befreundete Familie dieser zugesichert hatte, die Gegend im

Norden des Landes nicht zum Naturschutzgebiet zu erklären (da Silva/Schürpf 2021; Zeit online, 09.10.2021).

Piñeras Regierungsprogramm erwies sich in allen Punkten als marktliberal. Als die Restrukturierungs- und Wiederaufbaumaßnahmen, die nach dem Erdbeben im Februar 2010 notwendig wurden, den finanziellen Rahmen des chilenischen Minimalstaates überstiegen, lagerte die Regierung die Koordinierung der Nothilfe und des Wiederaufbaus an private Akteure aus und brachte eine Vielzahl von PPP-Projekten auf den Weg (Kalverkamp 2011). Piñeras Autoritarismus verzichtete auf die schmutzigen Praktiken der Militärregierung, aber der strategische Fokus der Regierung blieb marktradikal auf Haushaltskontrolle, Staatsreduzierung und Privatisierung konzentriert. „Entwicklungspfade sind nicht gepflastert, sondern voller Hindernisse und Fallen. Wir sollten uns in Acht nehmen vor dem Christopher-Columbus-Syndrom, nicht zu wissen, wohin man unterwegs ist und wo man am Ende ankommt, und die Regierung die Kosten dafür zahlen zu lassen", sagte Piñera einmal (vgl. Forbes 2022). Es sind Sätze wie diese, die zeigen, die historische Kontinuität von Pinochet zu Piñera war nicht die autoritäre Gewalt des Sicherheitsstaates, sondern der Neoliberalismus des Wirtschaftsstaates.

Der chilenische Konservative Sergio Micco argumentiert, Piñeras Wahlsieg sei kein Rechtsruck gewesen, sondern die Wahl eines rechten Präsidenten in einer eher linksliberalen Gesellschaft, in der die Wahlenthaltung der Enttäuschten den Ausschlag gegeben habe (vgl. Kalverkamp 2010a).

Als 2019 allerdings die Menschen landesweit gegen Piñera auf die Straße gingen und eine neue Verfassung forderten, radikalisierte sich auch der Präsident. Er verhängte den Ausnahmezustand und setzte erstmals seit dem Ende der Militärdiktatur das Militär im Landesinnern ein. „Ein paar Brände reichen dem Globalen Citoyen, um diktatorische Züge zu entwickeln und das Militär auf die Straße zu schicken", schreibt Soto (Soto 2019). Als bei den Präsidentschaftswahlen im November mit Gabriel Boric ein ehemaliger Studentenführer gegen den neofaschistischen José Antonio Kast, Sohn eines eingewanderten Wehrmachtsoffiziers und Wurstfabrikanten, antrat, zeigte sich, wie stark sich die chilenische Gesellschaft polarisiert hatte. Boric war Ausdruck der sozialen Bewegungen, die nach jahrzehntelangem Kampf gegen die Auswirkungen neoliberaler Politik den verfassunggebenden Prozess auf den Weg gebracht hatten. Kast dagegen stand für die Unzufriedenheit des Bürgertums, das sich im Zuge der Protestbewegung nach rechts radikalisiert hatte. Er hatte im Wahlkampf eine Rückkehr zur Normalität und die Wiederherstellung der Ordnung versprochen und damit ein Ende der Proteste gemeint. Sein Programm stand konträr zu den Forderungen der Protestbewegung. Er lehnte nicht nur sexuelle und familiäre Vielfalt und das Recht auf Abtreibung ab, sondern kritisierte vor allem die Law-and-Order-Politik seines Vorgängers, die nicht mehr in der Lage war, die öffentliche Ordnung durchzusetzen. „Wäre Pinochet noch am Leben, er würde für mich stimmen", hatte Kast einmal gesagt und den Respekt vor der Tradition sowie die Reduzierung der Rolle des Staates gefordert (Ehringfeld 2021b). Mit der Unterstützung des Präsidentschaftskandidaten Kast, der die Wahl gegen Boric im Dezember 2021 nach einem Kopf-an-Kopf-Rennen knapp verlor, hatte das Bürgertum zur unappetitlichen Gewalt der Militärregierung zurückgefunden und seinem Wunsch sichtbar Ausdruck verliehen, zur Sicherstellung von Wachstum, die autoritäre und notfalls auch gewaltsame Stillstellung von sozialem Protest zu tolerieren. Aus Angst, die Änderung der Verfassung würde das ökonomische Wachstum bremsen, hatte Kast angekündigt, im Fall seiner Wahl dem Verfassungskonvent die finanziellen Mittel zu entziehen. Kast war die neoliberale, autoritäre Antwort auf die Revolte von 2019. Die Menschen fürchteten zu Recht mit Kast einen „Post-Pinochetismus" (Ehringfeld 2021a).

Die Corona-Pandemie

Fast 50 Jahre Neoliberalismus haben die Armut in Chile verfestigt und die staatliche Handlungsfähigkeit weitgehend zerstört. Das Land führt die Liste der ungleichen Einkommensverteilung in den OECD-Ländern an (Schwirz 2017). Der Gini-Koeffizient hält sich bei 0,45 (World Bank 2021). Mit einer Gesamtsteuerlast von 20,7 Prozent ist Chile das Land mit der zweitniedrigsten Steuerlast unter allen OECD-Ländern (OECD 2016). Darüber hinaus haben die weitreichenden Privatisierungen der Daseinsvorsorge immer größere Teile der Chilenen von der Basisversorgung ausgeschlossen. Die Zahl der wirtschaftlich gefährdeten Personen liegt nach Angaben der OECD weit über dem OECD-Schnitt. So hat mehr als die Hälfte aller Haushalte ein erhöhtes Armutsrisiko und gilt als armutsgefährdet (OECD 2021). Das ist vor allem darauf zurückzuführen, dass viele Chilenen in informellen Jobs mit wenig Schutz und instabilen Verhältnissen tätig sind und mit geringen finanziellen Puffern auskommen müssen. Deshalb haben sich mit Beginn der Pandemie die sozialen Widersprüche in einer Weise radikalisiert, die vorher selbst in Chile undenkbar gewesen war. Nur etwa ein Drittel der Chilenen konnte sich noch dreimal am Tag eine Mahlzeit leisten. Die Zahl derjenigen, die auf der Straße oder in den Elendsvierteln leben, hat sich innerhalb eines Jahres um 235 Prozent erhöht (Reperger 2021). Während die Regierung ein soziales Hilfsprogramm in Höhe von fünf Milliarden US-

Dollar auflegte, wälzte sie zugleich die soziale Verantwortung für die Folgen der Pandemie auf die Menschen ab. Sie schuf 2020 die Möglichkeit, bei finanziellen Engpässen auf die eigenen Renteneinlagen zurückzugreifen. Die Menschen machten in ihrer Not davon Gebrauch, obgleich die Rentenerwartung ohnehin äußerst prekär war. Insgesamt 18 Milliarden Dollar wurden abgehoben. Auf diese Weise haben sich bereits mehr als drei Millionen Chilenen ihre gesamten Rentenersparnisse auszahlen lassen, so dass sie über keinerlei Pensionsansprüche mehr verfügen (ebd.).

Mit der Pandemie setzte sich eine historische Kontinuität fort: Staatliche Handlungsfähigkeit zeigt sich in Chile seit 50 Jahren nicht beim Schutz der Bevölkerung, sondern beim Durchsetzen der öffentlichen Ordnung (Pérez/Osorio 2021, 58). So verhängte die Regierung einen scharfen Lockdown, bei dem es den Menschen nur zweimal in der Woche erlaubt war, die Wohnung zum Einkaufen und auch nur mit polizeilicher Genehmigung zu verlassen. Gleichzeitig ahndete ein neues Gesetz den Verstoß gegen die Quarantänemaßnahmen. Mit bis zu fünf Jahren Haft musste rechnen, wer sich nicht an Ausgangssperren und Versammlungsverbote hielt. Doch in einem Land, in dem 80 Prozent der Menschen verschuldet sind, können auch nur wenige Tage Lockdown zu existenziellen Krisen führen. In knapp 60 Prozent aller Haushalte lebte mindestens eine Person, die zum Arbeiten das Haus verlassen musste (Seiwerth 2020). Umfragen zufolge war die Not so groß, dass jeder dritte Beschäftigte aus Angst vor dem Einkommensverlust seine Ansteckung verheimlichte und weiter am Arbeitsplatz erschien (Reperger 2021). „Wenn uns nicht das Virus tötet, tötet uns der Hunger" war deshalb immer wieder auf Plakaten zu lesen, als die Menschen vor allem in den Randbezirken von Santiago gegen die Maßnahmen zum Infektionsschutz protestierten (Boddenberg 2020e).

Selbst die rasche Impfkampagne ging zu Lasten der Menschen. Während im Schnelltempo 86 Prozent der erwachsenen Bevölkerung vollständig durchgeimpft wurden (Brühwiller 2021), stiegen in der ersten Jahreshälfte die Infektionszahlen derart rasant an, dass das Gesundheitssystem kurz vor dem Kollaps stand. Die Zahl der Todesfälle hatte sich innerhalb kürzester Zeit verdoppelt. Beide Prozesse – der rasante Anstieg der Neuinfektionen einerseits und die Impfkampagne andererseits – vollzogen sich parallel und verschärften die Arbeitsbelastung für das Pflegepersonal. Bei einer Auslastung der Betten, die mancherorts in Santiago zwischen 96 und 99 Prozent lag (Reisch 2020) und der Tatsache, dass sich die Zahl des Personals aufgrund von Erkrankungen, Burnout und zusätzlichen Sicherheitsbestimmungen halbiert hatte (Seiwerth 2021b), war die Impfkampagne eine zusätzliche Herausforderung. Mit der Pandemie stieß das neoliberale

Gesundheitssystem endgültig an seine Grenzen. Carlos Ruiz Encina, Präsident des dem linken Parteienbündnis Frente Amplio nahestehenden Thinktanks Fundation Bodo XXI weist zu Recht auf die Mitverantwortung aller Regierungen in der Phase der Demokratie hin: „Pinochet hat das öffentliche Gesundheitssystem zerstört, aber die zivilen Regierungen danach haben es nicht wieder aufgebaut" (vgl. Schäfer 2020). Anstatt in der Pandemie den Zugang zu einer universellen Gesundheitsversorgung aufzubauen, tolerierte auch die Regierung Piñera, dass die Privatkliniken an der Pandemie verdienten.

Um die Löcher zu stopfen, die durch die Untätigkeit der Regierung entstanden waren, gründeten sich überall im Land solidarische Netzwerke und Nachbarschaftsinitiativen, die sogenannten Ollas Communes (Boddenberg 2020b). In den Armenvierteln von Santiago entstanden selbstverwaltete Schulen, Sportprogramme für die Kinder und Gemeinschaftsküchen, gegen die die Polizei im März 2021 mit Wasserwerfern und Panzerwagen vorging, um den Lockdown durchzusetzen (Seiwerth 2021a). Während die Regierung darum bemüht war, eine neoliberale Normalität zum Preis unkontrollierbarer Ansteckungsraten aufrechtzuerhalten (Pérez/Osorio 2021, 58), diente ihr die Pandemie als Vorwand, um den Ausnahmezustand unter der Legitimität des Infektionsschutzes durchzusetzen. Der fehlende Infektionsschutz für die am wenigsten Privilegierten, die dramatische Vertiefung der sozialen Krise und die Zunahme der Polizeirepression zeigten: die Regierung hielt am neoliberalen Wachstumspfad fest. Viele von der Opposition eingebrachte Gesetzesinitiativen wie Arbeitsschutzmaßnahmen oder die Deckelung von Medikamenten-, Strom- und Wasserrechnungen wurden wegen fehlender Verfassungskonformität nicht verabschiedet (Boddenberg 2020b). Die Pandemie setzte den Protest in Chile für kurze Zeit aus, aber sie verschärfte die gesellschaftlichen Konflikte und setzten die Auseinandersetzung um eine neue Verfassung mit neuer Dringlichkeit auf die Tagesordnung.

Gewerkschaftliche Machtressourcen

Die chilenischen Gewerkschaften gelten als „weniger einflussreich" (Rojas 2013, 18). Ein heterogener Arbeitsmarkt und soziale Unwägbarkeiten prägen den Arbeitsalltag der Lohnabhängigen und schwächen ihre Verhandlungsmacht. Streiks hatten gerade in der ersten Phase der Transformation ihrer Zahl nach abgenommen und sind entsprechend ihrer Dauer kürzer geworden, erreichten allerdings im Zuge der Proteste 2014 ebenso wie 2019 historische Höchstwerte von über 450 Streiks pro Jahr, überwiegend im Privatsektor (Gutiérrez u.a. 2021, 8). Auffällig ist einerseits, dass die Streiks im außergesetzlichen Bereich überwogen. So nahmen beispielsweise 2011 95 Prozent aller Streikenden an außergesetzlichen Streiks teil und nur fünf Prozent an legalen Streiks. Das heißt, Streiks wurden in Chile in übergroßer Zahl nicht von den etablierten Institutionen organisiert (ebd., 11), was auf eine insgesamt schwache Organisationsmacht zurückgeführt werden muss. Allerdings setzte ab 2019 eine Verschiebung ein: Zum ersten Mal entsprach die durchschnittliche Zahl an außergesetzlichen Streiks der Zahl der legalen Streiks, was auf einen Rückgang der Arbeitskämpfe im außergesetzlichen Bereich zurückgeführt werden muss. Dieser Trend setzte sich auch im Pandemiejahr fort. Gutiérrez u.a. gehen davon aus, dass dieser Rückgang mit einer Verschlechterung der sozioökonomischen Bedingungen zusammenhängt, denn es gingen vor allem die Mobilisierungen im bislang ungeschützten institutionellen Bereich zurück (ebd.).

Allerdings zeigt die wachsende Verhandlungsmacht der Beschäftigten im Gesundheitssektor, denen es auch unter den Bedingungen der Pandemie gelang, Privatisierungen zu verhindern und unbefristete Arbeitsverträge durchzusetzen (Seiwerth 2021b), dass die Gewerkschaftsbewegung in Chile trotz der historischen Angriffe Erfolge einfahren kann. Dennoch muss festgehalten werden, die Pandemie hat das Kräfteverhältnis im Konflikt zwischen Kapital und Arbeit zuungunsten der Lohnabhängigen verschoben, was sich einerseits am Rückgang der Streiks feststellen lässt. So hat die Gesamtzahl der Streiks zwischen 2019 und 2020 um fast 50 Prozent von 430 auf 246 abgenommen. Gleichzeitig ist der Druck auf die Beschäftigten gestiegen, denn die Dauer der legalen Streiks erreichte im Pandemiejahr 2020 einen historischen Höchststand. Dabei waren Lohnforderungen die Hauptursache für die Auseinandersetzungen – ihr Anteil stieg im Vergleich zum Zeitraum 2016–2019 auf 63 Prozent (Gutiérrez 2021, 3).

Strukturelle Macht der Gewerkschaften

Dabei sind es folgende Parameter, die sich hemmend auf die gewerkschaftliche Mobilisierungs- und Handlungsfähigkeit auswirken: Erstens, ein stark prekarisierter Arbeitsmarkt. Der chilenische Wachstumspfad, der seit der Militärdiktatur in allen Wirtschaftsbereichen (auch in der Industrie) vornehmlich auf niedrige Lohnkosten setzte (Dirksen 2018, 3), hat zu einer Vielzahl unsicherer Beschäftigungsverhältnisse mit ausgeprägten Prekarisierungstendenzen geführt. So waren 2006 mit 64,3 Prozent zwei von drei Erwerbstätigen in prekären Arbeitsverhältnissen beschäftigt. Der Anteil der befristet Beschäftigten schwankte zwischen 26 und 30 Prozent und ist in keinem anderen OECD-Land so hoch wie in Chile. Im informellen Sektor arbeitete 2019 mit 30,4 Prozent jeder Dritte

(Pérez/Osario 2021, 54), was jedoch im Vergleich zu anderen Ländern Lateinamerikas verhältnismäßig moderat ist.[9] Besonders schlimm ist die Situation in den Callcentern. Die christdemokratische Senatorin Soledad Alvear hatte die Arbeitskonditionen der Schichtarbeiter öffentlich als Sklaverei bezeichnet, nachdem bekannt geworden war, dass Toilettengänge zu Gehaltsabzügen führten und selbst Schwangere Nachtschichten übernehmen müssten (Rojas 2013, 19). Gleichzeitig schließen Arbeitgeber inzwischen Verträge mit Schichtarbeitern meist nur für die Dauer einer Schicht ab. Das Fehlen eines stabilen Vertrages erschwert Renteneinzahlungen und den Anspruch auf finanzielle Unterstützung wie beispielsweise Wohnungszuschüsse. Auch die Möglichkeit, einen Kredit aufzunehmen, besteht auf dieser Vertragsbasis nicht, was in der hochgradig kreditfinanzierten chilenischen Gesellschaft existenzgefährdend wirkt (ebd., 18).

Die Prekarisierung des Arbeitsmarktes mit Beschäftigungsverhältnissen nur für wenige Stunden, befristet und schlecht entlohnt, wird durch seine spezifische Struktur begünstigt. So arbeiten mit 69 Prozent ungewöhnlich viele Beschäftigte im Dienstleistungssektor. Knapp 22 Prozent sind in der Industrie tätig. Der Anteil im Agrarsektor fällt mit neun Prozent relativ gering aus (WIKO 2022, 4).

Ein zweiter hemmender Faktor ist die Entwicklung der Arbeitslosenquote. Diese lag vor Ausbruch der Pandemie im Schnitt bei sechs bis sieben Prozent und fiel damit relativ moderat aus. Der Wirtschaftseinbruch infolge der Coronapandemie ließ die Zahl jedoch bereits im ersten Pandemiejahr 2020 auf elf Prozent (Statista, 23.05.2022) ansteigen. Offenbar bewirkt die starke Flexibilisierung des Arbeitsmarktes mehr Beweglichkeit, denn die Langzeitarbeitslosigkeit liegt in Chile bei insgesamt nur 2,6 Prozent, was entweder auf ungenaue Statistiken oder eine hohe Durchlässigkeit am Arbeitsmarkt zurückgeführt werden muss. Sie ist damit zwar im Vergleich der OECD-Länder (1,8 Prozent) immer noch überdurchschnittlich, trägt aber offenbar nicht zu einer Verfestigung längerer Episoden von Arbeitslosigkeit bei. Dennoch fehlt den Menschen das Vertrauen in den Arbeitsmarkt. Umfragen zufolge befürchteten bereits Ende der 1990er Jahre 69 Prozent aller Beschäftigten, dass sie im Falle von Arbeitslosigkeit keine geeignete Stelle finden würden. 82 Prozent sorgten sich, vollständig vom Arbeitsmarkt ausgeschlossen zu werden (Lechner 2004, 91). Besorgniserregend ist zudem die Entwicklung der Jugendarbeitslosigkeit, die mit 24,9 Prozent 2020 mehr als doppelt so hoch war wie die allgemeine Arbeitslosigkeit (WIKO 2022). Besorgniserregend deshalb, weil Arbeitslosigkeit in Chile aufgrund der unzureichenden sozialen Sicherheitsarchitektur zu signifikanten Einkommensverlusten führt. Das

---

9 Die Zahl liegt in Lateinamerika im Durchschnitt bei 48 Prozent (Dirksen 2018, 3).

chilenische System der Fürsorge ist auf eine Kapitalisierung der individuellen Beiträge aufgebaut, weshalb bereits Ende der neunziger Jahre 76 Prozent der Chilenen die Fürsorgesysteme negativ bewerteten (Lechner 2004, 90).

Diese Rahmenbedingungen haben Einfluss auf die Verhandlungsposition der Gewerkschaften und definieren ihre strukturelle Macht. Diese ist nicht signifikant, wie sich an den Ergebnissen ablesen lässt. Zwischen 2005 und 2010 verhandelten 85,5 Prozent aller Unternehmen nicht über Tarifverträge (Ramos 2017, 7). In der Konsequenz waren es daher nicht Tarifverträge, sondern der Mindestlohn, der sich zum Regulierungsinstrument für Entlohnung entwickelte. Die fehlende Verhandlungsmacht der Gewerkschaften führte dazu, dass es für viele Menschen keine Einkommenssteigerungen gab. Von den 7,3 Millionen Lohnabhängigen werden mit 5,1 Millionen fast 70 Prozent durch einen Mindestlohn abgedeckt (ebd., 8). Ihre Zahl ist insbesondere im Kontext der Asienkrise ab 1998 stark gestiegen. Nur 18 Prozent der Beschäftigten im privaten Sektor fielen 2016 unter einen Tarifvertrag, was deutlich unter dem OECD-Schnitt von 47 Prozent liegt (Pérez/Osorio 2021, 54). Vor diesem Hintergrund hat sich der Mindestlohn in den letzten Jahren schneller entwickelt als der Gesamtdurchschnittslohn, weil er eine Anpassung für einen Zeitraum von drei Jahren auf der Grundlage von BIP-Wachstum, Inflation und Produktivität durch die Regierung vorsah. Aus der Schwäche der Tarifbeziehungen resultiert also die Steuerungsstärke des Mindestlohns. Vor diesem Hintergrund gehörte Chile 2022 zu den drei Ländern Lateinamerikas mit dem höchsten Mindestlohn von monatlich 337.000 Pesos, was etwa 430 US-Dollar entspricht (Latinapress 2022).

Gewerkschaftliche Organisationsmacht

Historisch galt die chilenische Gewerkschaftsbewegung als eine der stärksten Lateinamerikas. Anfang der 1950er Jahre versuchten die Gewerkschaften das zersplitterte Prinzip der Betriebsorganisierung zu überwinden und sich anhand des Industrieverbandsprinzips entlang von Branchen zu Föderationen und Dachverbänden zusammenzuschließen. In diese Zeit fällt auch die Gründung des Dachverbandes CUT. 1968 betrug der gewerkschaftliche Organisationsgrad 25 Prozent. Er erreichte unter der Regierung der Unidad Popular 1972 37,5 Prozent (Sau/Salídas 2013, 2). Der Sektor der Industriearbeiter blieb dabei der am besten organisierte. Der hohe Organisationsgrad war Resultat des politischen Aufschwungs sozialer Bewegungen, der sich zu Beginn der 1970er Jahre in ganz Lateinamerika vollzogen hatten und in Chile die Unidad Popular mit Allende an der Spitze in die Regierung brachte. Bedeutsame politische Partizipationsmöglichkeiten und soziale Errungenschaften für die Klasse der Lohnabhängigen prägten die Zeit dieser Regierung. Die Gewerkschaftsbewegung entwickelte sich in diesem günstigen Klima politischer Emanzipationsprozesse zu einer starken gesellschaftlichen Kraft. Ohne Beispiel sind die Betriebsbesetzungen kurz nach dem Amtsantritt Allendes, mit denen Lohnabhängige überall im Land versuchten, das Verstaatlichungsprogramm der Regierung zu beschleunigen (Arnold 2011).[10] Dazu besetzten sie ihre Betriebe und organisierten eigenständig die Produktion. Und als 1972 Unternehmern und rechte Kräfte mittels eines Unternehmerstreiks vorsätzlich eine Versorgungskrise herbeiführten, um Allende in die Knie zu zwingen, weiteten die Arbeiter ihren Aktionsradius aus. Gemeinsam mit regionalen Bauern gründeten sie zur Selbstorganisation auf Stadtteilebene Comandos Comunales. Sie besetzen Ländereien und organisieren Märkte. Sowohl die Besetzung und Selbstverwaltung der Fabriken als auch die Zusammenarbeit mit den Campesinos waren neue Elemente im Aufschwung der Gewerkschaftsbewegung. Sie führten dazu, dass die Regierung der Unidad Popular auf die Forderungen einging, den Großteil der besetzten Betriebe in das Verstaatlichungsprogramm aufnahm und das System der sozialen Sicherheit insgesamt stärkte (Sau/Salídas 2013, 2).

In diesem Kontext ist es kein Zufall, dass der stärkste Fokus der Militärregierung auf der Zerschlagung gewerkschaftlicher Organisationsmacht lag. Unter der Unidad Popular hatten sich Organisierungs-, Partizipations- und Selbstermächtigungsprozesse vollzogen, die die autoritäre und antiemanzipatorische Praxis von gesellschaftlicher Produktion und privater Aneignung im Kapitalismus in Frage stellte. Der Militärputsch stellte die Unterordnung der Klasse der abhängig Beschäftigten unter das hierarchische Akkumulationsregime wieder her. Gegen die Klassenorganisierung wurde die Zersplitterung der Klasse gesetzt, gegen

---

10 Die ersten waren im April 1972 die Beschäftigten der großen Textilfabrik Yarur in Santiago. Nach drei Tagen Besetzung erreichten sie die Beschlagnahmung ihres Betriebes durch die Regierung und damit seine Verstaatlichung. Viele weitere Beispiele folgten, dabei kam es sogar zur zeitweisen Besetzung des Arbeitsministeriums, um den Verstaatlichungsprozess bestimmter Betriebe zu beschleunigen. Im Juni 1972 schlossen sich die Arbeiter aus über 30 Betrieben in den Gemeinden Cerrillos und Maipú, dem Industriegürtel Chiles, zu einer gemeinsamen Koordination zusammen. Sie organisierten Straßenblockaden und begannen, die wachsenden Probleme von Transport und Versorgung in ihrer Region eigenständig in die Hand zu nehmen. Damit erreichten sie schließlich, dass fast alle Betriebe in das Verstaatlichungsprogramm Area de Propiedad social aufgenommen wurden. Im ganzen Land entstanden etwa hundert solcher Koordinationen (Arnold 2011).

betriebliche Partizipation Unterordnung, gegen Selbstermächtigung kapitalistische Hierarchie.

Damit begann ein Prozess, der die Beziehung zwischen Gewerkschaften und Staat neu regelte. Die Militärjunta wies den Gewerkschaften keine aktive gesellschaftliche Rolle mehr zu, sondern setzte auf deren Vernichtung. Erst 1978 mit Inkrafttreten des Plan Laboral wurde die Gründung von Gewerkschaften, stark reglementiert, wieder zugelassen. Die starken Repressionen und die erzwungene Handlungsunfähigkeit bewirkten, dass bis 1990 die Gewerkschaften zwei Drittel ihrer Mitglieder verloren hatten. Der gewerkschaftliche Organisationsgrad fiel auf 13 Prozent (Sau/Salídas 2013, 2). Inzwischen konnten die Gewerkschaften ihren Organisationsgrad wieder auf 17 Prozent steigern (ILOSTAT Country Profiles, 2018). Organisationspolitisch bleiben sie jedoch bis heute stark geschwächt, nicht zuletzt, weil das vom Militärregime beschlagnahmte Gewerkschaftseigentum noch immer nicht zurückgegeben worden ist. Den Gewerkschaften fehlen Ressourcen und finanzielle Mittel für gewerkschaftliche Organisations- und Kampagnenarbeit (Ensignia 2004, 127 ff.). Zudem ist die Erfüllung eines Gewerkschaftsamtes laut Verfassung unvereinbar mit einer aktiven Mitgliedschaft in einer politischen Partei. Ein bemerkenswerter Eingriff in die Organisationsfreiheit des einzelnen, aber auch in die Organisationspolitik von Parteien wie Gewerkschaften. Den Widrigkeiten zum Trotz weist Ensignia auf einen wesentlichen Bestandteil gewerkschaftlicher Organisationsmacht hin: das Zusammengehörigkeitsgefühl. Dieses schöpfe sich zum Teil noch aus der historischen Verfolgung unter Pinochet und verleihe der CUT bis heute eine starke legitimierende Kraft. Sie sei mit den beträchtlichen Anstrengungen und hohen Opfern während der Militärdiktatur errungen worden und weise der CUT vor den anderen Dachverbänden die Rolle zu, Sprachrohr und Repräsentant der Gewerkschaftsbewegung zu sein. Weder der Central Autonóma de Trabajadores (CAT) noch der 1996 gegründeten Confederación Latinoamericana de Trabajadores (CLAT) mit einer christlichen Orientierung ist es bislang gelungen, sich als gewerkschaftliche Alternative zur CUT zu entwickeln (ebd., 134).

Die chilenische Gewerkschaftsbewegung ist angeschlagen, spielte aber in den Mobilisierungszyklen, die sich bereits im Vorfeld der Revolte von 2019 vollzogen hatten, eine oft teilnehmende, meist aber verstärkende Rolle. So können etwa 40 Prozent der Mobilisierungen in den Jahren vor 2019 auf Arbeitskonflikte zurückgeführt werden. Die Zahl der Arbeitsniederlegungen auf kommunaler und regionaler Ebene war seit 2011 gestiegen (Pérez/Osorio 2021, 54). Als die Polizei mit scharfen Repressionen gegen die Jugend vorging, solidarisierten sich auch die Gewerkschaften mit der Bewegung. Bis zu 1,5 Millionen Menschen folgten dem Aufruf zum zweitägigen Generalstreik im Oktober 2019 und beteiligten sich an den Demonstrationen. Zu vergleichbaren Protesten kam es in allen anderen großen und mittleren Städten Chiles (ebd., 56). Im November riefen die Gewerkschaften ihre Mitglieder erneut zu politischen Streiks auf. Inzwischen hatte sich die Mobilisierung der Bewegung so ausgeweitet und radikalisiert, dass die für November geplante COP25 abgesagt und nach Madrid verlegt werden musste. Wieder streikten die Gewerkschaften für eine angemessene Beteiligung der Bevölkerung an den politischen Entscheidungsprozessen der letzten Wochen, die Erhöhung des Mindestlohns, die Schaffung eines neuen Rentensystems sowie grundlegende Veränderungen im Bildungs- und Gesundheitssystem (Graf/ Landherr 2019). Landesweit ruhte zwei Tage lang die Arbeit vor allem in den Häfen und Flughäfen. Es waren insbesondere die Transportgewerkschaften, die sich dem Streikaufruf angeschlossen hatten. Die Regierung Piñera zeigte ihre autoritären Reflexe und reagierte mit dem Einsatz von Militär im Landesinnern, um die „kritische Infrastruktur" sowie die Wasser-, Strom- und Gasversorgung und nicht zuletzt den öffentlichen Personennahverkehr „zu schützen". Mit dem Einsatz von Militär hatte Piñera ein gesellschaftliches Tabu überschritten, denn zum ersten Mal seit der Diktatur wurde ein Ausnahmezustand mit nächtlicher Ausgangssperre ausgerufen. Stärker noch als vorher, zeigte sich, dass der Kampf um eine neue Verfassung auch ein Kampf darum war, ob der nächste Schritt im Demokratisierungsprozess ein Schritt in die Zukunft oder ein Schritt in die Vergangenheit sein würde. Diese Zuspitzung der gesellschaftlichen Entwicklung weckte vor allem in der älteren Generation die Erinnerungen an die Diktatur (Rodriguez 2019).

Drei Tage nach dem Streik beschloss das Parlament ein sogenanntes Friedensabkommen und ein Verfahren für die Ausarbeitung einer neuen Verfassung. Das Friedensabkommen wurde von der Bewegung scharf kritisiert,[11] zeigte aber, dass sie sich mit ihrer Forderung nach einer neuen Verfassung durchgesetzt hatte. Das Abkommen war in dem Moment des Streiks zustande gekommen, „als der Organisierungs- und Koordinierungsgrad der Proteste einen hohen Grad an Effektivität erreicht(e)" hatte, sagte Iván Ballesteros, der die Bewegung mit organisiert hatte (vgl. Arnold 2020). Untersuchungen zeigen zudem, dass „der

11 Die Kritik der Protestbewegung an dem Abkommen war vielfältig. Zum einen sah der Prozess keine verfassungsgebende Versammlung vor. Zum anderen bestand Unklarheit über die Zusammensetzung des Verfassungskonvents, der die Verfassung ausarbeiten sollte. Und schließlich war im Friedensabkommen festgelegt, dass der Investorenschutz, der bereits integraler Bestandteil der alten Verfassung war, auch Bestandteil der neuen Verfassung sein müsse (Arnold 2020).

Streik der wirksamste seit der Rückkehr zu einem demokratischen Regime" war (Pérez/Osorio 2021, 56). Es darf also angenommen werden, dass erst die gewerkschaftliche Mobilisierung für die Regierung Piñera den Unterschied gemacht hatte, den Forderungen nachzugeben und den Verfassungsprozess zu beschließen.

In diversen Einschätzungen zum Charakter der Revolte von 2019 wird stets positiv ihre „Gesichtslosigkeit" (Rodriguez 2019) hervorgehoben. Es habe sich um einen spontanen Ausbruch gehandelt, „keine Sprecher, keine Bühnen, nur spontane, selbstbestimmte Zusammenkünfte. (...) diese Proteste folgen daher weder der Logik, noch den Diskursen, noch der Leitung der Organisationen", sagt die Soziologin Pierina Feretti (vgl. Dilger/Kim 2019). Positiv erwähnt wird auch, dass die Gewerkschaften „weder eine wegweisende noch führende Rolle" in der Bewegung übernommen hatten. Möglicherweise trafen hier die schwach entwickelte organisatorische Macht der CUT und der Respekt vor den unterschiedlichen Anliegen der einzelnen Bündnisse und Organisationen innerhalb der Bewegung aufeinander. Trotzdem sollten die Spontaneität und der „chaotische Charakter" (Pérez/Osorio 2021, 58) der Bewegung nicht idealisiert werden (Dilger/Kim 2019; Pérez/Osorio 2021; Rodriguez 2019). Wenn unterschiedliche Gewerkschaften zum gleichen Zeitpunkt für die gleichen politischen Forderungen auf die Straße gehen, wenn diese Handlungen mit den territorialen Streikkomitees und den Nachbarschaftsinitiativen abgestimmt und wenn Barrikaden und Straßensperren errichtet werden, um den Verkehr auf den Hauptstraßen lahmzulegen – dann geschah all das nicht spontan, sondern koordiniert. Es braucht dazu politisch-strategische Einschätzungen, organisatorische Vorbereitung und eine koordinierende Umsetzung.

Institutionelle Macht der Gewerkschaften

Die gewaltsame Veränderung der Beziehungen zwischen Staat und Zivilgesellschaft durch die Militärdiktatur schwächte die historische Gewerkschaftsbewegung auch in ihrer institutionellen Macht substanziell. Die Arbeitsgesetzgebung in den 1960er und frühen 1970er Jahren war geprägt von einem starken Schutzcharakter, was deutlich an den Hürden bei Entlassungen, dem Kündigungsschutz und hohen Abfindungsregelungen zu erkennen war. Nach dem Militärputsch veränderte sich dieser Charakter in sein Gegenteil. Gewerkschaftliche Aktivitäten, Tarifverhandlungen und Streiks wurden brutal unterdrückt. (Campero 2004, 4) Während der Handlungsrahmen für die Gewerkschaften bis 1979 weitgehend rechtlos war, bekamen sie mit dem Plan Laboral eine autoritär vorformulierte Rolle zugewiesen. Arbeitnehmerrechte wurden durch dieses Gesetz nicht gewährt, sondern beschränkt, bei weitgehender Handlungsfreiheit für die Arbeitgeber. Die Vereinigungsfreiheit, ab 1980 durch die Verfassung garantiert, unterlag strengen Bestimmungen. Gewerkschaftsversammlungen durften nur in Anwesenheit der militarisierten Polizei stattfinden (Sau/Salídas 2013). Streiks waren ganz verboten.

Das gewerkschaftliche Leben mit seinen Verhandlungsmechanismen, einer verstetigten Dialogpraxis, der eingeübten Mobilisierungsroutine, seinen emanzipatorischen Momenten und dem Glauben an den eigenen Zusammenhalt wurde derart stark unterdrückt, dass die Auswirkungen bis heute nachklingen, nicht zuletzt weil der Plan Laboral auch weiterhin den rechtlichen Handlungsrahmen für die Gestaltung der Arbeitsbeziehungen vorgibt und stark reglementiert. Auf der Grundlage des Arbeitsgesetzes kann ein Unternehmen Streikbrecher einsetzen, um Streiks zu unterbinden. Einen effektiven Kündigungsschutz sieht es ebenso wenig vor wie unbefristete Arbeitsverträge. So wird das Recht auf Tarifverhandlungen nur auf der betrieblichen Ebene gewährleistet, während es auf der überbetrieblichen Ebene durch Freiwilligkeit der Tarifvertragsparteien zustande kommen kann. Gleichzeitig ist das Tarifrecht mit vielen Ausnahmen versehen. In Staatsbetrieben, die für das Verteidigungsministerium arbeiten, sind beispielsweise Tarifverhandlungen ebenso unzulässig wie in öffentlichen oder privaten Einrichtungen, die zu 50 Prozent oder mehr vom Staat finanziert werden. Zudem wird das Recht auf Tarifverhandlungen den Bediensteten des Parlamentes und der Justiz, den Beschäftigten staatlicher Unternehmen und Einrichtungen und all denjenigen verweigert, die dort tätig sind, wo der Staat einen Beitrag leistet, beteiligt oder vertreten ist.

Auch das Streikrecht ist zwar gesetzlich anerkannt, aber strengen Bestimmungen unterworfen, insbesondere weil es lediglich auf den Kontext von Tarifverhandlungen begrenzt gewährt wird. Proteststreiks, Solidaritätsstreiks oder gar politische Streiks werden durch das Streikrecht nicht abgedeckt. Zudem kann das Gericht die Wiederaufnahme der Arbeit anordnen, wenn diese in wirtschaftlichen Sektoren stattfinden, die eine Bedeutung für die nationale Sicherheit haben. Das Gesetz untersagt zudem Streiks für diejenigen, die öffentliche Versorgungsleistungen erbringen und wird auch für die Beschäftigten in der Landwirtschaft nicht garantiert. Hinzu kommt, dass jede ungesetzliche Unterbrechung öffentlicher Dienste oder Produktions-, Transport- oder Handelsaktivitäten, die der öffentlichen Ordnung schadet oder durch die lebenswichtigen Industrien beeinträchtigt wird, mit einer Haftstrafe geahndet werden kann (ITUC 2021). Gleichzeitig haben Unternehmen bei Verstößen gegen das Streikverbot die Möglichkeit, die involvierten Arbeiter umgehend zu entlassen. Dass sie davon auch Gebrauch machen, zeigte sich im Juni 2013, als die Journalisten und Grafiker der lokalen Tageszeitung El Mercurio de Valparaíso mehr als 20 Tage lang die Arbeit niedergelegt hatten und daraufhin entlassen und durch andere Beschäftigte ersetzt wurden (Rojas 2013, 18).

Im Transformationsprozess versuchte die 1988 wiedergegründete CUT, „die eine solide Mehrheit der organisierten Gewerkschaftsbewegung repräsentierte" (Ensignia 2004, 129), ihre schwachen Machtressourcen über institutionell ausgehandelte Rahmenabkommen mit den Unternehmerverbänden zu kompensieren. Darin verpflichteten sie sich „auf das wirtschaftliche Entwicklungsmodell mit all seinen Implikationen" (Imbusch 2004, 121). Im Gegenzug wurde die Anhebung der gesetzlichen Mindestlöhne oder die Einrichtung paritätisch besetzter Kommissionen für Kollektivverhandlungen und alle Fragen der Arbeitsbeziehungen beschlossen. Mit 21 Prozent ist nur jeder fünfte Betrieb tarifgebunden (ILOSTAT Country Profiles, 2018). Die schwache Tarifpraxis zeigte jedoch, dass Tarifverhandlungen nicht nur einen institutionellen Rahmen brauchen, sondern wesentlich durch die Produktions- und Organisationsmacht der Lohnabhängigen gestützt werden. Dies wurde im Oktober 2021 deutlich. Die unter dem Dach der CUT organisierten 16 Gewerkschaften des öffentlichen Dienstes, darunter die Gewerkschaft der Finanzangestellten Agrupación de Empleados Fiscales (ANEF), hatten einen Forderungskatalog beschlossen, der für die fast 500.000 Beschäftigten eine Lohnerhöhung von 7,5 Prozent für das kommende Jahr vorsieht. Mit einer Demonstration zum Regierungspalast und den Ministerien für Arbeit und für Finanzen wollten sie ihre Forderungen öffentlichkeitswirksam überbringen. Unterwegs wurden sie von der Polizei angegriffen. Zu einer Übergabe der Forderungen kam es nicht (Labournet, 21.10.21).

Gesellschaftliche Macht

Seit dem Ende der Militärregierung sucht die CUT auf der Grundlage geschwächter Machtressourcen nach ihrer gesellschaftlichen Rolle. Die uneingeschränkte Wirkmächtigkeit des Plan Laboral hatte die Gewerkschaften weitgehend handlungsunfähig gemacht, was in der Folge zu mehreren Brüchen führte. So hatte die Enttäuschung darüber, dass die linken Parteien der Concertación „nicht vermochten, zumindest die Errungenschaften aus der Zeit vor dem Putsch zurückzuerobern" (Sau/Salídas 2013, 3), zum Bruch der Lohnabhängigen mit der Concertación, aber auch mit der CUT geführt. Die Strategie des Dialogs, die die CUT auf der Grundlage unterentwickelter Machtressourcen gewählt hatte, führte dabei in der Vergangenheit zu Kompromissen, die ihr unter den

Mitgliedern auch Kritik einbrachten. Ihr strategisches Ziel bestand darin, den Demokratisierungsprozess durch institutionalisierte Aushandlungsprozesse für die Arbeitswelt zu unterstützen. Gewerkschaften hatten darin eine fest zugeschriebene Rolle. Der Versuch, einen Konsens darüber herzustellen, dass der Spielraum für eine Sozialpartnerschaft für beide Seiten ausgeweitet werden müsse, um die Konfrontationen der Vergangenheit zu überwinden, scheiterte an den Arbeitgebern, die sich einer Verstetigung des Dialogs vehement versperrten (Ensignia 2004, 133). Dass Dialog mehr braucht als die Bereitschaft der Gewerkschaften, sondern sich wesentlich auf entwickelte Machtressourcen stützen muss, zeigte der Umgang mit dem Gesetzentwurf der Regierung zur Reform des Arbeitsrechts von 1997. Er war von den Unternehmern scharf kritisiert und schließlich vom Senat zurückgewiesen worden (ebd.).

Aktuell stellt sich die Frage, wie die Gewerkschaften unter den Bedingungen des Aufschwungs sozialer Bewegungen ihre gesellschaftliche Machtressource entwickeln können. Die Revolte von 2019 mit dem Sieg nicht nur über die Regierung Piñera, sondern über das gesamte Establishment hat die Kräfteverhältnisse verschoben und die sozialen Bewegungen gegenüber dem Parlament in einer Weise gestärkt, wie es seit 1973 nicht mehr der Fall gewesen war. Wenn dabei der amtierende Präsident in den Umfragen nur noch auf sechs Prozent Zustimmung kommt (Seiwerth 2021b), dann sortieren sich auch die politischen Beziehungen und Rollen der gesellschaftlichen Akteure neu. Dabei handelt es sich um einen Prozess, der sich vor dem Hintergrund tiefer ideologischer Brüche vollzieht und durch die Corona-Pandemie beschleunigt wurde. Er drückt sich durch ein Misstrauen gegenüber den staatlichen Institutionen, politischen Parteien, dem Parlament und den Unternehmen aus. Aktuellen Umfragen zufolge sind 75 Prozent der Chilenen sehr unzufrieden mit dem Funktionieren der Demokratie und ihren Institutionen. Über 90 Prozent sagen, dass die Politik nur Gesetze zum Wohle der Unternehmen macht. Und 98 Prozent fühlen sich nicht durch die Parteien vertreten (Reperger 2021). „Das vorherrschende Gefühl ist, dass alle Institutionen von Eliten geleitet werden, die nur für ihre eigenen Interessen und Vorteile regieren und Gesetze machen – alles auf Kosten der Bevölkerung. Es gab sehr viele Fälle von Korruption (...) Fälle, in denen der Staat großen Unternehmen Millionen an Steuerschulden erlassen hat, während er zugleich die kleinen Schuldner, die normale Bevölkerung verfolgt und bestraft", sagt Piniera Ferretti (Dilger/Kim 2019). Die aktuelle Situation wird also nicht nur dadurch geprägt, dass Millionen von Menschen auf den Straßen sind, sondern durch einen grundlegenden Verlust an Legitimität des politischen Establishments ebenso wie des wirtschaftlichen Systems (Rodriguez 2019). Dass die Gewerkschaften in der Revolte von 2019 keine „wegweisende" oder „führende" Rolle (Pérez/Osorio 2021, 58) spielten, macht deutlich, wie sehr sich die einzelnen Machtressourcen bedingen, einander schwächen oder einander verstärken. Doch wann, wo und wie gewerkschaftliche Machtressourcen entwickelt in Erscheinung treten, ist kein schematischer, sondern ein multidimensionaler Prozess. Dass es ohne strukturelle, organisatorische und/oder institutionelle Macht nur schwer möglich ist, auch gesellschaftspolitisch in die Offensive zu kommen, bedeutet nicht zwangsläufig, dass für die Entwicklung ihrer gesellschaftlichen Macht die Gewerkschaften erst alle anderen Machtressourcen entwickeln müssen. Vielmehr kann die Frage, ob sie sich in der Bewegung um eine neue Verfassung als festen Bestandteil verorten, wesentlich für die Rolle der Gewerkschaften als starkem gesellschaftlichem Akteur sein. Objektiv „waren sie bei den Demonstrationen wichtiges Bindeglied und bündelten ihre Aktionen an spezifischen Tagen, um ihre Wirksamkeit zu verstärken. Damit bewiesen sie ihre Relevanz in Kämpfen jenseits des Arbeitsplatzes" (ebd.).

Die Bewegung von 2019 ist keine Bewegung mit einer „festgelegten sozialen Basis" (Dilger Kim 2019). Sie repräsentiert vielmehr die Bevölkerung, die in ihrer Verschiedenheit seit 40 Jahren an unterschiedlichen Linien gegen den Neoliberalismus kämpft. „Es sind prekäre, ungelernte Arbeiter, aber auch viele junge, ausgebildete Leute, mit Uniabschluss, vielleicht die ersten in ihrer Familie, die zur Uni gegangen sind, aber deren Lohn nicht zum Leben reicht. Die nach Feierabend noch Uber fahren müssen, um bis zum Monatsende durchzukommen. Leute aus einer prekarisierten Mittelklasse, die zwar Zugang zu Konsum haben, aber ständig überarbeitet sind. Und daher immer wieder in die Schuldenfalle geraten" (ebd.). Das Verbindende zwischen ihnen ist der Vertrauensverlust und die gemeinsame Empörung über ein politisches System, dass nur im Interesse der besitzenden Klassen funktioniert und dazu wiederholt auf die Instrumente der Militärjunta zurückgreift.

Fazit

Mehr als dreißig Jahre nach Ende der Militärdiktatur lässt sich festhalten, dass die Machtressourcen der chilenischen Gewerkschaften unterentwickelt und schwach sind. Noch immer scheinen sie fest in das autoritäre Korsett der Militärdiktatur eingeschnürt. Dadurch gelingt es nur schwer, die Interessen der Beschäftigten angemessen durchzusetzen. Anders verhält es sich im Bündnis mit anderen Akteuren der Zivilgesellschaft, wie die Bewegung für eine neue Verfassung gezeigt hat. Dabei wurde ein gemeinsamer Sieg über das politische Establishment errungen, der bei Zustandekommen einer neuen sozialen und demokratischen Verfassung die gewerkschaftlichen Machtressourcen verbessern und die Grundlagen für betriebliche Verbesserungen regeln könnte. Dabei ist es der Umschlag von der Quantität in die Qualität, der den Unterschied zu machen scheint: Die Tatsache, dass sich die zahlreichen Auswirkungen neoliberaler Politik ursächlich in der Verfassung bündelten, hatte den paradoxen Effekt, dass die unterschiedlichen antineoliberalen Bewegungen zueinander fanden und kooperierten. Die Beschäftigungsverhältnisse in Chile sind extrem flexibilisiert, der Arbeitsmarkt extrem dereguliert. Was sich anderswo hemmend auf die Mobilisierung auswirkt, befördert sie in Chile, weil die Akzeptanz dieser Entwicklungen zerstörerisch wirkt. Die Menschen haben Angst, krank zu werden, weil es keine Krankenversicherung gibt, die sie schützt. Sie haben Angst vor dem Alter, weil die Renten keinen auskömmlichen Lebensabend sichern. Das politische und wirtschaftliche System hat sich in Chile derart weit von den Bedürfnissen der Menschen entrückt, dass diese die Diskriminierungen und Einschüchterungen immer weniger zu akzeptieren bereit sind, wie sich im November 2019 zeigte. Sperrstunde und Militär waren ein furchtbarer Flirt von Piñera mit dem Erbe der Militärjunta. Doch die Menschen sind zu tausenden mit ihren Kochtöpfen auf die Straße gegangen und widersetzten sich der Sperrstunde. Die chilenische Gesellschaft befindet sich in einem beeindruckenden Prozess, der die Beziehungen zwischen Zivilgesellschaft und Regierung neu strukturiert. Im Bündnis mit unzähligen zivilgesellschaftlichen Organisationen haben die Gewerkschaften die Regierung herausgefordert und mit dem Verfassungsprozess einen Achtungserfolg errungen. Die weitere Entwicklung ist völlig offen und kann „sowohl gewaltsame soziale Aufstände im extremen Neoliberalismus als auch die Verlängerung unklarer politischer Verhältnisse“ befördern (Pérez/Osorio 2021, 59). Für die Gewerkschaften ist dies ein Prozess, der ein Möglichkeitsfenster aufgestoßen hat, die eigenen Machtressourcen, die ja nicht am Reißbrett entworfen werden oder im Theoriestudium entstehen, sondern Ergebnis gewonnener wie verlorener Kämpfe sind, neu zu entwickeln.

7. Länderstudie Tunesien
UGTT – Capacity building als Ordnungs- und Gegenmacht

Vor zehn Jahren hatte der Arabische Frühling die Welt in Atem gehalten. Niemand hatte ihn vorausgesehen,[1] und doch war er von einer solchen Wucht, dass er den Auftakt zu den weltweiten Anti-Krisen-Protesten bildete, die ihren Spannrahmen vom Nahen Osten über Europa bis nach Lateinamerika und Asien zogen. Ihren Ausgangspunkt hatten die Proteste in Sidi Bouzid genommen, wo sich der 26-jährige Straßenhändler Mohamed Bouazizi aus Protest gegen seine prekäre Lage öffentlich verbrannt hatte. Sein Leben ähnelte dem Leben hunderttausender junger Tunesier, die ohne Job und ohne Perspektive waren und von korrupten Beamten gedemütigt wurden.[2] Wohl auch deshalb verbreiteten sich die Videoaufnahmen von dem schwerverletzten Bouazizi in Windeseile über die sozialen Medien. Sie trafen bei Hunderttausenden jungen Tunesiern auf ein Lebensgefühl aus Frust und Perspektivlosigkeit.

Die scharfen Repressionen, mit denen die Polizei die spontanen Proteste der Jugendlichen unterdrückte, bewirkten innerhalb weniger Tage eine Ausweitung

---

1 Der ehemalige deutsche Botschafter in Tunesien, Horst-Wolfram Kerll, fasste die Situation wie folgt zusammen: Allen „Umstände(n) und Beobachtungen zum Trotz hatte bis Ende Dezember 2010 niemand – sei es von tunesischer oder internationaler Seite – die Entstehung einer echten Revolution vorausgesehen. Auch alle diplomatischen Vertreter_innen sowie die anderen Institutionen vor Ort hielten den staatlichen Repressionsapparat bis Mitte Dezember 2010 für anhaltend stark und im wahrsten Sinne des Wortes 'schlagkräftig' genug, um die Demonstrationen, wie zuvor immer geschehen, niederzuschlagen. Hierfür wurde sogar noch bis Ende des Jahres vom europäischen Ausland Hilfe angeboten. Die Macht der Zivilgesellschaft, die sich gegenüber dem Regime aufbaute, wurde von allen Expert_innen eindeutig unterschätzt" (Kerll 2018, 9).

2 Bouazizi musste nach dem frühen Tod seines Vaters für seine Mutter und die fünf Geschwister sorgen. Mit der Obstkarre zog er durch die Stadt und verkaufte Früchte. Weil er sich die von den Behörden vorgeschriebene Lizenz für Obstverkäufer nicht leisten konnte, wurde er immer wieder Opfer von Polizeischikanen. So auch am 17. Dezember 2010. Die Polizistin Feyda Hamdi beschlagnahmte seine Früchte und ohrfeigte ihn in der Öffentlichkeit. Seine umgehenden Beschwerden im Rathaus und bei der Regionalverwaltung liefen ins Leere. Gedemütigt und frustriert versuchte er mit seiner Selbstverbrennung ein Zeichen zu setzen (Ergin 2019).

auf das ganze Land. Keinen Monat später, am 13. Januar 2011, gibt sich der seit 1987 im Amt befindliche Präsident Zine el-Abidine Ben Ali gesprächsbereit und stellt Reformen in Aussicht. Doch es ist bereits zu spät. Ben Ali kann sich nicht mehr halten und flieht am 14. Januar 2011 nach Saudi-Arabien.

Die UGTT war der größte Gewerkschaftsdachverband Tunesiens. Gegründet 1946 spielte dieser bereits im Kampf um die Unabhängigkeit eine wichtige Rolle. Seine Geschichte verlieh ihm eine starke gesellschaftliche Macht, die er auch während der Revolte von 2011 ausspielte. Ohne die Unterstützung der UGTT wären weder 1956 die Befreiung aus dem französischen Protektorat noch 2011 der Sturz Ben Alis möglich gewesen (Ajili 2013, 8). Dies gilt sowohl im Hinblick auf die Beeinflussung des politischen Diskurses, als auch im Hinblick auf die gewerkschaftliche Infrastruktur, die die gewerkschaftlichen Basisgruppen der Bewegung zur Verfügung stellten. So wurden Gewerkschaftshäuser Treffpunkte für Demonstranten und dienten zur Koordinierung der nächsten Schritte. Auf diese Weise wurden die Infrastruktur und das Netzwerk der UGTT für die geografische Ausweitung der Bewegung genutzt (Feltrin 2021, 98).

Und doch war die Rolle der UGTT in den Protesten nicht widerspruchsfrei. Ihr Wirken im Kampf um nationale Unabhängigkeit hatte einen ausgeprägten gesellschaftspolitischen Anspruch geformt, der sich nicht auf bloße betriebliche Auseinandersetzungen beschränkte. Daher rührte ihre signifikante gesellschaftliche Machtressource. Gleichzeitig, auch dies Ausdruck ihrer gesellschaftlichen Macht, wurde sie von Anfang an durch das Regime in das korporatistische Staatsmodell eingebunden und im Hinblick auf die Welt der Arbeit mit einer Regulationsbefugnis ausgestattet. So entwickelte die UGTT ein merkwürdig ambivalentes Verhältnis zur politischen Macht, war sowohl Teil des sozialen Dialogs als auch verfolgt und unterdrückt durch das autoritäre Regime.

Dieser Widerspruch zeigte sich schließlich auch in der Revolte von 2011. Während die regionalen Basisgewerkschaften die Solidarität mit den demonstrierenden Jugendlichen organisierten und den Protest gegen das Ben-Ali-Regime unterstützten, zögerte die Gewerkschaftsführung zunächst. Zwar kam es Anfang Januar zu regionalen und landesweiten Generalstreiks, die den Sturz Ben Alis einleiteten, aber der Vorsitzende der UGTT Abdessalem Jerad hatte sich mit Ben Ali kurz vor dessen Flucht nach Saudi Arabien getroffen und erklärte am 13. Januar La Presse Tunisienne gegenüber: „Wie ich feststellen konnte, verfügt der Präsident der Republik über ein tiefgreifendes Verständnis der größten Probleme und ihrer Ursachen, und er ist willens, sie zu lösen" (vgl. Feltrin 2021, 98). Unterm Strich war die Unterstützung der prekarisierten Jugend durch die UGTT wichtig, weil ihre Proteste dadurch Gewicht, Orientierung und eine gesellschaftliche Durchsetzungsperspektive erhielten. Wichtig war auch, dass die UGTT 2012 die Idee zum Nationalen Dialog anstieß, um den Weg einer friedlichen Transformation zur Demokratie zu ebnen. Am Ende dieses Prozesses stand eine Verfassung, die einen wichtigen Kompromiss zwischen den Islamisten der Ennahda und den säkularen Modernisten darstellte. Dennoch blieben Stabilität und Aufbruch in den letzten zehn Jahren aus. Seit 2011 hatte das Land acht Regierungschefs. Das Bruttoinlandsprodukt (BIP) ist 2020 um fast neun Prozent[3] eingebrochen (WKO 2021). Die Gesamtausgaben des Staates übersteigen seine Gesamteinnahmen deutlich,[4] und die Staatsverschuldung hat sich in den letzten zehn Jahren derart erhöht,[5] dass das Land kurz vor der Zahlungsunfähigkeit steht. Tunesien ist vor allem, aber nicht nur wegen der Pandemie in eine dreifache Krise gerutscht: So droht einerseits ein Kollaps der politischen Institutionen. Gleichzeitig herrscht eine Wirtschaftskrise. Und die Pandemie hat zudem die Mängel des unzureichend ausgestatteten Gesundheitssektors schonungslos offengelegt. In dieser Situation nehmen Unruhen im ganzen Land ebenso zu wie die Polizeigewalt (Seideneck 2021). Im vorliegenden Beitrag soll die Rolle der UGTT während des Arabischen Frühlings herausgearbeitet und durch die Betrachtung der unterschiedlichen Ebenen gewerkschaftlicher Handlungsfähigkeit gezeigt werden, dass das Ausspielen ihrer strukturellen, ihrer organisatorischen, ihrer institutionellen und vor allem ihrer gesellschaftlichen Machtressourcen der Jugendrevolte eine orientierende und gesellschafterändernde Richtung gab.

Politisches System

Mit der Unabhängigkeit von der französischen Kolonialherrschaft 1956 vollzog sich in Tunesien zugleich der Übergang von der Monarchie zur Republik. Die politische Unabhängigkeit brachte eine neue Elite hervor. Sie kam aus der tunesischen Mittelklasse, war gut gebildet, säkular erzogen und legitimierte ihren Machtanspruch „mit der neu erlangten Freiheit“ (Ajili 2013, 69). Sie übernahmen den Verwaltungsapparat des französischen Protektorats, besetzten ihn mit politischen Gefolgsleuten und organisierten als Verwalter über die öffentliche Ressourcen ihren gesellschaftlichen Aufstieg. Das gelang vor allem deshalb, weil

---

3 2020: -8,6 Prozent zum Vorjahr (WKO 2021, 1).

4 2020 lagen die staatlichen Gesamteinnahmen bei 27,6 Prozent des BIP und die Gesamtausgaben bei 37,4 Prozent (ebd.).

5 Während die Staatsverschuldung 2010 noch bei 45,5 Prozent des BIP lag, machte sie 2020 89,7 Prozent aus (ebd.).

der Übergang vom französischen Protektorat zur Republik mit ökonomischen Bruchlinien verbunden war. Landwirtschaftliche Nutzflächen und rohstoffverarbeitende Betriebe, die ehemals im Besitz französischer Kolonialherren waren, wurden unter Bourguiba zwar verstaatlicht, aber die Besetzung des Verwaltungsapparates mit politischen Gefolgsleuten bedingte, dass sich eine politische Klasse herausbilden konnte, die am internationalen Handel partizipierte und dabei reich wurde. Gerade die Erlöse aus den Rohstoffexporten wie Phosphat und Erdöl wurden wie selbstverständlich von der Staatsspitze eingesammelt und nach unten insbesondere an die eigene Gefolgschaft weitergereicht, während die ländlichen und städtischen „Massen" weiter verarmten (Schliephake u.a. 2005).

Das autoritäre Regime Tunesiens unter Habib Bourguiba[6] (1957–1987) und Ben Ali[7] (1987–2011) war ein semi-präsidielles politisches System und ein korrupter Polizeistaat. Seit 1959 gab es eine Verfassung, die mehrmals zugunsten der beiden Staatspräsidenten geändert wurde. Das Parlament, das alle fünf Jahre gewählt wurde, bestand aus 182 Abgeordneten. Das Wahlrecht sah vor, dass eine Partei, die in einem Wahlbezirk mehr als die Hälfte der Stimmen erhielt, automatisch die absolute Mehrheit besaß. 1975 ließ Bourguiba die Verfassung so ändern, dass er seine Präsidentschaft bis an sein Lebensende fortführen konnte,[8]

6 Der 1903 in Monastir geborene Bourguiba hatte nach der französischen Besatzung das Land 1956 in die Unabhängigkeit geführt und genoss dafür eine hohe Anerkennung in der Bevölkerung. Er modernisierte Tunesien nach westlichem Muster, gab den Frauen das Wahlrecht und führte Geburtenkontrolle und allgemeine Schulpflicht ein. Er wurde 1987 durch Ben Ali auf der Grundlage der geltenden Verfassung des Amtes enthoben (Dahl 1987).

7 Ben Ali war 1936 in Hamman Susa geboren worden und hatte sich frühzeitig dem Unabhängigkeitskampf Bourguibas angeschlossen. Er besuchte eine französische Militärakademie und erhielt eine Geheimdienstausbildung in den USA. Von 1964 bis 1974 war er Chef des militärischen Sicherheitsdienstes und pflegte enge Kontakte zur CIA. 1985 wurde er zum Minister für innere Sicherheit ernannt, 1986 zum Innenminister, 1987 zum Ministerpräsidenten. In dieser Funktion ließ er Bourguiba des Amtes entheben und ernannte sich zu dessen Nachfolger. Um seine plötzliche Macht zu legitimieren, entließ Ben Ali tausende politische Gefangene und kündigte ein Reformpaket und neue demokratische Freiheiten sowie eine Verfassungsreform an. Es blieb bei Lippenbekenntnissen. Mit zunehmenden ökonomischen und sozialen Widersprüchen wurde seine Politik gegenüber der Zivilgesellschaft repressiver (Dahl 1987).

8 Am 19. März 1975 wurde Artikel 20 der tunesischen Verfassung um folgenden Absatz ergänzt: „Wegen seiner außergewöhnlichen Tatkraft und in Anbetracht der herausragenden Leistungen für das tunesische Volk um seine Befreiung vom Joch des Kolonialismus als Oberster Kämpfer und bei der Schaffung eines unabhängigen, seine Souveränität genießenden und modernen Staates als Präsident, erklärt die Nationalversammlung

obgleich Wahlmanipulation und der Ausschluss rivalisierender Kandidaten in den Jahren zuvor ohnehin für die absolute Mehrheit gesorgt hatten.

Die staatliche Ordnung war stark zentralistisch und hierarchisch organisiert und bestand einerseits aus einem starken, charismatischen Präsidenten und andererseits mit der Parti Socialiste Déstour (PSD) aus einer allgegenwärtigen Staats- und Einheitspartei, „die alle Bereiche des politischen und gesellschaftlichen Lebens monopolisierte" (Erdle 2005). Neben einer modernen staatlichen Verwaltung funktionierte die staatliche Kontrolle der Zivilgesellschaft über ein korporativistisches Gesellschaftssystem, das gesellschaftliche Akteure wie Arbeitgeber, Arbeitnehmer, Bauern oder Frauen erfasste und einband.

Industrialisierung des Landes

Ökonomisch galt Tunesien über lange Jahre als arabisches und afrikanisches Musterland mit stabilem Wachstum. In den Jahren nach der Amtsübernahme Bourguibas legte dieser einen Zehnjahresplan (1962–1971) zur Industrialisierung und Modernisierung des Landes vor. Im Zentrum stand dabei die ökonomische Entkolonialisierung: Zum einen die Beseitigung der Ungleichgewichte in der regionalen Verteilung der Produktion und zum anderen die Beseitigung der ökonomischen Abhängigkeit von Frankreich durch eine Neugestaltung der internationalen Wirtschaftsbeziehungen. Dazu wurden in der Landwirtschaft Vieh-, Gemüse- und Obstkulturen zu Schlüsselsektoren entwickelt und die Produktion in landwirtschaftlichen Genossenschaften zusammengefasst. Auf diesem Wege sollte die landwirtschaftliche Produktion gesteigert und den Bauen der Übergang zu modernen Anbaumethoden erleichtert werden. Dänemark und Jugoslawien wurden zu technischen Vorbildern für die landwirtschaftliche Reform, die sich am genossenschaftlichen Sozialismus orientierte. Während 1960 noch 73 Prozent der Beschäftigten von der Landwirtschaft lebten, waren es 1971 nur noch 33 Prozent (Plum 607 f.). Parallel konzentrierte sich die Regierung auf die Entwicklung des Tourismus sowie des industriellen Sektors, wobei letzterem die Ambition für Großprojekte fehlte. „... eine Stickstoffdüngemittelfabrik, eine Gießerei, ein Werk zur Kalzinierung von Phosphaten, eine Raffinerie, eine Zuckerfabrik, eine Phosphorfabrik, vor allem einige größere Vorhaben auf den Gebieten der Wasserwirtschaft, das Elektrizitäts- und das Verkehrswesen, (aber) ... kein einziges Mammutvorhaben" (ebd., 608). Besonderer Fokus lag auf der Expansion des

---

den Präsidenten Habib Bourguiba, zum Präsidenten der Republik auf Lebenszeit" (Ajili 2013, 71).

Textilsektors, des Bergbaus und der Stahlindustrie. In Gestalt von staatlichen Aufsichtsämtern, den Offices Nationaux, fand staatliche Kontrolle und Lenkung statt: Die industriellen Produktionsbereiche blieben auf diese Weise privater Initiative und Bewirtschaftung vorenthalten. Die Industrialisierung des Landes basierte bis in die 70er Jahre im Wesentlichen auf der Verarbeitung heimischer Agrarprodukte und Rohstoffe. So betrug der Anteil des produzierenden Gewerbes am Bruttoinlandsprodukt (BIP) 1976 nur 16 Prozent (Statistisches Bundesamt 1978, 10).

Das tunesische Regime befand sich im Hinblick auf gesellschaftliche Stabilität von Anfang an in einer Zwickmühle. Denn einerseits schuf sein Alleinvertretungsanspruch einen erhöhten Legitimitätsdruck. Eine beschleunigte ökonomische Entwicklung sollte seine Herrschaft durch einen verbesserten materiellen Wohlstand absichern. Andererseits litt die tunesische Wirtschaft unter einer „strukturellen Instabilität sowie einem chronischen Leistungsdefizit" (Erdle 2005). Die insgesamt ineffiziente Landwirtschaft war anfällig für Missernten und verursachte konjunkturelle Einbrüche. Industrie und Dienstleistungen waren nach wie vor stark von ausländischen Märkten abhängig und einem scharfen internationalen Wettbewerb ausgesetzt. „Diese Schwachpunkte korrespondierten mit anderen Ungleichgewichten wie einem zunehmenden Entwicklungsgefälle zwischen dem Landesinneren und den Küstengebieten, einem exponentiellen Bevölkerungswachstum von 2,5 Prozent sowie einer strukturellen Arbeitslosigkeit von offiziell 15 Prozent, tatsächlich aber eher 20 bis 25 Prozent" (ebd.).

Modernisierung des Landes

In seinem Bestreben, das Land zu modernisieren, sah Bourguiba auch in religiösen Bräuchen eine hemmende Wirkung für die wirtschaftliche Entwicklung. Der Fastenmonat Ramadan, während dessen das Wirtschaftsleben größtenteils zum Erliegen kam, war für ihn eine Vergeudung der Arbeitskraft, die sich Tunesien im Streben um die Erhöhung seines Lebensstandards nicht leisten konnte. Allen Widerständen zum Trotz leitete er eine Strategie zur Säkularisierung des Landes ein, die vor allem auf die Reformierung des Bildungssektors zielte. Die alten Koranschulen wurden durch neue Lehrmethoden ersetzt und die Frauen den Männern durch den Code de Statut Personelle gesellschaftlich gleichgestellt. Die Zeitouna-Moschee in Tunis, bis dato Zentrum klassisch-islamischer Geistesbildung, wurde in eine weltliche Universität umgewandelt. Insbesondere die Förderung der Frauenrechte war für den arabischen Raum einmalig (Kerll 2018, 11). Doch die drastischen Maßnahmen wie die Untersagung des Schleiers für

Schülerinnen im Unterricht – ab 1957 (!) – stießen auch auf Widerspruch und dürfte die stetig zunehmenden religiös geprägten Protestbewegungen gegen das Regime in den frühen 1970 Jahren mit befördert haben (Ajili 2013, 17).

Übergang zu Ben Ali

In den 1980er Jahren geriet Tunesien wie viele arabische Staaten aufgrund von zwei aufeinanderfolgenden Missernten, kollabierenden Ölpreisen und explodierenden Auslandsschulden in eine schwere Krise. Dem Land, das sich stets als Musterland der arabischen Welt und als moderne Urlaubsregion präsentiert hatte, war es aufgrund der hohen Korruption nicht gelungen, eine Ebene der sozialen Stabilität in das tunesische Gesellschaftsgefüge einzuziehen. Die auseinander driftenden Landesteile und die Verelendung immer breiterer Bevölkerungsschichten verursachten Spannungen, die einerseits von den Gewerkschaften, andererseits von den Islamisten aufgegriffen wurden. Mit Zunahme der sozialen Widersprüche verschärfte sich die staatliche Repression gegenüber der Bevölkerung. Streiks wurden unterdrückt und die Movement Tendence Islamique (MTI) politisch verfolgt. Die MTI war 1981 unter Führung von Rached al-Ghannouchi in Folge der Iranischen Revolution entstanden und galt als gemäßigt islamistisch. Sie pflegte Kontakte zu den Muslimbrüdern in Ägypten und zu den islamischen Gruppen im Iran. 1989 änderte sie ihren Namen in Ennadha und ging aus den Wahlen als stärkste Oppositionskraft hervor (ebd., 73).

Als Bourguiba im Januar 1984 beschloss, die Lebensmittelpreise zu erhöhen, verdichtete sich auch der soziale Protest und es kam zur sogenannten „Brot-Revolution". Mit Baguettes in der Hand, die über Nacht 150 Prozent teurer geworden waren, demonstrierten die Menschen auf den Straßen. Bourguiba versuchte, die Aufstände militärisch niederzuschlagen, doch nach wenigen Tagen und 500 Toten musste er den Beschluss zurücknehmen und die Lebensmittelpreise korrigieren (ebd., 76). Mit dem Übergang der Macht von Bourguiba zu Ben Ali 1987 vergrößerte sich die bestehende Zwickmühle des Regimes. Denn Ben Ali stand „vor einem doppelten Dilemma. Auf der einen Seite musste er die notwendige Unterstützung der einfachen Bevölkerung zurückgewinnen, wobei er sich jedoch weder auf historische Leistungen noch auf eine demokratische Legitimierung berufen konnte. Andererseits musste er die dringendsten Defizite des politischen und ökonomischen Systems beseitigen, konnte dabei (sowohl wegen der Auflagen des IWF als auch wegen der Auswirkungen der Wirtschaftskrise) aber nur sehr beschränkt auf frühere Finanzquellen und bewährte Politikinstrumente zurückgreifen" (Erdle 2005). Deshalb setzte Ben

Ali auf eine Strategie der kontrollierten Öffnung. Er ließ politische Gefangene frei und suchte den Dialog mit der Zivilgesellschaft. So unterzeichnete er 1988 gemeinsam mit Vertretern der Oppositionsparteien, der Gewerkschaften, den Arbeitgeberverbänden und den Islamisten einen Nationalpakt, der die Regeln der Politik festlegte und unter anderem vorsah, dass sich beispielsweise Parteien nicht als religiös definieren dürfen (Richter 2011). Als kurz darauf, im April 1989, der MTI/Ennahda bei den Kommunalwahlen ein Überraschungserfolg mit fast 20 Prozent der Stimmen gelang, verschärfte sich jedoch die Repression der Regierung gegenüber den Islamisten. Im Mai 1991 veranlasste Bourguiba die Auflösung der islamischen Studentengewerkschaft UGTE. Gleichzeitig stieg die Zahl der verhafteten und gefolterten Regimekritiker.

Korrupter Polizeitstaat

Je mehr sich die sozialen Widersprüche verschärften, desto mehr entwickelte sich Tunesien unter Ben Ali zum korrupten Polizeistaat. Die politische Situation war durch schwere Menschenrechtsverletzungen und Folter gekennzeichnet. Einer der wichtigsten Pfeiler Ben Alis waren die Mukhabarat, eine Art Geheimpolizei. Mit 140.000 Mitarbeitern[9] war sie „omnipräsent, sie waren in jedem Verein, in jeder Moschee, in allen Ausbildungsstätten. Sie waren überall und doch unsichtbar" (Ajili 96). Zusätzlich wurden Meinungs-, Versammlungs- und Vereinsfreiheit eingeschränkt. Eine allgemeine Pressekontrolle und -zensur bestimmte zudem die öffentliche Berichterstattung (Kerll 2018, 8).

Das Land war in der Hand von sieben Familienclans, die alle wichtigen sozialen, wirtschaftlichen und politischen Schlüsselpositionen besetzt hatten und sich, geschützt durch die autoritären Strukturen, persönlich bereicherten. Bankkredite in Milliardenhöhe, die sie aufgrund ihrer Aufsichtsratsmandate beantragten konnten und nicht zurückzahlten, oder illegale Gelder, die sie ins Ausland verschafften, gehörten dazu. Ebenso die Privatisierung oder Teilprivatisierung zahlreicher Firmen wie Stahlproduzenten, Transport- oder Versicherungsunternehmen. Die Clans lebten nach dem Prinzip: wo kein Kläger, da kein Richter. Sie wussten, „dass sich niemand anmaßen würde, rechtlich gegen diese Familien vorzugehen" (Ajili 2013, 102). Der wirtschaftliche Schaden war jedoch immens und lag bei einigen hundert Millionen US-Dollar jährlich. Die Wirtschaft litt unter dem Verlust von Steuer- und Zolleinnahmen. Obgleich das BIP je Einwohner von 2005 bis 2010 von 32,3 auf 44,1 Milliarden US-Dollar

9 Zum Vergleich: Das tunesische Militär hatte etwa 35.000 Mitarbeiter (Ajili 2013, 96).

gestiegen war, lagen die Gesamtausgaben des Staates im selben Zeitraum über den Gesamteinnahmen (WKO 2021, 1).

Das war der politische und soziale Hintergrund am Vorabend der Revolution. Hinzu kam eine hohe Arbeitslosigkeit von über 20 Prozent.[10] Aufgrund von verfehlten Bildungs- und Ausbildungsstrategien insbesondere im universitären Bereich lag die Zahl der arbeitslosen Akademiker, der Chômeurs Diplômes, in manchen Regionen sogar bei bis zu 50 Prozent. Das Lebensgefühl der jungen Menschen in Tunesien, die zu einem Drittel den gesellschaftlichen Protest trugen, drückte sich während der Revolte nicht ohne Grund in den Forderungen „Brot", „Arbeit" und „Würde" aus (Kerll 2018, 9).

Revolution

Nach der Selbstverbrennung Bouazizis war es die überwiegend prekäre Jugend, die es in ihrer Empörung spontan auf die Straße zog. Es kam zu Auseinandersetzungen mit der Polizei, die die Proteste brutal niederschlug. Basismitglieder des regionalen Lehrerverbandes der UGTT solidarisierten sich mit den Jugendlichen und gründeten gemeinsam mit den Demonstranten und örtlichen Anwälten ein Komitee zur Unterstützung der Proteste. Während der regionale UGTT-Vorsitzende[11] zögerte, bereitete die örtliche Basisgruppe für den 25. Dezember eine Solidaritätsdemonstration vor dem Gewerkschaftshaus in Tunis vor. Nachdem diese Demonstration von der Polizei angegriffen worden war, weitete sich der Protest auf weitere Gewerkschaftsgliederungen und Landesteile aus. Immer wieder kam es zu schweren Zusammenstößen mit der Polizei, bei denen mehrere Demonstranten starben. „Die tödliche Repression" (Feltrin 2021, 97) brachte Bewegung in die gewerkschaftliche Debatte und ebnete schließlich regionalen Generalstreiks den Weg.

Als am 12. Januar 2011 mehrere zehntausend Menschen in den Industrieregionen Sfax, Kairouan und Tozeur und später im Großraum von Tunis ihre Arbeit niederlegten und an den Demonstrationen gegen das Regime teilnahmen, war der Protest von den wirtschaftlich randständigen Regionen auf die Industriezentren übergesprungen und läutete damit das Ende Ben Alis ein. Feltrin argumentiert,

10 Die offizielle Arbeitslosenquote lag 2010 bei 13,1 Prozent, die der unter 24-Jährigen sogar bei 29,5 Protest (WKO 2021).

11 Touhami Heni war der regionale Vorsitzende der UGTT und zugleich Parlamentsmitglied für die Regierungspartei Rassemblement Constitutionnel Démocratique (RCD). Er distanzierte sich nicht, wollte die Proteste aber auch nicht aktiv unterstützen (Feltrin 2021, 97.

dass der entscheidende Protagonist der Bewegung nicht die Industriearbeiter, sondern prekarisierte Jugendliche gewesen seien, denen die politisierte Gewerkschaftsbasis Unterstützung und eine gewisse Orientierung geboten habe. „Tatsächlich war es der öffentliche Sektor, dem die UGTT ihre umfassende und bis in die ärmsten und kaum industrialisierten Regionen hinein verzweigte Struktur verdankte" (ebd., 99). Gleichzeitig waren die digitalen sozialen Netzwerke die entscheidenden Katalysatoren für die Proteste (Kerll 2018, 12), weshalb die Revolte oft als Facebook-Revolution bezeichnet wird. „Dieser Teil der Zivilgesellschaft hat(te) mit sehr aktiven und kritischen, oft sehr jungen Bloggern (...) ein politikbestimmendes Gewicht bekommen (ebd.). Zwei Dinge aber waren in der Rückbetrachtung entscheidend, ohne die die Dynamik der Revolte nur schwer zu verstehen ist. Zum einen war die UGTT eine in der Gesellschaft verwurzelte politische Kraft, die zwei autoritäre Regime überlebt hatte und ihre Stärke daraus bezog, dass sie nicht nur betriebliche, sondern auch politische Forderungen erhob (Ajili 2013, 64). Sie „frontal anzugreifen und zu zerstören – dazu waren weder Bourguiba noch Ben Ali in der Lage. (Die) UGTT war fest in der Gesellschaft verankert und konnte nicht einfach über den Haufen gerannt werden" (Seideneck 2021). Die Unterstützung der Jugendproteste durch die UGTT verhalf diesen schließlich zu einer Durchsetzungsperspektive.

Zum anderen drückte sich in den spontan und landesweite auflodernden Protesten die Kulmination eines breiten gesellschaftlichen Willens zur Veränderung aus. Der Anstieg der Lebensmittelpreise, eine grassierende Jugendarbeitslosigkeit und der Mangel an Freiheit bildeten dafür die Grundlage. „Armut, Unterdrückung und steigende Brotpreise haben die Revolte in der arabischen Welt ausgelöst", fassen Münch und Schlötzer zusammen (Münch/Schlötzer 2011) und erinnern daran, dass mit Beginn der weltweiten Finanzkrise 2008 die Preise für Grundnahrungsmittel exorbitant gestiegen waren. IWF und Weltbank stellten eine Verdopplung in nur drei Jahren fest (Tigges 2008). Auch die Food and Agriculture Organization (FAO) der Vereinten Nationen (UNO) stellte im Vergleich zum Vorjahr im März 2008 einen Anstieg des Lebensmittelpreisindexes um 57 Prozent fest. „Verglichen mit dem Niveau der Jahre 1998 bis 2000 ist der Index auf mehr als den zweifachen Wert geklettert" (Fehr/Plickert 2008). Aufgrund dieser Entwicklung hatte auch der ehemalige UN-Sonderberichterstatter für das Menschenrecht auf Nahrung, Jean Ziegler, Alarm geschlagen und darauf aufmerksam gemacht, dass durch die steigenden Preise für Grundnahrungsmittel viele arme Länder vor einer Epoche intensivster Konflikte stünden: „Das sind Aufstände der nackten Verzweiflung von Menschen, die um ihr Leben fürchten und von Todesangst geplagt auf die Straße gehen" (vgl. Streck 2011).

Demokratisierungsphase

Schrittweise wurde nach dem 14. Januar ein Prozess zur Demokratisierung des Landes eingeleitet. Zuständig dafür war die Instance supérieure pour la réalisation des objectifs de la révolution, de la réforme politique et de la transition démocratique (Höhere Instanz für die Verwirklichung der Ziele der Revolution, der politischen Reform und des demokratischen Übergangs). Sie setzte sich aus Vertretern verschiedener politischer Parteien, zivilgesellschaftlicher Organisationen und Gewerkschaften zusammen und legte die Schritte fest, um einen friedlichen Übergang in die repräsentative Demokratie zu organisieren. Dazu zählten die Ausarbeitung des Wahlgesetzes und die Überwachung der Wahlen, die schließlich am 23. Oktober 2011 stattfanden. Im neuen Parlament saßen unter den 217 Abgeordneten mehrheitlich Gegner oder Opfer des ehemaligen Regimes (Ben Jaafar 2018, 19). Mit der neuen Verfassung wurde eine Gewaltenteilung eingeführt. Der Regierungschef wurde der Regierung gegenüber rechenschaftspflichtig. Gegen das Machtmonopol einzelner Parteien wurde die Rolle der Minderheitenopposition festgeschrieben. Es wurde die Einrichtung eines Verfassungsgerichtshof geregelt, um den Gesetzgeber daran zu hindern, über Gesetze abzustimmen, welche die Grundrechte verletzten. In knapp 20 Artikeln widmet sich die Verfassung den Freiheitsrechten, darunter das Recht auf Staatsbürgerschaft, auf Koalitionsfreiheit, auf Achtung der körperlichen Unversehrtheit, auf Freizügigkeit, Versammlungsfreiheit oder auf Meinungs- und Gewissensfreiheit. Alles in allem stellte die neue Verfassung einen Meilenstein und einen echten „Bruch mit der Verfassung von 1959“ dar (ebd., 22).

Doch während Verfassung und freie Wahlen zwar die rechtliche Situation verbessert hatten, haben sich die sozialen Widersprüche weiter verschärft. Das Wirtschaftswachstum lag bei unter zwei Prozent und ist 2020 pandemiebedingt schließlich um 8,6 Prozent zurückgegangen (WKO 2021, 1). Insbesondere die Jugend ist bezogen auf die Ziele ihrer Bewegung inzwischen einigermaßen desillusioniert und bezeichnet die Revolution von 2010 als „gestohlene Revolution“ (Dihstelhoff 2018, 3). Die Hoffnung auf eine Verbesserung ihrer Arbeits- und Lebensbedingungen ist einer weiterverbreiteten Frustration gewichen. Mit 65 Prozent sagen fast Zweidrittel der unter 29-Jährigen, dass die Revolution an ihrer Lebenssituation nichts geändert habe. Aus ihrer Sicht stellen Unterbeschäftigung und Erwerbslosigkeit mit die größten Probleme im Transformationsprozess des Landes dar (ebd.). So ist für die meisten Tunesier „von der Revolution (...) nicht mehr geblieben als das Recht, sich öffentlich über Korruption, Misswirtschaft und Machtspiele zu empören. Die zentralen Forderungen nach fester Arbeit statt

Tagelöhnerjobs, nach effizienten statt korrupten Behörden sind bis heute nicht erfüllt" (Böhm 2021). Die Menschen sind weiterhin arm. Ihre wirtschaftliche Situation hat sich in Folge der Revolution und erst recht in Folge der Corona-Pandemie verschlechtert. Wichtige Wirtschaftsreformen sind ausgeblieben, das seit 2013 stagnierende Wirtschaftswachstum im Zuge der Pandemie eingebrochen. Gleichzeitig fehlen Programme zur Bekämpfung der Arbeitslosigkeit. Vor diesem Hintergrund hat die Corona-Pandemie die eklatanten Schwächen in der tunesischen Sozial- und Wirtschaftspolitik verfestigt.

Krisenmanagement in der Pandemie

Unter den Bedingungen der Corona-Pandemie wurde Tunesien zwischen Wirtschaftskrise, Gesundheitsnotstand und sozialer Ungleichheit zunehmend zerrieben. Von den knapp zwölf Millionen Einwohnern Tunesiens hatten sich zum Stichtag 18. November 2021 715.911 Personen mit Corona infiziert, von denen 25.325 verstarben (Johns Hopkins University). Damit verzeichnet das Land die zweithöchste Coronasterblichkeit in Relation zur Bevölkerungszahl weltweit (Johnson 2021). Auch hier war das unterfinanzierte Gesundheitssystem nicht auf die Pandemie vorbereitet und kollabierte in Anbetracht der anhaltenden Überlastung. Bei über 800 lag der Inzidenzwert im Sommer 2021. Bis zu 400 Personen verstarben täglich. Die Intensivstationen waren überbelegt. Videos von Patienten, die mit Atemnot vor Kliniken vergeblich auf eine Behandlung warten, machten die Runde. In der Provinzhauptstadt Ker wurden Patienten mit Atemproblemen auf dem Parkplatz vor der örtlichen Klinik behandelt. In Tunis lagen im größten öffentlichen Krankenhaus der Stadt Verstorbene neben Patienten auf dem Boden, die hustend auf eine Beatmung warteten (Keilberth 2021). Hinter diesen Zuständen steckt die unterdurchschnittliche Ausstattung des tunesischen Gesundheitssystems. Lediglich 220 Euro werden jährlich pro Person vom Staat für gesundheitliche Maßnahmen ausgegeben, international liegt dieser Betrag bei durchschnittlich 973 Euro. Aus diesem Grund stehen je 1.000 Einwohnern auch nur 2,3 Krankenhausbetten zur Verfügung. Auch hier liegt der weltweite Mittelwert mit 2,7 über dem Tunesiens. Gerade einmal 15.000 ausgebildete Ärzte gibt es in dem 12 Millionen-Einwohner-Land (Schmitz/Henle 2020). Eine gesellschaftliche Resilienz gegenüber Pandemien ist praktisch nicht vorhanden. Gleichzeitig kommt die Impfkampagne aufgrund der ungleichen Impfstoffverteilung zwischen den reichen Industriestaaten und den Ländern des globalen Südens nur schleppend voran. Im Rahmen der internationalen Covax-Initiative wurden Tunesien 4,3 Millionen Dosen Impfstoff zugesagt, bis Sommer

2021 aber nur 600.000 geliefert (Pernot 2021). Im November 2021 wies die Johns Hopkins University für Tunesien eine Impfquote von nur 41 Prozent aus (Johns Hopkins University).

Vor dem Hintergrund seiner ökonomischen Rückständigkeit macht die Pandemie Tunesien zum Hotspot staatlicher Überforderung. Im Unterschied zur Regierung verhängten die Provinzgouverneure einen regional begrenzten Lockdown. Inzwischen ist die zweite Touristensaison in Folge ausgefallen und hat zu Entlassungen in dem Bereich geführt (Keilberth 2021). Als die Regierung im Februar 2021 Märkte und Gastronomie schließen ließ, gingen überall im Land tausende, zumeist junge Tunesier dagegen auf die Straße. Über 2.000 Menschen wurden festgenommen. Die Arbeitslosigkeit im Land war anhaltend hoch, und wer Arbeit hatte, arbeitete meist unter prekären Bedingungen. Mehr als jeder zweite Beschäftigte verfügte weder über einen Arbeitsvertrag noch über soziale Absicherung (ebd.), und so drückten die Maßnahmen zum Gesundheitsschutz immer mehr Menschen unter das Existenzminimum. Und während die Durchsetzung des Gesundheitsschutzes die soziale Lage im Land verschlimmerte, vergrößerte ihr Unterlassen die gesundheitliche Misere. „Gesundheitspolitisch ist das (der Lockdown für Märkte und Gastronomie, U.E.) richtig, bei einer Jugendarbeitslosigkeit von 41 Prozent aber verheerend" (Böhm 2021). Ein Blick in die bereits erwähnte Jugendstudie zeigt, dass der überwiegende Teil der jungen Menschen ihr Vertrauen in die staatlichen Institutionen und deren handelnde Akteure bereits vor Ausbruch der Pandemie verloren hatte (Dihstelhoff 2018). Das, worauf die Menschen in dieser Zeit sozialer und gesundheitspolitischer Katastrophen angewiesen waren – ein handlungsfähiger Staat – existierte in Tunesien nicht.

Vor dem Hintergrund der vermutlich größten Gesundheitskrise in der Geschichte des Landes eskalierte der schon seit längerem schwelende Machtkampf zwischen dem Präsidenten Kais Saied, dem Premier- und Innenminister Hichem Mechini und dem Präsidenten des Parlamentes Rached al-Ghannouchi. Im Zentrum hatte dabei die Einberufung des Verfassungsgerichtes gestanden, die seit 2014 immer wieder verschoben wurde. Erst blockierten die Parlamentsparteien seine Einberufung, um ihre Macht nicht zu verlieren, dann trieben sie die Einberufung voran, um den Präsidenten Saied zu entmachten. Der schließlich blockierte die Einberufung ebenfalls (Pernot 2021). Nach Protesten gegen die Corona-Maßnahmen der Regierung verkündete Saied am Abend des 25. Juli, dass er vorübergehend die ganze Macht im Land übernehme. Er berief sich dafür auf den Artikel 80 der Verfassung, der es dem Präsidenten im Fall einer „unmittelbaren Gefahr" gestattet, im Interesse des Landes außergewöhnliche Maßnahmen zu ergreifen.

Er verschwieg und ignorierte, dass vor Ergreifen außergewöhnlicher Maßnahmen Ministerpräsident und Parlamentspräsident konsultiert werden müssen. Außerdem sieht der Artikel keine Suspendierung des Parlaments vor, sondern regelt vielmehr, dass das Parlament während des Notstandes in ständiger Sitzung verharren solle (von Schwerin 2021). Dennoch enthob Saied den amtierenden Ministerpräsidenten Hichem Mechini seines Amtes und setzte die Arbeit des Parlamentes für 30 Tage aus, eine Regelung, die er am 24. August per Dekret auf unbestimmte Zeit verlängerte. Saied übernahm die Kontrolle über die Justiz und ernannte sich selbst zum Generalstaatsanwalt. Er setzte nicht nur die Minister für Verteidigung und Justiz ab, sondern auch den Direktor des Staatsfernsehens. Richter, Staatsanwälte und führende Regierungsbeamte wurden entlassen und mehrere Abgeordnete festgenommen. Später verhängte Saied bis Ende August eine nächtliche Ausgangssperre, verbot alle öffentlichen Versammlungen und drohte im Falle von Demonstrationen mit einem „Kugelhagel" (ebd.).

Machtressourcen der Gewerkschaften

Historisch spielte die UGTT beim Kampf um die nationale Unabhängigkeit und gesellschaftliche Veränderung sowie beim Aufbau des tunesischen Staates eine wichtige Rolle. Ihre organisatorische Macht wuchs mit der gesellschaftlichen Rolle, die sie unter Bourguiba und Ben Ali ausfüllte, weshalb es ihr auf beeindruckende Weise gelang, ihre Machtressourcen selbst unter den autoritären Bedingungen des tunesischen Regimes zumindest zu erhalten. Dies zeigte sich an den Arbeitsbeziehungen, die insbesondere in den letzten Jahrzehnten stark von Konflikten geprägt waren. So zwangen verspätete Lohnzahlungen oder niedrige Löhne die Beschäftigten immer wieder zu Streiks, obwohl das Arbeitsgesetz das Zustandekommen von Streiks mit eklatanten Hürden versah. Etwa 80 Prozent der Streiks zwischen 1998 und 2009 waren nach dem Arbeitsgesetz illegal (Sami u.a. 2018, 50). Illegal ist ein Streik in Tunesien übrigens dann, wenn er nicht mit einer Frist von zehn Tagen angekündigt wurde; wenn ihn der Gewerkschaftsdachverband nicht genehmigt hat; oder wenn die obligatorischen Schlichtungsverfahren zuerst auf betrieblicher, dann auf regionaler Ebene nicht eingehalten wurden.

Auch nach dem Sturz Ben Alis kam die Klasse der Lohnabhängigen nicht zur Ruhe. Die Daten des Sozialministeriums zeigen, dass die Zahl der durch Streiks verlorenen Arbeitstage von 2010 bis 2011 um mehr als das Vierfache von 74.763 auf 309.343 gestiegen war. Die Zahl blieb in der Demokratisierungsphase anhaltend hoch und erreichte 2014 mit 361.464 einen neuen Höchststand. Schwerpunkte waren vor allem die Textil- und Maschinenbauindustrie, regional stachen vor allem Sfax und Ben Arous heraus. Sie forderten Arbeitsplatzsicherheit und die lokale Entwicklung ihrer Region (Feltrin 2021, 100).

Die signifikante organisatorische Macht der UGTT brachte sie historisch wie aktuell permanent in die Position, sich als Ordnungs- und als Gegenmacht zu etablieren. Denn einerseits schloss sie in Arbeitsplatzfragen Kompromisse mit dem Regime und sicherte sich über Parlamentsplätze für Gewerkschafter den Einfluss auf das Regierungshandeln, was vor allem deshalb möglich war, weil sie „durch ihre Mitgliederstärke, ihre weitreichende Verankerung und Popularität und nicht zuletzt durch eine mobilisierungsstarke Basis vom Regime als eine reale Bedrohung angesehen wurde" (Seideneck 2018). Andererseits wurde sie gerade dadurch zum Bezugspunkt und zum Schutzschirm für alle relevanten oppositionellen Strömungen der Zivilgesellschaft, indem es viele linke Oppositionelle in die UGTT zog. Auch wenn das Regime immer versucht hatte, die UGTT zu kontrollieren, hatte sie insbesondere im Mittelbau und an der Basis „der Opposition jedweder Couleur" Zuflucht geboten (Wandler, 2014). Das stärkte einerseits das gesellschaftspolitische Profil des Dachverbandes, führte aber organisationspolitisch auch zur Herausbildung zweier politischer Strömungen: „diejenigen, die in Opposition zum Regime stehen, und diejenigen, die Staat und Politik unterstützten. Doch in den wichtigen Momenten der Geschichte hat sich die Gewerkschaft immer für die Opposition, für den Wandel entschieden" (ebd.). So galten besonders die Bildungs-, Gesundheits-, Telekommunikations- und Postgewerkschaften sowie einige regionale und lokale Gewerkschaften als Bastionen des linken Flügels (Kübler 2014).

Strukturelle Macht der Gewerkschaften

Tunesien hat von allen nordafrikanischen Ländern am stärksten auf wirtschaftliche Öffnung orientiert. Dabei setzte der tunesische Wachstumspfad bereits mit Beginn der 1970er Jahre auf vorsichtige Industrialisierung und Exportorientierung. Dazu wurde das Wirtschaftsgefüge in „Offshore"- und „Onshore"-Branchen aufgeteilt und finanziell unterschiedlich gefördert. Die exportorientierte Offshore-Branche profitierte von Steuer- und Finanzerleichterungen. Die auf den Inlandsmarkt ausgerichtete Onshore-Branche basierte auf einer Industriepolitik der „Importsubstitution". Diese Unterteilung unterstützte die Entwicklung des Landes bis in die 1990er Jahre hinein, erwies sich im weiteren Verlauf aber als hemmend, weil die Unterteilung des Marktes in die beiden Sektoren durch geringe Wertschöpfung, geringe Innovationsbereitschaft und technologische Abhängigkeit geprägt war und sich die beiden Sektoren nicht aufeinander bezogen. Mit dem verfehlten Übergang zu einem höheren Wachstumsniveau verharrte die Integration der tunesischen Wirtschaft in die globalen Wertschöpfungsketten auf der Stufe mit geringer Qualifikation und niedrigen Löhnen und zementierte ein Modell konfliktgeladener Arbeitsbeziehungen (Sami 2018, 47).

Die traditionell starke Textilindustrie wurde in den letzten Jahren von der Elektro- und Elektronikindustrie sowie dem Automotive- und Maschinenbaubereich überholt. Diese Entwicklung hing auch damit zusammen, dass die Textilproduktion zunehmend in asiatische Länder verlegt worden war. Die Attraktivität des Produktionsstandortes mit gut ausgebildeten Arbeitskräften führte in den letzten Jahren sogar dazu, dass Flugzeug- und Weltraumtechnikfirmen Produktionsniederlassungen in Tunesien gründeten (WKO 2018, 6). Die Tourismusindustrie ist ein weiterer wichtiger Wirtschaftsbereich. Sie machte traditionell sechs Prozent des BIP aus, ist in Folge von islamistischen Anschlägen und Corona-Pandemie aber stark eingebrochen.[12] Im Handel mit der EU, dem wichtigsten Handelspartner des Landes, bildet sich auch eine starke Abhängigkeit von der europäischen Konjunktur ab. Dies zeigte sich während der weltweiten Finanzkrise 2009, als die schwache Nachfrage aus der EU zu tunesischen Exporteinbrüchen führte. Der dominante Sektor mit 60 Prozent ist der Dienstleistungsbereich, von dem der Tourismus etwa sechs Prozent Wirtschaftsleistung ausmacht (ebd., 7). Mit 52 Prozent aller Lohnabhängigen arbeitet hier der überwiegende Teil der Beschäftigten (ILOSTAT Country Profiles, 2017), gefolgt von der verarbeitenden Industrie mit 18 Prozent BNP-Anteil (WKO 2018, 7) und 33 Prozent Beschäftigten (ILOSTAT Country Profiles, 2017), sowie dem Bereich der Landwirtschaft mit einem Beschäftigtenanteil von knapp 15 Prozent (ebd.). Die offizielle Arbeitslosigkeit lag 2021 bei 17 Prozent (WKO 2022), wobei die Jugendarbeitslosigkeit mit 38 Prozent mehr als doppelt so hoch war (ebd.). Auffallend ist ein starkes regionales Ungleichgewicht zwischen den Küstenprovinzen und den überwiegend ländlich geprägten und weniger entwickelten südlichen Provinzen. 60 Prozent der Jugendlichen zwischen 15 und 29 Jahren aus dem ländlichen Raum waren 2019 ohne irgendeine Bezahlung als mithelfende Familienbeschäftigte tätig (Mansuy/Werquin 2015, 2).

Der weltweite Wandel der Arbeitsmärkte in Bezug auf eine Zunahme atypischer Beschäftigung macht sich auch in Tunesien bemerkbar. Insbesondere junge, gut ausgebildete Universitätsabsolventen haben ein erhöhtes Risiko zur Langzeitarbeitslosigkeit. Das Ausmaß prekärer Beschäftigung zeigt zudem, dass

12 Infolge von insgesamt drei Terroranschlägen im Jahre 2015 mit über 70 Todesopfern brach die Tourismusbranche in der Folge ein. Die Zahl der europäischen Touristen halbierte sich (WKO 2018, 6).

das Vorhandensein von arbeitsrechtlichen Vorschriften nicht ausreicht, sondern auch Wege gefunden werden müssen, ihre Anwendung sicherzustellen. An der Tagesordnung sind „die Nichtzahlung oder verspätete Zahlung von Löhnen, Lohnkürzungen, einseitige Änderungen der Kriterien des Arbeitgebers für die Berechnung eines Bonus oder auch die Weigerung, einen neuen Tarifvertrag anzuwenden. Vor der Revolution lösten diese Zahlungspraktiken etwa die Hälfte der jährlichen Streiks aus (Sami u.a. 2018, 48). Zunehmend eingeschlichen in die Arbeitswelt hat sich die Vergabe von Unteraufträgen, was dazu führte, dass Beschäftigte einem Dreiecksverhältnis unterliegen und dadurch sowohl durch das Subunternehmen als auch durch das Kundenunternehmen, in dem die Tätigkeit ausgeübt wird, ausgebeutet werden. Der Bereich der atypischen Beschäftigung in Tunesien ist schwer zu messen, weil es nicht den atypischen Bereich gibt, sondern auch in Unternehmen mit überwiegend typischer Beschäftigung Personen ohne schriftlichen Arbeitsvertrag und sozialversicherungspflichtige Registrierung beschäftigt sind. Der Anteil der Jugendlichen in atypischer Beschäftigung wird auf etwa 53,5 Prozent geschätzt. Nur 35 Prozent von ihnen arbeiten mit einem schriftlichen Arbeitsvertrag (Mansuy/Werquin 2015, 9). Schaut man sich die atypische Beschäftigung in den einzelnen sektoralen Bereichen an, fällt auf, dass von den nur 30 Prozent, die sozialversicherungspflichtig beschäftigt sind, der überwiegende Teil auf den Dienstleistungsbereich (35,1 Prozent) entfällt, 30,8 Prozent auf den Bereich von Industrie und öffentlicher Arbeit und nur 11,3 Prozent auf den Agrarbereich. Ähnlich verhält es sich in Bezug auf die Arbeit mit schriftlichem Arbeitsvertrag. Mit 57,6 Prozent arbeitet der überwiegende Teil der Beschäftigten im Dienstleistungsbereich mit einem schriftlichen Arbeitsvertrag. In der Industrie und im öffentlichem Dienst sind es immerhin noch 41,5 Prozent, im Agrarsektor nur noch 12,4 Prozent. Insgesamt arbeiten also etwas weniger als die Hälfte aller unter 29-Jährigen (45,8 Prozent) ohne einen schriftlichen Arbeitsvertrag (ebd., 10). Das ist vor allem deshalb ein Problem, weil schriftliche Arbeitsverträge am ehesten die Chance bieten, sich vor der Willkür des Arbeitgebers zu schützen. Die Entwicklung zeigt aber, dass die Formen atypischer Beschäftigung mit ungeschriebenen Arbeitsbedingungen, sozialen Unwägbarkeiten und der fehlenden Möglichkeit zur Lebensplanung vor allem die Generation der unter 29-Jährigen trifft.

Daraus ergibt sich eine relativ schwache Verhandlungsmacht der Lohnabhängigen und ihrer Gewerkschaften, denn Befristungen und Werkverträge, Arbeiten ohne Arbeitsvertrag oder in Leiharbeit und Niedriglohn erschweren die Gewerkschaftsarbeit, da die Beschäftigten leichter unter Druck gesetzt werden können (Rahman 2018, 55).

Organisationsmacht der Gewerkschaften

Der Dachverband der tunesischen Gewerkschaften, die UGTT, wurde 1946 gegründet. Schätzungen zufolge liegt die Zahl ihrer Mitglieder gegenwärtig bei 600.000 (Sami/Ben Sedrine 2017), was bei vier Millionen Beschäftigten einem gewerkschaftlichen Organisationsgrad von etwa 15 Prozent entspricht. Stark ist die UGTT vor allem in den Staatsbetrieben, dem öffentlichen Dienst und der Industrie. Unter ihrem Dach organisieren sich insgesamt 24 regionale Einzel- und 19 Branchengewerkschaften sowie 21 Basisorganisationen (Kübler 2014). Sie ist die größte landesweite politische Organisation, die über ein hohes Maß an politischer Infrastruktur verfügt. Sowohl die Gewerkschaftsspitze als auch die Branchenverbände besitzen in Tunis Büros und hauptamtliches Personal, gleiches gilt für die regionalen Basisorganisationen. In der Gewerkschaftszentrale in Tunis arbeiten etwa 550 hauptamtliche Mitarbeiter. Die UGTT besitzt zudem eine eigene Druckerei, in der die wöchentlich erscheinende Mitgliederzeitung und weitere Publikationen gedruckt werden. Hinzu kommt eine eigene Versicherungsgesellschaft und ein eigenes Hotel. Hier organisiert sie internationale Kooperationstreffen, Seminare und Mitgliederschulungen (Sami/Ben Sedrine 2018). Obwohl innerhalb der UGTT eine starke Zentralisierung vorherrschend ist, verfügen die lokalen und regionalen Gliederungen über eine sehr hohe Autonomie. Dies zeigte sich an der Unterstützung der Jugendrevolte von 2011. Während sich die Gewerkschaftsspitze zunächst zögerlich gegenüber den Protesten verhielt, waren es die lokalen Basisgruppen, die eine Positionierung ihrer Gewerkschaft gegenüber den Schießereien durch die Polizei nicht nur einforderten, sondern auch organisierten und damit den Weg frei machten für die Generalstreiks zur Unterstützung der Bewegung (Feltrin 2021, 97 ff.).

Institutionelle Macht der Gewerkschaften

Aufgrund ihrer Geschichte verfügen die tunesischen Gewerkschaften über eine ausgeprägte Regulationsbefugnis, was ebenfalls auf die determinierende Rolle der UGTT im Kampf um die nationale Unabhängigkeit zurückgeführt werden muss. Dadurch wurde ihr von Bourguiba im neuen Regime eine gesellschaftlich gestaltende Rolle zugewiesen. Anfangs stellte sie sogar zwei Minister (Wandler 2014). Die UGTT nahm diese Rolle an und füllte sie aus, aber sie bewahrte sich trotz aller Einbindungsstrategien in das korporatistische Staatsmodell dennoch ihre organisatorische Unabhängigkeit. Diese half ihr, im Verlaufe der Zeit und insbesondere als die politische Praxis des Regimes autoritärer wurde, zum Widerspruch gegen Bourguiba und später gegen Ben Ali. „Ihr Verhältnis zum Regime des einerseits aufgeklärten, aber andererseits autoritären 'Vater der Unabhängigkeit', Habib Bourguiba, schwankte zwischen Nähe und Konflikt. Zahlreiche Gewerkschafter bezahlten ihren Drang nach Unabhängigkeit mit Haftstrafen und Repression," andere wiederum „übernahmen (...) politische Aufgaben in der Zeit Bourguibas" (Seideneck 2018).

Die starke Regelungsbefugnis der UGTT spiegelt sich im Arbeitsgesetz wider. Nach der Unabhängigkeit hatte sie das Recht erworben, an der Gestaltung und Umsetzung des Arbeitsgesetzes mitzuwirken. Dafür stellte das Arbeitsgesetz von 1966 einen rechtlichen Rahmen dar. Es regelte die Möglichkeit, Tarifverträge abzuschließen, schützte die fundamentalen Rechte von Beschäftigten wie das Recht sich zu organisieren und zu streiken, beschränkte die Höchstarbeitszeit und garantierte sowohl einen Mindestlohn als auch das Recht auf soziale Sicherung (DTDA 2020, 3). Es stellte weiterhin fest, dass eine antigewerkschaftliche Diskriminierung, heute gemeinhin als Union Busting bekannt, ebenso gesetzlich untersagt ist wie die Maßregelung von Streikenden. Zudem existieren arbeitsmarktpolitische und arbeitsrechtliche Instrumente zur Regulierung der sich widersprechenden Beziehungen zwischen Kapital und Arbeit: eine Agentur für Arbeit, eine Arbeitsaufsicht und Arbeitsgerichte. Außerdem hat die tunesische Regierung die wichtigsten ILO-Konventionen ratifiziert. Und Tarifverträge gelten für 56 Prozent der Beschäftigten (ebd.). Auch wenn Novellierungen des Arbeitsgesetzes eine Liberalisierung des Arbeitsmarktes befördert und atypische Beschäftigungsverhältnisse begünstigt haben, und auch wenn trotz dieses Arbeitsgesetzes die Lohnabhängigen physischen Angriffen ausgesetzt waren und es auch weiterhin sind, muss das Zustandekommen des Gesetzes auf den Umstand zurückgeführt werden, dass insbesondere nach der Unabhängigkeit die schwache Verhandlungsmacht der UGTT auf dem Arbeitsmarkt durch eine starke institutionelle Machtressource ausgeglichen werden konnte. Und je mehr sich „organisatorische und institutionelle Machtressourcen gegenseitig verstärk(t) en" (Sami/Ben Sedrine 2018), desto mehr trug dieser Prozess trotz anhaltender autoritärer Unterdrückung zum Erhalt auch der gesellschaftlichen Macht der UGTT bei.

Gesellschaftliche Macht der Gewerkschaften

Beim Betrachten der tunesischen Gewerkschaftsbewegung sticht aber vor allem ihre bemerkenswerte gesellschaftliche Macht ins Auge. Sie gehört zum Gründungsprinzip der UGTT und wurde seit 1946 mehrfach mobilisiert. Diese Machtressource ist historisch bedingt, weil ihre Kämpfe um die Verbesserungen der Arbeits- und Lebensbedingungen ihrer Mitglieder immer eng verknüpft waren mit dem Kampf gegen das französische Protektorat. Weil die UGTT 1946 „Herzstück der Nationenbildung" war (Sami/Ben Sedrine 2018), verstand sie sich nie nur als rein betrieblicher, sondern immer auch als gesellschaftlicher Akteur. Das führte einerseits dazu, dass innerhalb der UGTT betriebliche und gesellschaftliche Fragen schon früh zu einer Einheit zusammenfanden und schulte andererseits ihre Fähigkeit zur gesellschaftlichen Bündnisbildung. Die Selbstverständlichkeit, mit der die Basisgewerkschaften der UGTT die Revolte der arbeitslosen und prekarisierten Jugendlichen unterstützten, ist eben diesem Umstand geschuldet. Und es ist sicherlich kein Zufall, dass Ben Ali den Moment seiner Niederlage eingestand, als die UGTT als größte und einflussreichste gesellschaftliche Kraft ihre Mitglieder in den großen Industriezentren und dem öffentlichen Dienst zum Generalstreik gegen das Regime rief. Nicht ohne Grund gelten die Generalstreiks als Wendepunkt der Revolte.

Doch die UGTT war nicht nur ein wichtiger Akteur während des Aufstandes, als sie ihre Netzwerke nutzte, um den Protest institutionell und geografisch auszuweiten, sondern auch in der postrevolutionären Phase bei der Gestaltung der Transformation. So hatte der Dachverband keinen unwesentlichen Anteil daran, dass das Land auf den Weg eines friedlichen Übergangs zur Demokratie geführt wurde, und wurde dafür 2015 mit dem Friedensnobelpreis ausgezeichnet. Der UGTT war es gelungen, in einer Zeit, in der das Land in einen Zustand der ideologischen und sozialen Polarisierung um den Entwurf einer neuen Verfassung geraten war, auf Parteinahme zu verzichten und den Streit zwischen dem religiösen und dem säkularen Lager in einen gemeinsamen Nationalen Dialog zu überführen. Denn nachdem am 23. Oktober die islamistische Ennahda als stärkste Kraft aus den ersten freien Wahlen hervorgegangen war, war ein Streit zwischen den unterschiedlichen politischen Lagern entbrannt, der zu Übergriffen auf Gewerkschafter wie Oppositionspolitiker und sogar zu politischen Morden geführt hatte. Es kam zu Massendemonstrationen und Streiks gegen die Ennahda-Regierung, bei denen in vier Regionen Transport, Schulen und Verwaltung zum Stillstand kamen. Der UGTT gelang es, gemeinsam mit dem Unternehmerverband UTICA, der Vereinigung der Rechtsanwälte und der Menschenrechtsvereinigung einen Dialog zwischen den säkularen und islamistischen politischen Kräften in die Wege zu leiten. Die Ennahda zog sich aus der Regierung zurück, an ihre Stelle trat eine Expertenregierung. Nur wenige Wochen später wurde eine neue tunesische Verfassung verabschiedet, die auf einem Konsens zwischen den gemäßigten Islamisten und den säkularen Modernisten beruhte, und ein Wahlprozess eingeleitet. Dieser Nationale Dialog kam vor allem auf der Grundlage einer starken gesellschaftlichen Verankerung der UGTT und ihrer Fähigkeit, eine Mittlerrolle zu spielen, zustande. Diese Mittlerrolle konnte die Gewerkschaft auch deshalb ausfüllen, weil sie sich seit ihrer Gründung als Einheitsgewerkschaft formiert und über das Zusammenführen unterschiedlicher politischer Strömungen eine Kompetenz im Konfliktmanagement entwickelt hatte, die ihr half, ihre gesellschaftliche Machtbasis aufzubauen (Mhenni 2019, 77). Über Jahrzehnte hatten verschiedene politische Strömungen innerhalb der UGTT koexistiert. Die Tatsache, dass die Identität der Gewerkschaftsbewegung einerseits durch forderungsorientiertes und andererseits durch partizipatives Handeln geprägt war, stärkte die Fähigkeit, diesen Widerspruch auszuhalten und trotzdem dabei handlungsfähig zu bleiben (Sami/Ben Sedrine 2018).

Die gesellschaftliche Machtressource der UGTT zeigte sich zudem auf drei Ebenen: ihrer inneren Solidarität, ihrer äußeren Solidarität und ihrer Diskursmacht (ebd.). Der Kampf um soziale Errungenschaften und der Widerstand gegen die staatlichen Repressionen hatte den Zusammenhält und damit die innere Solidarität gestärkt. Die ausgeprägte Fähigkeit zur Bündnisbildung und ihre enge Zusammenarbeit mit Anwälten oder mit der feministischen Bewegung unterstrichen ihre Fähigkeiten zu externer Solidarität. Sie war auch aufgrund der starken Zivilgesellschaft mit über 9.000 Verbänden und Vereinen möglich (Jendoubi 2018, 16). Denn die Fähigkeit zur Bündnisbildung lässt sich nicht nur subjektiv begründen, sondern braucht auch einen objektiven Rahmen und objektive Möglichkeiten. Dies stärkte auch die ausgeprägte Diskursmacht der UGTT.

Fazit

Der Blick in Geschichte und Gegenwart Tunesiens zeigt zum einen: Autoritäre Politik bildet sich in ganz verschiedenen Ausprägungen ab und tritt dabei widersprüchlich auf. Und er zeigt zum anderen: Autoritäre Politik macht Gewerkschaften nicht notwendigerweise handlungsunfähig. Die historische Rolle, die die UGTT im Kampf um die nationale Unabhängigkeit gespielt hat, bildete die Grundlage für ihre starke gesellschaftliche Stellung. Das Regime versuchte diese auf unterschiedlichem Wege zu begrenzen. Doch sowohl die Einbindung der UGTT in das politische System als auch ihre Unterdrückung trugen dazu bei, dass die gesellschaftliche Stellung des Dachverbandes erhalten blieb und immer wieder neu reproduziert wurde. Dieser Prozess ging für die UGTT mit der Herausbildung besonderer Fähigkeiten einher, die sowohl während des Aufstandes gegen das Regime als auch in der nachrevolutionären Phase nicht nur hilfreich waren, sondern letztlich auch den Unterschied gemacht hatten: Hätte die UGTT die Jugendproteste nicht unterstützt, wäre Ben Ali vermutlich heute noch im Amt. Es spricht einiges dafür, dass die Revolte erst durch die landesweite Unterstützung der UGTT zu einer existenziellen Bedrohung für das Regime wurde. Und hätte der gewerkschaftliche Dachverband nicht zum Nationalen Dialog gerufen, hätte dies vermutlich auch niemand anders gemacht, und Tunesien wäre 2013 höchstwahrscheinlich in einen Bürgerkrieg gerutscht. Vor diesem Hintergrund zeigt das Beispiel der UGTT vielleicht deutlicher als jedes andere Beispiel, dass die Herausbildung gewerkschaftlicher Machtressourcen unter den Bedingungen vorgefundener Umstände stattfindet und die Gewerkschaften dabei die strategische Wahl haben. Autoritäre Politik führt nicht zwangsläufig zu gewerkschaftlicher Handlungsunfähigkeit, sondern bedingt eine strategische Anpassung an die vorgefundenen Rahmenbedingungen.

Die revolutionären wie die nachrevolutionären Ereignisse in Tunesien zeigen, dass die UGTT zu unterschiedlichen Zeitpunkten unterschiedliche Machtressourcen mobilisieren konnte. Sie hat damit stark in die gesellschaftlichen Entwicklungen eingegriffen. Zur Wahrheit gehört aber auch, dass sie es nicht vermochte, einen Politikwechsel im Interesse der Lohnabhängigen einzuleiten. Fast hat es den Anschein, als sei der starke Fokus auf die politische Stabilität zu Lasten der sozialen Sicherheit gegangen. Eine hohe Inflationsquote, steigende Zahlen im Bereich der atypischen Beschäftigung und Arbeitslosenquoten, die noch höher sind als die von 2011, unterstreichen diese Vermutung und werfen Fragen nach der tatsächlichen Wirkmächtigkeit gewerkschaftlicher Handlungsmacht in Tunesien auf. Doch die Gewerkschaften waren in den Jahren nach der Revolution keinesfalls erfolglos. Von 2011 bis 2016 waren die Reallöhne im formellen Sektor schneller gestiegen als das BIP. In Staatsbetrieben und über öffentliche Beschäftigungsprogrammen sind Arbeitsplätze geschaffen worden. Im öffentlichen Sektor war die Zahl der Mitarbeiter von 2010 bis 2014 von 435.000 auf knapp 600.000 angestiegen, nachdem die UGTT die Interessen der Prekären zum Thema gemacht und feste Verträge für outgesourctes Personal gefordert hatte (Feltrin 2021, 101). Vielleicht zeigt die Bilanz, dass mit jedem gewonnenen Arbeitskampf, mit jeder Lohnerhöhung, mit jeder erkämpften Neueinstellung der Druck auf die Kapitalfraktionen zunimmt und den Widerspruch zwischen den Klassen verschärft. Ob es sich um eine gesellschaftliche Pattsituation handelt, wie Feltrin argumentiert (ebd.), oder um ein Kräfteverhältnis, das aufgelöst werden kann, muss sich zeigen und wird auch davon abhängig sein, ob sich die UGTT ein weiteres Mal in der Lage erweist, ihre Strategien an diese gesellschaftliche Situation anzupassen.

8. Länderstudie China
Klassenmacht ohne gewerkschaftliche Machtressourcen im Überwachungskapitalismus

In der Gruppe der autoritären Regimes nimmt China eine Sonderrolle ein. Ohne Zweifel erfüllt es die Kriterien für einen wachsenden Autoritarismus: Es unterdrückt gewerkschaftliche Machtressourcen und hält die Lohnabhängigen in einem Zustand erzwungener Handlungsunfähigkeit. Xi Jinping hat einen autoritären Staatsumbau vorangetrieben, der ihm das Amt des Staatspräsidenten bis an sein Lebensende sichert. Der Ausbau der digitalen Überwachungsmöglichkeiten in den letzten Jahren greift in die öffentliche Berichterstattung ein und schränkt den gesellschaftlichen Diskurs ein. Trotzdem passen weder der Begriff des autoritären Populismus noch der des autoritären Etatismus, um die autoritäre Veränderung des politischen Systems zu beschreiben, noch ist China eine Militärdiktatur oder gar ein faschistisches System.

Die Betrachtung des chinesischen autoritären Systems kommt ohne einen Blick auf die Industrialisierungsgeschichte des Landes und die damit verbundenen Widersprüche nicht aus. Die 1979 von Deng Xiaoping eingeleitete Reform- und Öffnungsperiode zielte darauf, die landwirtschaftliche Produktivität zu erhöhen, „ohne das Bündnis zwischen Partei und Bauern über den Haufen zu werfen" (Reeve/Xi 2001, 71). Dabei wurde der gesellschaftliche Kompromiss mit den Lohnabhängigen – passive Unterstützung gegen soziale Sicherheit – aufgekündigt und die Klassenherrschaft der Parteibürokratie neu verhandelt. Obwohl die KPCh seit ihrer Gründung dem Grundsatz folgte, die Klasse der abhängig Beschäftigten nie frontal anzugreifen, entschied sie sich im Juni 1989, ihre Macht durch die gewaltsame Niederschlagung der Demokratiebewegung zu erhalten. Der Grund: Die strukturelle Machtressource der Industriearbeiter, die sich im Industrialisierungsunterfangen der KPCh widerspiegelte, hatte sich aus dem institutionellen Stillhalterahmen herausgelöst und eigene, von der KPCh unabhängige organisatorische Handlungsebenen geschaffen. Die Klasse der abhängig Beschäftigten war damit nicht länger eine passive „Säule der Kontinuität", sondern zu einer aktiven „Kraft der Veränderung" geworden (Wense 2007, 16). Dadurch hatte sich gezeigt, dass mit der wirtschaftlichen Entwicklung auch die Ressourcen für Klassenmacht stimuliert worden waren. Das Jahr 1989 wurde dabei zu einem Markstein, der die Möglichkeiten, aber auch die Grenzen – die Grenzen, aber auch die Möglichkeiten gewerkschaftlicher Handlungsfähigkeit unter den Bedingungen eines autoritären Systems sichtbar machte. Die Niederschlagung der Demokratiebewegung zwang die Klasse der Lohnabhängigen zurück in den Zustand passiver Unterstützung und wurde dadurch zur Erfolgsvoraussetzung für den weiteren beschleunigten Industrialisierungsprozess.

Doch im weiteren Verlauf hat sich das Land verändert. Das China Deng Xiaopings, der seinem Land ein Programm von Reform und Öffnung verschrieb, existiert nicht mehr – so jedenfalls fällt das Resümee des langjährigen China-Korrespondenten der Süddeutschen Zeitung, Kai Strittmatter aus (Strittmatter 2019, 9). China setzt inzwischen die Trends bei den wichtigsten Zukunftstechnologien wie Elektromobilität, Gentechnik und Künstliche Intelligenz. Die Hälfte der Städte, die auf dem Weg zu einer Smart City sind (Hirn 2020 121), befinden sich in China. Hier fahren die weltweit meisten Elektroautos. Hier stehen die größten Wasserkraftwerke. Das Land setzt mit „voll automatisierten, selbst lernenden Fabriken" (Sieren 2020, 12) nicht nur neue Maßstäbe im Bereich Industrie 4.0, es avanciert auch zum „größten Umweltschützer der Erde" (ebd.). Hinzu kommt: Kein Land hat sich so schnell aus der Armut befreit. Innerhalb weniger Jahrzehnte ist es gelungen, China vom Armenhaus zur Hightech-Nation zu entwickeln.

Doch China hat sich nicht nur ökonomisch verändert. Der ehemalige Außenminister Siegmar Gabriel sagte, die digitale Revolution erlaube es autoritären Regimen, noch autoritärer zu werden (vgl. Sommer 2019, 26). Im Falle Chinas hat sich die autoritäre Überwachung längst zu einer vollständigen Durchleuchtung des Individuums verdichtet. Machtpolitische Interessen verbinden sich mit neuen technologischen Möglichkeiten. Und je mehr die Gestaltung der Gesellschaft zu einer Frage des technologischen Know-hows wird, desto mehr schlägt die Quantität in eine neue Qualität um. 600 Millionen Kameras in ganz China produzieren den gläsernen Menschen und durchdringen die gesamte Gesellschaft über verhaltenspolitische Normierungen und Konditionierungen. „Algorithmen, die die Daten ordnen, sortieren ihn (den gläsernen Menschen, U.E.) nach Kategorien der Nützlichkeit für Staat, Gesellschaft und Partei ein – und nach denen der Schädlichkeit" (Winter 2019, 223).

Der Einsatz technologischer Überwachungssysteme geht damit weit über bloße autoritäre Überwachung hinaus. Fast hat es den Anschein, als habe der Gigantismus des Landes, in allem besser, schneller, mächtiger sein zu wollen, auch das innenpolitische Ziel, oppositionelle Bestrebungen zu unterdrücken, perfektioniert. Und fast hat es den Anschein, als habe sich dabei eine Tür in eine neue Dystopie als gesellschaftlicher Gegenentwurf zu den liberalen, aber krisengeschüttelten westlichen Demokratien geöffnet und eine von Algorithmen gesteuerte Maschinerie in Gang gesetzt, „die das Verhalten aller Bürger, Unternehmen, Institutionen und Behörden überwacht, bewertet und, je nachdem, belohnt oder bestraft" (Sommer 2019, 27). Ist dieser moderne Überwachungsstaat entstanden, weil sich Datenverarbeitung, Datenübertragung und Künstliche Intelligenz „in den Händen der falschen Leute in eine Waffe gegen die Menschen und ihre Freiheit" verwandeln (Winter 2019, 220)? Oder zeigt nicht vielmehr die sich im Zeitraffer vollziehende Modernisierung Chinas, wie im Kapitalismus das autoritäre Verhältnis zwischen den Klassen eine stärkere gesellschaftliche Relevanz bekommt, wenn sich die Widersprüche zwischen diesen Klassen verschärfen? Die überbordende autoritäre Überwachung in China, so die zentrale These dieses Beitrages, ist die Antwort auf die Zunahme von Klassenauseinandersetzungen unter Anwendung des technologischen Vorsprungs. Wer das Verhältnis von technologischem Fortschritt und der Selbstverständlichkeit seiner autoritären Anwendung in China verstehen will, der muss vor allem ein Verständnis von den Klassenbeziehungen entwickeln, die sich mit Beginn der Reformperiode neu sortiert und dabei bestehende Ordnungsvorstellungen und deren Kontrollmechanismen untergraben haben. Das Recht der abhängig Beschäftigten, sich in freien Gewerkschaften zu organisieren, ihre Interessen kollektiv zu formulieren und durchzusetzen, hatte darin nie einen selbstverständlichen Platz, und doch trat es immer wieder in den Mittelpunkt der Auseinandersetzungen. Vor allem die Niederschlagung der Demokratiebewegung 1989 markiert einen tiefen Einschnitt in den Klassenbeziehungen Chinas, deren wesentliches Merkmal die Durchsetzung der betrieblichen wie gesellschaftlichen Disziplin wurde. Bewegung und Gegenbewegung werden dadurch zum Schlüsselereignis, ohne das der tiefgreifende Veränderungsprozess des chinesischen Wachstumsmodells und die darauffolgende Neujustierung der Klassenbeziehungen nicht zu verstehen sind. Im folgenden soll daher die Entstehung und die Niederschlagung der Demokratiebewegung in den Kontext der Reform- und Öffnungsperiode gestellt und so zum Ausgangspunkt für die Betrachtung „dieses neuartigen Systems der totalitären Kontrolle über den Menschen und über die Gesellschaft" werden (ebd.), um im Anschluss nach der Entwicklung der gewerkschaftlichen Handlungsperspektiven zu fragen. Weil der ACGB keine Gewerkschaft im eigentlichen Sinne, sondern eine repressive Staatsgewerkschaft ist, die ihre ausgeprägte Organisationsmacht der industriepolitischen Strategie des Zentralkomitees unterordnet, werde ich für meine Betrachtung vorschlagen, vom Begriff der Klassenmacht auszugehen und zu fragen, welche Schritte die Lohnabhängigen unternehmen, um sich organisiert und institutionell in die Lage zu versetzen, ihre strukturelle Macht zur Interessendurchsetzung auszuschöpfen.

Die Demokratiebewegung im Kontext der Reform- und Öffnungsperiode

1989 sind die Bilder von der chinesischen Demokratiebewegung um die Welt gegangen. Wochenlang hatten Studierende den Tian'anmen-Platz in Peking besetzt, um ihrer Forderung nach mehr Demokratie in China Nachdruck zu verleihen. Die Bewegung war nicht auf die Studierenden beschränkt geblieben, sondern hatte weite Teile der Gesellschaft entflammt. Sie wurde am 4. Juni 1989 von der Volksbefreiungsbewegung niedergeschlagen.

Die Studierenden hatten mit der Besetzung des Tian'anmen-Platzes eine Protestlawine losgetreten, die der Unzufriedenheit weiterer gesellschaftlicher Gruppen einen Anknüpfungspunkt bot. Sie war vor allem das Ergebnis eines gesellschaftlichen Prozesses, der – ausgelöst durch die Reform- und Öffnungspolitik Deng Xiaopings – das Klassengefüge veränderte und dabei soziale Sicherheiten auflöste. Vorangestellt werden soll hier noch der Hinweis, dass der Modernisierungsprozess kein Masterplan war, der abgearbeitet wurde. Er war vielmehr gekennzeichnet durch Kontinuität und Brüche. So legalisierte das vom Zentralkomitee der KPCh im Dezember 1978 beschlossene Modernisierungsprogramm im Nachhinein die Vielzahl bereits während der Kulturrevolution entstandener privater Initiativen (Heilmann 2004, 226). Die Auflösung der Volkskommunen und die Übergabe des Bodens an die Bauernfamilien zur privaten Nutzung (Der Boden wurde nicht privatisiert, aber zur Nutzung an die Familien verteilt.) führte zu einer erstaunlichen Steigerung der Agrarproduktion, folgte aber weniger „der Suche nach der optimalen ökonomischen Effizienz, sondern (vielmehr) der Rücksicht auf die vielfältigen politischen Widerstände“ (ebd., 165). Die KPCh unterwarf sich damit einem bestehenden Kräfteverhältnis und suchte den taktischen Kompromiss mit den Bauern (Reeve/Xi 2001, 71).

Damit brach Deng zwar mit dem maoistischen Kurs staatlicher Agrarproduktion, doch die Bündnispolitik der KPCh, die seit der Machtübernahme 1949 durch einen unausgesprochenen Pakt an die Klasse der armen Bauern gebunden war, setzte sich als Kontinuität fort. Mit der Auflösung der ländlichen Kollektivwirtschaft ging das Land aus dem Besitz der Volkskommunen an den Staat über, der es den Bauern zur privaten Bewirtschaftung zusprach.

Obgleich die Wachstumsrate in der Landwirtschaft von 1978 bis 1985 in die Höhe schossen, wuchs die Armut auf dem Land – einerseits durch Böden, die nur geringe Beträge abwarfen (ebd., 79), andererseits durch die zunehmenden finanziellen Belastungen, denn mit der Auflösung der Volkskommunen war auch die ländliche kollektive Gesundheitsversorgung zusammengebrochen (Wemheuer 2019, 189; Unger 2013, 24). Die unzureichende Finanzierung des ländlichen Gesundheits- und Bildungswesens durch die Zentralregierung führte zu einer verstärkten Kommerzialisierung und einer Vielzahl von Abgaben und Steuern. Mit der Verpachtung des Nutzungsrechts an zahlungskräftigere Investoren verloren jedoch immer mehr Bauern die Möglichkeit, das Land zu bestellen. Bis 2004 haben bis zu 180 Millionen Bauern ihr Land verloren (Wemheuer 2019, 199). Diese Entwicklungen machten in vielen Regionen die Aufnahme von Lohnarbeit außerhalb der Dörfer unabdingbar. Die Folge war eine verstärkte Landflucht, bis 2019 ist ihre Zahl auf über 290 Millionen Menschen jährlich gestiegen (Statista, 29.03.2022).

Ab Mitte der 1980er Jahre durften auch die Betriebe einen kleinen Teil des Gewinns einbehalten. Gleichzeitig errichtete die Regierung in den Hafenstädten des Südens Sonderwirtschaftszonen und machte sie zu marktwirtschaftlichen Experimentierfeldern. Dort waren nicht nur ausländische Direktinvestitionen zugelassen. Die Unternehmen konnten auch auf billige Arbeitskräfte vom Land zurückgreifen. Mit ihnen entwickelte sich unter den Bedingungen arbeitsmarkt- und sozialpolitischer Deregulierung und Flexibilisierung ein für die Exportindustrie attraktiver Niedriglohnsektor. Es war gerade diese Kombination aus Lohnarbeit und Subsistenzwirtschaft, die es den Unternehmen erlaubte, Löhne weit unterhalb des Existenzminimums zu zahlen (Wemheuer 2019,189). Die Lohnarbeit war ein Zuverdienst, der das Überleben auf dem Land sichern sollte. Die Reproduktionskosten der Wanderarbeiter wurde also in die ländlichen Familien ausgelagert. Zu bedrückenden Arbeitsbedingungen kam zudem das repressive System der Haushaltsregistrierung. Lange durften die Wanderarbeiter zwar in den Städten arbeiten, waren aber weitestgehend rechtlos. Weder war ihnen eine langfristige Niederlassung gestattet, noch konnten ihre Kinder die städtischen Schulen besuchen.[1]

1 Aufgrund des Arbeitskräftemangels wurden bei fehlender Aufenthaltsgenehmigung die Zwangsabschiebungen von Wanderarbeitern in die Dörfer in vielen Fällen ausgesetzt. Familien vom Land können sich jetzt zwar in städtischem Gebiet aufhalten, aber der Zugang zum Gesundheits- und Bildungssystem bleibt ihnen verwehrt (Unger 2013, 30 f.)

In Joint-Venture-Betrieben sicherte sich die Regierung zunächst die Mehrheit der Aktien. Gleichzeitig gab es in den staatlichen Industriebetrieben Normerhöhungen, die die Produktivität steigern sollten. Das Streikrecht kam in der neuen Verfassung von 1982 nicht mehr vor. Gegen Ende der 80er Jahre wurden Konkurse, Befristungen und Entlassungen möglich. Die wachsende Schere zwischen Arm und Reich war dabei nicht das Ergebnis eines sozialpolitisch aus dem Ruder gelaufenen Transformationsprozesses, sondern Folge einer Politik, die soziale Unwägbarkeiten gezielt in Kauf nahm, um Unternehmensansiedlungen zu animieren und Wachstum zu stimulieren. Ein ungehinderter und zum Teil sogar gesetzloser Zugriff auf die Arbeitskräfte war Teil der Anwerbe- und Wachstumsstrategie (Komlosy 2013, 38 ff.). Diese Entwicklungen führten zu einer neuen Klassenzusammensetzung. Während die Wanderarbeiter einen völlig neuen Teil der Arbeiterklasse abbildeten, die die Reform-Ära trotz aller Widrigkeiten als Befreiung aus der dörflichen Enge erlebten, vollzog sich dieser Prozess für die traditionellen Staatsbeschäftigten überwiegend als Abstieg. Sie „bezahlten mit der Aufgabe einer gesicherten Existenz und mit Dynamisierung, Mobilisierung und Chaotisierung der gesellschaftlichen Beziehungen einen hohen Preis für den Eintritt in das globale Casino. Der Aufbruch in die Marktwirtschaft (...) erfolgte im Fahrwasser einer neoliberalen Globalisierung, in der die sozialen Errungenschaften der maoistischen Phase Hindernisse waren, die mit einem Federstrich beseitigt wurden“ (ebd., 37). Privatisierungen und Schließungen reduzierten ab 1998 die Zahl der Beschäftigten in den größeren Staatsbetrieben. 2003 waren von den 112 Millionen Beschäftigten noch 68 Millionen und in den Kollektivbetrieben von den 31 Millionen noch zehn Millionen tätig (Wemheuer 2019, 192). Der Verlust des Arbeitsplatzes führte auch zu einem Verlust der sozialen Sicherung. Gleichzeitig führten die Entstehung eines Immobilienmarktes und die atemberaubende Steigung der Immobilienpreise vor allem in den Küstenstädten dazu, dass viele traditionelle Arbeitersiedlungen abgerissen wurden. Die Stadtregierungen verpachteten den staatlichen Boden an private Investoren. Die Neubauten zogen vor allem die zahlungskräftigen Mittelklassen an, während die städtische Arbeiterklasse an die Stadtränder gedrängt wurde.

Dieser Prozess ging mit dem ökonomischen Aufstieg der Staatsbürokratie einher. Deng hatte den Machtkampf innerhalb der KPCh auch dadurch gewonnen, dass er 1980 durch ein neues Pensionssystem 68 Prozent der alten Kader mit großzügigen Pensionen in Rente geschickt und damit diejenigen herausgedrängt hatte, die den Wirtschaftsreformen ablehnend gegenüberstanden. Damit beförderte er den Aufstieg einer technokratischen Elite, die sich vermehrt aus Intellektuellen zusammensetzte. Waren 1979 nur acht Prozent der neuen Mitglieder Intellektuelle, waren es 1985 bereits 50 Prozent (ebd., 227). In der Reform-Ära konnte sich die Macht dieser neuen Klasse aus Technokraten und Intellektuellen ökonomisch festigen, denn ihre Privilegien bestanden nicht mehr auf der Grundlage staatlicher Zuteilung, vielmehr wurde ihre unternehmerische Eigenaktivität das bestimmende Klassenmerkmal und ging mit dem ökonomischen Aufstieg der Staatsbürokratie zu einer eigenen Kapitalistenklasse einher (Zeuner/Wick 2019). Staatliche Kader nutzten ihren Zugang zu Rohstoffen oder Waren und wurden vielerorts unternehmerisch tätig. Dazu gründeten sie eigene Beratungsunternehmen für die Vermittlung von Firmen, die subventionierte Produkte gewinnbringend verkauften. Hinzu kamen Bestechungsgelder für die Vermittlung von Geschäften oder die Ausstellung von Genehmigungen für aus- und inländische Unternehmen. In einigen Fällen kam es zu einem illegalen Handel mit Posten. Eine besonders lukrative Form der privaten Bereicherung für lokale Behörden war die Verpachtung von staatlichem Boden an private Investoren.[2] Indem sich ihre politische und ihre ökonomische Macht miteinander verwob, führte der Reform- und Öffnungsprozess nicht zu einer Schwächung der lokalen Parteibürokratie, sondern im Gegenteil zu ihrer Stärkung.

Diese wirtschaftlichen und sozialen Umwälzungen verstärkten den Auflösungsprozess traditioneller Ordnungsvorstellungen und Ordnungsmuster (Heilmann 2004, 20). Einerseits rief die wachsende ökonomische Macht der lokalen Parteikader Konflikte mit der Parteispitze hervor. Andererseits destabilisierte die hohe Zahl landloser Bauern nicht nur die Situation auf dem Land, sondern verlagerte sie durch eine plötzlich einsetzende Migrationsbewegung in die Städte und unterlief damit das traditionelle Hukou-System der Wohnsitzkontrolle.[3] Die jahrzehntelang erzwungene Immobilität war durch einen millionenfachen Mobilitätsdruck hinweggespült worden. Vor allem aber war der alte Machtkampf in der KPCh über die wirtschaftspolitischen Leitlinien mit den Reformen nicht

2 Insbesondere die Privatisierungswelle (1998–2002) bot Kadern die Möglichkeit, sich im großen Stil Staatseigentum anzueignen. Häufig ließen Staatsmanager Betriebe trotz Gewinnerzielung absichtlich bankrott gehen, um dann einen Großteil der Aktien aufzukaufen. Wertvolle Maschinenparks wurden vor dem Konkurs unter der Hand privat weiterverkauft oder betriebliche Rentenfonds unterschlagen. Nach offiziellen Zahlen wurden zwischen 2012 und 2016 landesweit 1,162 Millionen Fälle von Korruption durch Kader aufgedeckt. 1,119 Millionen Menschen sollen dafür bestraft worden seien (Wemheuer 2019, 232 ff.).

3 Das Hukou-System war ein System der staatlichen Haushaltsregistrierung, das der strikten Wohnsitzkontrolle diente und die Immobilität der Bevölkerung erzwang. Wohnortwechsel waren nur in Ausnahmefällen vorgesehen (Heilmann 2004, 196 f.).

erloschen, sondern wurde im Verlaufe der achtziger Jahre zwischen Hardlinern und Reformern fortgesetzt und drehte sich um die Frage, „ob es möglich war, China wirtschaftlich zu reformieren, ohne gleichzeitig politische Reformen einzuführen“ (Schell 1995, 79).

Dieser Machtkampf führte zu einem politischen Interregnum der Reformen, der die Regierung handlungsunfähig machte. Dabei stand sich mit Generalsekretär Zhao Ziyang und Staatspräsident Deng Xiaoping die Führungsspitze gespalten gegenüber. Während Deng seine engen Kontakte zum Militär betonte, suchte Zhao die Nähe zu den streikenden Studierenden. In dieser Zeit sich auflösender Ordnungsvorstellungen wurde die Regierung als nicht konsistent wahrgenommen: Einerseits wetterte sie gegen die protestierenden Studierenden, andererseits drängte sie auf Verhandlungen und Gespräche. Dieses schizophrene Verhalten verunsicherte selbst die Ordnungskräfte, die einmal mit voller Härte gegen die Proteste vorgingen und es ein anderes Mal zuließen, von den Demonstranten überrannt zu werden (ebd., 78). Je deutlicher sich die Handlungsachse von den Studierenden zu einer Bewegung der städtischen Bevölkerung unter starker Beteiligung der Industriearbeiter verschob, desto sichtbarer wurden die unterschiedlichen Klasseninteressen innerhalb der Bewegung: Die Studierenden waren die „Elite der jungen Generation Chinas“ (ebd., 39). Sie wurden während des Studiums darauf vorbereitet, in der Zukunft das Land zu führen. Sie wollten die bestehenden Privilegien nicht abschaffen, sondern forderten einen erleichterten Zugang. Durch einen starken Selektionsmechanismus, der nur etwa 20 Prozent Bewerbern einen Hochschulzugang ermöglichte, waren fast alle Studierenden Kinder der Nomenklatura. Sie wollten die sozialen Unterschiede nicht abschaffen, sondern legitimieren und forderten Lebensbedingungen, die ihrem privilegierten Status entsprachen. „Anfangs handelte es sich keineswegs um eine Bewegung, die von egalitären Werten geleitet wurde, sondern von einer Elitebewegung. Als Kinder von Führungskräften und als zukünftige Führungskräfte waren wir der Meinung, das Recht zu haben, dementsprechend zu leben,“ erinnert sich eine Teilnehmerin Jahre später (Reeve/Xi 2001, 11 f.).

Mit dem Erscheinen der Industriearbeiter auf dem Platz radikalisierten sich die Proteste, was die klassenpolitischen Gräben zwischen Lohnabhängigen und Studierenden weiter vertiefte. Die Studierenden orientierten sich am Reformerflügel der KPCh, während das Misstrauen der Lohnabhängigen der gesamten Partei galt. Der Autonome Arbeiterverband Beijing, der sich im Zuge der Proteste als unabhängige Gewerkschaft gegründet hatte, wurde von den Studierenden ausgegrenzt. Und der Aufruf zum Generalstreik wurde am Morgen des 18. Mai vom Autonomen Studentenverband, der Dialogdelegation und Hungerstreikgruppe verurteilt. Die Beschäftigten der wichtigsten Versorgungseinrichtungen wurden aufgefordert, sich nicht an dem Streik zu beteiligen, um kein Chaos herbeizuführen (Reichenbach 1994, 190). Obwohl Studierende und Lohnabhängige über eine politische Konvergenz verfügten, die sich in der gemeinsamen Bewegung materialisierte, gingen ihre Interessen auseinander:

> „Auf der einen Seite (...) die spontane und tiefgreifende Revolte des Volkes gegen das Regime und die totalitäre Macht der Partei. Diese Revolte ließ wenig Raum für Verhandlungen. Auf der anderen Seite verlangten die Studierenden weiterhin eine Reform des Regimes. Sie lehnten sich vor allem gegen die Exzesse auf. Sie forderten den Fortgang der Reformen, wobei sie genau wussten, dass das die Verschärfung der sozialen Ungleichheit (...) bedeutete" (Reeve/Xi 2001, 16 f.).

Gesellschaftlicher Erosionsprozess

Die Proteste auf dem Platz des Himmlischen Friedens hatten einen gesellschaftlichen Erosionsprozess sichtbar gemacht, der zwar den Einfluss gesellschaftlicher Rahmenbedingungen auf die Entfaltung von Klassenmacht unterstrich, aber auch eine Divergenz von Klassenunzufriedenheit und Klassenhandeln in sich trug: Das Jahr 1989 war einerseits „ein Jahr außergewöhnlicher klassenübergreifender Mobilisierung" und zeigte einige für revolutionäre Situationen typische Merkmale wie die Herausbildung eines Bewusstseins von Einheit, ein hohes Handlungstempo bzw. großen Handlungsdruck bei den Eliten, Massenmobilisierungen, die Konstituierung autonomer Einflusszonen sowie ideologische Ablösungsprozesse, die an einer Umwertung etablierter Rollen-, Norm- und Wertvorstellungen sichtbar wurden (Reichenbach 1994, 212). Andererseits verschob sich im Verlaufe der Proteste zwar die Handlungsachse von den Studierenden hin zur Klasse der abhängig Beschäftigten, aber der Handlungsrahmen blieb klassenpolitisch ungesteuert. Nicht ökonomische Konfrontation, sondern Absentismus in den Betrieben signalisierte der KPCh, dass diese sich nicht länger der passiven Unterstützung der Lohnabhängigen sicher sein konnte. So hatte nicht nur der damalige Bürgermeister Pekings, Chen Xitong, „den Streik 'mehrerer tausend Arbeiter' zugegeben. Auch in einem Lagebericht vor Partei-, Regierungs- und Armeeführern wurde festgestellt, dass von 425 Schwerpunktbetrieben in der Hauptstadt 16 die Produktion ganz und 35 zur Hälfte eingestellt hätten" (ebd., 183). Während die Parteiführung darauf reagierte, indem sie über die Betriebsleitungen Prämien für die Nichtteilnahme an Demonstrationen in Aussicht stellte und um die großen Industriezentren Straßensperren errichten ließ (Reeve/Xi 14), waren die Streiks nicht ein bewusstes Instrument von Klassenhandeln, sondern dessen Ergebnis. Das heißt: Die Streiks waren kein bewusst eingesetztes Mittel, vielmehr standen die Betriebe leer, weil sich die Beschäftigten zur Unterstützung der Studierenden an den Protesten beteiligten. Was war geschehen? Als im April 1989 der ehemalige und für seine Reformfreudigkeit bekannte Generalsekretär Hu Yaobang verstarb, verdichteten sich soziale Unzufriedenheit, politische Desillusionierung und ein schon seit längerem sichtbarer ideologischer Ablösungsprozess zu einer selbstbewussten Kritik an Deng Xiaoping, der nach dem Ende der Kulturrevolution die Reform- und Öffnungsperiode eingeleitet hatte. Diese hatte zu neuen sozialen Unwägbarkeiten geführt, was einerseits die Grundlage für den Protest der Studierenden bildete und andererseits die betriebliche Mobilisierung stimulierte.

Soziale Verunsicherung und politisches Tauwetter

Die Reform- und Öffnungsperiode hatte einerseits neue soziale Widersprüche geschaffen, andererseits ein politisches Tauwetter eingeleitet, was zusammengenommen die breite gesellschaftliche Mobilisierung im Zuge der Demokratiebewegung zusätzlich dynamisierte. Vor dem Hintergrund steigender Inflation kämpften die Menschen um eine Verbesserung ihres Lebensstandards. Während der Kulturrevolution hatte sich die Versorgungslage empfindlich verschlechtert. Von 1957 bis 1977 hatte sich die Lohnentwicklung um fast 20 Prozent zurückentwickelt (Heilmann 1994, 23). Vor diesem Hintergrund muss die Kulturrevolution als „Kampf im Verteilungssystem" (Wemheuer 2019, 141) eingeordnet werden, der die strukturell bedingten Versorgungsengpässe ideologisch einbetten und den Widerstand der Lohnabhängigen brechen sollte. Die Unzufriedenheit war mit ideologischen Kampagnen unterdrückt und als revisionistisch verurteilt worden. Eine parteiinterne Diskussion über die Existenzberechtigung der Gewerkschaften unter sozialistischen Bedingungen und eine Kampagne gegen den materiellen Anreiz und für heroische Selbstlosigkeit im Dezember 1966 mündete mehrfach in den Einsatz der rebellischen Jugend als Streikbrecher und schließlich in der Auflösung des ACGB (Farle/Schöttler 1969, 145 ff.). Vor diesem Hintergrund öffnete die Reform- und Öffnungsperiode ein Möglichkeitsfenster, die angestaute Kritik an dem sinkenden Lebensstandard und der wachsenden Korruption der Parteifunktionäre hörbar zu formulieren (Spence 2001, 733). „Als ich im Februar (1989, U.E.) wieder nach Peking zurückgekehrt war, kam es mir vor, als wären die Menschen noch nie so enttäuscht, verbittert, rüde und voller Verachtung für die Parteiführung gewesen", berichtet der US-amerikanische Schriftsteller Orville Schell (Schell 1995, 35). Insbesondere unter den Intellektuellen formierte sich eine wachsende Oppositionsbewegung, die sich in sarkastischen Limericks[4] und wiederkehrenden Protesten entlud. Bereits die „Bewegung vom 5. April 1976" hatte gezeigt, wie schnell die Kritik der Intellektuellen zum Kristallisationspunkt für eine breite Volksbewegung werden konnte (Bauer 1997, 154). Es folgte drei Jahre später die Bewegung „Mauer der Demokratie", die zusätzlich zu den von Deng Xiaoping angekündigten vier Modernisierungen (Landwirtschaft, Industrie, Wissenschaft und Technik) noch die Demokratisierung als fünfte Modernisierung einforderte, und die Studierendenproteste von 1986/87, die sich an den unbefriedigenden Lebens- und Studienbedingungen sowie an den negativen Zukunftsaussichten entzündeten (ebd., 157). Intellektuelle wie der Astrophysiker Fang Lizhi bezeichneten die Epoche des Sozialismus öffentlich als Fehlschlag und im Januar 1989 forderten 42 ranghohe Mitglieder der Chinesischen Akademie der Wissenschaft die Freilassung aller Jugendlichen, „die wegen ideologischer Probleme in Gefängnissen oder Arbeitslagern festgehalten" wurden (Schell 1995, 39).

Hus Tod fiel also in eine Zeit, in der sich die chinesische Gesellschaft in einem beispiellosen Gärungsprozess befand, der in der Literatur als freieste Zeit in der Geschichte der Volksrepublik eingeordnet wird (Strittmatter 2019, 93; Yang 2013, 199). Dabei entstand die paradoxe Situation, dass die Reform-Ära einerseits alte politische Spannungen abbaute und damit zunehmend den Widerspruch der Bevölkerung herausforderte, während die Reformen andererseits neue soziale Spannungen schufen und die Parteiführung eine Kritik daran nicht gebrauchen konnte. Mit seiner Forderung, den Marxismus zu entdogmatisieren, war Hu Yaobang zum Symbol für einen demokratischen Wandel geworden und dafür 1987 aus der Partei ausgeschlossen worden. Die Studierenden nahmen Hus Tod zum Vorwand, sich zu versammeln. Niemand konnte ihnen verwehren, „das Gedächtnis eines Führers zu ehren, der in parteiamtlichen Nachrufen als 'treuer Kämpfer für den Kommunismus (...)' gepriesen wurde" (Schell 1995, 47). Und so forderten überall im Land Studierende nicht nur seine postume Rehabilitierung, sondern auch Pressefreiheit, die Offenlegung der Einkünfte führender Politiker, ein Ende der Korruption und eine bessere Ausstattung des Bildungswesens. Ihre Protestaktionen radikalisierten sich schnell und traten am 13. Mai mit dem Hungerstreik von mehr als 3.000 Teilnehmern und der Besetzung des Tian'anmen-Platzes in eine neue Phase ein. Ab diesem Moment solidarisierte sich die Stadtbevölkerung zu Hunderttausenden mit den Hungerstreikenden.

---

4 Beispielsweise: „Mao Zedong war schlecht, hört, hört, doch damals war unser Geld noch was wert. Deng Xiaoping ist gut, hört nur her, dafür ist heute der Geldbeutel leer" (vgl. Schell 1995, 35 f.).

Auch die Medien konnten für kurze Zeit viel freier berichten (ebd., 108 ff.). Die Ereignisse auf dem Tian'anmen-Platz werden gern als kurzer Frühling der Demokratie bezeichnet, was sich nicht nur auf die Forderungen nach Demokratie bezog, sondern auch auf die Metamorphose der chinesischen Gesellschaft: Die Menschen seien achtsamer miteinander umgegangen, berichtet Schell. Kein Geschubse und Gedränge mehr beim Schlangestehen. Der Umgang unter Wildfremden auf der Straße wurde höflicher. Selbst Taxifahrer, „die normalerweise zu den unangenehmsten Mitgliedern der chinesischen Gesellschaft gehörten", hatten Solidaritätsfähnchen an ihren Antennen angebracht und beförderten die Studierenden vom Platz zu den Universitäten (ebd., 113 ff.).

Ein erster Versuch, die Bewegung durch die Volksbefreiungsarmee niederschlagen zu lassen, scheiterte, weil die Soldaten in den Vororten stecken geblieben waren und mit der Bevölkerung sympathisiert hatten. Und auch beim zweiten Versuch stellten sich Schätzungen zufolge in der Nacht vom 3. auf den 4. Juni mehr als zwei Millionen Menschen der herannahenden VBA in den Weg. Auch nach internen Regierungsberichten über die Geschehnisse in dieser Nacht starben die meisten Menschen nicht auf dem Tian'anmen-Platz, sondern in den westlichen Vororten, die auf der Route der VBA lagen, und entlang des Fuxingmenwai-Boulevards, der direkt auf den Platz des Himmlischen Friedens führte (Nathan/Link 2001, 419).

Die Rolle der Lohnabhängigen

Die Proteste auf dem Platz des Himmlischen Friedens haben die sozioökonomischen Veränderungen infolge des 1979 von Deng Xiaopings eingeleiteten Modernisierungsprogramms und das Ringen seiner Akteure um klassenpolitischen Einfluss sichtbar gemacht. Die schrittweise Transformation der Plan- in die Marktwirtschaft und die vorsichtige Öffnung für ausländisches Kapital hatte zu einer neu zusammengesetzten Klassenstruktur geführt und den maoistischen Ordnungsrahmen destabilisiert. Soziale und politische Spannungen verstärkten die innerparteiliche Machtkämpfe und verhinderten, dass das politische System eine Fähigkeit zur Anpassung an die sich verändernden sozioökonomischen Entwicklungen und eine politisch-institutionelle Erneuerung ausbilden konnte. Die gewaltsamen Niederschlagung der Proteste war deshalb auch eine Antwort auf die bis dato offene Frage, „ob es möglich war, China wirtschaftlich zu reformieren, ohne gleichzeitig politische Reformen einzuführen" (Schell 1995, 79).

Strukturelle Macht erwächst aus der Stellung von Lohnabhängigengruppen im ökonomischen System (Dörre/Schmalz 2013, 17). Objektiv betrachtet befanden sich die Industriearbeiter im Frühjahr 1989 weder in einer komfortablen Arbeitsmarktsituation, die ihnen eine besondere Verhandlungsmacht gegeben hätte, noch in einer strategischen Stellung des Produktionsprozesses. Die Staatsbetriebe arbeiteten defizitär. Die Subventionen für staatliche Unternehmen hatten sich seit 1978 versiebenfacht und betrugen ein Drittel der Staatsausgaben (Schell 1995, 34). Der Grund für die hohen Staatsausgaben war unter anderem das System der Eisernen Reisschale, über das die Regierung der Stadtbevölkerung eine lebenslange soziale Absicherung gewährte.[5]

Im Unterschied zu den mittel- und osteuropäischen Transformationsländern hatte es die chinesische Regierung in den 1980er Jahren unterlassen, die Staatsunternehmen zu privatisieren und hatte nur vorsichtig kontrolliert private Unternehmen zugelassen, wohl auch weil Staatsunternehmen Kern der sozialistischen Marktwirtschaft bleiben sollten (Herr 2000, 184), ganz sicher aber, weil sie um die gesellschaftliche Stabilität fürchtete. Dennoch zerbrach mit dem sozioökonomischen Wandel auch die Eiserne Reisschale, insbesondere weil die Staatsunternehmen nun im Wettbewerb mit privatwirtschaftlichen Unternehmen standen und die Sozialkosten dabei eine finanzielle Belastung darstellten. Nachdem 1986 die Betriebsreform und die betriebliche Arbeitsreform in den städtischen Staatsbetrieben beschlossen und damit Arbeitsverträge eingeführt, das Festarbeitersystem aufgegeben und Kündigungen möglich gemacht wurden, kam es in einigen Industriebetrieben zu Massenentlassungen (Werner 2005, 4). Die Arbeitslosigkeit und das Auseinanderbrechen der sozialen Absicherung verschärfte die Konkurrenz innerhalb der Lohnabhängigenklasse und schuf neue soziale Differenzierungsprozesse, die die Verhandlungsposition der Lohnabhängigen objektiv erschwerten.

Auch die organisatorische Macht der Lohnabhängigen war durch die Integration der chinesischen Gewerkschaften in die Zwänge der zentralistischen Planwirtschaft begrenzt. Mit über 80 Millionen Mitgliedern vertrat der ACGB Ende der 80er Jahre 60 bis 70 Prozent aller abhängig Beschäftigten (Forum Arbeitswelten). ACGB, Branchengewerkschaften und Partei waren auf der nationalen, regionalen und lokalen Ebene miteinander verzahnt. Auf der vierten Ebene gab es ein betriebliches Gewerkschaftskomitee, das vom betrieblichen Parteikomitee und Unternehmensleitung eingesetzt wurde. Hauptamtliche Ge-

---

5 Traditionell galt in den städtischen Kollektivbetrieben ein umfangreicher Versicherungsschutz in Bezug auf die Alters- und Gesundheitsversicherung, die Unfallversicherung und die Versicherung im Falle der Arbeitsunfähigkeit sowie Schwangerschaft-, Mutterschaft- sowie Hinterbliebenenunterstützung. Eine Arbeitslosenversicherung war obsolet, weil eine Arbeitsplatzgarantie galt und die Beschäftigten unkündbar waren (Werner 2005, 3).

werkschaftssekretäre wurden von den Gremien der KPCh ernannt. Damit war der ACGB auf allen Ebenen der politischen Kontrolle durch die Parteiorgane unterworfen. Historisch hatte es in den 50er Jahren Versuche innerhalb des ACGB gegeben, mehr Autonomie zu erringen, was jedoch mit Säuberungen innerhalb des Apparates quittiert wurde. Seitdem beschränkte sich der ACGB auf Bürokratie und Verwaltung und fungierte bis zur Reform-Ära vor allem als „Wohlfahrtsorganisation der arbeitenden Bevölkerung“ (Geffken 2004, 65). Zwar war er dadurch auch zuständig für Lobbying innerhalb der parteistaatlichen Institutionen hinsichtlich Lohnerhöhungen, Sozialleistungen, bessere Arbeitsbedingungen sowie die Einführung spezifischer Gesetze, doch der ACGB stellte dabei nie die Interessen der Lohnabhängigen in den Mittelpunkt, sondern stets „die Möglichkeit, stärkere Produktionsanreize zu schaffen“ (Pringle 2013, 165).

Als sich mit der Reform- und Öffnungspolitik der Kontext der Gewerkschaftsarbeit grundlegend veränderte, weil sich Klassenantagonismen zuspitzten, gab es eine Chance für Veränderungen innerhalb des ACGB. Es deutet einiges darauf hin, dass sich die Parteiführung über dieses Szenario im Klaren war. Sie fürchtete vor allem die Teilnahme der Industriearbeiter an den Protesten. Während sie mit den Fabrikleitungen über die Verhinderung von Streiks konferierte, war eine klassenübergreifende Mobilisierung[6] unter starker Beteiligung der Industriearbeiter nicht mehr aufzuhalten (Erling 1990, 20). Mehr noch: Die Industriearbeiter versuchten, ihre organisatorische Macht durch die Gründung autonomer Gewerkschaften aufzubauen. In mehr als zwölf größeren Städten entstanden von der Kontrolle der Parteiführung unabhängige Gewerkschaften (Reichenbach 1994, 184). Die größte und bedeutendste war der am 17. Mai gegründete Autonome Arbeiterverband Beijing, der Anfang Juni bereits 20.000 registrierte Mitglieder zählte (Reeve/Xi 2001,14). Er begriff sich als politische Organisation zur Formulierung klassenspezifischer Forderungen. Auf keinen Fall wollte er sich als „nur (...) soziale Organisation“ verstanden wissen (Satzung, vgl. Laiyin Forum 1990, 278). Er kritisierte die Auswirkungen der Wirtschaftsreformen und sprach sich für einen Generalstreik als Antwort auf das Ausrufen des Kriegsrechtes aus.

6 Immer mehr Menschen beteiligten sich an dem Protest und immer mehr organisierten ihn auch aktiv. Händler brachten den Hungerstreikenden Getränke und Schirme gegen die Sonne auf dem Platz. Mit der Ausweitung der Proteste entstand das Korps der todesmutigen Arbeiter Beijings sowie das Korps der todesmutigen Einwohner Beijings, um in gefährlichen Situationen besser eingreifen zu können. Als am 20. Mai die VBA ihren ersten Versuch unternahm, auf den Tian'anmen-Platz vorzudringen und die Bewegung niederzuschlagen, blieb sie bereits in den Außenbezirken stecken und wurde 48 Stunden später wieder abgezogen (vgl. Eifler 2012, 206 f.).

Der Reformflügel des ACGB unterstützte den Aufruf (Wense 2007, 12), rief die Regierung zum Dialog auf und spendete dem Roten Kreuz 100.000 Yuan zur Unterstützung der Hungerstreikenden (Bauer 1995, 214). Spätestens jetzt zeigte sich, dass der Erosionsprozess auch die Vorfeldorganisationen der KPCh erfasst hatte.[7]

Die fehlende strukturelle und organisatorische Macht kompensierten die Lohnabhängigen in China jedoch durch eine ausgeprägte institutionelle Macht. Sie entsteht als Resultat von Aushandlungen und Konflikten und kann auch nach einer Veränderung gesellschaftlicher Kräfteverhältnisse fortbestehen (Dörre/Schmalz 2014, 19). In China hat sich diese Machtressource im System der Eisernen Reisschale materialisiert und bedeutete für 120 Millionen Beschäftigte in den Staatsbetrieben lebenslange Anstellung, feste Löhne, Wohlfahrtsleistungen, kostenlose medizinische Versorgung und Kinderbetreuung, Zuteilung einer Wohnung, die kaum etwas kostete und das Anrecht auf Rente (Bauer 1995, 201). Die Eiserne Reisschale war jedoch nicht das Ergebnis der vorherrschenden Stellung des Proletariats im Marxismus-Leninismus (ebd., 203), denn im Unterschied zur Sowjetunion im Jahre 1917 war die Volksrepublik China 1949 nicht als sozialistischer Staat, sondern als Demokratie gegründet worden, die fünf Sterne auf der Nationalflagge stehen für das Bündnis aus Arbeiterklasse, Bauern, Kleinbürgern und nationaler Bourgeoisie unter Führung der KPCh. Die Eiserne Reisschale war vielmehr der Notwendigkeit geschuldet, die Produktionsverhältnisse zu verändern und die Kapitalakkumulation zu beschleunigen, um das Grundproblem der chinesischen Gesellschaft, das Missverhältnis zwischen Ernährungsgrundlage und Bevölkerungsentwicklung zu lösen (Farle/Schöttler 1969, 59). Im System der Eisernen Reisschale kristallisierte sich der soziale Kompromiss zwischen Parteiführung und Industrieproletariat heraus. Und im wirtschaftspolitischen Zickzackkurs der KPCh hatte sich seit Gründung der Volksrepublik China die Schwierigkeit gezeigt, einerseits die landwirtschaftliche Produktion zu steigern und andererseits den Agrarüberschuss anzueignen und gesamtgesellschaftlich nutzbar zu machen (siehe Exkurs nächste Seite). Dieser Konflikt mündete unter Mao in eine Modernisierungsdiktatur, die zwar nennenswerte Erfolge beim

---

7 Bereits am 17. Mai wurde sichtbar, wie tief der ideologische Ablösungsprozess in den Vorfeldorganisationen der KPCh angekommen war. An diesem Tag kamen mehr als eine Million Menschen auf den Tian'anmen-Platz. Darunter Arbeiter, Intellektuelle und Mönche, aber auch Gruppen aus dem Außenministerium, der Parteihochschule, aus Rundfunk und Fernsehen, den Volksgerichten, die Volleyballnationalmannschaft, der VBA und sogar eine Abordnung der Akademie des Ministeriums für Staatssicherheit war zur Unterstützung erschienen (Schell 1995, 120).

Exkurs

Diese Entwicklung lässt sich grob in fünf Phasen unterteilen:

1. Phase der neuen Demokratie (1949–1952): Im Zentrum standen der Wiederaufbau der durch den Bürgerkrieg zerstörten industriellen Strukturen und eine Agrarreform, die die Widersprüche des halbfeudalen Landes sichtbar machte: 43 Prozent der agrarischen Nutzfläche wurden an 60 Prozent der ländlichen Bevölkerung neu verteilt, das Land der reichen Bauern jedoch vielfach nicht angetastet. Die KPCh versuchte damit einerseits, ihre Unterstützung durch die armen Bauern aufrechtzuerhalten. Andererseits durfte sie die reicheren Bauern, deren Nahrungsmittelproduktion für das Land insgesamt wichtig war, nicht verärgern (Spence 611 f.).

2. Sozialistische Umwälzung (1953–1958): Mit dem ersten Fünf-Jahr-Plan orientierte sich die KPCh ab 1953 am sowjetischen Entwicklungsmodell. Im Zentrum standen Verstaatlichung und Kollektivierung, ebenso wie die Entwicklung der Schwerindustrie auf Kosten der Leicht- und Konsumgüterindustrie. In der Folge verlangsamten sich Landwirtschaft und Leichtindustrie. Mit der Hundert-Blumen-Kampagne schaltete Mao jedoch parteiinterne Kritiker aus.

3. Großer Sprung nach vorn (1958–1963): Im Zentrum des zweiten Fünf-Jahr-Plans stand ab 1958 eine beschleunigte Kollektivierung der Landwirtschaft. Um durch größere Betriebseinheiten die Agrarproduktion zu steigern, wurden landesweit 740.000 Genossenschaften zu 26.000 Volkskommunen zusammengefasst. Sie umfassten 120 Millionen ländliche Haushalte und 99 Prozent der Landbevölkerung (Spence 683). Gleichzeitig sollten die Dörfer durch eine Stahlkampagne industrialisiert werden, überschrieben mit völlig unrealistischen Zielformulierungen. Die Folge waren schwere ökonomische Schäden. Mit dem Anstieg der Investitionen im Industriesektor, stiegen auch die Getreideexporte in die Sowjetunion. Sie waren Chinas Zahlungsmittel für schwere Maschinenausrüstungen. Damit fiel die durchschnittlich verfügbare Pro-Kopf-Getreidemenge von 205 kg 1957 auf 154 kg im Jahr 1961 und führte zusammen mit externen Faktoren wie Witterungseinbrüchen zu Produktionseinbrüchen und einer Hungersnot, die bis 1962 Millionen Chinesen das Leben kostete (Spence 687 f.).

4. Konsolidierungsphase (1963–1968): Nach der Hungerkatastrophe entbrannte in der KPCh ein Streit über die weitere wirtschaftspolitische Ausrichtung. Bereits in der Vergangenheit hatten sich neben den Traditionalisten um Mao Zedong die pragmatischen Wirtschaftsfachleute um Liu Shaoqi und Zhou Enlai zusammengetan. Mit den Folgen des Großen Sprungs geriet Mao in die Defensive. Die Gruppe um Liu übernahm die politische Führung. Sie leiteten eine ökonomische Umsteuerung ein, deren Kern die Rücktransferierung eines Teils der großen Handwerks- und Handelskollektive in Genossenschaften war. Dabei wurde das Programm der Realität angepasst. Selbst die Privatisierung einiger Genossenschaften und das Engagement privater Gewerbetreibender wurde wieder zugelassen. Im Ergebnis setzte eine ökonomische Erholung und Konsolidierung ein, die das Versorgungsniveau spürbar verbesserte. 1965 war die Landwirtschaftsproduktion annähernd auf dem Stand von 1957, während die Leichtindustrie eine jährliche Zuwachsrate von 27, die der Schwertindustrie von 17 Prozent verzeichnete (Spence 701).

5. *Kulturrevolution (1966–1976):* Mao akzeptierte diese Entwicklung nicht und leitete die Große Proletarische Kulturrevolution ein. Sie war Ausdruck eines Machtkampfs um die wirtschaftspolitische Strategie. Mit Beschimpfungen und Verleumdungen wurde Staatsoberhaupt Liu Shaoqi als *„Chinas Chruschtschow"* diffamiert, aus der Partei ausgeschlossen und ohne Prozess ins Gefängnis geworfen. Folge der Kulturrevolution war die schwerste Wirtschaftskrise seit 1961. Die Wachstumsraten erreichten 1976 einen Tiefstand, was zu einem deutlichen Absinken des Lebensstandards führte. Die Pro-Kopf-Getreide-Erzeugung lag 1978 lediglich 1,2 Kilogramm über der von 1957. Die Baumwoll- und Pflanzenerzeugung war sogar zurückgegangen. In 200 der 2.136 Kreise entsprach das Produktionsniveau 1976/77 dem Stand von 1949. 200 Millionen Bauern hatten jährlich weniger als 150 Kilogramm Getreide pro Kopf zur Verfügung. Die Reallohnverluste in der Industrie lagen bei 20 Prozent (Heilmann 1994, 23).

Aufbau des Gesundheitssystems oder gegen den Analphabetismus vorweisen, aber das Problem der Produktivkraftentwicklung nicht lösen konnte.

Zerstörte Disziplin

Eine nicht zu unterschätzende mobilisierende Wirkung hatte die durch die Kulturrevolution zerstörte Disziplin. 1976 war die Ausbeutungsrate in den Industriebetrieben bei einem Minimum angelangt, der Industrieapparat desorganisiert, die betriebliche Autorität durch Hierarchiezerstörung unterminiert. „Müßiggang und Schlendrian" waren an der Tagesordnung (Bauer 1995, 204). „Wir lebten in einem Zustand permanenten Streiks, in einem totalen Laissez-faire. Die Produktivität der Arbeiter war gering" (Reeve/Xi 2001, 86). Diese fehlende betriebliche Disziplin zeigte sich dann 1989 im zunehmenden Absentismus, als die Beschäftigten ihre Arbeitsplätze verließen, um an den Demonstrationen der Studierenden teilzunehmen – und das trotz der steigenden Arbeitslosigkeit. In einigen Fällen haben sie dazu sogar Firmenlastwagen „konfisziert", um zum Tian'anmen-Platz zu kommen (Schell 1995, 121). Diese Disziplinlosigkeit war Ausdruck eines „mächtigen konservativen Klassenbewusstseins" der Industriearbeiter (Reeve/Xi 2001, 90): Der Rückzug in die schwerfälligen Industriekomplexe, die sogenannten

Arbeitseinheiten, über die die soziale Sicherung organisiert wurde, hatte sich für die Lohnabhängigen über Jahrzehnte als erfolgreiche Strategie erwiesen, sich vor den Machtkämpfen im Parteiapparat zu schützen, indem sie gegen die Garantie der Eisernen Reisschale ihre passive Unterstützung der jeweiligen Parteilinie immer wieder neu aushandelten (ebd., 87). Der Angriff auf das System der Eisernen Reisschale bedeutete also einerseits den Fall aus der sozialen Absicherung. Er verschloss aber andererseits den Rückzugsort und nahm den Industriearbeitern das Instrument zum Selbstschutz. Es war ein Angriff auf die einzige Machtressource, die den Industriearbeitern in der Reform- und Öffnungsperiode geblieben war. Dieser Umstand erzeugte jenes konservative Klassenbewusstsein und erklärt ihre starke Mobilisierungsfähigkeit im Mai 1989.

Neues Bündnis mit den Mittelklassen

Mit den Protesten auf dem Tian'anmen-Platz sind die Widersprüche der Modernisierung ans Tageslicht gekommen, und es spricht vieles dafür, dass sich die Parteiführung der Bedrohlichkeit dieser „sich auftürmenden Legitimitätskrise" (Weigelin-Schwiedrzik 2013, 7), die bis weit in die Partei hineinreichte, bewusst war. So hatten die Pekinger Jugendnachrichten Mitte Mai die Ergebnisse einer Meinungsumfrage veröffentlicht, wonach 80 Prozent der Befragten glaubten, dass die Proteste letztlich „die Regierung zwingen werden, nachzugeben und eine Demokratie einzuführen" (Schell 1995, 120 f.). Um ihre Klassenposition zu erhalten, musste sie ihre Bündnisorientierung erneuern, denn weder die in die Städte strömenden armen Bauern noch die passive Duldung der Industriearbeiter trugen die Parteibürokratie noch länger über das erste Jahrzehnt der Modernisierung hinaus. Nicht zufällig also wurden nach der Niederschlagung ausschließlich Arbeiter zum Tode verurteilt, während die dem Reformflügel nahestehenden Studierenden mit geringen Gefängnisstrafen davon kamen (Wense 2007, 12).

Die Niederschlagung der Bewegung wurde zur Voraussetzung für das neue Klassenbündnis mit den wachsenden Mittelklassen, das auf einem Wohlstandsversprechen beruhte. Während damit das städtische Industrieproletariat in einen Zustand der Passivität zurückgezwungen wurde, war der Boden für die Mittelklassen als neuem Hauptverbündeten der KPCh bereitet: Sie konnten ihre wirtschaftlichen Möglichkeiten im Verlaufe der 1990er Jahre unter anderem durch den Privatisierungskurs deutlich verbessern (Weigelin-Schwiedrzik 2013, 7 f.). Sie verfügen inzwischen über ein stabiles Haushaltseinkommen und ein wachsendes Privatvermögen, das ihnen die Anschaffung von Wohnungen und Autos sowie häufigere Urlaubsreisen ermöglicht. Bereits Anfang 2000 war ihr oberes Segment auf 123 Millionen angewachsen und hat sich damit seit 1979 vervielfacht, weitere 250 Millionen lassen sich zur mittleren Mittelschicht zählen. In diesen Kontext kann auch das gigantische Aufholprogramm „Made in China 2025" gestellt werden, denn mit der Kaufkraft der wachsenden Mittelklassen stiegen auch die Bedürfnisse, Hochtechnologieprodukte im eigenen Land zu konsumieren. „Made in China 2025" ist ein ambitioniertes Programm der industriellen Aufwertung mit Konzentration auf die Sektoren der Hochtechnologie und ökonomische Grundlage des Wohlstandsversprechens. China will mit dem Programm die alten Industriestaaten mittelfristig hinter sich zurücklassen, indem Informationstechnologie, Robotik, Luft- und Raumfahrt, Meerestechnik und Schiffbau, Hochgeschwindigkeitsschienenverkehr, alternative Automobilantriebe, Energieerzeugung, neue Werkstoffe, Landwirtschaftsmaschinen, Biomedizin und medizinische Geräte zu Schlüsseltechnologien erklärt werden (Sommer 2019, 12). In dieses Bild passt, dass der unter Mao bekämpfte Lebensstil des Kleinbürgers in den späten 1990er Jahren „zum begehrtesten Lebensstil der neuen Mittelschicht" (Strittmatter 2019, 29) wurde, was auf ein neues, durch den gesellschaftlichen Aufstieg hervorgerufenes Selbstbewusstsein zurückgeführt werden kann. Die KPCh war nie der Ort, in dem sich die Mehrheit der Lohnabhängigen organisierte. Aber in der Zeit von 1953 bis 2010 ist ihr Anteil von 10,5 Prozent auf 8,8 Prozent zurückgegangen (Yang 2013, 197) – und das obwohl ihr gesellschaftlicher Anteil im gleichen Zeitraum gewachsen ist.

Die Niederschlagung der Demokratiebewegung stellt also in vielerlei Hinsicht eine Wegmarke dar, die bei der Bewunderung über den beispiellosen Aufstieg Chinas oft vergessen wird: Sie stabilisierte die Klassenherrschaft der Parteibürokratie, die deutlich gemacht hatte, dass der Prozess der Modernisierung auch weiterhin mit großer Rücksichtslosigkeit gegenüber den lohnabhängigen Klassen durchgesetzt werden würde. Tian'anmen ließ beide Seiten traumatisiert zurück: Die Parteiführung, die auch in den folgenden Jahrzehnten gesellschaftliche Stabilität nur aufrechterhalten konnte, indem sie das städtische Industrieproletariat in den Zustand der Handlungsunfähigkeit zurückzwang. Und die abhängig Beschäftigten, für die sich mit der Niederschlagung eine „Strategie aus Zuckerbrot und Peitsche" (ebd., 200) ankündigte: soziale Zugeständnisse und Unterdrückung, wenn ihre Forderungen der wirtschaftlichen Modernisierung im Wege standen. Die Niederschlagung der Demokratiebewegung war ein Kampf um die organisatorische Machtressource der chinesischen Lohnabhängigen. Und die in den folgenden Jahren zunehmende Arbeitskonflikte waren das auch.

Antworten auf die Identitätskrise

Mit Beginn der Reform-Ära löste sich der Machtanspruch der KPCh von seiner ideologischen Grundlage und beruht seitdem auf einem Wohlstandsversprechen. Die Demokratiebewegung auf dem Tian'anmen-Platz hatte gezeigt, dass Stabilität und Prosperität in einem wechselseitigen Verhältnis stehen und einander gegenseitig bedingen. Dieses Grunddilemma wurde durch eine manifeste „Identitätskrise" (Dychtwald 2020, 323) ergänzt, in der sich die chinesische Gesellschaft seit dem Ende der Kulturrevolution befand. Hinzu kam die Auflösung des bestehenden Ordnungsrahmens, auf den sich die KPCh zur Herrschaftssicherung stützte: Das System der Eisernen Reisschale zerfiel unter der Anpassung an die kapitalistische Modernisierung. Die restriktive Wohnsitzregelung wurde durch die millionenfache Landflucht der Wanderarbeiter wirkungslos und die bürgerkriegsähnlichen Zustände während der Kulturrevolution, in denen sich die Hilflosigkeit der Bevölkerung gegenüber politischen Kampagnen entlud, hatten zu einem „kompletten Vertrauensverlust" geführt, der drohte, die Herrschaft der KPCh zu untergraben (Strittmatter 2019, 181). Die Demokratiebewegung war Ausdruck einer fundamentalen Schwächung dieser drei klassischen Kontrollmechanismen aus der Zeit unter Mao Zedong. Im Nachgang reagierte die KPCh auf drei verschiedenen Ebenen auf diese manifeste gesellschaftliche Krisensituation: Sie baute den Polizeiapparat aus, sie schuf den chinesischen Traum als Antwort auf die Identitätskrise und steuerte das Wirtschaftswachstum durch ambitionierte Zielformulierungen.

Seit den 1990er Jahren wurde der Polizeiapparat rapide ausgebaut. Allein 1996 hatte ein massiver Rekrutierungsschub stattgefunden. Innerhalb von fünf Jahren wurden die Polizeikräfte um 500.000 Männer und Frauen aufgestockt (Heilmann 2004, 145). 2012 hatte die chinesische Regierung zum dritten Mal in Folge einen Haushalt, in dem das Budget für innere Sicherheit das der Landesverteidigung übertraf, eine Haushaltsplanung, die unter Xi Jinping fortgesetzt wurde: 2017 betrug dieser Abstand 19 Prozent (Strittmatter 2019, 35). Es folgten Gesetze zur nationalen Sicherheit, für die Verwaltung von Nichtregierungsorganisationen oder zur Cybersicherheit. Die Informationspolitik der KPCh versuchte einerseits den Informationsfluss zu den Menschen durch Zensur zu kanalisieren und unterband andererseits die offene Meinungsäußerung, was sich in Gefängnisstrafen für Blogger oder die Sperrung von Foto- und Videoportalen ausdrückte. Strittmatter berichtet von 128.000 gesperrten Webseiten allein 2017 und wiederholten Übungen zur vollständigen Abschaltung auf Knopfdruck, veranlasst durch das Ministerium für öffentliche Sicherheit (ebd., 73). Da im

Ringen um die gesellschaftliche Stabilität die Einlösung des Wohlstandsversprechens nur zum Teil gelingt, strafft die KPCh zunehmend die autoritären Zügel politischer Kontrolle. Aus Xinjiang und Tibet sind Unterdrückung und Verfolgung ethnischer Minderheiten bekannt, aus Hongkong das Unterlaufen der Kompromisslinie „Ein Land, zwei Systeme".

Mit dem chinesischen Traum versuchte die KPCh der Bevölkerung eine nationale Identität wiederzugeben. Unmittelbar nach der Niederschlagung der Demokratiebewegung hatte Deng Xiaoping eine Rede vor den Angehörigen der Militärführung gehalten und dabei auf die Vernachlässigung der ideologischen und politischen Bildung der Bevölkerung verwiesen: „Wir haben den Menschen nicht genug von der Notwendigkeit eines harten Kampfes erzählt, darüber, wie China in früheren Zeiten war und was für ein Land es werden soll" (vgl. Dychtwald 2020, 323). In den folgenden Jahren bemühte sich die Parteiführung um ideologische Erneuerung,[8] um dem Vorwurf zu entkommen, eine neue polarisierte Gesellschaft geschaffen zu haben. Ideologisch belastete Begriffe wie Ausbeutung, Kapitalisten oder Diskriminierung wurden aus dem öffentlichen Diskurs gestrichen und die antagonistischen Interessen von Kapital und Arbeit rhetorisch zugekittet (Yang 2013, 194 ff.). Gleichzeitig schuf sie eine Erzählung von Chinas einzigartiger Größe. Seit 1991 richtet die Patriotische Erziehungskampagne den Fokus insbesondere der jungen Menschen auf die lange Geschichte Chinas als wohlhabende, mächtige Nation. „Rückblickend werfen sich die Chinesen vor, zugelassen zu haben, dass sich ihr Land isolierte, technologisch hinter andere Weltregionen zurückfiel und in der Folge von anderen Nationen ausgenutzt wurde (...) und erinnern sich an das 'Jahrhundert der Demütigung'. Es ist eine Mischung aus Stolz und Scham: 'Seht euch an, wie großartig China ist.' Und: 'Seht euch an, wie tief China gefallen ist'" (Dychtwald 2020, 323 f.). Der Chinesische Traum[9]

8 Im Jahre 2000 arbeitete der damalige Generalsekretär Jiang Zemin die „Drei Vertretungen" aus. Er meinte, die KPCh könnte in der Öffentlichkeit an Unterstützung gewinnen, weil sie versucht hatte, die fortgeschrittenste Produktionsweise, die fortgeschrittenste Kultur und die fundamentalen Interessen der Mehrheit der Chinesen zu vertreten. 2004 stellte der amtierende Generalsekretär Hu Jintao das Konzept von der „Sozialistischen harmonischen Gesellschaft" vor. Seine Kernelemente waren Demokratie, Recht, Gerechtigkeit, Ausgewogenheit, Stabilität und Ordnung, sowie die harmonische Koexistenz von Mensch und Natur.

9 Xi Jinping propagiert mit der Erzählung vom Chinesischen Traum ambitionierte Ziele vom Aufstieg Chinas. Bis 2021, dem 100. Jahrestag der Gründung der KPCh soll die „allseitige Gesellschaft des bescheidenden Wohlstands" verwirklicht werden. Bis zum 100. Jahrestag der Gründung der VR China 2049 plant die KP-Führung, dass China eine voll entwickelte Industrienation sein werde. Bis Mitte des 21. Jahrhunderts soll die

erzählt also nicht von Chinas Aufstieg an die Weltspitze, sondern von seiner Rückkehr und suggeriert damit einmal mehr die Rechtmäßigkeit des chinesischen Machtanspruchs als führender Nation. Insbesondere Xi Jinping formulierte nach seiner Wahl zum Ministerpräsidenten 2013 erstmals einen Führungsanspruch Chinas, wohl auch deshalb, weil „der Partei der Zement ausgeht, der die Gesellschaft zusammenhalten soll. Xi ersetzt Reformen durch Pathos und Rhetorik. Er verspricht den Armen und der Mittelschicht ein besseres Leben – weil er aber um die große Unzufriedenheit und die vielen Zu-kurz-Gekommenen weiß, schenkt er seinem Volk die Aussicht auf die Teilhabe am chinesischen Traum einer starken Nation" (Strittmatter 2019, 119 f.).

Armutsbekämpfung

Der chinesische Traum ist die rhetorische Antwort der KPCh auf die extreme Spaltung der chinesischen Gesellschaft in Arm und Reich. Zwar stellte der UN-Sonderberichterstatter für extreme Armut und Menschenrechte, Philip Alston, 2016 fest, dass der Zentralregierung im Zuge der Wirtschaftsreformen eine Armutsbekämpfung gelungen sei, die „außergewöhnlich" ist (Alston 2016),[10] spitzen sich die Widersprüche jedoch weiter zu. Nicht nur zwischen den hochprofitablen Küstenprovinzen und dem Rest des Landes wächst der Wohlstandsabstand, sondern auch zwischen Stadt und Land. Nicht grundlos gestand Xi Jinping 2017 auf dem Wirtschaftsforum in Davos ein, dass sich die sozialen Probleme in China „merklich verschärft" hätten (Sommer 2019, 86). Die Zentralregierung ist um eine Verbesserung der sozialen Lage bemüht, doch die Entwicklungen

---

Volksbefreiungsarmee auf Weltniveau modernisiert und außerdem in die Lage versetzt werden, Kriege zu führen. Auf dem 19. Parteitag wurde der Zeitplan sogar im Parteistatut verankert. Die beschleunigte nachzuholende Entwicklung wird dabei bewusst als Gegenentwurf zum amerikanischen Traum konzipiert, der stärker mit individuellem Glück und Reichtum verbunden ist. Produktivität und technologisches Niveau werden dabei zu Richtwerten der Aufholjagd. Das politische System der liberalen Demokratie soll ausdrücklich nicht übernommen werden (Wemheuer 2019, 8 f.).

10 Aston verweist darauf, dass nach offiziellen Angaben etwa 700 Millionen Menschen *„aus der Armut befreit"* worden seien. Er benennt die Krankenversicherung, die bereits für 95 Prozent der Bevölkerung gelte, obwohl dies noch 2003 nur für zehn Prozent der Fall gewesen war. Und er lenkt den Blick auf die 842 Millionen Menschen, die 2014 unter ein Altersversorgungssystem fielen. Hinzu käme die Auflegung von Sozialhilfeprogrammen für ältere Menschen, Behinderte, Jugendliche sowie Menschen, die unterhalb von lokal definierten Armutsgrenzen lebten. Die Kindersterblichkeitsrate sei um 60 Prozent gefallen und die Lebenserwartung auf 75 Jahre gestiegen. Weniger als sechs Prozent der Bevölkerung lebten 2015 in extremer Armut (Alston 2016).

verlaufen widersprüchlich. Das Sozialversicherungssystem trat 2011 in Kraft und umfasst die fünf Säulen Krankenversicherung, Arbeitslosenversicherung, Mutterschaftsgeld, Arbeitsunfallversicherung und Rentenversicherung. Es ist ausgesprochen zersplittert. Beitragshöhe und Aufteilung zwischen Arbeitgebern und Arbeitnehmern sind lokal geregelt und variieren stark (Darimont 2011). Sie sind zudem nur für die Stadtbevölkerung obligatorisch und bewegen sich zwischen öffentlicher Gesundheitsversorgung und kommerzieller Privatversicherung. Trotz der Reformen im Gesundheitswesen hat sich die Gesundheitsversorgung im Verlaufe der Reform-Ära zunehmend verschlechtert, da die lokalen Regierungen auf Budgetkürzungen vielfach mit Privatisierungen im Bereich der Daseinsvorsorge reagierten (ebd.).

Auch die Rentenversicherung ist keine vollständig beitragsfinanzierte Alterssicherung. Das Rentensystem besteht vielmehr aus drei Teilen: der Grundrentenversicherung auf der ersten Stufe, der betrieblichen und beruflichen Rentenversicherung auf der zweiten Stufe und der individuellen gewerblichen Rentenversicherung auf der dritten Stufe. Auch hier gilt: Auf dem Land ist die öffentliche Altersvorsorge kaum ausgebaut, die Mitgliedschaft ist freiwillig und die Umsetzung liegt jeweils bei den lokalen Regierungen. Hinzu kommt: Die Leistungen aus den staatlichen Versorgungssystemen sind auf dem Land deutlich geringer als in den Städten. Weil die Altersarmut nach wie vor ein Problem ist, ermuntert die Regierung die Menschen, auch privat fürs Alter vorzusorgen. Die Behörden experimentieren mit Steuervergünstigungen für private Vorsorgeprodukte. Im Gespräch ist auch, ausländischen Anbietern den Vertrieb solcher Produkte in China zu erleichtern (Kamp 2019).

Und auch jenseits der sozialen Sicherungssysteme zeigt sich an der Einkommensverteilung eine wachsende soziale Spaltung. So nahm im Zeitraum von 1978 bis 2015 der Anteil des Nationaleinkommens, das in den Taschen der zehn Prozent einkommensstärksten Chinesen fließt, von 27 auf 41 Prozent zu. Dagegen sank der Anteil der Bevölkerungshälfte mit den niedrigsten Einkommen von 27 auf 15 Prozent. Die Mittelklassen konnten ihren Einkommensanteil bei 45 Prozent halten und lagen damit nur geringfügig über dem durchschnittlichen Pro-Kopf-Einkommen. Im Vergleich mit Frankreich und den USA steigen in allen drei Ländern die realen Einkünfte der Spitzenverdiener schneller und die realen Einkünfte der 50 Prozent mit den untersten Einkommen langsamer als der Durchschnitt – in China vollzieht sich diese Entwicklung am drastischsten (Piketty u.a. 2017). Der französische Ökonom Thomas Piketty wies deshalb in seiner Studie „Capital, Accumulation, private Property and rising Inequality in China, 1978–2015“ darauf hin, dass die Entwicklung in China damit dem weltweiten Trend folgt, wonach immer weniger Menschen von ökonomischen Wachstumserfolgen und steigendem Wohlstand profitierten (ebd.), und nicht etwa einem sozialpolitischen Sonderweg raus aus der gesellschaftlichen Armut.

Technologische Überwachung

Immer sichtbarer wird: Die KPCh versucht die gesellschaftliche Stabilisierung herzustellen, indem sie die sozialen Widersprüche ausbalanciert, nicht aber löst. Technologische Fortschritte im Bereich Künstliche Intelligenz schaffen die Möglichkeit, die soziale und politische Kontrolle in einen technologischen Prozess zu überführen. Dieses Potential ist im staatlichen KI-Plan beschrieben und festgehalten: „Die KI-Technologien können entscheidende Entwicklungen (...) zur Aufrechterhaltung der gesellschaftlichen Stabilität akkurat wahrnehmen, vorhersagen und als Frühwarnsystem dienen. Sie können kollektive Stimmungen und psychologischen Wandel rechtzeitig erkennen (...) und eine unersetzliche Rolle spielen in der effektiven Aufrechterhaltung der gesellschaftlichen Stabilität" (vgl. Strittmatter 166). Das lässt sich China einiges kosten. Während erst 2014 129 Millionen US-Dollar in künstliche Intelligenz flossen, waren es nur drei Jahre später 50 Milliarden US-Dollar (Sieren 2020, 67). Mit der technologischen Aufrüstung verändert sich der Alltag insbesondere im Bereich Smart City. Algorithmen tragen zur Steigerung der Lebensqualität bei. Durch die Sammlung von Daten und ihre Auswertung in Echtzeit sollen die Pendelzeit zwischen Wohnung und Arbeitsplatz, die Kriminalitätsrate, die Krankheitsquote, das Müllaufkommen und die CO_2-Emissionen geringer werden. „So werden die Routen der Müllabfuhr nach dem Füllstand der Abfalleimer festgelegt. Diese sind mit Sensoren ausgestattet und werden von der Müllabfuhr erst dann angesteuert und geleert, wenn sie tatsächlich voll sind" (Hirn 2020, 123).

Doch die technologischen Möglichkeiten finden auch eine repressive Anwendung. In den Universitäten wird mittels Gesichtserkennung die Anwesenheit der Studierenden kontrolliert. Im Pekinger Himmelstempel sorgen Automaten für eine sparsame Entnahme von Toilettenpapier. Der Automat gibt 60 Zentimeter pro Gesicht frei, wer mehr braucht, muss sich neun Minuten gedulden, dann werden weitere 60 Zentimeter freigeschaltet (Strittmatter 2019, 166). In Shanghai ist die Verkehrspolizei Fahrern ohne Führerschein mittels Gesichtserkennung auf der Spur und in Hangzhou überwachen sogenannte „Himmelsaugen" die Aufmerksamkeit der Schüler einer Mittelschule: „Sie überwachen nicht nur, ob die Schüler einnicken oder abschweifen, sondern analysieren auch Mimik und Gemütszustand, also ob einer fröhlich, traurig, ärgerlich oder widerwillig ist, und senden die Daten direkt ans Terminal, das dann die Lerneinstellung der Schüler analysiert" (ebd., 167).

China gleicht einem riesigen gesellschaftlichen Laboratorium. Während die Polizeibehörden verschiedener Provinzen auf der Grundlage eines durch das Polizeiministerium erarbeiteten Regulariums sämtliche Daten ihrer Bürgerinnen und Bürger in einer Polizei-Cloud speichern, darunter Krankheitsgeschichten, Essenbestellungen, Kurierlieferungen, religiöse Neigung, Online-Verhalten, Flug- und Zugreisen, GPS-Bewegungskoordinaten und biometrische Daten, münden diese Daten in verschiedene Projekte zur Überwachung der Bevölkerung. In der Stadt Dongying beispielsweise schickte die Polizei-Cloud 2016 jeden morgen um acht Uhr automatisch einen Bericht auf das Mobiltelefon der 1.300 Polizeibeamten, der ihnen Auffälligkeiten oder Trends aus ihrem Einsatzgebiet meldete. Dazu zählten auch ausgewertete Daten von Hotels, Internetcafés und Fluggesellschaften, so dass alle Neuankömmlinge in Kombination mit den erfassten Daten über Herkunftsort, Volkszugehörigkeit, Vorstrafen oder Online-Verhalten innerhalb kürzester Zeit danach analysiert waren, ob sie ein Sicherheitsrisiko darstellten (ebd., 170 f.). Mit der Pandemie hat sich auch in China die Situation verändert und das Ausmaß an Überwachung verschärft. In der Metropole Shenzhen an der Grenze zu Hongkong tragen Polizisten spezielle Helme, mit denen sie die Körpertemperatur der Passanten messen, ohne dass diese das mitbekommen. Bei Fieber aktiviert die Kamera am Helm die Gesichtserkennung und liefert in Echtzeit die Daten über die betreffende Person (Sieren 2021, 125 f.).

Die chinesische Gesellschaft verändert sich dystopisch

Mit zunehmendem Einsatz neuer Überwachungstechnologien verändert sich die chinesische Gesellschaft in einer Art, die dem Umschlag von Quantität in Qualität gleichkommt. Es ist ein „süß-sauer Totalitarismus (...), der besonders perfide ist, weil er den Menschen ihre Freiheit nicht nur durch Strafen und Unterdrückung raubt, sondern gleichermaßen durch Belohnen und Befördern" (Winter 2019, 221). Im Mittelpunkt steht dabei das soziale Bonussystem. Es wird seit Sommer 2014 in Xiongan und Shanghai erprobt und soll nun flächendeckend eingeführt werden. Dazu wird jeder und jede über eine Sozialversicherungsnummer registriert. Das System hat Zugriff auf alle Datensätze bei Behörden, Finanzämtern, dem Arbeitgeber, Banken, Versicherungen, Meldeämtern, Kliniken, Ärzten, Internet-Browsern oder Onlinehändlern. Hinzu kommen Bewegungsprofile, die mittels flächendeckender Kameraüberwachung im öffentlichen Raum erhoben werden. „Es gibt nichts an Tugenden und Untugenden, was der Staat nicht wissen, bewerten, betrafen oder belohnen will" (Sommer 2019, 53). Das Verhalten im Straßenverkehr, die Teilnahme an Demonstrationen, Konsumverhalten oder familiäre Beziehungen. „So wird zur Rechenschaft gezogen, wer bei Rot über eine Ampel fährt, zu oft hupt oder nicht den Zebrastreifen benutzt (...) Desgleichen wird belangt, wer (...) Hundehaufen nicht beseitigt oder sich weigert, 'freiwillig' beim Pflanzen von Bäumen mitzuhelfen, wer Pornos schaut oder zu viel Zeit mit Computerspielen verschwendet; wer seine Eltern nicht regelmäßig besucht; mancherorts sogar, wer allein in einer großen Wohnung lebt oder ein großes Auto fährt" (ebd.). Bei zu vielen Vergehen droht nicht nur der betroffenen Person, sondern auch Kindern und Freunden der Ausstoß aus der Gesellschaft: Kindern wird der Besuch eines Kindergartens oder der nahen Grundschule verwehrt. Der Zutritt zu Schnellzügen oder Flugzeugen wird ebenso verweigert wie der zu Hotels der gehobenen Klasse. Dem öffentlichen Bestrafen steht die öffentliche Belobigung gegenüber. Wer sich tadellos verhält, wird mit Beförderung, vergünstigten Krediten und besseren Krankenversicherungen belohnt (ebd., 53 f.). Bislang gibt es dieses System noch nicht flächendeckend. Im ganzen Land gibt es jedoch bereits Pilotprojekte. Ziel ist eine Automatisierung der Kontrolle, ergänzt um eine durch Angst vor Minuspunkten und gesellschaftlicher Degradierung gesteuerte Selbstkontrolle.

In zwei Regionen wird dieses System der Überwachung mit dem Ziel des Abstrafens oder Belohnens derzeit perfektioniert: In der Provinz Xinjiang und der Stadt Shenzhen. Die Provinz Xinjiang ist Experimentierfeld und Testlabor für Überwachung mittels KI-basierter Technologie, „eine Dystopie aus Hightech-Kontrollen und Polizeiwillkür" (Mass 2020). Ehe die Technologien wie Big Data, Iris-Scans oder Spracherkennung anderswo in China angewendet werden, werden sie in Xinjiang getestet und läuten hier „eine neue Ära der smarten Polizeiarbeit" ein (Strittmatter 2019, 177). Der gesamte öffentliche Raum wird mit Kameras überwacht. Staatlich überwachte GPS-Sender in Privat-PKW gehören ebenso dazu wie ein flächendeckendes Netz an polizeilichen Checkpoints, auf denen die Smartphones der Passierenden ausgelesen werden. Bewegungsprofile, Surfverhalten und der private Inhalt des Smartphones wird ebenso zum Bestandteil der Akte wie Fingerabdrücke, Blutgruppe, Scans der Iris und DNA-Proben, die bei kostenlosen Gesundheitsüberprüfungen ohne Wissen der Betroffenen entnommen wurden. „Die Summe all dieser Informationen entscheidet darüber, ob du Zutritt hast zu Hotels, ob du eine Wohnung mieten darfst oder einen Job bekommst (ebd., 174 f.). Der China-Forscher Adrian Zenz spricht von einer „Hightech-Version der Kulturrevolution", es sei der Versuch, die totale Kontrolle über Denken und Handeln jedes einzelnen zu gewinnen (vgl. Mass 2020).

Das positive, utopische Pendant zu Xinjiang ist die Stadt Shenzhen im Perlflussdelta. Sie ist das Silicon Valley Chinas. Es wurde 1979 als Wirtschaftssonderzone eingerichtet, die wegweisend war für den Aufbau der chinesischen Exportindustrie. Über Steuervergünstigungen und deregulierte Arbeitsverhältnisse sollten ausländische und chinesische Firmen hier angesiedelt werden. Die einzige Bedingung war, dass sie für den Export produzieren. „Es war Wilder Westen im Fernen Osten. Für vieles Handeln fehlten gesetzliche Grundlagen, es wurde erst einmal probiert, dann legalisiert“ (Hirn 2020, 23). Seit 2018 zählt Shenzhen zu den „Pionieren unter den Smart Cities“ (ebd., 121). Die Stadt ist der Positiventwurf der digitalen Überwachung. Shenzhen ist das „Mekka der neuen Mobilität (...) Geburtsstadt der globalen Drohnenindustrie (...) aber auch Zentrum der Sprach- und Gesichtserkennung“ (Sieren 2021, 10). Alle Taxen und Busse der Stadt fahren mit Strom. E-Mobilität, autonomes Fahren, 5G-Vernetzung und eine 14 Kilometer lange Fahrrardautobahn, die an der Küste entlang und durch weitläufige Parks führt, machen die 20 Millionen-Einwohner-Stadt zu einer „nachhaltigen Megametropole“ (ebd., 14). Hier sammeln Unternehmen jeden Morgen mit strombetriebenen Firmenbussen ihre Mitarbeiter ein, die an unterirdischen Terminals abgesetzt werden und den Zugang zum Arbeitsplatz via Gesichtserkennung bekommen (Hirn 2020, 83).[11] In Shenzhen werden Kredit- und Versicherungsverträge in wenigen Minuten via Internet beantragt, geprüft und abgeschlossen. Hier gibt es virtuelle Ärzte, die nicht nur Untersuchungen vornehmen, sondern auch gleich die Apotheken über die verordneten Medikamente informieren und ihre Auslieferung veranlassen oder bei Einweisung ins Krankenhaus gleich den Termin buchen.[12] Und hier gibt es

11 Im Falle des Internetunternehmens Tencent sind das jeden Morgen 12.000 Beschäftigte. Tencent ist der größte chinesische Internetkonzern. Auf Chinesisch heißt er teng xun, was soviel wie galoppierende Nachricht bedeutet. Der Konzern ist der weltgrößte Spieleanbieter und Erfinder des Instant-Messenger-Dienstes WeChat. Es vereinigt die Vorteile von WhatsApp, Skype, Instagram und Facebook, Amazon, Uber und Lieferando in einer App. Und seit der Einführung des Bezahldienstes WeChat ist es auch einer der beiden führenden Internetbezahldienste. Mit WeChat kann man Taxis buchen, Autos mieten, Fahrräder leihen, Essen beim Lieferdienst und Lebensmittel beim Bringdienst bestellen, einen Arzttermin ausmachen, Kinokarten kaufen, Rechnungen bezahlen, Geld an Freunde überweisen, Spiele spielen, Videos streamen, Zeitschriftenartikel lesen, andere WeChat-User in der Umgebung treffen, chatten, telefonieren und per Video kommunizieren (Hirn 2020, 83 ff.).

12 In Shenzhen stehen dunkelrote Boxen von der Größe einer Telefonzelle, die sogenannte One-Minute Clinic. Der Patient betritt die Kabine, gibt sich per Gesicht zu erkennen und kommuniziert mit einem virtuellen Arzt, der mit über 300 Millionen Daten gefüttert wurde. Er gibt eine vorläufige Diagnose ab, ehe sich ein richtiger Arzt einschaltet.

Restaurants, in denen „Roboter nicht nur bedienen, sondern auch aufwendige traditionelle chinesische Gerichte kochen – erstmals ohne menschliches Zutun" (Sieren 2021, 20 f.). Shenzhen ist anders als der Rest von China. Es ist ein riesiges städtebauliches Denkmal, das uns einen Vorgeschmack auf die Großstadt des 22. Jahrhunderts ankündigt: digitalisiert, mit grünen Industrien, mit Supermärkten, die via Gesichtserkennung Zugang gewähren, mit selbstfahrenden Autos auf öffentlichen Parkplätzen – „ein Prototyp überwachter Urbanität" (Sommer 2019, 27). Die rasante Entwicklung und der ungezwungene experimentelle Einsatz von KI setzt neue Werte und verändert die Gesellschaft. Maya Wang von Human Rights Watch sagt: „Dieses System der sozialen Kontrolle wurde entwickelt und installiert, ohne dass es irgendeinen nennenswerten Schutz gegen die staatliche Überwachung geben würde. Das hat es in dieser Tiefe und diesem Umfang in der modernen Geschichte so noch nicht gegeben" (vgl. Sieren 2021 163). Wer nicht funktioniert, wird ausgeschlossen.

Doch auch weit über den staatlichen Bereich hinaus lässt sich ein Trend zu Durchleuchtung und Kontrolle beobachten. Algorithmen durchdringen die gesamte Gesellschaft. Dass Tencent seinen Mitarbeitern den Zutritt zum Arbeitsplatz nur per Gesichtserkennung gewährt, scheint noch die harmloseste Entwicklung. Der Chef des unabhängigen Forschungsinstituts Beijing Genomics Institute (BGI), Wang Jian, verfolgt die Vision, das Lebensalter seiner Mitarbeiter auf mindestens 100 Jahre zu steigern und betreibt dazu firmenintern einen fragwürdigen Optimierungs- und Ausleseprozess. Weder werden Mitarbeiter eingestellt, deren Kinder Geburtsfehler haben, noch sind den Mitarbeitern Herz-Bypass-Operationen gestattet. Zudem werden sie zu einem gesunden Lebensstil angehalten, um Herz-Kreislauf-Krankheiten zu vermeiden. Dazu wurden die Aufzüge abgeschafft, und es werden die Essgewohnheiten der Mitarbeiter überwacht (Hirn 2020, 182).

Der Vorstandschef des 2015 gegründeten Gesundheits-Start-ups iCarbonX Wang Jun geht sogar noch einen Schritt weiter. Sein Ziel ist es, sein Unternehmen zum führenden Gesundheitsdienstleister aufzubauen. Über die Auswertung von Kundeninformationen über DNS, Schlafmuster, Herzschlag, Enzymen, Metaboliten und Proteinen sollen Empfehlungen für ein besseres Leben und Vorhersagen über potentielle Erkrankungen erstellt werden. „Wer beispielsweise

---

Sollte zur Gesundung ein Medikament nötig sein, kann der Patient dieses auch gleich bekommen. 100 der häufigsten Arzneimittel sind in der One Minute Clinic gelagert. Medikamente, die nicht vorrätig sind, werden per Knopfdruck bestellt und innerhalb einer Stunde nach Hause geliefert. Es ist Chinas größte Online-Gesundheitsplattform mit knapp 300 Millionen registrierten Usern (Hirn 2020, 100 f.).

genetisch zu Diabetes neigt, dem empfiehlt das Start-up täglich 20 Minuten Ausdauersport" (Sha 2019). Gegenwärtig forschen die Mitarbeiter an einer Toilette, die alle Ausscheidungen erfasst und analysiert. Zudem soll die Erfassung von Herzfrequenz, Schlafmuster und regelmäßiger Blutanalyse Krankheiten vorbeugen. Der Mensch wird zum Zweck der Selbstoptimierung vollständig ausgeleuchtet. Dabei verändert sich das Gesundheitssystem grundlegend, denn es geht nicht mehr darum, bei Krankheit zu helfen, sondern sie von Vornherein auszuschließen. „Dazu sei (...) eine kontinuierliche Überwachung des gesunden Menschen notwendig. Nur der gläserne Mensch kann ein gesunder Mensch sei. Sollte ihm das gelingen, wäre das nichts anderes als eine Revolution des Gesundheitssystems, in dem Ärzte und Krankenhäuser fast nicht mehr gebraucht werden" (Hirn 2020, 184).

Fast scheint es, als sei der chinesische Staat selber in eine Phase der Selbstoptimierung eingetreten. Technologische Lösungen überwachen und ersetzen staatliche Verantwortung zur Bereitstellung eines funktionierenden Gesundheitssystems. Der Trend zu einer Gesellschaft, die neue Maßstäbe setzt, ist bereits erkennbar. Dabei durchdringen technologischer Fortschritt, neoliberaler Rückzug aus dem Bereich der Daseinsvorsorge und ein staatliches Überwachungsbedürfnis einander, es ist ein Prozess, der längst noch nicht abgeschlossen ist.

Das Bündnis mit den Mittelklassen

Wie wirken sich diese gesellschaftlichen Rahmenbedingungen, die autoritäre Einzäunung von Protestpotential ebenso wie das Trauma der gewaltsamen Niederschlagung der Demokratiebewegung auf die Handlungsfähigkeit der Lohnabhängigen heute aus? Das nach der Niederschlagung der Demokratiebewegung geschlossene Bündnis der KPCh mit den neuen Mittelklassen nutzt der Herrschaftsstabilisierung. Die KPCh hält an diesem Bündnis fest. Eine klimaneutrale Politik war auch eine Reaktion auf den Druck der städtischen Mittelklassen, die sich gegen die gesundheitlichen Risiken des Innenstadtsmogs wehrten. Auch das im Oktober 2020 verabschiedete Datenschutzgesetz soll zuvörderst den Konsum schützen. Es ist zudem eine Antwort auf Unternehmen, die mittels Daten Geschäftsmodelle entwickeln, mit denen sie die Kontrolle des Staates unterspülen könnten. Dazu gehört zum Beispiel Alibaba. Das Unternehmen hatte mit dem Sesame Credit System ein schnelles und auf KI basierendes Bonitätssystem entwickelt, ähnlich dem deutschen Schufa-System (vgl. Sieren 2021, 176 f.).

Einer repräsentativen Studie der FU Berlin zufolge begrüßen 80 Prozent der interregional Befragten das Social Credit System. Dabei fällt auf, dass die Akzeptanz mit sozialer Absicherung und Bildungsgrad steigt. „Umso besser ausgebildet, umso wohlhabender, umso städtischer und weiter gereist die Menschen sind, desto eher befürworten sie das Social Scoring System" (ebd., 171). Andere Studien bestätigen diesen Trend. Der wirtschaftliche Aufbruch hat die Klassen neu sortiert und die Widersprüche zwischen ihnen verschärft. Im Bündnis mit der Zentralregierung, bei der sie Gehör und Unterstützung finden, wird das Social Credit System auch für die Mittelklassen zum stabilisierenden Mechanismus, wohingegen der Datenschutz zu einer Sollbruchstelle bei der Herstellung der gesellschaftlichen Ordnung wird. Nicht nur der rasante Aufstieg und die Tiefe gesellschaftlicher Widersprüche, auch die traditionell starke Verwaltung des chinesischen Staates steigern die Akzeptanz einer strikten gesellschaftlichen Kontrolle. Die neue Mittelklasse sei „lepenisiert", schreibt Sommer, und stelle ihr Bedürfnis nach Sicherheit über das Verlangen nach Freiheit. Das Fehlen von bürgerlichen Freiheiten kompensiere sie durch die Wahrnehmung von Konsumfreiheiten. Das trage wesentlich dazu bei, dass sich diese mit dem politischen Arrangement abfinde (Sommer 2019, 20 f.).

Auch die städtischen Millenials, die wie keine Generation vor ihnen von der dynamischen Entwicklung der Modernisierung geprägt sind, sind nachsichtig mit den innenpolitischen Fehlentwicklungen der Überwachung. Sie sind die erste Generation, „die in ihrer Kindheit nicht unter einem Mangel an Proteinen gelitten hatte" (Dychtwald 2020, 63). In einer von ökonomischen und politischen Krisen geschüttelten Welt erleben sie chinesisches Regierungshandeln im Vergleich mit westlichen Demokratien als besonders effektiv, den Fortschritt voranzutreiben und die Bedingungen dafür zu schaffen, dass sich die Menschen das Leben aufbauen, das sie sich wünschen. Wie keine Generation vor ihr sehnen sie sich nach Freiheit, doch ihr Fokus liegt dabei weniger auf der Einschränkung von Rechten, sondern vielmehr auf der Befreiung von kulturellen Traditionen und Erwartungen.

Und doch bröckelt das Arrangement zwischen KPCh und städtischen Mittelklassen, die die Parteiherrschaft im Austausch gegen Wohlstand, funktionierende Verwaltung und den Ausbau moderner Infrastruktur zu akzeptieren bereit sind. So schafft die zunehmende staatliche Regulierung ein Spannungsverhältnis zwischen der Regierungserwartung an politische Unterordnung und den wachsenden Konsumträumen. Der Umbau des Staatsapparates, der 2018 in der Verfassungsänderung zugunsten einer lebenslangen Präsidentschaft Xi Jinpings seinen Ausdruck fand, legte einen Schatten auf das Aufstiegsversprechen der KPCh. „Die Online-Suchen nach dem Begriff „Auswandern" (...) schnellten in die Höhe. Xi Jinping hatte schon zuvor fünf Jahre Stück für Stück die Freiheiten der Chinesen beschnitten – aber erst mit diesem Schritt zerbrach bei vielen etwas: Die Hoffnung war weg. Diese Leute verloren endgültig den Glauben an den Pragmatismus der Partei, an ihren Reformwillen" (Strittmatter 2019, 226).

Mit der Pandemie könnte dieser Ablösungsprozess noch zunehmen. Das jedenfalls legt ein detaillierter Bericht über die 76 Tage andauernde vollständige Abriegelung Wuhans nahe, der den enormen Druck beschreibt, der sich aus autoritären Absperrungen, sichtbaren Defiziten im Bereich der Daseinsvorsorge und existenziellen sozialen Krisen im Zuge der Pandemiebekämpfung ergibt (Fang 2020, 277 ff.). Mit zunehmender Krise spiegelt sich das Dilemma der Bündnispolitik wider, die die KPCh nach 1989 mit den Mittelschichten eingegangen ist. Zeigt sie sich solidarisch mit den „Verlieren" der Modernisierung und setzt auf den Aufbau sozialer Sicherungssysteme sowie auf steigende Löhne, so gerät sie mit der jungen Unternehmerklasse in Konflikt, die unter Verweis auf den wachsenden Druck des Weltmarktes immer wieder betont, das hohe Beschäftigungsniveau nur bei niedrigen Löhnen und niedrigen Lohnnebenkosten halten zu können. Diese junge Unternehmerklasse ist nicht bereit, eine Veränderung der Verhältnisse zu Gunsten der Lohnabhängigen hinzunehmen. Folgt die KPCh jedoch dieser Argumentation, so verprellt sie die Lohnabhängigen, denen sie versprochen hat, alle könnten am wachsenden Reichtum teilhaben (Weigelin-Schwiedrzik 2013, 8).

Gewerkschaftliche Machtressourcen

Auch die Bestimmung der gewerkschaftlichen Machtressourcen ist für China nicht einfach. Das liegt nicht nur daran, dass die Zentralregierung das Ausmaß an Klassenauseinandersetzungen unter dem Deckmantel der „harmonischen Gesellschaft" verschwinden lassen möchte, sondern auch daran, dass die chinesische Gesellschaft seit mehr als vier Jahrzehnten einen hochdynamischen Umbruch vom Agrarland ins digitale Zeitalter erfährt. Zum ersten Mal in der Geschichte stellt die bäuerliche Bevölkerung nicht mehr die Mehrheit. Im Verlaufe dieses Prozesses hat sich die gesellschaftliche Klassenstruktur neu zusammengesetzt. Dabei haben sich die industriellen Beziehungen ausdifferenziert. Unter den abhängig Beschäftigten ist ein ausgeprägtes Interesse vorhanden, die asymmetrischen Beziehungen zwischen Kapital und Arbeit zu korrigieren, das jedenfalls zeigt die Zunahme von Arbeitskonflikten. Weil aber eine Koalitionsfreiheit nur innerhalb der repressiven Grenzen des ACGB besteht, muss in China zwischen Klassenmacht und gewerkschaftlicher Macht unterschieden werden.

Die Reform- und Öffnungsperiode war von Anfang an durch zwei gegenteilige Entwicklungen geprägt: Auf der einen Seite eine rasche Ausdifferenzierung der

Arbeitsbeziehungen, die in einen Neubildungsprozess der Klassen mündete, aber gemeinsames Klassenhandeln objektiv erschwerte. Auf der anderen Seite eine wachsende Zahl von Protestbewegungen, unter denen die Arbeitskämpfe eine zentrale Rolle spielten. Im Zuge dieses Prozesses haben sich unterschiedliche betriebliche Produktionsregimes herausgebildet, für die Butollo und Lüthje eine Kategorisierung vorschlagen, die neu ausdifferenzierte und bestehende Fragmentierungen zwischen Regionen und zwischen Hoch- und Niedriglohnsektoren abbildet (Butollo/Lüthje 282 ff.).[13] Dabei fällt auf, dass die großen Staatsbetriebe als gewerkschaftlich organisierte Kernbereiche nicht mehr die dominierende Unternehmensform der chinesischen Volkswirtschaft sind, sondern inzwischen durch eine weitgehende Dominanz privatkapitalistischer Unternehmensformen abgelöst wurden. Die neuen Kernbranchen verfügen über schwache und in die Managementstrukturen eingebundene gewerkschaftliche Vertretungsstrukturen oder sind gewerkschaftsfrei.

Dennoch finden Arbeitskämpfe überwiegend in den Segmenten der Massen- bzw. der Niedriglohnproduktion statt. Die Zahl der offiziell erfassten Arbeitskonflikte (dazu zählen nicht nur Streiks) stieg von 8.000 im Jahr 1993 auf mehr als 80.000 im Jahr 1995 zu Beginn der Reform der Staatsunternehmen und kletterte

---

13 Butollo und Lüthje identifizieren fünf Grundtypen betrieblicher Produktionsregimes: *ehemalige Staatsunternehmen:* privatwirtschaftlich agierende Firmen mit staatlichem Mehrheitseigentum, stabile Produktionsstrukturen, hochqualifizierte Beschäftigte, starkes Co-Management durch die Gewerkschaften, aber schwach ausgebildete kollektivvertragliche Regulierung; *große Joint Ventures* mit ebenfalls stabilen Produktions- und Belegschaftsstrukturen, starker politischer Einfluss durch die Beteiligung lokaler Regierungen und chinesischer Staatsunternehmen. Gewerkschaften sind Teil des betrieblichen Managements, schwache kollektivvertragliche Regelungen, wachsende Zahl individueller Arbeitskonflikte (Arbeitsgerichtsklagen) durch qualifizierte Beschäftigte; *multinationale Unternehmen/Joint Ventures,* vergleichbar mit Typ 2, jedoch höhere Leistungsorientierung und hohe Belegschaftsflexibilität, vorherrschend in der Elektronikbranche (Huawei, Samsung, Hyundai), große Staatsnähe aufgrund des Interesses an staatlichen Aufträgen bzw. Einbindung in Technologieprogramme. Schwache bis keine Stellung der Gewerkschaften, wachsende Zahl individueller Arbeitskonflikte; *Typus der flexiblen Massenproduktion,* überwiegend ländliche Arbeitskräfte. Geringer staatlicher Einfluss. Vorherrschend sind Taylorisierung, Segmentierung und Flexibilisierung. Extrem lange Arbeitszeiten, oft unter Verletzung bestehender Gesetze, extrem niedrige Löhne. Keine Gewerkschaften, aber: in einigen Unternehmen aufgrund des wachsenden Drucks seit 2007 Management-dominierte Gewerkschaftsvertreter; *klassische Niedriglohnproduktion,* Unternehmen mit niedrigem technischen Niveau, geringe staatliche Regulierung, erhebliche Steuervorteile und Standortsubventionen, ausschließliche Beschäftigung ländlicher Arbeitskräfte, niedrige Löhne, extensive Überstunden, keine Gewerkschaften, häufige Arbeitskonflikte (vgl. Butollo/Lüthje 282 ff.).

dann weiter auf 850.000 im Jahr 2012, nachdem sich China zur Werkbank der Welt entwickelt hatte (Sablowski 2020). Seitdem ist die Zahl der Arbeitskonflikte stetig angestiegen und lag nach Angaben des Ministeriums für Personalwesen und Soziale Absicherung 2016 bei 1,77 Millionen Arbeitskämpfen (Statista, 27.07.2017). Während vor 1989 Reallohnverluste und die steigende Inflation Streikgründe waren, häuften sich ab Mitte der 90er Jahre die Proteste gegen Werkschließungen sowie gegen die Unterschlagungen von Betriebseigentum und Rentenkassen durch korrupte Parteikader. Zu Beginn der 2000er Jahre kam es vor allem unter den Wanderarbeitern in den Wirtschaftssonderzonen zu Streiks gegen Lohnbetrug und die Diskriminierung als Bürger zweiter Klasse in den Städten. 2010 gelang es den Beschäftigten bei Honda und weiteren Automobilherstellern mit einer Welle von Streikaktionen Lohnerhöhungen von bis zu 30 Prozent durchzusetzen.

Strukturelle Macht der Lohnabhängigen

Dörre und Schmalz definieren als strukturelle Machtressource eine besondere Verhandlungsmacht, die sich als Produktionsmacht „über eine besondere strategische Stellung in Produktionsprozessen konstituiert" (Dörre/Schmalz 2014, 17). Diese Machtquelle hat sich innerhalb der Klasse der Lohnabhängigen verschoben. Während die Streikintensität in den staatlichen Industriebetrieben bis Mitte der 2000er Jahre andauerte, sind es seitdem vor allem junge Wanderarbeiter, die im Zentrum der sozialen Konflikte stehen (Egger u.a. 2013, 12ff/Pun/Lee 2010) und sich gegen das niedrige Lohnniveau und das System von Aufenthaltsnachweisen wehren.[14] Die strukturelle Machtquelle der Staatsbeschäftigten hatte sich 1989 in der zögerlichen Modernisierung der Staatsbetriebe aus Angst vor gesellschaftlicher Instabilität gezeigt. Dass die neue Generation der Wanderarbeiter ebenfalls über eine strukturelle Machtquelle verfügt, die sich allerdings weniger aus der Angst der KPCh vor Destabilisierung, sondern vielmehr aus dem exportorientierten Wachstumsmodell speist, hat sich nicht zuletzt im Honda-

14 Die Arbeitsbedingungen der Wanderarbeiter sind hinreichend dokumentiert worden (Pun/Lee 2010; Pun/Li 2004; Reeve/Xi 2001). Bis in die frühen 2000er Jahre waren dermaßen viele junge ArbeiterInnen vom Land auf der Suche nach Arbeitsplätzen in den Exportfabriken, dass Arbeitgeber ihnen harte Arbeitsbedingungen und außerordentlich lange Arbeitszeiten bei sehr niedrigen Löhnen abverlangen konnten. Die Arbeitszeit betrug oft zehn oder zwölf Stunden an sechs bis sieben Tagen in der Woche. Das Arbeitstempo war unerträglich hoch. Lohnabzüge gab es bei Unpünktlichkeit, krankheitsbedingtem Fernbleiben oder Sprechen während der Arbeit (Unger 2013, 23 ff.).

Streik 2010 gezeigt. Ende Mai 2010 traten die Beschäftigten des japanischen Konzerns Honda in Foshan in Südchina in den Streik und verlangten höhere Löhne und das Recht, ihre eigenen Vertreter wählen zu dürfen. 17 Tage Streik reichten aus, um in der hochausdifferenzierten Just-in-Time-Produktion die gesamte Fahrzeugproduktion Hondas in China zum Stillstand zu bringen und Lohnerhöhungen von mehr als 30 Prozent durchzusetzen. In den folgenden sechs Wochen legten überall in China Tausende die Arbeit nieder, überwiegend in den Fabriken der Automobilindustrie. „Die anfälligen Produktions- und Just-in-Time-Lieferketten, die höhere organische Zusammensetzung des Kapitals, der Arbeitskräftemangel – all das hat die Verhandlungsmacht der ArbeiterInnen erhöht" (Pun/Lee 2010, 250). Doch eine strukturelle Machtverschiebung lässt sich nicht nur zwischen den Beschäftigten in den Staatsbetrieben und denen der Wanderarbeitern identifizieren, sondern auch innerhalb der Gruppe der Wanderarbeiter selbst. Während bis Mitte der 2000er Jahre die Wanderarbeiter jederzeit ersetzbar waren, ging das Arbeitskräfteangebot ab 2004 angesichts der niedrigen Löhne und der zermürbenden Arbeitsbedingungen zurück. Diese Entwicklung hatte auch mit Verbesserungen auf dem Land zu tun. Die Senkung der Steuer- und Gebührenlast der Bauern, die Abschaffung der Schulgebühren und der Aufbau eines Krankenversicherungsprogramms für die ländliche Bevölkerung entlasteten die Bauernfamilien und minimierten den Migrationsdruck (Unger 2013, 27). Diese Entwicklung hatte Auswirkungen auf die Marktmacht, infolgedessen die Wanderarbeiter ihre Interessen besser durchsetzen konnten (Pringle 2013, 171). So verdreifachte sich der gesetzliche Mindestlohn zwischen 2004 und 2011 in Shenzhen. Und durch Lockerungen im Einwohnermeldewesen wurden Umsiedlungen in die Städte erleichtert (Unger 30 f.). Es war eine „strukturelle Lücke im chinesischen Wachstumsmodell", die es der zweiten und dritten Generation der Wanderarbeiter ermöglichte, einen rechtlichen und politischen Raum aufzubrechen, um einen Teil ihrer Interessen durchzusetzen. Es war ein „collective bargaining by riot", das trotz fehlender Gewerkschaften und ohne erprobte Mechanismen, Tarifverhandlungen zu führen, das Niedriglohn-Regime erfolgreich herausforderte (ebd.).

Hinzu kommt eine technologische Ressource, die auch in der globalen Protestbewegung 2019 zum Motor gesellschaftlicher Mobilisierung wurde: Der Besitz von Mobiltelefonen hebt die Isolation und den schwierigen Informationsfluss früherer Generationen auf. Lohnniveau, Arbeitsbedingungen und erkämpfte Zugeständnisse machen so schneller die Runde. Anders als in der Vergangenheit weiß die aktuelle Wanderarbeitergeneration heute, „ob ihre Arbeitgeber gegen Gesetze und Verordnungen verstoßen. Sie wissen, dass es behördliche Schiedskommissionen und nicht-staatliche Rechtshilfebüros gibt" (Unger 32 f.). Diese Entwicklungen stärken kollektive Handlungsfähigkeit und veränderten den Charakter von Arbeitskonflikten. Zu untersuchen wäre in diesem Zusammenhang, welchen Einfluss Hochschulabsolventen auf die Handlungsfähigkeit der Lohnabhängigen haben. Der Ausbau der Hochschulen und die wachsende Perspektivlosigkeit von jungen Absolventen zweitklassiger Hochschulen hat zu einer Neubestimmung von Bildung und Arbeitsmarkt geführt.[15] bei Honda gingen die Arbeitsniederlegungen im wesentlichen auf studentische Praktikanten zurück.

Gewerkschaftliche Organisationsmacht

Organisationsmacht entsteht aus dem Zusammenschluss der Lohnabhängigen zu kollektiven politischen und gewerkschaftlichen Arbeiterorganisationen. Sie ist auf handlungsfähige Gewerkschaften oder ähnliche Akteure angewiesen (Dörre/Schmalz 2013, 17). Diese fehlen in China. Zwar sind 44,2 Prozent aller Beschäftigten in den Betriebsgewerkschaften des ACGB organisiert (ILOSTAT Country Profiles, 2017), doch die Kontrolle durch die KPCh macht sie zu handlungsunfähigen Gewerkschaften: Hauptamtliche Gewerkschaftssekretäre werden noch immer durch die KPCh eingesetzt und sind Staatsbeamte. Das Budget der Verbände ist Teil des Staatshaushaltes. Dadurch fungiert der ACGB noch immer als Unterorganisation der Partei. Dennoch setzt der Transformationsprozess auch den ACGB unter Veränderungsdruck. Seine alte staatskorporatistische Rolle, als verlängerter Arm des Zentralkomitees das städtische Industrieproletariat in den Staatsapparat zu integrieren und zur Steigerung der Produktivität beizutragen, hat sich allein durch die Neuzusammensetzung der Lohnabhängigenklasse und die Kämpfe der Wanderarbeiter verändert. Die beschleunigte Proletarisierung der bäuerlichen Arbeitskräfte und Arbeitsverhältnisse in den Wirtschaftssonderzonen, die an frühkapitalistische Ausbeutungsbedingungen erinnerten, haben neue Klassenwidersprüche zu Tage befördert, ohne dass die KPCh oder der ACGB über kontrollierende und kanalisierende Strukturen verfügte. Der ACGB versuchte, diesen Konflikt autoritär zu lösen, indem er die Lohnabhängigen an der Durchsetzung ihrer Interessen behinderte (Eifler

15 Die Absolventen haben eigentlich nicht die Absicht, wieder aufs Land zu ziehen. Doch die neue Regierungspolitik sieht genau diese Rückkehr vor. Sie werden dort zu lokalen Gehilfen der Dorfvorsteher, die sich um die Probleme der Bewohner kümmern. Sie bekommen ein Gehalt von höchstens 3.000 Yuan pro Monat und dürfen nach einem dreijährigen Aufenthalt wieder in die Stadt zurückkehren, in der sie studiert haben und erhalten für diese auch eine permanente Aufenthaltsgenehmigung (Do 71).

2007, 121 ff.) und die gewaltsame Niederschlagung ihrer Proteste tolerierte. Als beispielsweise im März 2002 80.000 Beschäftigte auf den Ölfeldern in Daqing und in den Maschinenbaufabriken von Liaoyang ihre Arbeit wegen Kürzungen von bereits zugesagten Abfindungszahlungen (Daqing) und der über 18 Monate nicht ausbezahlten Löhne (Liaoyang) niederlegten und zur besseren Koordinierung ihres Protestes unabhängige Gewerkschaften gründeten, wurden diese von staatlichen Sicherheitskräften gewaltsam niedergeschlagen. Damit sollte vor allem die Gründung unabhängiger Gewerkschaften verhindert werden.

Gleichzeitig versuchte die KPCh, durch Gewerkschaftsreformen die Kontrollfunktion des ACGB auszubauen und die industriellen Beziehungen durch eine Verstärkung der Kontrollmechanismen zu stabilisieren (Egger u.a. 2013, 16). Das Gewerkschaftsgesetz von 1992, das 2001 novelliert wurde, richtet die Rolle der Gewerkschaften an den Wachstumszielen der Regierung aus und weist ihnen damit eine „eine prekäre Spagatposition" zu (Heilmann 2004, 216). Sie sollen sowohl die Interessen der Beschäftigten vertreten, als auch im Interesse einer raschen wirtschaftlichen Entwicklung kooperieren. Laut Statut sind der ACGB und seine Vorfeldorganisationen dazu verpflichtet, die Lohnabhängigen für den Reformprozess zu mobilisieren. Dadurch bleibt der ACGB auch in der Reform-Ära an die staatliche Politik geknüpft ist, was nicht zu einer Stärkung seiner Fähigkeiten beigetragen hat, gegen das Kapital gerichtete Strategien – wie etwa Tarifverhandlungen – zu entwickeln (Pringle 2013, 167).

Indem die Gewerkschaften als Brücke zwischen Partei und Lohnabhängigen fungieren sollen, füllt die Großorganisation vor allem ihre Rolle als Ordnungsmacht aus.[16] Im Kontext des Modernisierungsdrucks, der von der KPCh autoritär gelöst wird, überträgt sich der ordnungspolitische Druck auf die Gewerkschaften, die nicht nur mit einer fortschreitenden Segmentierung der Arbeitswelt, sondern auch mit einer wachsenden sozialen Polarisierung konfrontiert sind. Bislang hat die kontinuierliche Vergrößerung der Einkommensdisparitäten nicht zu einem Funktionswandel der chinesischen Gewerkschaften geführt, mehr noch: die dem Gewerkschaftsgesetz eingeschriebene Logik verhindert geradezu, dass

16 Gemäß der Novelle des Gewerkschaftsgesetzes von 2001 muss in allen Betrieben mit mehr als 25 Beschäftigten ein Betriebsgewerkschaftskomitee eingerichtet werden. Zwar dürfen Unternehmensleitungen die Gründung nicht verhindern, doch um die Gründung unabhängiger Gewerkschaften zu unterbinden, ist für die Gründung die Genehmigung durch die übergeordnete Organisation erforderlich. Die Arbeitnehmervertretung hat die Aufgabe, mit der Unternehmensleitung über die Arbeitsbedingungen zu verhandeln, soll aber im Falle einer Arbeitsniederlegung als Vermittlerin auftreten (Heilmann 2004, 216).

der ACGB seine Rolle, Gegenmacht zu sein, ausfüllt, sondern ist bestenfalls zu einer „Adaption kollektiver Handlungsformen" in der Lage (Geffken 2011, 35 f.).

Die fehlende Organisationsmacht war im Nachgang von 1989, insbesondere in der zweiten und dritten Phase,[17] vermehrt Gegenstand von Arbeitskämpfen. Das zeigen nicht nur die Streiks von Daqing und Liaoyang, sondern unter anderem auch der Uniden-Streiks von 2006, der Honda-Streik von 2010 und der Streik bei OHM Electronics von 2012. Dabei tauchte die Forderung nach der Reorganisation der Betriebsgewerkschaften durch die Direktwahl der Gewerkschaftsvertreter auf. Es darf als Ausdruck wachsender Organisationsmacht, aber auch als Reaktion der KPCh auf die sich zuspitzenden Klassenwidersprüche interpretiert werden, dass diese Forderung in verschiedenen Pilotprojekten wohlwollend und experimentell aufgegriffen wurde, darunter die Stadt Shenzhen, „der Stadt mit der höchsten Militanz der Arbeiter" (Pringle 2013, 173).

Es scheint, dass die Durchsetzung von Lohnabhängigeninteressen seit dem Machtantritt Xi Jinpings schwieriger geworden ist. So nahm nach den Reformdiskussionen innerhalb der KPCh um 2010[18] (Wiegeln-Schwiedrzik 2013) die Unterdrückung und Einschüchterung von Arbeitswelt-NGOs, aber auch der Reformer innerhalb des ACGB zu. Zudem fehlt eine „unabhängige Gerichtsbarkeit, gerade auch zu Arbeitskonflikten (...) vollständig. Rechtsstaatlichkeit, Entfaltungsmöglichkeiten für Zivilgesellschaft und Selbstorganisation, für Mitbestimmung und Mitwirkung der Arbeitenden von unten, in Betrieben, Gewerkschaften und Partei/Staat, – all das wird unter Xi Jinping mehr denn je unterdrückt" (Zeuner/Wick 2019). Festzustellen bleibt: Der ACGB stellt keine

---

17 Die Entwicklung der chinesischen Arbeiterbewegung verlief im Nachgang nicht linear, sondern lässt sich grob in drei Phasen einteilen: Von 1989–1994 haben systemkritische Arbeiter und Intellektuelle versucht, aus dem Untergrund unabhängige Gewerkschaften zu gründen, die jedoch schnell zerschlagen wurden. Die zweite Phase setzte 1996/97 ein und umfasste die Kämpfe der Industriearbeiter in den Staatsbetrieben. Anfang/Mitte der 2000er Jahre wurde als dritte Phase eine Verschiebung der Arbeitskämpfe von den Staatsbeschäftigten zu den Wanderarbeitern sichtbar (Eifler 2007, 119 ff.).

18 2010 wurde in der chinesischen Öffentlichkeit kritisch darüber diskutiert, dass die Gewerkschaftsvertreter in den Unternehmen vielfach auf der Seite des Unternehmers stünden. Dies veranlasste den ACGB, erste Schritte zur Veränderung der Lage in den betrieblichen Basisorganisationen anzukündigen. Die stellvertretende Leiterin der Abteilung Basisorganisation beim Zentralvorstand, Gu Chen, konstatierte, die Gewerkschaften würden ineffizient arbeiten. In diesem Zusammenhang wies sie auf die Notwendigkeit hin, die Beziehung zwischen Gewerkschaft und Beschäftigten durch eine demokratische Wahl der Gewerkschaftsführer in den Unternehmen von Grund auf neu zu gestalten und die Position der Gewerkschaft als Interessenvertreterin der Beschäftigten zu stärken (Peters 2011, 42 f.).

Kraft dar, die Organisationsmacht der Beschäftigten zu stärken. Das Gegenteil scheint der Fall zu sein. Die Großorganisation verhindert den Aufbau von Organisationsmacht und wird dadurch zur Ordnungsmacht.[19]

Institutionelle Macht der Lohnabhängigen

Dörre und Schmalz bezeichnen die institutionelle Macht als eine Machtform, die „als Resultat von Aushandlungen und Konflikten, die auch über strukturelle und organisatorische Machtressourcen ausgetragen werden. Ihre Besonderheit wurzelt jedoch darin, dass Institutionen soziale Basiskompromisse über ökonomische Konjunkturen und kurzzeitige Veränderungen gesellschaftlicher Kräfteverhältnisse hinweg festschreiben und teilweise gesetzlich kodifizieren" (Dörre/Schmalz 2013, 19). Sie verschwindet nicht zwangsläufig mit der Änderung gesellschaftlicher Kräfteverhältnisse, sondern materialisiert sich in Gesetzen, Aushandlungsgewohnheiten und Normierungen. Selbst bei rückläufiger Organisationsmacht bleiben die institutionalisierten Machtressourcen bestehen, allerdings unter der Voraussetzung, „dass die Lohnabhängigenorganisationen (...) weiterhin als authentische Repräsentanten von Arbeitsinteressen akzeptiert werden" (ebd.).

In China zeigt sich, dass institutionelle Macht nicht notwendigerweise Lohnabhängigenorganisationen zur Voraussetzung haben muss. Wie oben ausgeführt, hat der ACGB zwar immer wieder versucht, sich aus dem engen organisationspolitischen Korsett einer repressiven Staatsgewerkschaft herauszulösen, sich am Ende aber immer einem autoritären Arbeitsregime gebeugt und darin seine Rolle ausgefüllt. Dennoch ging der Unterdrückungsprozess unabhängiger Gewerkschaften immer auch in begrenztem Maß mit sozialen Zugeständnissen einher. Insbesondere nach der Niederschlagung der Demokratiebewegung ist die Zentralregierung „ernsthaft besorgt", dass die Kluft zwischen Arm und Reich zu einer Bedrohung der eigenen Herrschaft wird (Pringle 2013, 170). Ihre politischen Initiativen zielten seit Ende der 80er Jahre

19 Die Schwäche der Gewerkschaften im Transformationsprozess führte dazu, dass NGOs zum Teil die Aufgaben der fehlenden gewerkschaftlichen Interessenvertretung übernehmen. Ihre Tätigkeiten sind vielfältig und reichen von Rechtsberatung und Lobbying-Arbeit bis hin zur Unterstützung bei Auseinandersetzungen um Entschädigungszahlungen, zu Seminaren, Hotline und Selbsthilfegruppen (Egger u.a. 2013, 17; Chan 2013). Nach Schätzungen existierten Mitte 2010 etwa sechshundert unabhängige Arbeiter-Organisationen und über zweitausend unabhängige Bürgervertreter (Pringle 2013, 172).

darauf, die Arbeitsbeziehungen zu institutionalisieren. Bereits im Juli 1987 begann die Zentralregierung damit, ein landesweites Schlichtungssystem für Arbeitskonflikte einzurichten, um den steigenden Trend an Arbeitskonflikten rechtlich zu kanalisieren, und in den Folgejahren auszubauen (Komlosy 2010). Das Arbeitsvertragsgesetz von 2008 verbesserte den Kündigungsschutz. Die KPCh setzte damit der zunehmenden Entmachtung am Arbeitsplatz eine rechtliche Ermächtigung entgegen, die jedoch durch den „Mangel an institutioneller Unabhängigkeit der Gerichte gegenüber den lokalen Regierungsbehörden" nur eine scheinbare Ermächtigung war (Lee 2010, 219). Hinzu kamen weitreichende Zugeständnisse gegenüber den Wanderarbeitern: Sie gelten seit 2003/04 nicht nur offiziell als Teil der chinesischen Arbeiterklasse, sondern profitierten auch von einigen maßgeblichen Verordnungen, die zur Verbesserung der sozialen und arbeitsrechtlichen Situation von Wanderarbeitern erlassen worden waren. Die Verrechtlichung der Arbeitsverhältnisse und die Etablierung von Mechanismen für die institutionalisierte Konfliktaustragung standen dabei im Zentrum. Das Sozialversicherungsgesetz von 2010 führte Beitragszahlungen für Unternehmer etwa für medizinische Versorgung, Wohnungsbeihilfe oder Altersrente ein. Dazu kommen Mindestlöhne, die von Kreis-, Bezirks- und Provinzverwaltungen verordnet wurden (Komlosy 2013, 37 f.).

Das Paradox der ausgeprägten institutionellen Macht trotz dem fast vollständigen Fehlen organisatorischer Macht hängt wesentlich mit der Angst der Zentralregierung vor gesellschaftlicher Instabilität zusammen. Auch die Parteiführung weiß, dass soziale Stabilität das „Rückgrat der wirtschaftlichen Entwicklung Chinas (ist), der einzigen Rechtfertigung für den ungezügelten Markt und den autoritären Staat" (Pun/Chan 2010, 269). Die beiden chinesischen Wissenschaftler Xu Yeping und Shi Xiuying kommen zu einem ähnlichen Schluss. Sie sprechen von der Kooptierung der Lohnabhängigen in das bestehende politische System als Voraussetzung für Stabilität. „Wenn die ArbeiterInnen nicht oder nur formal kooptiert werden, ohne tatsächlich das zu erreichen, was sie als gerecht empfinden, dann ist die Formierung einer Arbeiterklasse im marxistischen Sinne unvermeidbar" (vgl. ebd.). Zhang Lu findet dafür den Begriff „Legitimität als Druckmittel" und ordnet ihn als „ideologische Macht" ein. Er ist eine „spezifische Machtform der ArbeiterInnen im heutigen China" (Zhang 2018, 56). Bereits im Mai 1989 hatte sich gezeigt, dass die chinesischen Lohnabhängigen über eine Machtressource verfügen, „die auf der Vorstellung der ArbeiterInnen von ihrer eigenen Macht, ihrem Vertrauen in diese Macht und ihre Bereitschaft, für Veränderung zu kämpfen" beruht (ebd.). Damals rührte diese Macht aus der offiziellen Ideologie. „Die öffentliche Anerkennung der legitimen Rechte und Interessen der ArbeiterInnen wendet die herrschende Ideologie (...) in eine gegenhegemoniale Waffe" (ebd.).

Heute begründet sich diese Macht aus dem Wohlstandsversprechen ebenso wie aus den klassenübergreifenden Mobilisierungen aus dem Jahre 1989. Dabei vermischen sich vergangene mit aktuellen Destabilisierungsentwicklungen. So waren die starken Verrechtlichungsinitiativen auch eine Reaktion auf die globale Wirtschaftskrise. Werkschließungen und der Anstieg der Arbeitslosigkeit in den exportorientierten Regionen des Perlflussdeltas machten die Krise von 2008 zur „größten politischen Bewährungsprobe für die herrschende Partei seit den Vorfällen von Tian'anmen 1989" (Lee 2010, 193). Und nicht zuletzt waren die Arbeits- und Sozialgesetze von 2007 bis 2010 Ausdruck einer veränderten wirtschaftspolitischen Strategie, die Rolle der verlängerten Werkbank hinter sich zu lassen. Komlosy argumentiert, dass die Gesetze eine Art Flucht nach vorn waren und sich auf dem Weg zum globalen Tonangeber als hilfreich erwiesen. „Will sich China in Richtung Zentrum entwickeln, muss es nicht nur auf dem Weltmarkt hochwertiger Güter bestehen, sondern muss für anspruchsvolle und weniger anspruchsvolle Produkte auch Inlandsnachfrage schaffen. Der Aufwertung der Unternehmensfunktion entspricht auf der ArbeiterInnenseite die Zahlung von Löhnen, die über die Existenzsicherung hinaus sich eine Teilhabe am Konsum erlaubt. Damit wäre eine weitere Bedingung für Zentralist im Weltsystem erlaubt" (Komlosy 2013, 40 f.).[20] Damit schließt sich der Kreis der verstärkten Bündnispolitik mit den aufsteigenden Mittelklassen. So zeigt Butollo anhand von drei Fallstudien in der Strickwaren-, in der Mode- und in der LED-Industrie, dass die Transformation von arbeitsintensiver in wissensbasierte Produktion nicht zwangsläufig zu einer Verbesserung der Arbeitsbedingungen für die Beschäftigten führt (Butollo 2013, 64). Er wirbt für eine deutliche Skepsis gegenüber den sozialen Auswirkungen industrieller Modernisierung, weil sie die soziale Ungleichheit auf der Ebene der Produktion immer wieder von Neuem herstellen. „Produktionssysteme, die auf der Ausbeutung gering qualifizierter und niedrig entlohnter Wanderarbeit basieren, werden gegenwärtig nicht überwunden, sondern nur rekonfiguriert. Eine qualitative Veränderung dieser Situation hängt letztlich von politischen Eingriffen in die Produktion ab." So würde beispielsweise die Legalisierung von Organisationsfreiheit und Tarifverträgen bedeuten, dass

---

20 Allerdings gibt China sein rigides Arbeitsregime als Standortvorteil nicht auf, sondern verlagert diese nur in Landesinnere, indem sich die Aufwertungsstrategie der KPCh überwiegend auf die Stärkung der Küstenregionen konzentriert (Komlosy 2013, 51).

„die Beschäftigten selbst kollektiv für eine Verbesserung ihrer Bedingungen kämpfen könnten" (ebd., 65).

Fazit

Was kann am Ende dieser Betrachtung festgehalten werden? Ganz sicher, dass die autoritäre Entwicklung in China, verglichen mit den autoritären Systemen in anderen Ländern, eine Sonderrolle einnimmt. Der Weg vom Agrarland zum Hochtechnologieland verlief über die Brücke einer Entwicklungsdiktatur. Die Reform- und Öffnungsperiode legte die autoritären Spuren dieser Zeit zunächst ab, ersetzte sie aber durch neue, als die Lohnabhängigen die Auseinandersetzung um ihre Organisationsmacht suchten. Der Einschnitt für die KPCh wie für die Lohnabhängigen war derart tief, dass die Stillstellung der Lohnabhängigenmacht zum zentralen Element der Herrschaftssicherung wurde. Wemheuer spricht von der Entwicklung eines „autoritären Korporatismus" (Wemheuer 2019, 217), der den ACGB einbindet und ihn der Entwicklungsstrategie der KPCh unterordnet. Zwei Entwicklungen kollidieren mit der Herausbildung eines solchen autoritären Systems: wachsende soziale Widersprüche einerseits und die besondere Machtressource der Legitimation andererseits. Der sich daraus ergebene Widerspruch facht den Aufbau autoritärer Maßnahmen wiederum an. Der Vorsprung Chinas bei der Entwicklung und beim Einsatz digitaler Überwachungstechnologie geht zudem mit einem dystopischen Durchdringungsprozess der gesamten Gesellschaft einher.

9. Länderstudie Südkorea
Gewerkschaften zwischen Wirtschaftskrise und Neuorientierung

Seit den 1960er Jahren agieren die südkoreanischen Lohnabhängigen unter den ökonomischen und politischen Widersprüchen einer beschleunigten, nachholenden Industrialisierung, die sich zudem vor dem Hintergrund kapitalistischer Krisen vollzog. Dies führte einerseits zu einem Anstieg prekärer Beschäftigung mit Spitzenwerten von fast 60 Prozent (Kim Yoo Sun 2021, 2) und hat andererseits zur Herausbildung einer bemerkenswerten Mobilisierungsfähigkeit der Gewerkschaften geführt. Augenfällig ist dabei das ausgeprägte politische Bewusstsein der südkoreanischen Arbeiterklasse, das sich in einem hohen Maß durch Konfliktorientierung und gesellschaftspolitische Verallgemeinerung zeigt (Woo 2011, 87). Dieser Widerspruch aus objektiver Schwäche und subjektiver Stärke ist Ausdruck der besonderen Voraussetzungen, unter denen sich der Klassenbildungsprozess in Südkorea vollzog. Während einerseits die Militärdiktatur durch einen „autoritäre(n) bürokratisch-exekutive(n) Komplex" (Köllner/Frank 1999, 19) den Rahmen dafür setzte, dass sich der ökonomische Aufholprozess unter den Bedingungen einer Entwicklungsdiktatur beschleunigt vollziehen konnte und die sich objektiv formierende Klasse der Lohnabhängigen ohne eigene Organisationen in einem erzwungenen Zustand politischer Handlungsunfähigkeit gehalten wurde, verschärfte sich andererseits der Widerspruch zwischen den Klassen. Der rasante ökonomische Aufstieg des Landes führt zwar dazu, dass Südkorea inzwischen die viertgrößte Volkswirtschaft Asiens und das zwölftgrößte nominale Bruttoinlandsprodukt aufweist, die Durchschnittseinkommen aber unterhalb des OECD-Schnitts (Kim Yon-se 2021a) und die durchschnittliche Arbeitszeit etwa 200 Stunden über dem OECD-Schnitt liegen (Kim Yon-se 2021b).

Die kollektive Antwort der abhängig Beschäftigten auf diese Politik des „Wachstum jetzt, Verteilung später" (Köllner/Frank 1999, 19) war ein politischer Formierungsprozess, der 1987 zum Sturz der Militärdiktatur führte. Es folgten die Gründung von tausenden unabhängigen Betriebsgewerkschaften, ihr Zusammenschluss zu einem kämpferischen Dachverband und soziale Zugeständnisse bis weit in die 1990er Jahre hinein. Doch die Gestaltung der Arbeits- und Lebensbedingungen blieb umkämpft, und je mehr die gesellschaftliche und institutionelle Unterdrückung beim Übergang zur Demokratie wegfiel, desto stärker wurde der autoritäre Durchgriff auf die Arbeitsbedingungen. Es war nicht die Militärdiktatur, sondern es waren die demokratisch legitimierten Regierungen der 1990er Jahre, die den Arbeitsmarkt deregulierten. So sah die Reform des Arbeitsgesetzes von 1996 „eine massive Einschränkung von Gewerkschaftsrechten (vor), (verbot) die Existenz mehrerer Gewerkschaften in einem Betrieb (...) und (unterband) Möglichkeiten zur Bildung eines demokratischen Gewerkschaftsbundes" (Choi 2012, 89). Zur eingespielten politischen Praxis, den Registrierungsprozess von Gewerkschaften hinauszuzögern und mit hohen Hürden auszustatten, kam die Prekarisierung von Beschäftigungsverhältnissen. Sie war ein gezielter Angriff nicht nur auf die strukturelle Macht der Lohnabhängigen, sondern auch auf die Organisationsmacht der Gewerkschaften (ebd., 91), weil sie mit einem scharfen Eingriff des Staates in die Koalitionsfreiheit korrelierte. Dieser untersagte die gewerkschaftliche Organisierung im Falle von Arbeitslosigkeit oder prekärer Beschäftigung. Die Folge war ein erheblicher Mitgliederverlust im Verlaufe der 1990er Jahre. Mit der Asienkrise 1997 verschärfte sich dieser zugespitzte Konflikt zwischen Kapital und Arbeit weiter, denn der IWF band seine finanzielle Unterstützung an scharf formulierte Vorgaben zur Strukturanpassung. Sie schränkten die Organisationsmacht der Gewerkschaften weiter ein. Letztlich waren es ihre starke gesellschaftliche Macht und die Widersprüche des südkoreanischen Entwicklungspfades, die immer wieder zu einem Aufschwung von Klassenkämpfen führten – ein Prozess, in dem die Gewerkschaften ihre Machtressourcen stets neu ausbilden konnten und mussten.

Doch es blieb dabei: Der nach der Überwindung der Militärdiktatur eingeleitete Demokratisierungsprozess endete vor den Fabriktoren! Die anhaltenden Übergriffe auf Gewerkschaftsaktivisten bis in die heutige Zeit zeigten, dass die Militärdiktatur auch weiterhin ihre Schatten warf. „Südkorea gilt heute als demokratisches Musterland, wer aber für Arbeitnehmerrechte auf die Straße geht, riskiert hohe Haftstrafen", fasst Amnesty International die lange Liste von unrechtmäßigen Vorgehen gegen die abhängig Beschäftigten und ihre Gewerkschaften zusammen (Lill 2020b). Ob die Schatten der Militärdiktatur bis in die Pandemie hineinreichen, soll in dem folgenden Beitrag beleuchtet werden, denn unter den aktuellen Bedingungen wurde die fehlende Balance zwischen der notwendigen Durchsetzung des Infektionsschutzes und der anhaltenden Einschränkung der Freiheitsrechte zu einer Herausforderung der demokratischen Regierung unter Moon Jae-in. Dies zeigte nicht zuletzt ihr Umgang mit dem Generalstreik vom 20. Oktober 2021, zu dem der südkoreanische Gewerkschaftsbund Korean Confederation of Trade Union (KCTU) seine Mitglieder aufgerufen und der zu heftigen Auseinandersetzungen mit der Polizei geführt hatte.

Autoritarismus in Südkorea

Die Geschichte des südkoreanischen Autoritarismus reicht weit in die Geschichte zurück und ist eng verknüpft mit dem ökonomischen Aufstieg des Landes. Zum Zeitpunkt der Teilung der koreanischen Halbinsel in Folge des Koreakrieges (1950–1953) in einen vorgeblich kommunistischen Norden und einen kapitalistischen Süden war Südkorea ein armes Agrarland. Inzwischen ist es OECD-Mitglied, zwölftgrößte Volkswirtschaft und siebtgrößte Exportnation (Wagner 2021). Dazwischen liegt die Periode des ökonomischen Aufstiegs, die im Hinblick auf die gestiegene Lebenserwartung, die medizinische Versorgung und das Bildungsniveau auch eine bemerkenswerte soziale Entwicklung nach sich ziehen konnten und einem Demokratisierungsprozess den Weg ebnete. Der industrielle Aufstieg Südkoreas war jedoch mit drastischen gesellschaftlichen Kosten verbunden, die sich bis heute als schwere Hypothek für die Entwicklung des Landes erweisen. Das soll mit einer kurzen historischen Darstellung gezeigt werden.

Militärdiktatur

Den Ausgangspunkt bildete ein kurzer und gewaltloser Militärputsch am 16. Mai 1961. Hintergrund war ein Streit in der politischen Klasse über die Strategie zum Wiederaufbau des Landes. Nach dem Ende des Koreakrieges 1953 gehörte Südkorea zu den ärmsten Agrarländern der Welt. Die Regierung unter Rhee Syng-man hatte zwar einen schnellen ökonomischen Wiederaufbau versprochen, leitete die dafür notwendigen Reformen jedoch nicht ein. Landesweite Studierendenproteste brachten 1960 die Regierung zum Sturz. Mit dem Militärputsch von 1961 wurde einerseits das politische Vakuum gefüllt, andererseits leitete die neue Militärregierung unter Führung von General Park Chung-hee einen Kurswechsel für die wirtschaftliche Erholung ein und stellte den Aufbau der Wirtschaft in den Vordergrund (Woo 2011, 36). Dazu ließen sie zahlreiche politische Gegner verhaften und schränkten grundsätzliche Freiheiten weitestgehend ein. In der Folge entwickelt sich der über 10.000 Mann starke Geheimdienst Korean Central Intelligence Agency (KCIA) „zur rechten Hand des Militärregimes“ (Bartels 2004).

Die Übernahme der Militärs bereitete den Boden für den Aufbau einer nationalen Industriestruktur. Im Mittelpunkt stand die Ausweitung der industriellen Produktion im Bereich der Leichtindustrie. Die industriepolitischen Impulse der Regierung bestanden aus verbilligten Krediten und einem „hybride(n) Importregime“ (Köllner/Frank 1999, 28), das „eine große Offenheit gegenüber Einfuhren, die für die Exportproduktion wichtig waren wie Maschinen, Rohstoffe und Zwischenprodukte, mit einer Abschottung gegenüber Einfuhren, die vom Staat als unnötig oder als hinderlich für die inländische industrielle Entwicklung erachtet wurden wie etwa Konsumgüter“ verband (ebd.). Durch gezielte staatliche Steuerung und industriepolitische Impulssetzung in Form von Fünfjahresplänen entwickelten sich südkoreanische Unternehmen wie Hyundai, Samsung oder Daewoo zu großen privatwirtschaftlichen Unternehmenskonglomeraten, sogenannte Chaebols. Diese Entwicklung ging einher mit einer grundlegenden Reformierung des Bildungssystems und einer verstärkt naturwissenschaftlich-technischen Ausrichtung der Schulen. Die neue thematische Schwerpunktsetzung und der verstärkte Einsatz von japanischen und amerikanischen Lehrkräften sollte die Abhängigkeit von der ausländischen Technologie mittelfristig verringern und zur Sicherung qualifizierter Fachkräfte beitragen (Bartels 2004). Begleitet wurde dieser Prozess durch eine drastische Einschränkung der kollektiven Vertretungsrechte der Gewerkschaften im Betrieb einerseits, aber Zugeständnisse im Bereich der sozialen Sicherung andererseits. Faktisch unkündbare Beschäftigungsverhältnisse bis zum 55. Lebensjahr und tarifvertraglich vereinbarte Sozialleistungen in den Großbetrieben wie Betriebswohnungen, Schulbeihilfen, Betriebskrediten, Fahrtkostenzuschüssen oder Kantinenwesen bildeten sich in den großen Unternehmenskonglomeraten als „paternalistisch-autoritäre Führungs- und Sozialpraktiken“ heraus (Reddies 498).

Auf die Entwicklung der Leichtindustrie folgte ab 1972 eine gezielte Entwicklung der Schwer- und Chemieindustrie. Der Aufbau von Kapazitäten im Bereich der Stahlerzeugung, der Petrochemie oder dem Schiffs- und Maschinenbau erweiterte die schwerindustrielle Basis des Landes und vollzog sich auch weiterhin in dem geschützten Rahmen aus Protektionismus für die heimische Wirtschaft und gezielte Exportförderung. Mit Beginn der 1980er Jahre folgte dann eine Strategie hin zu zunehmend wissensintensiven Industriebereichen wie die Mikroelektronik.

Die Strategie ging auf. Das BIP stieg im Zeitraum 1962 bis 1987 von 2,8 Milliarden US-Dollar auf 148 Milliarden US-Dollar (Worldbank 2021), und der Export von Waren und Dienstleistungen kletterte im gleichen Zeitraum von 3,9 auf über 27 Prozent, gemessen am Bruttoinlandsprodukt (BIP) (ebd.), während die jährlichen Wachstumsraten stabil bei um die zehn Prozent lagen. Angesichts dieser makroökonomischen Entwicklung erholte sich das Land fast vollständig von den Folgen des Koreakrieges und leitete in rasantem Tempo einen beachtlichen Industrialisierungsprozess ein. Nicht grundlos wird diese Phase häufig als das „Wunder am Han-Fluss" bezeichnet.

Dass der ökonomische Aufstieg nur aufgrund einer Überausbeutung vonstatten gehen konnte, zeigen ein Blick auf die Entwicklung der Arbeitszeit, die erst 2018 von 68 auf 52 Wochenstunden gesenkt wurde (Welter 2018)[1] sowie ein Blick auf die Lohnentwicklung, die sich bis heute nicht nur deutlich unterhalb des OECD-Durchschnitts (OECD 2021), sondern auch unterhalb des wirtschaftlichen Wachstums und sogar unterhalb des Existenzminimums (Woo 2011, 37) vollzog. Auch der Aufbau eines sozialstaatlichen Netzes zu Beginn der Militärdiktatur zeigte, dass die Sozialpolitik dem ungezügelten Wirtschaftswachstum untergeordnet wurde. Nie ging es um die soziale Abfederung des Industrialisierungsprozesses im Interesse der Menschen, sondern immer um die politische Legitimierung des Militärregimes bzw. die Demonstration der systemischen Überlegenheit gegenüber dem kommunistischen Nordkorea. In der Folge war das Sozialsystem von Beginn an von einer starken Zersplitterung geprägt und trug den Widerspruch zwischen beschleunigter, rücksichtsloser Industrialisierung einerseits und der Herstellung fehlender Legitimität andererseits in sich. Sozialreformen wurden nie für alle Bevölkerungsgruppen gleichzeitig eingeführt, sondern lediglich für die, auf deren Kooperation das Regime zur Aufrechterhaltung der bestehenden Ordnung angewiesen war. So wurde 1960 eine Pension für Beamte eingeführt, 1962 eine Sozialhilfe, 1963 eine Pension für Berufssoldaten, ebenso die Unfallversicherung, die Krankenversicherung und schließlich 1975 die Pension für Privatschullehrer (ebd., 40).

Die sozialpolitische Unterordnung und die autoritäre Lenkung führten dazu, dass die sozialstaatlichen Leistungen an den Bedürfnissen und Realitäten der Bevölkerung vorbei gingen. Vor diesem Hintergrund ist nicht verwunderlich, dass die Frage, wer die Lasten des Aufstiegs trägt, stets umkämpft war und die Industrialisierung kein widerspruchsfreier Prozess, sondern von einem „Kräfteringen zwischen einer Entwicklungsdiktatur und dem populären Kampf um gute Lebensbedingungen und Demokratie" (Won 2021, 117) geprägt war.

---

1 Auf Druck des Arbeitgeberlagers gilt die Absenkung der Wochenarbeitszeit seit Juli 2018 nicht für alle Beschäftigten. Sie soll für Kleinunternehmen mit weniger als 300 Mitarbeitern erst in den kommenden Jahren eingeführt werden (Welter 2018).

Als es 1979 im Gefolge der Wirtschaftskrise im ganzen Land zu Protesten von Studierenden und Arbeitern kam, die sich zunehmend politisierten, vollzog sich auch innerhalb der Militärregierung ein Führungswechsel. Geheimdienstchef Chun Doo-hwan ließ den amtierenden Präsidenten Park Chung-hee ermorden und putschte sich als neuer Präsident an die Macht. Er verhängte umgehend den Belagerungszustand, untersagte politische Aktivitäten aller Art und kontrollierte das Nachrichtenwesen durch eine strenge Vorzensur. Das Aufbäumen der Studierenden und Lohnabhängigen, das die Militärregierung herausforderte, wurde mit einer Verschärfung autoritärer Politikmuster quittiert. In dieser Logik war folgerichtig, dass Chun auch Hochschulen und öffentliche Gebäude militärisch bewachen und 2.000 oppositionelle Aktivisten verhaften ließ. Damit unterband er die Proteste, die sich auf das ganze Land ausgeweitet hatten.

Einzig in der 700.000-Einwohner-Metropole Gwangju im Südwesten des Landes kam es auch weiterhin zu Demonstrationen. Sechs Tage lang waren Hunderttausende auf der Straße, bewaffneten sich und kontrollierten die Stadt über eigene Bürgerausschüsse, ehe ihr Protest brutal niedergeschlagen wurde. Der Gwangju-Aufstand zeigte, dass der wirtschaftliche Aufstieg Südkoreas nur auf Grundlage eines innenpolitischen Klimas der Repression möglich war. Dabei wurde deutlich: Der südkoreanische Wachstumspfad war im Kern eine Konzentration auf quantitatives Wachstum um jeden Preis und beruhte auf einem „Korporativismus in paternalistischen, streng hierarchischen Unternehmensstrukturen bei Einbindung der gesetzlich und politisch eingeengten Gewerkschaftsbewegung in eine nationale Industrialisierungskonzeption", der militärisch aufrechterhalten werden musste (Reddies 499). Der Aufstand in Gwangju spielte darum eine Schlüsselepisode in der Demokratisierung des Landes, weil sich die Demokratiebewegung in der Folge radikalisierte und in der Bevölkerung die Vorstellung von der Notwendigkeit verfestigte, die Militärregierung zu stürzen, um Demokratie zu erlangen (Won 2021, 122).

Vor diesem Hintergrund bröckelte die Stabilität der Militärregierung. Die neue Regierung reagierte darauf durch umfangreiche Reformen. Neben Liberalisierungsmaßnahmen für die Wirtschaft, erließ Chun eine Reihe von politischen und wirtschaftlichen Zugeständnissen, darunter eine einmalige siebenjährige Amtsperiode des Staatspräsidenten, die Zulassung mehrerer Oppositionsparteien, die Förderung kleiner und mittelständischer Unternehmen. Dennoch blieb ein relevanter Teil der Bevölkerung angesichts sozialer Ungerechtigkeit und der Einschränkung grundlegender Rechte wie der Presse- und Vereinigungsfreiheit dem Regime entfremdet (Köllner/Frank 1999, 20).

Die Phase der Demokratisierung

Wie sehr das Regime unter Chun auf tönernen Füßen stand, hatte sich bereits bei den Parlamentswahlen 1985 gezeigt. Trotz bürokratischer Hürden war es der oppositionellen New Korea Democratic Party (NKDP) gelungen, 30 Prozent der Stimmen zu erzielen. Die Regierung verschärfte daraufhin ihre Überwachungstätigkeiten gegenüber der Opposition. Gleichzeitig nominierte Chun in der Folge den pensionierten General Roh Tae-woo[2] zu seinem Nachfolger.

Nachdem bekannt geworden war, dass ein ohne Haftbefehl festgenommener Student auf der Polizeiwachse gefoltert und getötet und eine junge Studentin während einer polizeilichen Untersuchung sexuell missbraucht worden war, kam es zu oppositionellen Demonstrationen und Kundgebungen, die im Frühsommer 1987 zu einer über mehrere Monate andauernden Massenbewegung anschwollen. Als Roh die wichtigsten Forderungen der Opposition akzeptierte, darunter die Freilassung politischer Gefangener, die Aufhebung von Pressebeschränkungen sowie freie und faire direkte Präsidentschaftswahlen, war das Ende des Chun-Regimes eingeleitet, insbesondere weil die Proteste nicht abflachten, sondern sich in Gestalt von monatelangen Streikwellen in der verarbeitenden Industrie fortsetzten und sich schnell auch auf andere Industriezweige ausweiteten. An den Streiks im Sommer 1987, die die Zahl sämtlicher Arbeitskonflikte in den vorangegangene 30 Jahren weit übertrafen, beteiligten sich etwa 1,3 Millionen Beschäftigte (Ho 1999, 1). Es war gleichzeitig die Geburtsstunde der demokratischen Gewerkschaftsbewegung in Südkorea – allein von Juli bis September wurden mehr als 1000 Betriebsgewerkschaften gegründet (Woo 2011, 42).

Eine Reihe von Faktoren begünstigte den Demokratisierungsprozess von 1987. Einerseits zeigte sich, dass das Chun-Regime nach der brutalen Niederschlagung des Gwangju-Aufstandes Schwierigkeiten hatte, seine fehlende politische Legitimierung zu relativieren. Immer größere Teile der Bevölkerung wandten sich vom Regime ab. Die Proteste wurden breiter, organisierter und radikaler, was dazu führte, dass die Regierung noch brutaler darauf reagierte und damit erreichte, „dass ihre Legitimationsbasis immer fragiler wurde" (ebd., 41). Gleichzeitig hatte die Industrialisierung ein Entwicklungsniveau erreicht, das ein Festhalten an den autoritären Staatsstrukturen für die Unternehmer nicht mehr notwendig machte. Ein von autoritären politischen Arrangements getragener wirtschaftlicher Erfolg musste nicht mehr hergestellt werden, denn die großen Unternehmenskonglomerate hatten auch im internationalen Wettbewerb zu wirtschaftlicher

2 Chun und Roh kannten sich aus ihrer gemeinsamen Zeit an der Militärakademie, und Roh war ebenso wie Chun 1980 am Militärputsch beteiligt gewesen.

Stärke gefunden und sich dadurch vom Prinzip staatlicher Lenkungsvorgaben emanzipiert. Die Militärdiktatur hatte ihren Auftrag erfüllt. „Nicht nur in dieser Hinsicht war der 'Entwicklungsstaat' der 60er und 70er Jahre (...) zu einem Opfer seines eigenen Erfolges geworden" (Köllner/Frank 1999, 20 f.).

Sozial- und Arbeitsmarktpolitik

Als 1993 der ehemalige Dissident Kim Young-sam Präsident wurde und umfangreiche Reformen in Politik, Wirtschaft und Gesellschaft einleitete, und dies von der vorherigen Machtelite toleriert wurde, zeigte sich, dass sich das geschwächte Militär endgültig aus den politischen Arenen zurückgezogen hatte und ein allmählicher Demokratisierungsprozess auf den Weg gebracht worden war. Dazu beigetragen hat einerseits, dass die Bedrohung durch Nordkorea an Bedeutung verloren hatte. Gleichzeitig hatten die großen Unternehmen das Militär als wichtigsten Kanal für den sozialen Aufstieg abgelöst. Auf dieser Grundlage konnte die ehemalige militärische Elite unter Kim Young-sam zur Rechenschaft gezogen werden. Ihr Geheimbund wurde aufgelöst und mehrere hochrangige Generäle, darunter Chun Doo-hwan und Roh Tae-woo wegen Meuterei, Landesverrats und Bestechlichkeit vor Gericht gestellt.

Mit dem Demokratisierungsprozess veränderte sich auch die Sozialpolitik. Weil die Klasse der Lohnabhängigen der unzureichenden sozialen Absicherung nicht mehr passiv gegenüberstand, konnte es auch die neue Regierung nicht mehr. „An die Stelle der staatsautoritären Sozialpolitik zum alleinigen Zwecke der Legitimation des Militärregimes trat eine neue Sozialpolitik, die man mehr oder weniger als das Resultat politischer Auseinandersetzungen zwischen Staat und Zivilgesellschaft betrachtet könnte" (Woo 2011, 43). In kleinen, wohl dosierten Schritten wurden zunächst die gesetzliche Krankenversicherung und schließlich die Rentenversicherung auf die gesamte Bevölkerung übertragen. Die Gründung der Arbeitslosenversicherung blieb zunächst auf Betriebe mit mehr als 30 Beschäftigten beschränkt. Für Betriebe mit mindestens fünf Beschäftigten erfolgte 1995 der Ausbau der Unfallversicherung. Doch so sehr der Ausbau des Sozialstaates vor allem das Ergebnis von Zugeständnissen an die Gewerkschaftsbewegung war, so sehr war dieser Ausbau auch umkämpft. Die Ausweitung von Versicherungsleistungen auf die gesamte Bevölkerung erfolgte nur schrittweise und dauerte zum Teil Jahrzehnte. Entgegen positiver Entwicklungen blieb der Kern sozialpolitischen Handelns die Schaffung eines sozialpolitischen Ordnungskonzeptes, das sich dem Ziel des Wirtschaftswachstums weiterhin unterordnete. „Sozialpolitische Elemente wurden nach wie vor nicht im Sinne 'sozialer Rechte' in einem demokratischen Rechtsstaat determiniert, sondern durch wirtschaftliche Ziele und Kalküle“ (ebd., 44). Sozialleistungen blieben niedrig, denn sie sollten das wirtschaftliche Wachstum nicht hemmen.

Aus diesem Grund setzte ab Mitte der 90er Jahre eine Deregulierung des Arbeitsmarktes ein, die innerhalb kürzester Zeit für die überwiegende Mehrheit der Beschäftigten zu einer Prekarisierung ihrer Arbeitsverhältnisse führte. Infolge der Asienkrise ließ die Regierung Kim im Interesse der im Zuge der Globalisierung unter Flexibilisierungsdruck geratenen großen Unternehmenskonglomerate eine umfassende Reform des Arbeitsgesetzes beschließen, die die Einschränkung von Gewerkschaftsrechten und die Existenz mehrerer Gewerkschaften in einem Betrieb verbot (Choi 2012, 89). Nachdem mehr als eine halbe Million Beschäftigte in den Streik trat, versprach die Regierung die Rücknahme der Reform. Diese fiel jedoch zurückhaltender aus als angekündigt und leitete die Auflösung des Normalarbeitsverhältnisses ein. Diese Entwicklung war Ausdruck einer allmählichen Annäherung des südkoreanischen Regierungshandelns an neoliberale Politikmuster – eine Transformation des Staates, die sich durch die Einbindung in die internationalen Institutionen wie IWF, Weltbank und WTO und die dort vorherrschenden neoliberalen Wirtschaftsmechanismen vollzog. Darauf folgte im Zuge der Asienkrise eine Übernahme der neoliberalen Wirtschaftspolitik in das Regierungshandeln durch einen „Umbruch von Staatszentriertheit zu Marktzentriertheit“ (Kim 2008, 13).

Die IWF-Krise

Als im November 1997 Südkorea von der asiatischen Finanzkrise erfasst wurde, rutschte das Land in „die tiefgreifendste Krise der Nachkriegszeit“ (Woo 2011, 45). Der plötzliche und massive Abzug von ausländischem Kapital führte dazu, dass Südkorea seinen ausländischen Verbindlichkeiten nicht mehr nachkommen konnte und den IWF um Hilfskredite bat. Im Gegenzug zu einem milliardenschweren Rettungspaket musste sich Südkorea zu einem dreijährigen Strukturanpassungsprogramm verpflichten. Dadurch sickerte die ökonomische Krise auf die soziale Ebene durch. Im Zuge dieser Entwicklung vergrößerte die soziale Krise den Bedarf nach sozialpolitischer Restrukturierung. Die vorgegebenen Maßnahmen zur Strukturanpassung zielten auf eine marktradikale Wirtschaftsreform, eine grundlegende Flexibilisierung und Deregulierung des Arbeitsmarkts, die Lockerung des Kündigungsschutzes, Unternehmensrestrukturierungen sowie umfassende Privatisierungen öffentlicher Dienstleistungen. In der Folge stieg die Arbeitslosigkeit auf über acht Prozent an und das Normalarbeitsverhältnis löste sich endgültig auf. Mehr als die Hälfte der Beschäftigten fand sich innerhalb kürzester Zeit in kurzfristigen, unsicheren Beschäftigungsverhältnisse wieder (Brinkmann u.a., 2008, 57; Kim Yoo Sun 2021, 1 ff.). In dieser Phase versuchte die Regierung Kim Dae-jung die Gewerkschaften in den Prozess der Strukturanpassungen einzubinden. Dazu bildete sie Anfang 1998 gemeinsam mit Arbeitgebern und Gewerkschaften die Tripartistische Kommission. Diese legte bereits nach kurzer Zeit den „Social Compromise to Overcome the Economic Crises in Korea" vor. Die Botschaft war, dass der bislang militant ausgefochtene Gegensatz zwischen Kapital und Arbeit ausgehandelt werden könne. Doch während der Kompromiss die Legalisierung des bis dahin illegalen Gewerkschaftsbundes KCTU, die Erweiterung von grundlegenden Arbeitnehmerrechten und das Recht auf Organisierung auch für Beschäftigten des öffentlichen Dienstes vorsah, ermöglichte er den Arbeitgebern eine weitestgehend flexible Beschäftigungspolitik (Choi 2012, 90 f.).

Die Krise auf dem Arbeitsmarkt führte zu einer Armutskrise, weil das Netz sozialer Sicherung große Lücken aufwies. Die Inanspruchnahme der Sozialhilfe war mit strengen Einkommens- und Vermögensprüfungen sowie mit Alterseinschränkungen von unter 18 bis über 65 Jahren verbunden. In der Konsequenz gab es trotz steigender Armut nur wenige Anspruchsberechtigte. Für diejenigen, die keiner eigenen Erwerbstätigkeit nachgehen konnten wie ältere Menschen, chronisch Kranke, nichterwerbstätige Frauen, Kinder oder Menschen mit Behinderung mussten die Familien sorgen. Der Staat mischte sich nur in Ausnahmefällen ein (Um 2004). Dies war auch deshalb möglich, weil die Arbeitslosenversicherung nur für Betriebe mit mehr als 30 Beschäftigten galt. Einer Studie zufolge hatten zu jenem Zeitpunkt nur zwölf Prozent der Arbeitslosen Anspruch auf Arbeitslosengeld, weitere acht Prozent erhielten temporäre Existenzzuschüsse, während die restlichen 80 Prozent keinerlei Anspruch auf Arbeitslosengeld oder Sozialhilfe hatten (ebd.). Das Pro-Kopf-Einkommen sank infolge dieser Entwicklung von über 10.000 auf etwa 6.500 Dollar (Seliger 2000, 59), unter anderem wegen des Rückgangs bei zusätzlichen Leistungen wie Überstundenvergütung und Prämienzahlungen. Der Anteil der Haushalte, die unterhalb der Armutsgrenze lebten, stieg innerhalb weniger Monate von 14,4 auf 17,2 Prozent (Kwon 1999). Und schließlich traten an die Stelle der lebenslangen, gesicherten Anstellungen zunehmend atypische Beschäftigungsverhältnisse wie Leiharbeit, befristet Beschäftigung, abhängige Selbständigkeit und die Beschäftigung bei ausgelagerten Subunternehmen (Choi 2012, 91). Diese Entwicklung hatte erhebliche Auswirkungen auf die Organisationsmacht der Gewerkschaften. Sie verloren Innerhalb kürzester Zeit einen Großteil ihrer Mitglieder. In der Konsequenz erreichte der gewerkschaftliche Organisationsgrad 2011 mit 10,9 Prozent seinen historischen Tiefpunkt (Kim Yoo Sun 2021, 6).

Obgleich sich die südkoreanische Wirtschaft schnell wieder erholte und ab Anfang 2000 wieder steigende Wachstumszahlen verzeichnete, setzte sich die Anstellung zu prekären und atypischen Beschäftigungsverhältnissen weiterhin durch. Diese Prekarisierung ging sozialpolitisch mit der Etablierung eines Ordnungskonzeptes einher, das Präsident Kim Dae-jung als „Productive Welfare" bezeichnete. Dabei ging es vor allem darum, das Wachstum der Wirtschaft, die Entwicklung der Demokratie und die Steigerung des Volkswohls „gleichberechtigt" anzustreben. Im Zuge dieser Entwicklung wurden das Rentenversicherungssystem auf die gesamte Bevölkerung übertragen. Gleichzeitig wurden Arbeitslosenversicherung und Unfallversicherung auf alle Betriebe ausgeweitet. Im Jahr 2000 wurde zudem mit dem Aufbau eines sozialen Mindestversicherungssystems, NBLS – „National Basic Livelihood Security", begonnen. Markant war, dass der Ausbau der Sozialversicherungen auch in dieser Phase seine Widersprüchlichkeit behielt. So sah der Ausbau der Krankenversicherung hohe Eigenbeteiligungen vor und ließ den stark privatisierten Gesundheitssektor unangetastet. Medizinische Behandlungen waren durch die gesetzliche Krankenversicherung nur teilweise oder gar nicht abgedeckt. Deshalb waren ohne zusätzliche private Krankenversicherung Behandlungskosten mit hohen Eigenanteilen verbunden. Ähnlich gestaltete sich der Ausbau der Arbeitslosenversicherung. Während der Geltungsbereich ausgeweitet wurde, blieben die Leistungshöhe und Bezugsdauer niedrig. Nur 0,6 bis 0,8 Prozent des gesamten BIP gab Südkorea von 2005 und 2008 für die Arbeitslosigkeit aus (Woo 2011, 74 f.).

Hinzu kommt, dass der Vorstoß zur Verbesserung der sozialen Absicherung zugleich für Einschnitte in sozialpolitischen Teilbereichen genutzt wurde. So wurden beispielsweise die Rentenformel durch ein Absenken der Lohnersatzquote von 70 auf 60 Prozent verändert und im Bereich der Mindestsicherung Leistungskürzungen vorgenommen: Wer als Leistungsempfänger amtlich angebotene Arbeit verweigerte, musste fortan mit Leistungskürzungen rechnen (ebd., 48). Problematisch war aber vor allem das extrem niedrige Niveau der Sozialausgaben, das mit 7,5 Prozent der BIP nur etwa ein Drittel des OECD-Schnitts ausmachte (ebd., 72).

Nicht ohne Grund also gehen seit der Asienkrise die Menschen in Südkorea immer wieder auf die Straße, um für eine bessere soziale Absicherung, vor allem aber für die Abschaffung von prekären Beschäftigungsverhältnissen zu demonstrieren. Mit der Asienkrise breitete sich prekäre Beschäftigung rasant aus und verfestigte sich als gesellschaftliches Problem. Mehr als jeder Zweite arbeitete atypisch. Der Anteil bewegte sich zwischen 2001 und 2006 bei 55 bis 56 Prozent (Kim Yoo Sun 2021, 3).

Unterm Strich kann zusammengefasst werden, dass auch in der Phase der Demokratisierung die Arbeits- und Lebensbedingungen der Menschen prekär und die repressive Haltung des Staates gegenüber den Gewerkschaften unverändert blieben. Insbesondere unter der Regierung Roh Tae-woo wurden Streiks mehrheitlich für illegal erklärt und brutal aufgelöst, eine Praxis, die besonders im Zuge der IWF-Krise an den stark ansteigenden Zahlen von inhaftierten Gewerkschaftsmitgliedern ablesbar war (Woo 2011, 118). Während die Verhaftungen während der Diktatur auf der Grundlage des Nationalen Sicherheitsgesetzes (NSG) erfolgten, das sich vorgeblich gegen die Spionage Nordkoreas richtete, aber zur Unterdrückung der Opposition angewandt wurde, stützt sich die Regierung mittlerweile auf die Versammlungs- und Demonstrationsgesetze oder des Strafrecht. Bis heute ist das NSG allerdings Anlass für politischen Protest, weil es in der Vergangenheit missbräuchlich zur Unterdrückung von Gewerkschaften und zur Niederschlagung von Streiks legitimiert wurde. Da Arbeitskämpfe wegen der „Störung der Geschäftstätigkeit", Artikel 314 im Strafgesetzbuch, von der Regierungsseite leicht für illegal erklärt werden können, laufen Streikende Gefahr, aus strafrechtlichen Gründen inhaftiert oder vor Gericht gebracht werden. Woo interpretiert die Tatsache, dass sich unter den inhaftierten Gewerkschaftsmitgliedern fast ausschließlich Gewerkschaftsfunktionäre befinden, die eine wichtige Rolle in der demokratischen Gewerkschaftsbewegung spielen, als den bewussten Versuch, mit Inhaftierungen, Geldstrafen und Schadenersatzklagen auf die Schwächung und organisatorische Zerstörung der demokratischen Gewerkschaften zu zielen (ebd., 119 f.).

Krisenmanagement in der Pandemie

Durch die Pandemie verzeichnete Südkorea 2020 das erste Mal seit der Asienkrise ein negatives Wirtschaftswachstum in Höhe von -0,9 Prozent (WKO 2021, 5). Die Exporte brachen um 5,4 Prozent ein und trafen den Maschinenbausektor (-8,8 Prozent), die Stahlindustrie (-14,4 Prozent) und den petrochemischen Sektor (-40,7 Prozent) in besonderer Weise (ebd.). Obgleich sich die Arbeitslosigkeit mit 3,9 Prozent im Pandemiejahr 2020 nur unwesentlich erhöht hatte (ebd., 3) und die Regierung mit Konsumchecks und Steuersenkungen den Binnenkonsum zu stimulieren versuchte, ist der Privatkonsum 2020 um über fünf Prozent zurückgegangen, der größte Rückgang seit der Asienkrise (World Bank 2021). Dieser Widerspruch – ein einbrechender Konsum bei einer relativ niedrigen Arbeitslosenquote – lässt sich auf die Krisenerfahrungen und das prekäre Grundrauschen der südkoreanischen Arbeitsgesellschaft zurückführen. Die Pandemie verunsicherte die Menschen. Erhöhtes Sparen und die Vermeidung, Geld auszugeben, spiegelten ein wachsendes Sicherheitsbedürfnis wider. So hat sich die persönliche Sparquote der privaten Haushalte, die das erzielte Einkommen in Beziehung zu den Ersparnissen setzt, in den letzten zehn Jahren nach oben entwickelt, den größten Sprung aber im Pandemiejahr 2020 gemacht, als sich die Quote von 6,9 Prozent auf 12,4 Prozent fast verdoppelte (Statista, 19.08.2022). Allerdings erholte sich die südkoreanische Volkswirtschaft bereits in der zweiten Jahreshälfte 2020. Hintergrund war die starke weltweite Nachfrage nach Halbleitern, Bildschirmen, Computern, Wireless-Ausstattungen und Verbraucherelektronik, um den pandemiebedingten Veränderungen des Alltags- und Berufslebens in Gestalt von Online-Calls, Home-Office, Online-Unterricht und einer steigenden Nutzung von Smartphones und digitalen Endgeräten gerecht zu werden (WKO 2021, 5).

Diese ökonomische Entwicklung ging mit einer wachsenden Verweigerungshaltung und Verzögerungstaktiken der Arbeitgeber sowie einen repressiven Umgang mit Gewerkschaften während der Pandemie einher (ITUC 2021, 38), Tendenzen, die sich bruchlos in die globale Entwicklung einfügten. Der jährliche globale Rechtsindex des Internationalen Gewerkschaftsbundes stellt anhand von Parametern wie Arbeitnehmerrechtsverletzungen, Recht auf Streik, Recht auf Tarifverhandlungen, Zulassung von Gewerkschaften oder Angriffe auf Beschäftigte eine globale Rechtsverschiebung fest, die sich nachteilig auf die Beschäftigten auswirkte. „Die Covid-19-Pandemie hat Arbeitsplätze, Gemeinschaften und Leben zerstört. Regierungen und Arbeitgeber haben die Pandemie ausgenutzt, um Arbeitnehmer*innen zu entlassen (…). Sie haben das Recht auf Tarifverhandlungen verletzt, die Überwachung der Beschäftigten intensiviert, das Recht auf Privatsphäre untergraben und die Rede- und Versammlungsfreiheit eingeschränkt", schreibt die Generalsekretärin des IGB Sharan Burrow (ebd., 4). Aus der Trendbetrachtung ergibt sich für das Jahr 2021: Die Zahl der Länder, in denen die Zulassung der Gewerkschaften behindert wurde, hat sich von 89 im Jahr 2020 auf 109 im Jahr 2021 erhöht. Gewaltsame Angriffe auf Beschäftigte und Morde an Gewerkschaftern haben zugenommen. Zugenommen hat auch die Zahl der Länder, in denen die Rede- und Versammlungsfreiheit verweigert oder eingeschränkt wurde – sie hat sich im Verlaufe der Pandemie von 2020 bis 2021 von 56 auf 64 erhöht (ebd., 8 f.). In diesen Kontext fällt die fehlende Bereitschaft der Arbeitgeber, Tarifverträge auszuhandeln – nach Einschätzungen des IGB ein erstes Anzeichen für den Zerfall des Tarifvertragssystems. Der Prozentsatz der

Länder, die das Tarifverhandlungsrecht verletzten, hat sich von 63 Prozent im Jahr 2014 auf 79 Prozent im Jahr 2021 erhöht.

Die Entwicklung zeigt: Die COVID-Pandemie hat den ökonomischen Druck im Konflikt zwischen den Klassen verschärft und die Bedingungen für die Beschäftigten verschlechtert. Jeder fünfte Südkoreaner arbeitete im Pandemiejahr 2020 48 Wochenstunden und mehr (ILO 2020). Besonders prekär war die Situation in der Logistikbranche. Hier lag die Arbeitszeit der Kuriere bei bis zu 15 Stunden am Tag und sechs Tagen in der Woche. Etablierte prekäre Bedingungen der Branche fielen mit einem plötzlich erhöhten Paketaufkommen in der Pandemie zusammen. Der Druck auf die Arbeitsbedingungen der Kuriere erhöhte sich, weil diese für Arbeitskleidung, Paketaufkleber, eine Logistik-App und einen Lieferwagen selbständig aufkommen mussten. Und dass sie nicht nach Arbeitszeit, sondern pro Paket bezahlt wurden, veranlasste sie dazu, aus eigenem Antrieb das Arbeitstempo zu erhöhen. In der Folge starben allein 2020 fünfzehn Paketboten an Überarbeitung (Sander 2020b).

Die Regierung sicherte die Erhöhung der Ausbeutungsrate durch staatliche Repressionen ab. Während sie auf die Verhängung eines Lockdowns verzichtete und das Arbeitsleben auf der Grundlage von mobilem Arbeiten und Infektionsschutzmaßnahmen nahezu ungestört weiterlief, wurde nicht nur der Freizeitbereich stark reglementiert, sondern auch das Demonstrationsrecht eingeschränkt. „In Südkorea werden (…) nicht mehr nur die Nachtklubs der Hauptstadt und Kirchen als Transmissionsriemen für Viren gesehen, sondern auch die Großdemonstrationen, die Regierungsgegner in den vergangenen Monaten durchgeführt haben“ (Kölling 2020). Hinzu kam im Zuge der Kontaktnachverfolgung die systematische Verletzung des Datenschutzes durch Behörden. Gesundheit stand über Datenschutz und rechtfertigte „epidemiologische Fahndungen über Kreditkarten- und Mobilfunk-Informationen“ (Hahn 2020).

Im Zentrum der Auseinandersetzung stand aber vor allem das Verbot des Generalstreiks am 20. Oktober 2021. Zu den Forderungen der Streikenden gehörten die Abschaffung der prekären Beschäftigung und eine allgemeine Überarbeitung des Arbeitsgesetzes (Labournet Germany, 28.10.2021). Etwa 50.000 Menschen aus nahezu allen Branchen und in insgesamt 14 Regionen des Landes folgten dem Streikaufruf und 80.000 dem Aufruf zur Demonstration. Dass sich einige Streikende wie die Protagonisten in der populären Netflix-Serie „Squid Game“ verkleideten, gibt Aufschluss über die Unsicherheit in der südkoreanischen Arbeitsgesellschaft und das damit verbundene Lebensgefühl. In der Serie, die nach dem Wirtschaftskollaps 2008 konzipiert worden war, geht es um hunderte Südkoreaner, die durch die Teilnahme an Kinderspielen die Chance erhalten, ihre finanziellen Schulden durch die Aussicht auf einen millionenschweren Gewinn zu begleichen. Verlieren sie das Spiel, droht ihnen jedoch der Tod (Jen 2021).

Die Regierung versuchte den Streik mit scharfen Restriktionen zu obstruieren. Mit Verweis auf die Auflagen nach dem Infektionsschutzgesetz setzte sie etwa 16.000 Polizeibeamte ein und ließ in der Hauptstadt Seoul mit 500 Polizeibussen Straßen absperren, um die Demonstration zu verhindern (Seo 21.10.2021). Gleichzeitig kündigte die Stadtverwaltung an, wegen Verstoßes gegen das Gesetz zur Verhütung ansteckender Krankheiten Anzeige gegen alle Teilnehmer der Demonstration zu erstatten (Yonhap 2021). Begleitet wurden die behördlichen und polizeilichen Maßnahmen von einer politischen Rhetorik, die den Streik gegen das Recht auf körperliche Unversehrtheit ausspielten, wie die Aussagen des Innen- und Sicherheitsministers Jean Hae-cheol zeigten. Er nannte den Arbeitskampf öffentlich eine Bedrohung des normalen Lebens und der öffentlichen Sicherheit und kündigte an: „Wir werden nach dem Prinzip der Nulltoleranz strikt gegen solche illegalen Aktivitäten vorgehen" (vgl. Bahk 21.10.2021a).

Der staatliche Umgang mit dem Streik setzt eine Reihe von Ereignissen fort, die als Versuch bewertet werden müssen, gewerkschaftliche Aktivitäten unter den Bedingungen der Pandemie zu kriminalisieren. Bereits wenige Wochen zuvor, am 2. September hatte die Polizei das Vorstandsgebäude des KCTU gestürmt und den Vorsitzenden Yang Kyeung-soo wegen der Verletzung der Auflagen gegen das Infektionsschutzgesetz und die Verursachung von Verkehrsstörungen verhaftet (Ko 2021; Park 2021). Das harte Vorgehen spiegelte auch die Verschlechterung in den Beziehungen zwischen Gewerkschaften und Regierung wider. Im Dezember 2020 war der Vorsitzende des KCTU abgewählt worden. Ihm wurde ein zu enges Verhältnis mit Regierung und Arbeitgebern vorgeworfen. An seine Stelle trat der ehemalige Leiharbeiter Yang Kyung-soo. Seither hatten sich die Auseinandersetzungen mit der Regierung zugespitzt. „Wir haben die Regierung wiederholt aufgefordert, die Probleme für die Beschäftigten zu lösen, die am meisten unter COVID-19 gelitten haben. Aber die Regierung hat versucht, uns einen Maulkorb anzulegen und ist uns eine Antwort schuldig geblieben", ließ der KCTU im Hinblick auf die Notwendigkeit der Grundrechte für die Durchsetzung kollektiver Interessen verlauten (Yonhap, 14.10.2021).

Mit dem Verweis auf den Infektionsschutz eine Demonstration unter freiem Himmel, die sich an Abstandsregeln und Maskentragen hielt, zu verbieten, zeigte die Regierung, dass es um mehr als die Durchsetzung des Infektionsschutzes ging. Auch weil das Verbot des Generalstreiks und Yangs Verhaftung in eine Zeit fielen, in der die Regierung die Rückkehr zur Normalität und die Wiederherstellung der Lebensgrundlagen zum 1. November angekündigt hatte (Xu/Min

2021): Die Lockerungen sahen drei Phasen vor – es begann mit der Aufhebung der Zeitbeschränkungen für den Betrieb von Unterhaltungseinrichtungen im ersten Schritt. Darauf folgte im zweiten Schritt die Möglichkeit privater Treffen mit bis zu zehn Personen. Erst im letzten Schritt sollen die Beschränkungen für Versammlungen aufgehoben werden (Park/Min 2021). Diese Prioritätensetzung und die Null-Toleranz-Politik im Umgang mit dem Generalstreik wenige Tage vor der angekündigten Rückkehr zur Normalität, legt den Schluss nahe, dass die seit Jahren praktizierte Einschränkung von Protesten unter Berufung auf das Versammlungsgesetz nun unter den Bedingungen des Infektionsschutzes fortgesetzt wurde. Gleichzeitig spiegelte sich in der Teilnahme von 80.000 Streikenden an einem illegalen Streikaktivitäten ein wachsendes Bedürfnis nach Gegenwehr wider.

Gewerkschaftliche Machtressourcen

Ein Blick in die Streikstatistik im Fünfjahresverlauf zeigt, dass die Höhepunkte zugespitzter Streikauseinandersetzungen Ende der 80er und Ende der 90er Jahre waren. Weist die Statistik 1985 noch acht Streiks aus, sind es 1990 nach den Kämpfen um den Sturz der Militärdiktatur schon 410. 1995, kurz vor den neoliberalen Arbeitsmarktreformen pendelt sich das jährliche Streikniveau bei 30 ein, im Jahr 2000 verzeichnet die Statistik mit 142 fast eine Verfünffachung (OECD – Industrial Disputes, 2021). Die Zahlen zeigen eine hohe Korrelation zwischen den gesellschaftlichen Umbrüchen einerseits und zugespitzten betrieblichen Auseinandersetzungen andererseits.

Strukturelle Macht der Gewerkschaften

Die südkoreanischen Gewerkschaften greifen auf eine strukturelle Machtressource zurück, die auf den ersten Blick widersprüchlich erscheint. Seit Jahren bewegt sich die Arbeitslosenquote unterhalb von vier Prozent und verharrt selbst in der Pandemie auf diesem Niveau. Hier zeigt sich: Trotz des hohen Anteils an atypischen Beschäftigungsverhältnissen zeichnet sich der Arbeitsmarkt durch eine bemerkenswerte Robustheit aus. Ein erhöhtes Risiko, arbeitslos zu werden, liegt vor allem bei den jungen Beschäftigten. Der Arbeitslosigkeit von 3,9 Prozent 2020 stand eine Jugendarbeitslosigkeit gegenüber, die mit 10,3 Prozent mehr als doppelt so hoch war (ILOSTAT Country Profiles 2020). Die Quoten im Bereich der Langzeitarbeitslosigkeit, also derjenigen, die zwölf Monate und länger arbeitslos sind, werden von der ILO mit 0,0 ausgewiesen (ILOSTAT Country Profiles

2020). Hier zeigt sich, dass die hohe Zahl atypischer Beschäftigungsverhältnisse zu einer hohen Arbeitsmarktdurchlässigkeit führt. Kurze Beschäftigungsdauern und kurze Episoden von Arbeitslosigkeit wechseln einander ab. Wer arbeitslos wird, findet schnell wieder einen neuen Job, ist jedoch nach relativ kurzer Zeit erneut arbeitslos. Diese Wechsel, die mit großen individuellen Unsicherheiten verbunden sind, bilden sich in der Statistik zur Langzeitarbeitslosigkeit nicht ab (Um 2004). Dennoch zeigt der schnelle wirtschaftliche Aufschwung nach der Pandemie, dass die südkoreanische Arbeiterklasse über eine ausgeprägte strukturelle Macht verfügt. Während andere Länder ihre Volkswirtschaften noch durch den Lockdown manövrierten, wuchs bereits im dritten Quartal 2020 das Bruttoinlandsprodukt Südkoreas preisbereinigt um 1,9 Prozent gegenüber dem Vorquartal. Zugpferd dieser Entwicklung war das Exportwachstum, das im Zeitraum von Juli bis September 2020 um 15,6 Prozent zulegte „und damit so stark wie seit 34 Jahren nicht mehr" war, wie die Bank of Korea vermeldete (vgl. Welter 2020). Neben der großen Nachfrage nach Computern und anderen Elektronikgeräten war auch die rasche wirtschaftliche Erholung des wichtigsten Handelspartners – China – für diese konjunkturelle Erholung verantwortlich. Doch nicht nur die Bedeutung der Halbleiterindustrie für den wirtschaftlichen Aufschwung deutet darauf hin, dass die Beschäftigten in Hightech-Unternehmen wie Samsung oder dem Halbleiterproduzent SK Hynix eine besondere strategische Stellung haben. Auch die industriepolitische Strategie des Ministeriums für Land, Infrastruktur und Transport legt diesen Schluss nahe: Ende März präsentierten Vertreter eine neue Urban Air Mobility (UAM) Roadmap, in der sie die Einführung von Drohnentaxen auf über 200 Flugrouten bis 2035 verkündeten (WKO 2021, 8). Auch die Entwicklung der „Hydrogen-Economy" und die Tatsache, dass die koreanische Regierung staatliche Investitionen von mehr als 600 Millionen Euro für 2021 (ebd.)[3] zur Förderung kommerzieller Wasserstoffprojekte bereitstellt, zeigt die bedeutende strategische Stellung von zukunftsweisenden Industriebranchen. Unter dem Druck des drohenden Klimakollapses entwickeln sich diese Industriezweige zu Orten wachsender struktureller Macht, weil die industriepolitische Strategie der Regierung darauf abzielt, das Land nach der Bewältigung der Krise zum führenden Standort für die Hightech-Industrie und zum weiteren Vorreiter in der Digitalisierung zu machen und mit erheblichen staatlichen und privaten Investitionen verbunden ist.

3 Das ist im übrigen ein Anstieg von 40 Prozent im Vergleich zum Vorjahr (WKO 2021, 8).

Ein Umstand, der diese These untermauern könnte, ist die Tatsache, dass das Lohnniveau in Südkorea dem aktuellen Global Wage Report der ILO zufolge in der Zeit von 2008 bis 2019 preisbereinigt um 22 Prozent zunahm und damit so stark wie in keinem anderen der G20-Industrie- und Schwellenländer. Dem ILO-Bericht zufolge schwankte das jährliche Lohnwachstum in den G20-Schwellenländern zwischen 3,5 und 4,5 Prozent. Die Löhne wuchsen damit deutlich stärker als in den Industriestaaten, wo sie um 0,4 bis 0,9 Prozent zulegten (Specht 2020). Die kräftigen Reallohnzuwächse waren vor allem das Ergebnis intensiver Arbeitskämpfe. Der exportorientierte Entwicklungspfad Südkoreas und die internationale Nachfrage nach Halbleiter- und Elektronikerzeugnissen überlagert die Vulnerabilität der Lohnabhängigen auf der Grundlage von prekärer Beschäftigung. Doch während Regierung und Arbeitgeber auf die strukturelle Macht der Beschäftigten im Produktionsprozess mit Elastizität in der Verteilungsfrage reagierten, blieben sie in der Frage nach Organisationsmacht unnachgiebig (Reddies 500).

Gewerkschaftliche Organisationsmacht

Der Kampf um bessere Arbeits- und Lebensbedingungen in Südkorea war von Beginn an ein Kampf um die Stärkung gewerkschaftlicher Organisationsmacht. Nach der Zerschlagung des „Nationalrates der Gewerkschaften in Chosun" Ende der 1940er Jahre durch die US-amerikanische Besatzungsmacht[4] trat an seine Stelle ein antikommunistischer Gewerkschaftsbund, der 1961 in Federation of Korean Trade Union (FKTU) umbenannt wurde. Er konnte im Verlaufe seiner Geschichte nie mehr als 15 Prozent der insgesamt zwölf Millionen nach der Gesetzeslage organisierbaren Arbeitnehmer erreichen (Reddies 499). Er kooperierte mit dem Militärregime und besaß bis weit in die Phase des Demokratisierungsprozesses hinein eine politische und organisatorische Monopolstellung. Unter der Militärdiktatur gab es für den FKTU aufgrund des restriktiven Trade Union Acts von 1963 kaum Entfaltungsmöglichkeiten. Dennoch entstanden neben den staatlich kontrollierten Organisationen, seit 1961 zusammengeschlossen

4 Der Nationalrat organisierte etwa eine halbe Million Mitglieder in 1.700 Betriebsgewerkschaften. Nach dem Zweiten Weltkrieg strebte er danach, die durch die Flucht der Japaner besitzlos gewordenen Betriebe in eine Arbeiterselbstverwaltung zu überführen, was auf den Widerstand der US-amerikanischen Besatzer stieß. Nachdem der Nationalrat im Herbst 1946 und im Frühjahr 1947 seine Mitglieder zum Generalstreik aufrief, wurden die Streiks niedergeschlagen und der Nationalrat dadurch zerstört, dass viele seiner Aktivisten verhaftet wurden (Woo 2011, 88).

im FKTU, Ende der 1970er Jahre zunehmend unabhängige, demokratische Gewerkschaften, die mit intensiven Streiks und militanten Auseinandersetzungen maßgeblich zum Zusammenbruch des autoritären Regimes Chun beigetragen und den Demokratisierungsprozess eingeleitet hatten (Brinkmann u.a. 2008, 56 ff.).

Auf nationaler Ebene arbeitete der FKTU gemeinsam mit den Arbeitgeberverbänden in regierungsgesteuerten Kommissionen zu Arbeitsfragen und jährlichen Lohnempfehlungen. Finanziell wurde er vom Staat direkt subventioniert (Reddies 498). Seine Monopolstellung wurde erst während der dreimonatigen Streikwelle 1987 aufgebrochen, die das Ende der Militärregierung einläutete. Diese Auseinandersetzung ging mit einem Aufschwung von Organisationsmacht für die südkoreanischen Gewerkschaften einher. Mehr als 4.600 Betriebsgewerkschaften wurden in der Zeit von Juli 1987 bis Ende 1989 gegründet. Der überwiegende Teil entstand in Abgrenzung zum FKTU. Dort, wo es bereits gewerkschaftliche Organisierung unter dem Dach des FKTU gab, „erwuchs die Forderung nach einer Demokratisierung der bestehenden gewerkschaftlichen Organisation", was in nicht wenigen Gewerkschaften einen Führungswechsel bewirkte (Woo 2011, 92). 1990 schlossen sich die demokratischen Gewerkschaften zum ersten demokratischen Dachverband zusammen, dem KCTU. Damit hatten sie sich die Möglichkeit geschaffen, die betrieblichen Handlungsfelder politisch zusammenzuführen. Die rasante Industrialisierung des Landes führte nicht nur objektiv zur Herausbildung einer Arbeiterklasse, sondern auch zu einem wachsenden gewerkschaftlichen Organisationsgrad, der mit knapp 20 Prozent Ende 1989 seinen Höchststand erreichte. Erstmals seit Gründung der Gewerkschaften führte der kontinuierliche Mitgliederzuwachs des KCTU 2018 dazu, dass er mehr Mitglieder hatte als der pragmatische FKTU (Kim 2019). Doch die Monopolstellung des FKTU war damit nicht beseitigt, denn weiterhin blieb gesetzlich festgeschrieben, dass pro Betrieb nur eine Gewerkschaft, für jeden Industriezweig nur eine Föderation und auf landesweiter Ebene nur ein Dachverband zugelassen war. Erst mit der Revision des Arbeitsgesetzes vom 26. Dezember 1996 wurde die Gründung konkurrierender Gewerkschaften für die landesweite und Branchenebene erlaubt (Woo 2011, 96/97). Bis dahin standen den Organisationserfolgen der demokratischen Gewerkschaften jedoch weiterhin ein restriktives Arbeitsrecht und repressive Maßnahmen gegen unabhängige Gewerkschaften gegenüber (Brinkmann u.a., 2008, 57).

Seit Beginn der 1980er Jahre sieht das südkoreanische Arbeitsgesetz für die Gewerkschaften das Prinzip des Betriebsgewerkschaftssystems als Norm an. Darin ist die Gewerkschaftsmitgliedschaft nur den Vollbeschäftigten einer Firma erlaubt. Die Betriebsgewerkschaften werden in Föderationen innerhalb der

Industriezweige und nach dem Regionalitätsprinzip entlang der Provinzen zu Regionalkomitees zusammengefasst. Industrieföderationen und Regionalkomitees schließen sich schließlich zum KCTU als nationales Gewerkschaftszentrum zusammen (Woo 2011 94f.).

Mit der Zulassung des Gewerkschaftspluralismus war der Kampf um die gewerkschaftliche Organisationsmacht nicht beendet. Vielmehr zeigen die bis in die 2000er Jahre andauernden Auseinandersetzungen um Registrierungen von Gewerkschaften oder um das Verbot, freigestellte Vollzeitgewerkschafter durch den Arbeitgeber zu bezahlen, wie sehr die Organisationsmacht der Gewerkschaften durch staatliche Eingriffe geschwächt werden sollte. So wurden mehrfach die Registrierungsanträge des KCTU von den Behörden abgelehnt. Mal war der Grund die illegale Lehrergewerkschaft Korean Teachers and Educational Workers Union, die sich dem KCTU angeschlossen hatte, aber noch nicht behördlich registriert war. Mal waren es Mitglieder in gewerkschaftlicher Funktion, die arbeitslos wurden und mit diesem Status nach dem Gesetz nicht mehr Mitglied einer Gewerkschaft sein durften. Erst im November 1999 wurde der KCTU offiziell anerkannt. Die Anerkennung nach der jahrelangen Blockade war auch eine Reaktion auf seine erwartete Mitarbeit in der Tripartistischen Kommission. Auf betrieblicher Ebene blieb der Gewerkschaftspluralismus bis 2002 untersagt und die Frist zur Zulassung konkurrierender Gewerkschaften wurde in die zweite Hälfte der 2000er Jahre gelegt. Die Klausel, die gewerkschaftliche Mitgliedschaft von entlassenen Arbeitern und Arbeitslosen zu untersagen, besteht noch heute (ebd., 95). Als im Januar 2006 das Gesetz über die Gründung von Gewerkschaften für öffentlich Bedienstete verabschiedet wurde, stellt auch dieses einen unzulässigen Eingriff in die Vereinigungsfreiheit von Beschäftigten dar. Es untersagt die Gewerkschaftsmitgliedschaft für Beamte oberhalb der fünften Dienstrangstufe (ebd., 113).

Insbesondere die Asienkrise verstärkte das gewerkschaftliche Bedürfnis, die Betriebsgewerkschaftsstruktur zu überwinden und durch eine Industrieverbandsstruktur zu ersetzen, da die Gewerkschaften mit dem Betriebsgewerkschaftssystem bei der Mobilisierung gegen Entscheidungen, die überwiegend auf überbetrieblicher Ebene getroffen wurden, an ihre organisationspolitischen Grenzen gerieten. „Für die betriebsübergreifenden Lösungen war zwar die einheitliche Strategie und Mobilisierung der Gewerkschaften auf nationaler bzw. industrieller Ebene dringend, aber dafür war das bestehende Betriebsgewerkschaftssystem ein Hindernis“ (ebd., 100). Gleichzeitig war diese Auseinandersetzung der Versuch, der Flexibilisierungsstrategie des Arbeitsmarktes und dem Verlust von arbeitslosen Mitgliedern ein wirksames Industrieverbandssystem entgegenzusetzen.

Der Aufbau starker Industrieverbände ist seither das wichtigste Anliegen der demokratischen Gewerkschaftsbewegung und vorrangige organisatorische Zielsetzung, ebenso wie die Organisierung von prekär Beschäftigten seit 2003 zur obersten Priorität erklärt wurde (Choi 2008). Nach den Organisationserfolgen aus den späten 1980er Jahren mit einer Mitgliederquote von knapp 20 Prozent, fiel diese Quote bis 2010 auf unter zehn Prozent. Mit der Orientierung auf das Industrieverbandsprinzip und dem Fokus auf die „Organisierung der Unorganisierbaren" (Choi 2012) gelang es jedoch, den Abwärtstrend zu stoppen und leichte Mitgliederzuwächse zu verzeichnen. Die Mitgliederquote hat sich inzwischen bei etwas über zehn Prozent stabilisiert (ILOSTAT Country Profiles).

Seit einigen Jahren gibt es allerdings einen neuen Trend, bei dem sich vor allem junge Beschäftigte in den Betrieben zur Wehr setzen und dabei ganz gezielt auf gewerkschaftliche Organisierung verzichten. Sie kompensieren den fehlenden organisatorischen Rahmen mit hoher Technikaffinität. Lee spricht von der „Generation MZ". Gemeint sind die Millenials, geboren zwischen 1981 und 1996, und die Generation Z, die zwischen 1997 und 2012 auf die Welt kam. Streiks gegen übermäßige Arbeitsbelastung bei der Kaffeehauskette Starbucks zeigten jüngst, dass sie sich im Unterschied zu ihren Eltern nicht mehr auf das traditionelle System der Gewerkschaftsmitgliedschaft verlassen. Stattdessen stellen sie ihre Probleme am Arbeitsplatz über soziale Medien und digitale Plattformen online. Sie favorisieren themenbezogene Guerillaaktionen statt dauerhafter Organisierung. „Den Beschäftigten (...) gelang es in weniger als einer Woche, ihr Anliegen über die anonyme Unternehmensbewertungsplattform Blind bekannt zu machen, und sie sammelten innerhalb von drei Stunden drei Millionen Won (2.200 Euro) über den mobilen Bankdienst Boss. Nachdem sie sich rechtlich beraten ließen, wandten sie sich an eine Eventplanungsagentur, um eine Reihe von Protestaktionen mit Lastwagen und Schildern zu organisieren" (Lee 2021a). Erfolglos waren die Aktionen nicht. Bereits zehn Tage nach dem Protest kündigte Starbucks an, 1.600 weitere Mitarbeiter einzustellen und zur Verbesserung der Arbeitsbedingungen ein neues Lohnsystem einzuführen (Kim Jae-heun, 2021). Die direkte Zusammenarbeit mit dem KCTU, der umgehend ihre Unterstützung zugesagt hatten, lehnten die streikenden Beschäftigten ab (Jun 2021). Hier verbindet sich möglicherweise die schwache Organisationsmacht der Gewerkschaften, die seit dreieinhalb Jahrzehnten Gegenstand öffentlicher Auseinandersetzungen ist, mit der Gewohnheit junger Menschen, über soziale Medien und digitale Plattformen zu kommunizieren.

Institutionelle Macht der Gewerkschaften

Auch in Bezug auf die Tarifverhandlungen sind die Arbeitsbeziehungen stark verrechtlicht. Bis 1995 wurden jährlich von einer Kommission aus Regierung, Arbeitgeberverband und Gewerkschaften Lohnempfehlungen erarbeitet. Als sich immer weniger Betriebsgewerkschaften und Föderationen an diesen Empfehlungen orientierten, verließ der FKTU die Kommission (Reddies 500). Streiks, die von nicht registrierten, also illegalen Gewerkschaften organisiert werden, sind ebenso verboten wie „wilde Streiks", also spontane Arbeitsniederlegungen ohne vorherige Urabstimmung, sowie politische Streiks. Gestreikt werden darf nur für Forderungen in Bezug auf Lohn, Arbeitsstunden, betriebliche Wohlfahrt, Entlassungen und Arbeitsbedingungen. Kleinste Verstöße führen zur Illegalität von Streiks (Woo 2011, 113). Die Quote tarifgebundener Betriebe lag im Jahr 2000 noch bei 13,3 Prozent und ist bis 2015 auf 11,8 Prozent zurückgegangen (ILOSTAT Country Profiles). Dabei sind es überwiegend die großen Unternehmen, die gewerkschaftlich organisiert sind und wahrscheinlich auch einen Tarifvertrag haben. 2007 waren es immerhin 63 Prozent aller Unternehmen mit über 300 Beschäftigten, wohingegen es in den meisten kleinen und mittelgroßen Unternehmen keine Tarifverträge und Gewerkschaften gibt und die Beschäftigten häufig ohne sichere Tarifverträge prekär beschäftigt sind.

Vom Geltungsbereich eines Tarifvertrages vollständig ausgenommen sind auch irregulär Beschäftigte wir Tagelöhner, Teilzeit- oder befristet Beschäftigte (Woo 2011, 107). Aufgrund des Betriebsgewerkschaftssystems finden Tarifverhandlungen bis auf wenige Ausnahmen auf betrieblicher Ebene statt. Betriebsübergreifende oder industrieweite Lösungen bleiben eher die Ausnahme. Betriebsgewerkschaften und Betriebsmanagement verhandeln direkt miteinander. Die Tarifhoheit der Betriebsgewerkschaften bedeutet auch, dass sie unabhängig vom Dachverband auch die Hoheit über Beginn und Ende des Streiks haben.

1996 versuchte die Regierung Kim Dae-jung die beiden Gewerkschaftsverbände FKTU und KCTU über eine gemeinsame Kommission mit den Arbeitgebern einzubinden. Die tripartistische Kommission verfolgte das Ziel, wesentliche Strukturanpassungen in der Ökonomie und auf dem Arbeitsmarkt vorzunehmen und durch die Einbindung der Gewerkschaften die Akzeptanz in der Bevölkerung zu erhöhen. In einer Paketlösung sollte sowohl die Arbeitgeberforderung nach Flexibilisierungen auf dem Arbeitsmarkt als auch die Ausweitung kollektiver Vertretungsrechte von Arbeitnehmern beschlossen werden. „Auf den Punkt gebracht, war die Gesetzesvorlage nichts weniger als der Abschied vom (...) paternalistischen betriebszentrierten Konsensmodell zugunsten einer stärker verrechtlichten, flexibleren Arbeitsrechts, eher neo-liberaler, westlicher Prägung" (Reddies 502 f.). Die Einschnitte auf dem Arbeitsmarkt wurden durch die Legalisierung des KCTU und das Organisationsrecht für Beschäftigte des öffentlichen Dienstes gerechtfertigt (Brinkmann u.a. 2008, 58). Über die Einbindung der Gewerkschaft sollte ihre Mobilisierungsfähigkeit geschwächt werden. Da die Forderungen der Gewerkschaften immer wieder benachteiligt wurden, verließ der KCTU im Februar 1999 die Kommission (Woo 2011, 124).

Gesellschaftliche Macht der Gewerkschaften

Zum historischen Erbe der südkoreanischen Gewerkschaften gehört eine ausgeprägte gesellschaftliche Macht, die sich in klassenübergreifenden Mobilisierungen bis hin zum Sturz der Militärdiktatur abbildete. Sie konnte über das Jahr 1987 allerdings nie wieder mit Erfolg eingesetzt werden. Als die Regierung unter Kim Dae-jung die Reformgesetze zum Arbeitsrecht in einer Sondersitzung des Parlaments am 26. Dezember 1996 unter Ausschluss der Opposition klammheimlich beschloss, rief der KCTU zum Generalstreik. Hintergrund war, dass bei der Verabschiedung des Reformpakets auf Druck der Arbeitgeber zwei entscheidende Veränderungen nicht vorgenommen werden sollten. Die Legalisierung des KCTU und damit der Gewerkschaftspluralismus auf der Ebene der Dachverbände sollte nicht wie besprochen zum 1.1.1997 erfolgen, sondern wurde um zwei Jahre verschoben. Außerdem waren die gewerkschaftlichen Vertretungsrechte für Lehrer aus dem Reformpaket herausgenommen worden (Reddies 503). 150 Gewerkschaften beteiligten sich am Generalstreik. Selbst der FKTU schloss sich dem Ausstand an. Nahezu eine halbe Million Beschäftigte legten mehrere Tage große Teile der Automobil-, Schiffsbau- und Schwerindustrie lahm und lieferten sich militante Straßenschlachten mit den staatlichen Sicherheitskräften. Nach den Feiertagen und zum Jahreswechsel weiteten sich die Streiks auf den Angestellten – und den Dienstleistungssektor aus. Es war der erste Generalstreik seit 1987, und er führte dazu, dass die Regierung am 21. Januar 1997 die Haftbefehle gegen die Streikführer aufhob und ankündigte, das Paket noch einmal im Parlament zu diskutieren. Das zumindest war ein Erfolg. Doch das zwei Monate später verabschiedete Reformpaket enthielt zwar den Gewerkschaftspluralismus zum 1.1.1997 und die Legalisierung des KCTU, sah aber darüber hinaus eine Vielzahl von Verschlechterungen auf dem Arbeitsmarkt vor, darunter die Flexibilisierung bei der Wochenarbeitszeit, ein Auslaufen der Bezahlung freigestellter Gewerkschaftssekretäre durch den Betrieb, die Legalisierung des Einsatzes von Streikbrechern sowie die Untersagung der Weiterbezahlung von streikenden

Beschäftigten. Teil des autoritären Kompromisses war es, dass der Betrieb die Gewerkschaftsfunktionäre freistellte und weiterbezahlte. Diese politische Praxis wurde nun gesetzlich untersagt. Außerdem existierten keine Streikkassen. Das Verbot der Weiterbezahlung auch im Streikfall mag im internationalen Vergleich normal erscheinen, aber es schwächte die spezifische gewerkschaftliche Praxis. Die Reformen stellten einen Angriff auf die Beschäftigten dar und sie rissen zugleich die Gewerkschaftsbewegung aus der „paternalistischen Konfliktstruktur", die die Weiterbezahlung von Streikenden durch das Unternehmen ebenso regelte wie die Bezahlung freigestellter Gewerkschaftssekretäre „Für den KCTU begann die schwierige Phase der Arbeit in der Legalität" (ebd., 504).

Bei genauer Betrachtung müssen die Erfolge der Gewerkschaften auf der betrieblichen Ebene in Bezug auf die Lohnentwicklung als größer bewertet werden als ihre Erfolge auf der politischen Ebene. Der Generalstreik von 1997 lief ins Leere. Er hatte weder das Reformpaket verhindern, noch an der Prekarisierung von Beschäftigungsverhältnissen etwas ändern können. Die gesellschaftliche Macht der Gewerkschaften Südkoreas war nur im historischen Verlauf groß, weil es einen Moment in der Geschichte des Landes gab, in dem weder die bürgerlichen Kräfte noch die Klasse der Lohnabhängigen ein Interesse am Fortbestehen der Diktatur hatten. Gleichzeitig konnte die ausgeprägte strukturelle Macht der Lohnabhängigen in der exportgetriebenen Ökonomie Südkoreas auch aufgrund der unterentwickelten Zivilgesellschaft zur Anwendung kommen. Der autoritäre Staat, der die legislative und die exekutive Macht in seinen Händen hielt, hat im Interesse einer beschleunigten Industrialisierung nicht nur die Gewerkschaften, sondern jegliche zivilgesellschaftliche Entwicklung unterdrückt und die Handlungsräume der Zivilgesellschaft stark begrenzt. Autonome und potentielle soziale Bewegungen konnten sich nicht frei entfalten. Erst die klassenübergreifende Mobilisierung im Sommer 1987 führte durch die Kapitulation der Militärregierung zur „Enthierarchisierung des Verhältnisses von Staat und Gesellschaft" (Kim 2008, 14). Der angestaute Druck jahrelanger Unterdrückung gesellschaftlichen Handelns entlud sich durch die Radikalisierung der Arbeiter- und Studentenbewegung, die in einem gemeinsamen Bündnis mit größeren Teilen der Mittelklasse standen. Erst in Folge dieses Prozesses bildete sich neben den traditionellen sozialen Bewegungen wie die Arbeiter- oder auch die Studentenbewegung auf der Grundlage einer wachsenden Mittelklasse eine neue soziale Bewegung in Form von bürgerlicher Selbstorganisation und in Gestalt von Bürgerinitiativen und NGOs heraus. Ihnen geht es „vor allem um gesamtgesellschaftliche demokratische Reformen" (ebd.).

Fazit

Die Widersprüchlichkeit der südkoreanischen Gewerkschaftsbewegung ist ihre Entwicklung vor dem Hintergrund ihrer außerordentlich starken historischen Unterdrückung. Diese verhinderte und inspirierte den Klassenbildungsprozess gleichermaßen. Die Transformation des autoritären Entwicklungsstaates in eine parlamentarische Demokratie mit einem autoritären neoliberalen Arbeitsregime konservierte diesen Widerspruch. Dabei muss festgehalten werden, dass der Bruch mit der autoritären Praxis der Militärdiktatur, die aus einem ökonomischen Pragmatismus zur Industrialisierung des Landes einerseits und der Unterdrückung oppositioneller Kräfte und Bewegungen andererseits bestand, durch die demokratischen Regierungen nie vollständig vollzogen worden ist. Bis heute ist die Regierung den Unternehmen bei der Durchsetzung der Kapitalinteressen autoritär behilflich.

Das Programm, den ökonomischen Aufstieg Südkoreas über eine starke Exportorientierung zu organisieren, verlieh den südkoreanischen Lohnabhängigen von Anfang an eine außerordentlich starke strukturelle Macht. Diese wurde jedoch ebenfalls von Beginn an durch scharfe Eingriffe in die organisatorische und institutionelle Verfasstheit der Gewerkschaften eingeschränkt. Dieser autoritäre staatliche Eingriff stimulierte die Herausbildung ihrer gesellschaftlichen Machtressource, die allerdings unter den Bedingungen des sich neoliberal transformierenden Staates nicht mit Erfolg ausgespielt werden konnte. Die Orientierung auf die Gesamtheit der Klasse, die in dem Versuch der „Organisierung der Unorganisierbaren" (Choi 2012) mündete, und der Versuch, die Industrieverbandsstruktur gegen die Regierung durchzusetzen, aber auch die anhaltenden Mobilisierungen gegen die sich ausweitenden prekären Beschäftigungsformen weisen die südkoreanische Gewerkschaftsbewegung als politisch ausgesprochen bewusst aus.

Abkürzungen

ACGB	Allchinesischer Gewerkschaftsbund
ACTRAV	Büro für Arbeitnehmeraktivitäten bei der ILO
ADEDY	Dachverband des öffentlichen Dienstes in Griechenland
AfD	Alternative für Deutschland, rechtspopulistische Partei
AFGE	Gewerkschaft der Flugbegleiter und Fluglotsen in den USA
AFL-CIO	Dachverband der Facharbeitergewerkschaften in den USA
AFT	Gewerkschaft der Lehrer in den USA
ALLBUS	Allgemeine Bevölkerungsumfrage
ANC	African National Congress
ANEF	Gewerkschaft der Regierungsangestellten Chile
ANEL	Partei Unabhängige Griechen, rechtspopulistische Partei in Griechenland
ASZSZ	Konföderation Autonomer Gewerkschaften in Ungarn
ATGWU	Transportarbeitergewerkschaft Uganda
BGI	Beijing Genomics Institute, unabhängiges Forschungsinstitut in Peking
BIP	Bruttoinlandsprodukt
BLM	Black Lives Matter
BNP	Bruttonationalprodukt
BOA	Baltische Organizing Akademie
CAT	Zentraler Autonomer Gewerkschaftsverband Chile
CBO	Rechnungshof der US-Regierung
CIA	Auslandsgeheimdienst der USA
CLAT	Lateinamerikanische Konföderation der Gewerkschaften
CLC	Zentrale Betriebsräte in den USA
COSATU	Dachverband der Gewerkschaften in Südafrika
CtW	Konföderation Change to Win in den USA
CUT	Dachverband der Gewerkschaften in Chile
DIMAR	Demokratische Linke Griechenland
DINA	Chilenische Geheimpolizei unter Pinochet
EGB	Europäischer Gewerkschaftsbund
ÉSZT	Gewerkschaftliche Vereinigung der Intelligenz in Ungarn
EU	Europäische Union
EuGH	Europäischer Gerichtshof
ETUI	Europäisches Gewerkschaftsinstitut
EVDSZ	Vereinigte Gewerkschaft der Elektroindustrie in Ungarn
EZB	Europäische Zentralbank
FA	Frente Amplio in Uruguay
FAO	Organisation für Ernährung und Landwirtschaft bei der UNO

FAZ	Frankfurter Allgemeine Zeitung
FDI	Ausländische Finanzinvestitionen
FIDESZ	Bund junger Demokraten/Ungarischer Bürgerbund
FKTU	Dachverband der Koreanischen Gewerkschaften
FN	Front National, Ultrarechte Partei in Frankreich (heute RN)
FSB	Russischer Geheimdienst
GAWU	Allgemeine Landarbeitergewerkschaft in Ghana
GSEE	Allgemeiner Griechischer Arbeitnehmerverband
GTUC	Gewerkschaftsbund Ghana
IGB	Internationaler Gewerkschaftsbund
ILO	International Labour Organization
ILWU	Internationale Gewerkschaft der Hafen- und Lagerarbeiter in den USA
IMK	Institut für Makroökonomie und Konjunkturforschung
IWF	Internationaler Währungsfond
KCIA	Koreanischer Geheimdienst
KCTU	Koreanische Konföderation der Gewerkschaften
KDNP	Christdemokratische Partei Ungarns
KKE	Kommunistische Gewerkschaft Griechenlands
KMU	Kleine und Mittelständische Unternehmen
KPCh	Kommunistische Partei Chinas
LAOS	Rechtspopulistische bis ultrarechte Partei in Griechenland
LESZ	Vereinte Luftverkehrsgewerkschaft in Ungarn
LIGA	Demokratische Liga unabhängiger Gewerkschaften
MODESZ	Gewerkschaft der Film- und Fernsehschaffenden Ungarns
MOEL	Mittel- und osteuropäische Länder
MOSZ	Landesverband der Arbeiterräte in Ungarn
MSI	Ultrarechte Partei in Italien
MSZEDDSZ	Dachverband der Beschäftigten im Gesundheitsbereich in Ungarn
MSZOSZ	Ungarischer Gewerkschaftsbund (vorher SZOT)
MSZP	Ungarische Sozialistische Partei, Nachfolgepartei der USAP
MSZSZ	Gewerkschaftsdachverband seit 2013 (Zusammenschluss aus MSZOSZ, ASZSZ und SZEF)
MTI	Bewegung Islamische Tendenz Tunesien
MTSZSZ	Freie Gewerkschaft der Ingenieure und Techniker in Ungarn
MUSA	Tisch der sozialen Einheit in Chile
NASVI	Nationaler Straßenhändlerverband Indiens
NBER	National Bureau of Economic Research
NBLS	National Basic Livelihood Security (Soziale Mindestsicherung)
ND	Nea Demokratia, Konservative Partei in Griechenland
NEA	Nationale Lehrergewerkschaft in den USA
NGO	Nichtregierungsorganisation

NGTT	Wirtschafts- und Sozialrat in Ungarn
NKDP	Neue Koreanische Demokratische Partei
NLRB	National Labour Relation Board in den USA
NSG	Nationales Sicherheitsgesetz in Südkorea
NUMSA	Metallarbeitergewerkschaft in Südafrika
OET	Landesrat für Interessenabstimmung in Ungarn
PAME	Kommunistischer Flügel in den griechischen Gewerkschaften
PASKE	Sozialdemokratischer Flügel in den griechischen Gewerkschaften
PASOK	Sozialdemokratische Partei Griechenlands
PATCO	Gewerkschaft der Fluglotsen in den USA
PD	Partito Democratico, Mitte-links-Partei in Italien
PIT-CNT	Gewerkschaftsbund in Uruguay
PoC	People of Color
PSD	Sozialistische Partei Tunesiens
RCD	Regierungspartei in Tunesien vor dem Umsturz
RN	Rassemblement National, ultrarechte Partei in Frankreich (früher FN)
SACP	Kommunistische Partei Südafrikas
SEIU	Internationale Gewerkschaft der Dienstleistungsangestellten in den USA
SPLC	Southern Poverty Law Center
SYRIZA	Partei der Radikalen Linken in Griechenland
SZDSZ	Liberale Partei Ungarns
SZEF	Gewerkschaftsbund der Beschäftigten im öffentlichen Dienst in Ungarn
SZOT	Traditioneller Dachverband der Gewerkschaften (später MSZOSZ)
TDDSZ	Gewerkschaft der technisch-wissenschaftlichen Angestellten in Ungarn
UAW	Gewerkschaft der Automobilarbeiter in den USA
UGTE	Studierendengewerkschaft Tunesiens
UGTT	Dachverband der Gewerkschaften Tunesiens
UNIA	Gewerkschaft für Industrie, Gewerbe, Bau und private Dienstleistungen in der Schweiz
UNITE	Zweitgrößte Gewerkschaft in Großbritannien
UNO	Vereinte Nationen
USAP	Ehemalige Kommunistische Staatspartei Ungarns
UTICA	Tunesischer Arbeitgeberverband von Handel und Industrie
VBA	Volksbefreiungsarmee Chinas
VDSZ	Gewerkschaft Chemie, Energie und verwandte Berufe in Ungarn
VDSZSZ	Freie Eisenbahnergewerkschaft Solidarität in Ungarn

Literatur

Abramowitz, Michael J./Blinken Anthony/Kuzmich, Holly, 2018: The Democracy Project, https://freedomhouse.org/sites/default/files/2020-02/FINAL_POLL_REPORT_Democracy_Project_2018_v5.pdf

Ackerschott, Stephan, 2014: Die Arbeit von Labour-NGOs im Graubereich der Legalität in der Volksrepublik China, Grin, Norderstedt

Ajili, Ilhem, 2013: Die sozio-kulturellen und politischen Transformationsprozesse in Tunesien seit 1956. Darstellung des repressiven Systems unter Bourguiba und Ben Ali und ihre Instrumentalisierung der Identität, https://docplayer.org/34611604-Diplomarbeit-titel-der-diplomarbeit-die-sozio-kulturellen-und-politischen-transformationsprozesse-in-tunesien-seit-verfasserin.html

Al-Acheq, Ramy, 2021: Der Tod macht große Literatur, in: Zenith: Das arabische Jahrzehnt. Was 2011 begann, ist noch längst nicht vorbei, FES, 62-63, https://library.fes.de/pdf-files/iez/16614.pdf

Al-Hassami, Ruba Ali, 2021: Frühling im Oktober, in: Zenith: Das arabische Jahrzehnt. Was 2011 begann, ist noch längst nicht vorbei, FES, 72-73, https://library.fes.de/pdf-files/iez/16614.pdf

Alberti, Ines/Stör, Christian/Eiseler, Valerie/Ziegele, Marvin, 2020: Corona-Krise in Lateinamerika: Peru wird zum zweiten Hotspot, Frankfurter Rundschau, 26.05.2020, https://www.fr.de/politik/corona-brasilien-bolsonaro-ohne-atemmaske-umarmt-seine-anhaenger-13642304.html

Allmendinger, Björn/Fährmann, Joachim/Tietze, Klaudia (Hrsg.), 2017: Von Biedermännern und Brandstiftern. Rechtspopulismus in Betrieb und Gesellschaft, VSA, Hamburg

Allmendinger, Jutta/Giesecke, Johannes/Leuze, Kathrin, 2014: Ergebnisbericht zum Projekt „Atypische Beschäftigung und soziale Ungleichheit in Europa“, https://www.boeckler.de/pdf_fof/97554.pdf

Alston, Philip, 2016: End-of-mission-statement on China, OHCHR, https://www.ohchr.org/en/statements/2016/08/end-mission-statement-china-professor-philip-alston-united-nations-special

Alvaredo, Facundo/Chancel, Lucas/Piketty, Thomas/Saez, Emmanuel/Zucman, Gabriel, 2018: Die weltweite Ungleichheit. Der World Inequality Report 2018, C.H.Beck, https://wir2018.wid.world/files/download/wir2018-full-report-deutsch.pdf

Alvarez, Maria Khristine/Makalintal, Joshua/Docena, Herbert, 2022: Auf den Philippinen fordert ein Sozialist Duterte heraus, Jacobin, 23.03.2022, https://jacobin.de/artikel/auf-den-philippinen-fordert-ein-sozialist-duterte-heraus-leody-de-guzman-walden-bello-rodrigo-duterte-ferdinand-marcos-leni-robredo/

Amnesty International, 2020: Corona-Krise: Polizei setzt rechtswidrige Gewalt zur Eindämmung der Pandemie ein, Amnesty International, 17.12.2020, https://www.amnesty.de/allgemein/pressemitteilung/corona-krise-polizei-rechtswidrige-gewalt

Andolfatto, Dominique, 2021: Gewerkschaften und sozialer Dialog. Frankreichs Erfahrungen während der Pandemie, FES, https://library.fes.de/pdf-files/bueros/paris/18011.pdf

André, Maria Helena, 2021: Preface, in: International Journal of Labour Research, COVID-19 and Recovery: The Role of Trade Unions in Building forward better, Volume 10, Issue 1-2, https://www.ilo.org/wcmsp5/groups/public/---ed_dialogue/---actrav/documents/publication/wcms_806895.pdf

Anliker, Nicole/Marti, Werner, 2020: Lateinamerika ist das neue Epizentrum der Corona-Pandemie, Neue Zürcher Zeitung, 04.07.2020

Anzlinger, Jana/Wulf, Veronika, 2017: Wer Amerikas Rechtsextreme sind, Süddeutsche Zeitung, 14.08.2017, https://www.sueddeutsche.de/politik/alt-right-und-andere-wer-amerikas-rechtsextreme-sind-1.3627780

Arbeitsgruppe Alternative Wirtschaftspolitik 2020: Memorandum 2020, Gegen Markt- und Politikversagen – aktiv in eine soziale und ökologische Zukunft, https://www.sozialpolitik-aktuell.de/files/sozialpolitik-aktuell/_Politikfelder/Finanzierung/Dokumente/Memoranden_Alternative%20Wirtschaftspolitik/Kurzfassung%20Memorandum%202020.pdf

Arbeitskreis Strategic Unionism 2013: Jenaer Machtressourcenansatz 2.0, in: Schmalz, Stefan/Dörre, Klaus (Hrsg.): Comeback der Gewerkschaften? Machtressourcen, innovative Praktiken, internationale Perspektiven, Campus, Frankfurt a.M., 345-375

Arnold, Alix, 2020: Der schwierige Weg zu einer Verfassung für Chile. Interview mit Iván Ballesteros über die Ziele der Bewegungen und die Manöver der Regierung, ila 435, 05/2020, 13-15, https://www.ila-web.de/ausgaben/435/der-schwierige-weg-zu-einer-neuen-verfassung-für-chile

–, 2011: Sie mussten alles selber machen. Cordones Industriales: Arbeiterselbstverwaltung in Chile 1972/73, ila 345, 05/2011, 30-32, http://archiv.labournet.de/internationales/cl/alixselbstverwaltung.pdf

ASCE – American Society of Civil Engeneers, 2021, https://infrastructurereportcard.org/cat-item/drinking-water-infrastructure/

Asian Centre, 2020: COVID-19 and Democracy in Southeast Asia. Building Resilience, fighting Authoritarianism, Bangkok, https://asiacentre.org/wp-content/uploads/COVID-19-and-Democracy-in-Southeast-Asia-Building-Resilience-Fighting-Authoritarianism.pdf

Au Loong-Yu, 2020: Revolte in Hongkong. Die Protestbewegung und die Zukunft Chinas, Berlin, Bertz + Fischer

Auernheimer, Gustav, 2009: Politische Kultur: Modernisierung und Europäisierung einerseits, Tradition und Identität des „Griechentums" andererseits, in: Egner, Björn/Terizakis, Georgios (Hrsg.): Das politische System Griechenlands. Strukturen, Akteure, Politikfelder, Nomos, Baden-Baden, 91-122

Azzellini, Dario (Hrsg.), 2021: Mehr als Arbeitskampf! Workers weltweit gegen Autoritarismus, Faschismus und Diktatur, VSA, Hamburg

–, 2017: This is a process not a protest. Globale urbane Proteste, Betriebsbesetzungen zur Produktion unter Arbeiterkontrolle und lokale Selbstverwaltung, RLS, https://zeitschrift-suburban.de/sys/index.php/suburban/article/view/241/421

–, 2014: Ein Epochenbruch. Die neuen globalen Proteste zwischen Organisation und Bewegung, Prokla, 12/2014, 495-512

Baer, Willi/Dellwo, Karl-Heinz, 2013: Die Schlacht um Chile, Laika, Hamburg

Bahk Eun-ji, 2021a: Labor group faces series of complaints following mass rally, The Korea Times, 21.10.2021, https://www.koreatimes.co.kr/www/nation/2021/10/371_317393.html

–, 2021b: Umbrella union stages mass rally in Seoul, The Korea Times, 21.10.2021, https://www.koreatimes.co.kr/www/nation/2021/10/371_317335.html

Baladi, Lara, 2021: Alles beginnt mit dem Tod junger Menschen, in: Zenith: Das arabische Jahrzehnt. Was 2011 begann, ist noch längst nicht vorbei, FES, 30-32, https://library.fes.de/pdf-files/iez/16614.pdf

Balhorn, Loren, 2020: Wieso die USA brennen, RLS, 18.06.2020, https://www.rosalux.de/news/id/42521/wieso-die-usa-brennen

Bartels, Stefan, 2004: Die Herausbildung der Demokratie in Südkorea: Vom autoritären Militärstaat zur Demokratie, GRIN, München

Bass, Hans/Wauschkuhn, Markus/Wohlmuth, Karl, 1996: Menschenrechte, Arbeitsverhältnisse und Gewerkschaften in China – internationale Perspektiven, Berichte des Arbeitsbereichs Chinaforschung im Institut für Weltwirtschaft und Internationales Management, Nr.6, Universität Bremen

Bastian, Nicole/Heide, Dana/Kölling, Martin/Peer, Matthias/Waschinski, Gregor, 2020: Sechs Dinge, die Asien bei der Corona-Bekämpfung besser macht, Handelsblatt, 09.11.2020

Bauer, Edgar, 1997: Die unberechenbare Weltmacht. China nach Deng Xiaoping, Ullstein, Berlin

Baumann, Meret, 2022: Viktor Orbán ist stärker denn je – für seine Gegner wird das ungemütlich, Neue Zürcher Zeitung, 04.04.2022, https://www.nzz.ch/meinung/wahlen-in-ungarn-viktor-orban-ist-staerker-denn-je-ld.1677883

–, 2021: Orbán muss um die Macht zittern, Neue Züricher Zeitung – International, 11.05.2021

–, 2020: Präsident Trump hat die Demokratie beschädigt – deshalb ist die Wahl auch ein Kampf um Amerikas Seele, Neue Züricher Zeitung, 02.11.2020, https://www.nzz.ch/meinung/wahlen-usa-praesident-trump-hat-die-demokratie-beschaedigt-ld.1582535

Beck, Martin/Stützte, Ingo (Hrsg.), 2018: Die neuen Bonpartisten. Mit Marx den Aufstieg von Trump & Co verstehen, Dietz, Berlin

Becker, Joachim, 2015: Der selektive Wirtschaftsnationalismus der Fidesz-Regierung, Kurswechsel 03/2015, 70-74, http://www.beigewum.at/wordpress/wp-content/uploads/KW_3_2015_debatte_1_ungarn_becker.pdf

Beglinger, Martin, 2020: Wie eine neue Bildungselite die einfachen Leute demütigt. Und so den Weg für Donald Trump und den Populismus geebnet hat, Neue Züricher Zeitung, 29.10.2020, https://www.nzz.ch/feuilleton/trumps-erfolg-erklaert-gebildete-demuetigen-die-einfachen-leute-ld.1583653?mktcid=smsh&fbclid=IwAR3plzXyBy OKa-vf-OXASlLcUJ1mRfIQ7FRtBIuARO1md6J7lGkSHo6fbNg

Bello, Walden, 2005: De-Globalisierung. Widerstand gegen die neue Weltordnung, VSA, Hamburg

Bellofiore, Riccardo, 2011: A crises of capitalism, The Guardian, 21.09.2011, https://www.theguardian.com/commentisfree/2011/sep/21/crisis-of-capitalism

Ben Jaafar, Mustapha, 2018: Der Verfassungsprozess in Tunesien, in: Meyer, Henrik/Rauer, Marcel (Hrsg.): Zwischen Kontinuität und Neubeginn. Deutsch-tunesische Beziehungen im Wandel der Zeit, FES, 19-24, http://library.fes.de/pdf-files/iez/14743.pdf

Berndt, Leonior Abujatum, 2013: Ein Land im Umbruch? Wie aus dem Unmut über soziale Ungleichheit eine Neoliberalismus-kritische Bewegung wurde, in: Ehlers, Torben (Hrsg.), Soziale Proteste in Lateinamerika, Argument, Hamburg, 274-302

Bewernitz, Torsten, 2014: Globale Krise – globale Streikwelle? Zwischen den ökonomischen und demokratisch-politischen Protesten herrscht keine zufällige Gleichzeitigkeit, Prokla, 12/2014, 513-350

Bierbaum, Heinz, 2013: Eingebunden. Jenseits des Krisenkorporatismus, Luxemburg, 1/2013, 6-12, https://www.zeitschrift-luxemburg.de/lux/wp-content/uploads/2013/07/LUX_1301_WEB.pdf

Biesenbach, Doris, 2019: Zunahme von Autoritarismus und Militarisierung in Lateinamerika, GIGA, 31.01.2019, https://epub.sub.uni-hamburg.de/epub/volltexte/2020/99193/pdf/dok_line_lateinamerika_2018_3.pdf

Biró-Nagy, András/Győri, Gábor, 2022: Ungarische Parlamentswahlen 2022, FES, https://library.fes.de/pdf-files/bueros/budapest/19127.pdf

Bischoff, Joachim, 2021: Ein neues politisches Drehbuch für die 'amerikanische Tragödie', Sozialismus 1/2021, 37-41

–, 2017: Donald Trump. Ein Präsident mit Risiko. Die USA zwischen Niedergang der Demokratie und dem Umsturz der Weltordnung, VSA, Hamburg

Bischoff, Joachim/Radke, Björn, 2015: 'Isch over'? Griechenland und die Eurozone. Syrizas Kampf gegen die neoliberale Hegemonie, VSA, Hamburg

Blanc, Eric, 2019: Red State revolt. The Teachers' Strikes and Working-Class Politics, Verso, London/New York

Blanke, Svenja, 2020: Wenn Krise zum Dauerzustand wird, IPG, 08.09.2020, https://www.ipg-journal.de/regionen/lateinamerika/artikel/wenn-krise-zum-dauerzustand-wird-4628/

Blomeier, Hans/Beck, Ann-Kathrin, 2020: Mexiko, in: Woischnik, Jan u.a., Lateinamerika in der Corona-Krise, KAS, 02.06.2020, 20-22, https://www.kas.de/documents/7851262/8433451/Lateinamerika+in+der+Corona-Krise.pdf/e69b3676-c1d1-169f-9459-8fa7f28973cd?version=1.0&t=1591182098649

BLS – U.S. Bureau of Labor Statistics, 2021a: Work Stoppages, 2021a https://www.bls.gov/web/wkstp/annual-listing.htm

–, 2021b: Household Data, https://www.bls.gov/web/empsit/cpsee_e16.htm
Boddenberg, Sophia, 2020a: Weg frei für eine neue Verfassung, taz, 26.10.2020, https://taz.de/Referendum-in-Chile/!5723304/
–, 2020b: Chile zwischen Pandemie und historischem Referendum, Luxemburg, 10/2020, https://www.zeitschrift-luxemburg.de/chile-zwischen -pandemie-und-historischem -referendum/
–, 2020c: Der lange Weg raus aus der Pinochet-Diktatur, Die Zeit, 10.03.2020, https://www.zeit.de/politik/ausland/2020-03/chile-proteste-militaerdiktatur -verfassung-kommunismus-rechte-elite
–, 2020d: 50 Jahre nach Allende: Aufbruch in ein neues Chile, Blätter für deutsche und internationale Politik, 10/2020, https://www.blaetter.de/ausgabe/2020/oktober/50-jahre-nach-allende-aufbruch-in-ein-neues-chile
–, 2020e: Chile in der Corona-Krise – „Wenn uns das Virus nicht tötet, tötet uns der Hunger", Adveniat, https://www.adveniat.de/informieren/aktuelles/nachrichten-archiv/corona-krise-in-chile/
–, 2019: Chile: Aufstand im Labor des Neoliberalismus, Blätter für deutsche und internationale Politik, 12/2019, https://www.blaetter.de/ausgabe/2019/dezember/chile-aufstand-im-labor-des-neoliberalismus
Boewe, Jörn, 2013: Das Kräfteverhältnis ändern. Für die Schweizer Unia ist Organizing mehr als Betriebserschließung. Es geht um den außerparlamentarischen Kampf für soziale Gerechtigkeit, in: Wetzel, Detlef (Hrsg.): Organizing. Die Veränderung der gewerkschaftlichen Praxis durch das Prinzip der Beteiligung, VSA, Hamburg, 302-306
Böhm, Andrea, 2021: Tunesien – Zehn Jahre Wut, Die Zeit, 28.07.2021, https://www.zeit.de/2021/31/tunesien-absetzung-regierung-demokratiebedrohung-proteste
Bohle, Dorothee, 2002: Erweiterung und Vertiefung der EU: Neoliberale Restrukturierung und transnationales Kapital, 06/2002, 353-376, https://core.ac.uk/download/pdf/229350885.pdf
Boos, Tobias/Lichtenberger, Hanna/Piller, Armin (Hrsg.), 2017: Mit Poulantzas arbeiten, VSA, Hamburg
Brandon, Emily, 2008: Retirement Savers lost $2 trillion in the stock Market, US News, 08.10.2008, https://money.usnews.com/money/blogs/planning-to -retire/2008/10/08/retirement-savers-lost-2-trillion-in-the-stock-market
Breiniger, Lilli, 2018: Dutertismo – Aufstieg des populistischen Autoritarismus, Stiftung Asienhaus, April 2018, https://d-nb.info/1221371037/34
Brenke, Karl, 2012: Die griechische Wirtschaft braucht eine Wachstumsstrategie, DIW, Wochenbericht, 05/2012, https://www.diw.de/documents/publikationen/73/diw_01.c.392237.de/12-5-1.pdf
Brenner, Mark, 2012: Auf den Kopf gestellt. Zum Verhältnis von Gewerkschaften und Occupy, express, 11.03.2012, https://www.linksnet.de/artikel/27373
Brinkmann, Manfred, 2018: USA: Lehrerstreiks in republikanischen Bundesstaaten, GEW, 23.04.2018, https://www.gew.de/aktuelles/detailseite/usa-lehrerstreiks -in-republikanischen-bundesstaaten

–, 2013: Griechenland: Regierung verbietet Lehrerstreiks, GEW, https://www.gew.de/aktuelles/detailseite/neuigkeiten/griechenland-regierung-verbietet-lehrerstreik/

Brinkmann, Ulrich/Choi Hae-Lin/Detje, Richard/Dörre, Klaus/Holst, Hajo/Karakayali, Serhat/Schmalstieg, Katharina, 2008: Strategic Unionism. Aus der Krise zur Erneuerung?, VS, Wiesbaden

Brüggemann, Mathias u.a., 2020: Ampeln, Schnelltests, Seniorenstunden: Wie Europa gegen Corona kämpft, Handelsblatt, 25.02.2020

Brühwiller, Tjerk, 2021: Chile impft jetzt schon Sechsjährige, Frankfurter Allgemeine Zeitung, 16.09.2021, https://www.faz.net/aktuell/politik/ausland/chile-impft-sechsjaehrige-gegen-corona-trotz-hoher-impfquote-17539916.html

Brust, Susanne/Schäfer, Martin, 2021: Die Abwahl des Neoliberalismus in Chile, amerika21, 26.06.2021, https://amerika21.de/analyse/251527/die-abwahl-des-neoliberalismus-chile

Bsirske, Frank/Busch, Klaus/Höbel, Olivier/Knerler, Rainer/Scholz, Dieter (Hrsg.), 2016: Gewerkschaften in der Eurokrise. Nationaler Anpassungsdruck und europäische Strategien, VSA, Hamburg

Buchter, Hans, 2016: Die Notbremse, Die Zeit, 03.08.2016, https://www.zeit.de/politik/ausland/2016-08/donald-trump-notbremse-waehleranalyse-arbeiterschicht-usa

Busch, Klaus/Herrmann, Christoph/Hinrichs, Karl/Schulten, Thorsten, 2012: Eurokrise, Austeritätspolitik und das Europäische Sozialmodell. Wie die Krisenpolitik in Südeuropa die soziale Dimension der EU bedroht, FES, Internationale Politikanalyse, https://library.fes.de/pdf-files/id/ipa/09444.pdf

Butollo, Florian, 2013: Kein Ende der Billigarbeit – Grenzen der industriellen Aufwertung in der Bekleidungs- und in der IT-Industrie im Perflussdelta, in: Egger, Georg/Fuchs, Daniel/Immervoll, Thomas/Steinmassl, Lydia (Hrsg.): Arbeitskämpfe in China. Berichte von der Werkbank der Welt, ProMedia, Wien, 53-66

Butollo, Florian/Lüthje, Boy, 2013: Drei Seiten, vier Parteien? Arbeitskonflikte, Arbeitsstandards und gewerkschaftliche Organisationsmacht in China, in: Schmalz, Stefan/Dörre, Klaus (Hrsg.): Comeback der Gewerkschaften? Machtressourcen, innovative Praktiken, internationale Perspektiven, Campus, Frankfurt a.M., 276-296

Cambon, Sarah Chaney, 2021: U.S. Jobless Claims Fall to Another Pandemic Law, The Wall Street Journal, 13.05.2021, https://www.wsj.com/articles/weekly-jobless-claims-coronavirus-05-13-2021-11620849983

Campero, Guillermo, 2004: Macroeconomics reforma, labour markets and labour policies: Chile, 1973–2000, ILO, Employment Strategy Papers, https://www.ilo.org/wcmsp5/groups/public/---ed_emp/---emp_elm/documents/publication/wcms_114331.pdf

Candeias, Mario, 2019: Aufstieg des globalen Autoritarismus. 19 Thesen zu Ursachen und Bestimmungsmomenten, RLS, Juni 2019, https://www.rosalux.de/publikation/id/40834/aufstieg-des-globalen-autoritarismus

–, 2016: Gegenmittel – Autoritärer Neoliberalismus und Rechtspopulismus. Perspektiven einer verbindenden linken Partei, in: Demirović, Alex (Hrsg.), Transformation der Demokratie – demokratische Transformation, Westfälisches Dampfboot, Münster, 9-34

– (Hrsg.), 2015: Rechtspopulismus in Europa. Linke Gegenstrategien, RLS, 2015, https://www.rosalux.de/fileadmin/rls_uploads/pdfs/Materialien/Materialien12_Rechtspopulismus.pdf

–: „This party is so over ...“ Krise, neuer Staatsinterventionismus und grüner New Deal, RLS, https://www.rosalux.de/fileadmin/rls_uploads/pdfs/Themen/Nachhaltigkeit/UN-Klimagipfel_09/mc_krise_gnd.pdf

Candeias, Mario/Völpel, Eva, 2014: Plätze sichern! ReOrganisierung der Linken in der Krise, Hamburg, VSA

Capital, 2020: Mit diesen Unternehmen hat sich Trump schon angelegt, 25.10.2020, https://www.capital.de/wirtschaft-politik/mit-diesen-unternehmen-hat-sich-trump-schon-angelegt

Caspari, Lisa, 2017: Endstation Reichtum, DIE ZEIT, 27.06.2017, https://www.zeit.de/wirtschaft/2017-06/chile-neoliberalismus-armutsgrenze-wirtschaft-reichtum

CEP – Counter Extremism Project, https://www.counterextremism.com/vehicles-as-weapons-of-terror

Chan, Anita, 2013: Die internationale Gewerkschaftsbewegung, Arbeitskonflikte und Aussichten auf Tarifverhandlungen in China, in: Egger, Georg/Fuchs, Daniel/Immervoll, Thomas, Steinmassl, Lydia (Hrsg.), Arbeitskämpfe in China. Berichte von der Werkbank der Welt, ProMedia, Wien, 144-162

–, 2007: Realities and Possibilities for Chinese Trade Unionism, in: Phelan, Craig (Hrsg.), The Future of Organized Labour, Peter Lang, Bern, 275-304

Chang Kai/Meng Quan, 2013: Der Streik und die Tarifverhandlungen bei Honda Nanhai, in: Egger, Georg/Fuchs, Daniel/Immervoll, Thomas, Steinmassl, Lydia (Hrsg.), Arbeitskämpfe in China. Berichte von der Werkbank der Welt, ProMedia, Wien, 130-143

Chernyshev, Igor, 2003: Decent work statistical indicators: strikes and lockouts statistics in the international context, ILO, https://www.ilo.org/wcmsp5/groups/public/---dgreports/---stat/documents/publication/wcms_087921.pdf

Chih-Jou Jay Chen, 2013: Die Zunahme von Arbeitskonflikten in China: Ein Vergleich von ArbeiterInnenprotesten in verschiedenen Sektoren, in: Egger, Georg/Fuchs, Daniel/Immervoll, Thomas, Steinmassl, Lydia (Hrsg.), Arbeitskämpfe in China. Berichte von der Werkbank der Welt, ProMedia, Wien, 78-105

Chilas, Nikos/Wolf, Winfried, 2016: Die griechische Tragödie. Rebellion, Kapitulation, Ausverkauf, ProMedia, Wien

China Statistical Yearbook 2020, http://www.stats.gov.cn/tjsj/ndsj/2020/indexeh.htm

Choi, Hae-Lin, 2012: Die Organisierung der Unorganisierbaren. USA, Südkorea, Italien: Gewerkschaftliche Strategien für prekär Beschäftigte, VSA, Hamburg

–, 2008: Prekärer Aufstand der Prekären, Neues Deutschland, 26.09.2008, https://www.nd-aktuell.de/artikel/136143.prekaerer-aufstand-der-prekaeren.html

Chondros, Giorgos, 2015: Die Wahrheit über Griechenland, die Eurokrise und die Zukunft Europas, Westend, Frankfurt a.M.
Chwalla, Sebastian, 2015: Der Front National. Geschichte, Programm, Politik und Wähler, Papy Rossa, Köln
Czymmeck, Anja/Oswald, Kevin, 2020: Brasilien, in: Woischnik, Jan u.a., Lateinamerika in der Corona-Krise, KAS, 02.06.2020, 7-9, https://www.kas.de/documents/7851262/8433451/Lateinamerika+in+der+Corona-Krise.pdf/e69b3676-c1d1 -169f-9459-8fa7f28973cd?version=1.0&t=1591182098649
Da Silva, Gioia/Schürpf, Thomas, 2021: Pandora Papers: Ermittlungen gegen Chiles Präsidenten Sebastián Piñera, Neue Züricher Zeitung, 08.10.2021, https://www.nzz.ch/wirtschaft/pandora-papers-ein-internationales-recherchenetzwerk-publiziert-die-bisher-umfangreichste-enthuellung-von-finanzgeheimnissen-ld.1648652
Dahl, Silvia, 1987: Tunesien: Freude über den Machtwechsel, Die Zeit, 13.11.1978, https://www.zeit.de/1987/47/tunesien-freude-ueber-den-machtwechsel
Dahlum, Sirianne/Knutsen, Carl Henrik/Wig, Tore, 2019: Who revolts? Empirically Revisiting the social origins of democracy, https://www.prio.org/download/publicationfile/1891/Who%20Revolts.pdf
Dalos, György, 2006: 1956. Der Aufstand in Ungarn, C.H.Beck, München
Darimont, Barbara, 2011: Das Sozialversicherungsgesetz der VR China, https://www.researchgate.net/profile/Barbara-Darimont/publication/341055379_Das_Sozialversicherungsgesetz_der_VR_China/links/5eab0c47299bf18b958a6299/Das-Sozialversicherungsgesetz-der-VR-China.pdf?origin=publication_detail
De Carvalho do Val, Renata, 2020: COVID-19: Die Bekämpfung des Virus in einem ungleichen Land, Lateinamerika-Studien Universität Hamburg, https://www.slm.uni-hamburg.de/last/forschung/lateinamerika-und-corona.html
Debiel, Tobias/Vüllers, Johannes/Weigert-Fenner, Irene, 2020: Die Macht der Straße, IPG, 02.07.2020, https://www.ipg-journal.de/regionen/global/artikel/die-macht -der-strasse-2-4479/
Debray, Régis, 1974: Der chilenische Filter, in: Baer, Willi/Dellwo, Karl-Heinz, Die Schlacht um Chile, Laika, Hamburg, 69-116
Dellwo, Karl-Heinz, 2016: Über die Notwendigkeit des Bruchs, in: Kaltenegger, Ernest/Kühnerer, Leo/Stuhlpfarrer, Samuel, Alle Verhältnisse umzuwerfen. Gespräche und Interventionen zu Krise, globaler Bewegung und linker Geschichte, mandelbaum, kritik & utopie, Wien, 13-22
Demirović, Alex (Hrsg.), 2016: Transformation der Demokratie – demokratische Transformation, Westfälisches Dampfboot, Münster
–, 2016: Demokratie – zwischen autoritären Tendenzen und gesellschaftlicher Transformation. Zur Kritik der politischen Demokratie, in: Demirović, A. (Hrsg.), Transformation der Demokratie – demokratische Transformation, Westfälisches Dampfboot, Münster, 278-302
–, 2018: Autoritärer Populismus als neoliberale Krisenbewältigungsstrategie, Prokla 190, 27-42, https://www.prokla.de/index.php/PROKLA/article/download/30/23

Deppe, Frank, 2018: Bonarpartismus reloaded?, in: Beck, M./Stützte, I. (Hrsg.), Die neuen Bonpartisten. Mit Marx den Aufstieg von Trump & Co verstehen, Dietz, Berlin, 243-261

–, 2013: Wende zum autoritären Kapitalismus, Sozialismus 11/2013, 10-16, https://frankdeppe.de/wp-content/uploads/2018/06/deppe_frank_wende_zum_autoritaeren_kapitalismus_quelle_sozialismus_2013_11.pdf

Deppe, Kerstin, 2019: „Sklavengesetz" und Dumpinglöhne: Was sich (nicht nur) in Ungarn ändern muss, DGB, https://www.dgb.de/themen/++co++068783b8-40c4-11e9-8f5f-52540088cada

Destatis, 2022: Befristete Beschäftigung in der EU, https://www.destatis.de/Europa/DE/Thema/Bevoelkerung-Arbeit-Soziales/Arbeitsmarkt/Qualitaet-der-Arbeit/_dimension-4/befristet-beschaeftigte.html

–, 2020a: Befristete Beschäftigung in der EU, https://www.destatis.de/Europa/DE/Thema/Bevoelkerung-Arbeit-Soziales/Arbeitsmarkt/Qualitaet-der-Arbeit/_dimension-4/befristet-beschaeftigte.html

–, 2020b: Arbeitslosenquote von 1980 bis 2020, https://de.statista.com/statistik/daten/studie/17318/umfrage/arbeitslosenquote-in-suedkorea/

–, 2017: G20 in Zahlen, https://www.destatis.de/DE/Themen/Laender-Regionen/Internationales/Publikationen/broschuere-g20--in-zahlen-0000167179004.pdf?__blob=publicationFile

Dethlefsen, Knut, 2021: Die Coronakrise trifft die USA. Gespaltene Gesellschaft, angeschlagene Wirtschaft und Politik ohne Kompass, FES, https://library.fes.de/pdf-files/id/17284.pdf

DW – Deutsche Welle, 14.05.2020, Südkoreas Wirtschaft im Corona-Modus, https://www.dw.com/de/südkoreas-wirtschaft-im-corona-modus/a-53425701

DGB Hessen-Thüringen, 2011: Occupy Frankfurt und Gewerkschaften, https://hessen-thueringen.dgb.de/themen/++co++3a853146-f8c0-11e0-502f-00188b4dc422

Dickson, Chris, 2019a: Weaving an Union Network around the Garment Sector – An Example from Central America, in: Herberg, Mirko (Hrsg.): Trade Unions in Transformation. Success Stories from all over the World, FES, Berlin, 49-52

–, 2019b: The Fall and Rise of Uruguay's Trade Unions, in: Herberg, Mirko (Hrsg.): Trade Unions in Transformation. Success Stories from all over the World, FES, Berlin, 72-75

Dihstelhoff, Julius, 2018a: Politischer Islam in Tunesien und in den deutsch-tunesischen Beziehungen, in: Meyer, Henrik/Rauer, Marcel (Hrsg.): Zwischen Kontinuität und Neubeginn. Deutsch-tunesische Beziehungen im Wandel der Zeit, FES, 31-39, http://library.fes.de/pdf-files/iez/14743.pdf

–, 2018b: Umgang mit Frustration. Eine Selbsteinschätzung der tunesischen Jugend, FES, http://library.fes.de/pdf-files/iez/14152.pdf

Dilger, Gerhard/Kim, Caroline, 2019: „Chile ist aufgewacht". Der weitgehend friedliche Massenaufstand könnte einen tiefgreifenden Wandel einleiten. Interview mit der Soziologin Pierina Ferretti, RLS, 25.10.2019, https://www.rosalux.de/news/id/41162/chile-ist-aufgewacht

Dirksen, Uta, 2018: Die Zukunft der Arbeit beginnt jetzt! Wie der Wandel in Lateinamerika gestaltet werden kann, FES, https://library.fes.de/pdf-files/iez/14419.pdf

DIW – Deutsches Institut für Wirtschaftsforschung, 2020: Trumps protektionistische Handelspolitik verfehlt ihre Ziele, 10.12.2020, https://www.diw.de/de/diw_01.c.806298.de/trumps_protektionistische_handelspolitik_verfehlt_ihre_ziele.html

Do, Paolo, 2013: Die Achillesferse Chinas. Geistige Arbeit und Arbeitskämpfe im Reich der Mitte, in: Egger, Georg/Fuchs, Daniel/Immervoll, Thomas/Steinmassl, Lydia, Arbeitskämpfe in China. Berichte von der Werkbank der Welt, ProMedia, Wien, 67-77

Döpfner, Mathias, 2014: Warum wir Google fürchten, Frankfurter Allgemeine Zeitung, 16.04.2014, https://www.faz.net/aktuell/feuilleton/medien/mathias-doepfner-warum-wir-google-fuerchten-12897463.html

Dörre, Klaus, 2020a: Die Corona-Pandemie – eine Katastrophe mit Sprengkraft, Berliner Journal für Soziologie, 30, 165-190, https://link.springer.com/article/10.1007/s11609-020-00416-4

–, 2020b: Ausnahmezustand. Zur Politischen Ökonomie einer Seuche, SPW 2/2020, 26-32, https://www.spw.de/data/237_doerre.pdf

–, 2020c: Nicht jede Krise ist eine Chance, in: Jacobin, 17.04.2020, https://jacobin.de/artikel/klaus-dorre-corona-krise-chance/

–, 2019: Risiko Kapitalismus. Landnahme, Zangenkrise, Nachhaltigkeitsrevolution, in: Dörre, Klaus/Rosa, Hartmut/Becker, Karina/Bose, Sophie/Seyd, Benjamin (Hrsg.): Große Transformation? Zur Zukunft moderner Gesellschaften, Sonderband des Berliner Journals für Soziologie, Springer VS, Wiesbaden, 3-34

Dörre, Klaus/Rosa, Hartmut/Becker, Karina/Bose, Sophie/Seyd, Benjamin (Hrsg.), 2019: Große Transformation? Zur Zukunft moderner Gesellschaften, Sonderband des Berliner Journals für Soziologie, Springer VS, Wiesbaden

Dörre, Klaus/Bose, Sophie/Lütten, John/Köster, Jakob, 2018: Arbeiterbewegung von rechts? Motive und Grenzen einer imaginären Revolte, Berliner Journal für Soziologie, 28/2018, 55-89, https://link.springer.com/article/10.1007/s11609-018-0352-z

Dörre, Klaus/Schmalz, Stefan, 2013: Comeback der Gewerkschaften? Eine marktsoziologische Forschungsperspektive, in: Schmalz, Stefan/Dörre, Klaus (Hrsg.): Comeback der Gewerkschaften? Machtressourcen, innovative Praktiken, internationale Perspektiven, Campus, Frankfurt a.M., 13-38

Dörries, Bernd, 2020: Versammlungen in Niger sind erlaubt – außer gegen die Regierung, Süddeutsche Zeitung, 18.03.2020, https://www.sueddeutsche.de/politik/coronavirus-infektion-pandemie-1.4848762

Drautz, Cordula/Scholle, Thilo, 2009: Linke Hegemonie? Die Krise des Neoliberalismus nutzen, SPW, 2/2009, 10-14, https://www.spw.de/data/einleitung170.pdf

DTDA – Danish Trade Union Development Agency, 2020: Labour Market Profile. Tunisia 2020, https://www.ulandssekretariatet.dk/wp-content/uploads/2020/06/LMP-Tunisia-2020-Final-version-1.pdf

Dychtwald, Zak, 2020: Young China. Wie eine neue Generation ihr Land und die ganze Welt verändert, Econ, Berlin

Egger, Georg/Fuchs, Daniel/Immervoll, Thomas/Steinmassl, Lydia (Hrsg.), 2013: Arbeitskämpfe in China. Berichte von der Werkbank der Welt, ProMedia, Wien

–, 2013: Arbeitskämpfe in China. Eine Einleitung, in: Egger, Georg/Fuchs, Daniel/ Immervoll, Thomas/Steinmassl, Lydia (Hrsg.): Arbeitskämpfe in China. Berichte von der Werkbank der Welt, ProMedia, Wien, 11-22

Egner, Björn/Terizakis, Georgios (Hrsg.), 2009a: Das politische System Griechenlands. Strukturen, Akteure, Politikfelder, Nomos, Baden-Baden

–, 2009b: Das politische System Griechenlands: Gleichzeitigkeit von Semiperipherie und Postmoderne?, in: Egner, Björn/Terizakis, Georgios (Hrsg.): Das politische System Griechenlands. Strukturen, Akteure, Politikfelder, Nomos, Baden-Baden, 9-18

Egner, Björn, 2009c: Von der verstärkten Mehrheitswahl zur Koalitionsregierung? Wahl- und Parteiensystem im Wandel, in: Egner, Björn/Terizakis, Georgios (Hrsg.): Das politische System Griechenlands. Strukturen, Akteure, Politikfelder, Nomos, Baden-Baden, 123-140

Ehlers, Torben (Hrsg.), 2013: Soziale Proteste in Lateinamerika, Argument, Hamburg

Ehringfeld, Klaus, 2021a: Stichwahl in Chile: Wird der Neofaschist José Antonio Kast neuer Präsident?, Frankfurter Rundschau, 18.12.2021, https://www.fr.de/politik/wird-ein-neofaschist-neuer-praesident-chiles-91186561.html

–, 2021b: Neofaschist auf dem Weg ins Präsidentenamt – Erinnerung an Chiles dunkle Zeit, Frankfurter Rundschau, 22.11.2021, https://www.fr.de/politik/neofaschist-auf-dem-weg-ins-praesidentenamt-erinnerung-an-chiles-dunkle-zeit-91132391.html

Eichhorst, Werner/Tobsch, Verena, 2017: Atypische Beschäftigung in Europa, WSI Mitteilungen, https://www.wsi.de/data/wsimit_2017_01_eichhorst.pdf

Eifler, Ulrike, 2021: Revolte in Hongkong. Die Protestbewegung und die Zukunft Chinas, Freiheitsliebe, https://diefreiheitsliebe.de/politik/revolte-in-hongkong-die-protestbewegung-und-die-zukunft-chinas/

–, 2020: Chinas Aufstieg – ein Blick zurück, Freiheitsliebe, https://diefreiheitsliebe.de/politik/chinas-aufstieg-ein-blick-zurueck/

–, 2020: Chinas Aufstieg – die Entstehung neuer Klassenbeziehungen, Freiheitsliebe, https://diefreiheitsliebe.de/politik/chinas-aufstieg-die-entstehung-neuer-klassenbeziehungen/

–, 2012: 1989 – Ein Schlüsseljahr für die Arbeiter, Das Argument, Heft 1+2/2012, 206-216

–, 2007: Neoliberale Globalisierung und die Arbeiterbewegung in China, ibidem, Stuttgart

Einzenberger, Rainer/Schaffar, Wolfram, 2019: Die politische Ökonomie des neuen Autoritarismus, Südostasien. Zeitschrift für Politik. Kultur. Dialog, 22.10.2019, https://suedostasien.net/suedostasien-die-politische-oekonomie-des-neuen-autoritarismus/

Elliesen, Moritz, 2019: Das Ende des Zukunftsversprechens: Strategie, Wandel und Aufstieg von Fidesz im Kontext der postsozialistischen Transformation, Forschungsgruppe Staatsprojekt Europa, Working Papers Nr.2, http://staatsprojekt-europa.eu/wp-content/uploads/2019/08/Elliesen-2019-SPEU_WP02.pdf

Elliesen, Moritz/Pichl, Maximilian, 2020: Orbáns Durchmarsch, Europas Verantwortung, Blätter für deutsche und internationale Politik, 09/2020, https://www.blaetter.de/ausgabe/2020/september/orbans-durchmarsch-europas-verantwortung

Elversberg, Dennis, 2018: Innerimperiale Kämpfe. Die Thesen zum Verhältnis zwischen autoritärem Nationalismus und imperialer Lebensweise, Prokla, 01/2018, 43-54

Ensignia, Jaime, 2004: Die chilenische Gewerkschaftsbewegung nach der Diktatur, in: Imbusch, Peter/Messner, Dirk/Nolte, Detlef (Hrsg.), Chile heute. Politik-Wirtschaft-Kultur, Vermuret, Frankfurt a.M., 127-140, https://publications.iai.spk-berlin.de/servlets/MCRFileNodeServlet/Document_derivate_00000094/BIA%20090%20Chile%20heute.pdf

Erdle, Steffen, 2005: Tunesien – Autoritarismus versus Modernität, beb, https://www.bpb.de/internationales/afrika/afrika/59008/regionale-kooperation

Ergin, Yasemin, 2019: Als die Willkür unerträglich wurde, bpb, https://www.bpb.de/themen/naher-mittlerer-osten/atlas-des-arabischen-fruehlings/300957/als-die-willkuer-unertraeglich-wurde/

Erling, Johnny, 1990: Der tiefe Sturz aus dem Traum der Freiheit, in: Grobe-Hagel, Karl/Drücker, Franz-Josef: Der kurze Frühling von Peking. Die chinesische Demokratiebewegung und der Machtkampf der Partei, Fischer, Frankfurt a.M., 9-44

Eschmann, Aurel, 2020: Der größte Streik der Weltgeschichte, Neues Deutschland, 04.12.2020, https://www.nd-aktuell.de/artikel/1145375.indien-der-groesste-streik-der-weltgeschichte.html

ETUI, 2017: Strikes in Greece, https://www.etui.org/covid-social-impact/greece/strikes-in-greece-background-summary

–, 2013: Hungary. National Industrial Relations, http://www.worker-participation.eu/Nationale-Arbeitsbeziehungen/Laender/Ungarn/Gewerkschaften/(language)/ger-DE

Evans, Trevor, 2018: Donald Trumps Ziel, den „Sumpf trocken zu legen". Zum US-Wirtschaftsaufschwung seit 2009, Prokla, 01/2009, 91-114

Fähnders, Till, 2020: Wo die Armen ärmer werden. Corona auf den Philippinen, Frankfurter Allgemeine Zeitung, 25.08.2020. https://www.faz.net/aktuell/gesellschaft/gesundheit/coronavirus/corona-auf-den-philippinen-wo-die-armen-aermer-werden-16917446.html

Fang Fang, 2020: Wuhan Diary. Tagebuch aus einer gesperrten Stadt, Hoffmann und Campe, Hamburg

Farle, Robert/Schöttler, Peter, 1969: Chinas Weg – Marxismus oder Maoismus, Marxistische Taschenbücher, Frankfurt a.M.

Feffer, John, 2020: Der Niedergang der USA, RLS, https://www.rosalux.de/news/id/42588/der-niedergang-der-usa

Fehr, Helmut, 2020: Wie sich die Autokraten in Polen und Ungarn der Corona-Angst bedienen, Blätter für deutsche und internationale Politik, 11/2020, https://www.blaetter.de/ausgabe/2020/mai/der-putsch-gegen-die-demokratie

Fehr, Mark, 2010: Warum es viele Unternehmen zurück nach Deutschland zieht, Wirtschaftswoche, 15.01.2010, https://www.wiwo.de/politik/deutschland/standort-warum-es-viele-unternehmen-zurueck-nach-deutschland-zieht/5609956.html

Fehr, Benedikt/Plickert, Philip, 2008: Mehr Hunger durch besseres Essen, Frankfurter Allgemeine Zeitung, 10.04.2008, https://www.faz.net/aktuell/politik/ausland/entwicklungslaender-mehr-hunger-durch-besseres-essen-1547233.html

Feil, Michael/Librizzi, Florian, 2012: Amerikas Jobkrise: Ist Obamas Jobs Plan die Lösung? Wirtschaftsdienst, 01/2012, 33-40, https://www.wirtschaftsdienst.eu/inhalt/jahr/2012/heft/1/beitrag/amerikas-jobkrise-ist-obamas-jobs-plan-die-loesung.html

Feltrin, Lorenzo, 2021: Die Gewerkschaft UGTT und Prekäre während des Aufstands von 2011, in: Azzellini, Dario (Hrsg.): Mehr als Arbeitskampf! Workers weltweit gegen Autoritarismus, Faschismus und Diktatur, VSA, Hamburg, 96-102

FES Gewerkschaftsmonitor Griechenland, FES, 04/2019, https://library.fes.de/pdf-files/id/gewerkschaftsmonitore/16050/2019-griechenland.pdf

Fichter, Michael/Ludwig, Carmen/Schmalz, Stefan/Schulz, Bastian/Steinfeld, Hannah, 2018: Die Macht organisierter Arbeitnehmer_innen. Gewerkschaften im Kapitalismus des 21. Jahrhunderts, FES 2018, https://library.fes.de/pdf-files/iez/14843.pdf

Fidesz: Our History, https://fidesz.hu/int/about-us

Fischer, Malte, 2017: Rätselraten um Trumponomics, Wirtschaftswoche, 08.01.2017, https://www.wiwo.de/politik/ausland/trumps-wirtschaftspolitik-raetselraten-um-trumponomics/19223548.html

Fischer, Georg/Schmid, Günther, 2020: Arbeitslosigkeit in Europa und den USA unter Covid-19: Besser im Korsett einer Versicherungslogik eingeengt oder den Launen eines Präsidialsystems ausgeliefert?, ECONSTOR, WZB Discussion Paper, No. EME 2020-001, https://www.econstor.eu/bitstream/10419/222600/1/1725645416.pdf

Fletcher, Bill, 2020: Der Moment… die Konvergenz, RLS, https://www.rosalux.de/news/id/42675/der-moment-die-konvergenz

Forbes, 2022: Sebastián Piñera & family, 27.08.2022, https://www.forbes.com/nft-profile/sebastian-pinera/

Ford, Michele/Ward, Kristy, 2021: South-East Asian unions respond to the pressure of COVID-19, in: International Journal of Labour Research, COVID-19 and Recovery: The Role of Trade Unions in Building forward better, Volume 10, Issue 1-2, 81-90, https://www.ilo.org/wcmsp5/groups/public/---ed_dialogue/---actrav/documents/publication/wcms_806895.pdf

Forkas, Zoltan, 2011: Ungarn und die Euro- und Finanzkrise, FES, https://library.fes.de/pdf-files/id/08730.pdf

Forum Arbeitswelten/Stiftung Asienhaus/express (Hrsg.), 2016: Chinesische Arbeitswelten – in China und in der Welt, https://www.asienhaus.de/uploads/tx_news/Chinesische_Arbeitswelten_in_China_und_in_der_Welt_2016_01__WEB_Sec_01.pdf

Forum Arbeitswelten – Huang Ai: Geschichte, aktuelle Situation und Probleme der chinesischen Gewerkschaften, Forum Arbeitswelten, https://www.

forumarbeitswelten.de/themenbereiche/gewerkschaften/geschichte-aktuelle-situation-und-probleme-der-chinesischen-gewerkschaften

Frank, Arno, 2021: Der Trickbetrüger und seine Trottel, Der Spiegel, 07.01.2021, https://www.spiegel.de/kultur/sturm-auf-das-us-kapitol-der-trickbetrueger-und-seine-toelpel-kommentar-a-ad4b1a8e-df19-412f-adcb-5420f720ff2b

Frankfurter Allgemeine Zeitung, 30.08.2016: Wahl in Amerika. Ehemaliger Anführer des Ku-Klux-Klans will Trump helfen, https://www.faz.net/aktuell/politik/von-trump-zu-biden/wahl-in-den-usa-ku-klux-klan-empfiehlt-trump-14412336.html

–, 26.01.2011: Ben Alis Regime als politisches Rätsel, https://www.faz.net/aktuell/wissen/wissenschaft/ben-alis-regime-als-politisches-raetsel-1582644.html?printPagedArticle=true#pageIndex_2

Ferch, Siegfried/Juchler, Ingo (Hrsg.), 2011: Bürger auf Abwegen? Politikdistanz und politische Bildung, Wochenschau Verlag

–, 2011: Bürger auf Abwegen? Politikdistanz und politische Bildung, in: Ferch, Siegfried/Juchzer, Ingo (Hrsg.): Bürger auf Abwegen? Politikdistanz und politische Bildung, Wochenschau Verlag, 9-26

Frindert, Jim/Dribbusch, Heiner/Schulten, Thorsten, 2022: Kreative Streiks in Corona-Zeiten, Böckler Impuls, 09/2022, https://www.boeckler.de/de/boeckler-impuls-kreative-streiks-in-corona-zeiten-41326.htm

Gabriel, Markus, 2020: Auch eine Impfpflicht wäre vorstellbar, Der Tagesspiegel, 29.12.2020, https://www.tagesspiegel.de/politik/pro-und-contra-mehr-rechte-fuer-corona-geimpfte-auch-eine-impfpflicht-waere-vorstellbar/26712448.html

Gallas, Alexander, 2018: The Politics of Striking: On the Shifting Dynamics of Workers Struggles in Britain, in: Nowak, Jörg/Dutta, Madhumita/Birke, Peter, Workers' Movement and strikes in the Twenty-First Century. A global Perspective, Roman & Littliefield, London/New York, 237-254

Gallas, Alexander/Nowak, Jörg/Wilde, Florian (Hrsg.), 2012: Politische Streiks im Europa der Krise, VSA, Hamburg

Gallin, Dan, 2014: Solidarity, Global Labour Institut.

Geffken, Rolf (Hrsg.), 2011: Streik auch in China? Ein Deutsch-Chinesischer Dialog über Koalitionsfreiheit, Gewerkschaften & Arbeitskampf, VAR, Cadenberge

–, 2004: Arbeit in China, Nomos, Baden-Baden

Georgakis, Nikolaos, 2009: 'Der Großaktionär' oder: Politik und Medien in Griechenland im Spannungsfeld von Ware, Wahrheit und Brüssel, in: Egner, Björn/Terizakis, Georgios (Hrsg.): Das politische System Griechenlands. Strukturen, Akteure, Politikfelder, Nomos, Baden-Baden, 173-202

GTAI – Germany Trade and Invest: Ungarn – Wirtschaftsdaten kompakt, 05/2022, https://www.gtai.de/resource/blob/15002/16d2e99bc98b56097cb7913ff1feac90/GTAI-Wirtschaftsdaten_Mai_2022_Ungarn.pdf

Giegold, Sven, 2015: Angeblicher Reformverzug in Athen ist eine Ente, PM Sven Giegold (MdEP), 22.07.2015, https://sven-giegold.de/angeblicher-reformverzug-in-athen-ist-eine-ente/

Girndt, Rainer, 2013: Ungarns Gewerkschaftslandschaft in Bewegung. Der Versuch einer Konzentration der Kräfte, FES, https://library.fes.de/pdf-files/id-moe/10165-20130807.pdf

Gleiss, Thies/Höger, Inge/Redler, Lucy/Stanicic, Sascha, 2016: Nach Goldschätzen graben, Regenwürmer finden. Die Linke und das Regieren, Papy Rossa, Köln

Gloser, Günter, 2018: Von der Friedhofsruhe bis zum Umbruch, in: Meyer, Henrik/ Rauer, Marcel (Hrsg.), 2018: Zwischen Kontinuität und Neubeginn. Deutsch-tunesische Beziehungen im Wandel der Zeit, FES, 25-30, http://library.fes.de/pdf-files/iez/14743.pdf

Görlach, Alexander, 2020: Brennpunkt Hongkong. Warum sich in China die Zukunft der freien Welt entscheidet, Hoffmann und Campe, Hamburg

Golden, Sherita Hill, 2020: Coronavirus in African Americans and other People of Color, Johns Hopkins University, https://www.hopkinsmedicine.org/health/conditions-and-diseases/coronavirus/covid19-racial-disparities

Govrin, Jule, 2019: Wie falsche Finanzpolitik den rechten Rand stärkt, in: Die Zeit, 24.09.2019

GPI – Global Peace Index, 2022, https://www.visionofhumanity.org/maps/

–, 2020, https://www.visionofhumanity.org/wp-content/uploads/2020/10/GPI_2020_web.pdf

Graf, Jakob/Landherr, Anna, 2019: Wieder landesweite Streiks in Chile. Regierung zieht Militär heran, amerika21, 28.11.2019, https://amerika21.de/2019/11/234756/generalstreik-chile-militaer

Greve, Jens, 2020: Corona aus Sicht der Soziologie. Alles wie im Krieg?, Ärztliche Anzeigen, https://www.aerztliche-anzeigen.de/leitartikel/corona-aus-sicht-der-soziologie-alles-wie-im-krieg

Greven, Thomas, 2021: Staatskrise mit Ansage. Die US-Republikaner vor der autokratischen Wende, Blätter für deutsche und internationale Politik, 8/2021, 81-90

Grottian, Peter, 2011: Auf der Kippe, Freitag, 08.11.2011, https://www.freitag.de/autoren/tstrohschneider/auf-der-kippe

Günther, Sarah, 2019: Der Geist von 1989. Im Gespräch mit Katalin János, der Enkelin des Revolutionsmärtyrers Imre Nagy, Budapester Zeitung, 16.06.2019, https://www.budapester.hu/feuilleton-interview/der-geist-von-1989/

Gurk, Christoph, 2020a: Das neoliberale Korsett sprengen, Süddeutsche Zeitung, 23.10.2020, https://www.blaetter.de/ausgabe/2019/dezember/chile-aufstand-im-labor-des-neoliberalismus

–, 2020b: Lateinamerika wird zum Testfeld für die Pharmaindustrie, Süddeutsche Zeitung, 03.08.2020, https://www.sueddeutsche.de/politik/coronavirus-impfstoff-lateinamerika-pharmaindustrie-1.4986326

Gutiérrez, Francisca/Medel, Rodrigo/Pérez, Domingo/Pérez, Pablo/Velásquez, Diego, 2021: Labor Strike in Chile, Observatorio de Huelgas Laborales, Report 2021, https://www.researchgate.net/profile/Domingo-Perez-5/publication/359538853_

Labor_Strikes_in_Chile_2020/links/624313325e2f8c7a0347ddef/Labor-Strikes-in-Chile-2020.pdf?origin=publication_detail
Habermas, Jürgen, 2020: So viel Wissen über unser Nichtwissen gab es noch nie. Interview von Markus Schwerin, Frankfurter Rundschau, 07.04.2020, https://www.fr.de/kultur/gesellschaft/juergen-habermas-coronavirus-krise-covid19-interview-13642491.html
Haddad, Mohammed, 2020: Mapping US police killings of Black Americans, Aljazeera, 31.05.2020, https://www.aljazeera.com/news/2020/5/31/mapping-us-police-killings-of-black-americans
Häkkinen, Mika, 2013: Die Entstehung der Baltischen Organizing Akademie. Ein länder- und sektorenübergreifendes Projekt, in: Wetzel, Detlef (Hrsg.): Organizing. Die Veränderung der gewerkschaftlichen Praxis durch das Prinzip der Beteiligung, VSA, Hamburg, 283-291
Häusler, Alexander/Roemer, Rainer, 2017: Rechtspopulismus: Entwicklung und aktuelle Erscheinungsformen in Deutschland, in: Allmendinger, Björn/Fährmann, Joachim/Tietze, Klaudia (Hrsg.): Von Biedermännern und Brandstiftern. Rechtspopulismus in Betrieb und Gesellschaft, VSA, Hamburg, 18-28
Hahn, Thomas, 2020: Südkorea – Schwer regelbarer Fall, Süddeutsche Zeitung, 06.09.2020.
Hahn, Dorothea, 2018: West Virginia macht Schule, taz, 07.03.2018, https://taz.de/LehrerInnenstreik-in-den-USA/!5487442/
Hall, Stuart, 2014: Populismus. Hegemonie. Globalisierung. Ausgewählte Schriften 5, Argument, Hamburg
–, 2014a: Nicos Poulantzas: Staatstheorie, in: Hall, Stuart: Populismus. Hegemonie. Globalisierung. Ausgewählte Schriften 5, Argument, Hamburg, 89-100
–, 2014b: Popular-demokratischer oder autoritärer Populismus, in: Hall, Stuart: Populismus. Hegemonie. Globalisierung. Ausgewählte Schriften 5, Argument, Hamburg, 101-120
–, 2014c: Die Bedeutung des autoritären Populismus für den Thatcherismus, in: Hall, Stuart: Populismus. Hegemonie. Globalisierung. Ausgewählte Schriften 5, Argument, Hamburg, 121-132
–, 2014d: Zur Deutung der Krise. Stuart Hall und Doreen Massey erörtern Ansätze zum Verständnis der gegenwärtigen Krise, in: Hall, Stuart: Populismus. Hegemonie. Globalisierung. Ausgewählte Schriften 5, Argument, Hamburg, 209-227
Handelsblatt, 01.10.2020: Südkorea mit erstem Exportanstieg seit sieben Monaten, https://www.handelsblatt.com/politik/konjunktur/export-suedkorea-mit-erstem-exportanstieg-seit-sieben-monaten/26234000.html
–, 30.01.2009: Wirtschaftswachstum: USA befinden sich offiziell in Rezession, https://www.handelsblatt.com/politik/konjunktur/wirtschaftswachstum-usa-befinden-sich-offiziell-in-rezession/3100708.html
Hank, Rainer, 2021: „Kalt, gierig, unmenschlich!" – Warum ist eigentlich der „Neoliberalismus" an allem schuld?, Neue Züricher Zeitung, 05.06.2021, https://

www.nzz.ch/meinung/warum-ist-eigentlich-immer-der-neoliberalismus-an-allem-schuld-ld.1625664

Hansen, Friederike, 2022: Warum Orbáns Rechtspopulismus bleibt, Interview mit Tamás Gerösc und Emilia Róza Barna, Amadeu-Antonio-Stiftung, 13.05.2022, https://www.belltower.news/ungarn-warum-orbans-rechtspopulismus-bleibt-131189/

Hardt, Michael/Negri, Antonio, 2020: Der schwarze Spiegel: Soziale Bewegungen von rechts, Blätter für deutsche und internationale Politik, 11/2020, https://www.blaetter.de/ausgabe/2018/juni/der-schwarze-spiegel-soziale-bewegungen-von-rechts

Hare, James P., 2020: Unterdrückte Demokratie. Ein Angriff auf das Wahlrecht in Georgia, RLS, https://www.rosalux.de/news/id/42843/unterdrueckte-demokratie

Hartmann, Detlef, 2011: Schockpolitik und der Umbau Europas, in: Hartmann, Detlef/Malamatinas, John: Krisenlabor Griechenland. Finanzmärkte, Kämpfe und die Neuordnung Europas, Assoziation A, Hamburg, 43-128

Hartmann, Detlef/Malamatinas, John, 2011: Krisenlabor Griechenland. Finanzmärkte, Kämpfe und die Neuordnung Europas, Assoziation A, Hamburg

Hebert, Jules, 2022: Frankreich am Scheideweg: es geht um die Demokratie. Mal wieder, HBS, 12.04.2022, https://fr.boell.org/de/2022/04/12/frankreich-am-scheideweg-es-geht-um-die-demokratie-mal-wieder

Hefele, Peter, 2020: COVID-19 in Asien, KAS, https://www.kas.de/de/home

Heilmann, Sebastian, 2004: Das politische System der Volksrepublik China, VS, Wiesbaden

Heinze, Elisabeth, 2017: Dann schreiben sie eben selbst, Zeit online, 03.10.2017, https://www.zeit.de/gesellschaft/2017-09/medien-griechenland-misstrauen-grossunternehmer-unabhaengigkeit

Heitmeyer, Wilhelm, 2018: Autoritäre Versuchungen, edition suhrkamp, Berlin

Heller, Agnes/Fehér, Ferenc, 1982: Ungarn ′56. Geschichte einer antistalinistischen Revolution, VSA, Hamburg

Henning, Klaus, 2013: Europäisierung der Gewerkschaftspolitik: Eine Antwort auf die Krise, in: Schmalz, Stefan/Dörre, Klaus (Hrsg.): Comeback der Gewerkschaften? Machtressourcen, innovative Praktiken, internationale Perspektiven, Campus, Frankfurt a.M., 99-114

Henwood, Doug, 2020: US-Republikaner: Wie die Rechten die Partei unterwarfen, Jacobin, 24.08.2020, https://jacobin.de/artikel/us-republikaner-rechte-rechtsruck-parteitag/

Herberg, Mirko (Hrsg.), 2019: Trade Unions in Transformation. Success Stories from all over the World, FES, Berlin

Herr, Hansjörg, 2000: Das chinesische Akkumulationsmodell und die Hilflosigkeit der traditionellen Entwicklungstheorien, Prokla, 2/2000, 181-190, https://core.ac.uk/download/pdf/229351115.pdf

HIIK – Heidelberg Institute for International Conflict Research, 2020: Conflict Barometer 2019, https://hiik.de/konfliktbarometer/aktuelle-ausgabe/

Hirn, Wolfgang, 2020: Shenzhen. Die Weltwirtschaft von morgen, Campus Frankfurt/New York

–, 2006: Herausforderung China. Wie der chinesische Aufstieg unser Leben verändert, S.Fischer, Frankfurt a.M.

Ho Keun Song, 1999: Labour unions in the Republic of Korea: Challange and Choice, International Institute for Labour Studies, Geneva, https://library.fes.de/pdf-files/gurn/00164.pdf

Höhl, Johanna, 2010: Die Polarisierung der chilenischen Gesellschaft vom Ende der Diktatur Pinochet 1988 bis heute, Universität Köln, Arbeitspapiere zur Lateinamerikaforschung, https://lateinamerika.phil-fak.uni-koeln.de/sites/aspla/bilder/arbeitspapiere/hoehl.pdf

Honneth, Axel, 2021: Der arbeitende Souverän, taz, 12.06.2021, https://taz.de/Arbeit-Selbstachtung-und-Demokratie/!5774633/

Huang Ai: Geschichte, aktuelle Situation und Probleme der chinesischen Gewerkschaften, Forum Arbeitswelten, https://www.forumarbeitswelten.de/themenbereiche/gewerkschaften/geschichte-aktuelle-situation-und-probleme-der -chinesischen -gewerkschaften

Huke, Nikolai/Tietje, Olaf, 2014: Gewerkschaftliche Erneuerung in der Eurokrise. Neue Organisationsformen der spanischen Gewerkschaften während des Protestzyklus ab 2011, Prokla, 12/2014, 531-548

Hulverscheidt, Claus, 2021: Millionen Amerikaner kündigen ihre Jobs, Süddeutsche Zeitung, 14.10.2021, https://www.sueddeutsche.de/wirtschaft/usa-arbeitsmarkt -corona-kuendigungen-1.5439690!amp

Human Rights Watch, 2017: Ausnahmezustand in Frankreich wird Dauerzustand – auf Kosten der Menschenrechte, 07.11.2017, https://www.humanrights.ch/de/ipf/archiv/international/nachrichten/ausnahmezustand -frankreich-aufweichung-menschenrechte

Human Rights Watch Asia, 2020: Thailand: COVID-19 Clampdown on Free Speech Critic Arrested, State of Emergency censorship Threatened, 25.03.2020, https://www.hrw.org/news/2020/03/25/thailand-covid-19-clampdown-free-speech

IEP – Institute for Economics & Peace, 2021: Welt weniger friedlich, Zunahme ziviler Unruhen und politischer Instabilität aufgrund der COVID-19-Pandemie, https://www.ots.at/presseaussendung/OTS_20210617_OTS0011/iep-welt-weniger-friedlich-zunahme-ziviler-unruhen-und-politischer-instabilitaet-aufgrund-der-covid-19-pandemie

Illing, Jürgen, 2001: Ungarn, FES, http://library.fes.de/fulltext/stabsabteilung/00902.htm

ILO – International Labour Organization, 2021: ILO Monitor: COVID-19 and the world of work, https://www.ilo.org/wcmsp5/groups/public/---dgreports/---dcomm/documents/briefingnote/wcms_767028.pdf

–, 2020a: Zur Bewältigung der COVID-19-Krise bedarf es des sozialen Dialogs, Grundsatzdossier, Mai 2020, https://www.ilo.org/wcmsp5/groups/public/---ed_dialogue/---dialogue/documents/briefingnote/wcms_745644.pdf

–, 2020b: Republic of Korea: A rapid assessment of the employment impacts of COVID-19, Policy Brief, November 2020, https://www.ilo.org/wcmsp5/groups/public/---ed_emp/documents/publication/wcms_760063.pdf

–, 2018: More than 60 per cent of the world's employed population are in the informal economy, April 2018, https://www.ilo.org/global/about-the-ilo/newsroom/news/WCMS_627189/lang--en/index.html

–: Decent work statistical indicators: strikes and lockouts statistics in the international context, http://www.ilo.org/wcmsp5/groups/public/@dgreports/@integration/documents/genericdocument/wcms_079511.pdf

ILOSTAT: Statistics on union membership, https://ilostat.ilo.org/topics/union-membership/

–: Country Profiles, https://ilostat.ilo.org/data/country-profiles/

–: Statistics on work stoppages, https://ilostat.ilo.org/topics/work-stoppages/

Imbusch, Peter/Messner, Dirk/Nolte, Detlef (Hrsg.), 2004: Chile heute. Politik-Wirtschaft-Kultur, Vermuret, Frankfurt a.M., https://publications.iai.spk-berlin.de/servlets/MCRFileNodeServlet/Document_derivate_00000094/BIA%20090%20Chile%20heute.pdf

Imbusch, Peter, 2004: Unternehmer und ihre Verbände als gesellschaftlich-politische Akteure, in: Imbusch, Peter/Messner, Dirk/Nolte, Detlef (Hrsg.): Chile heute. Politik-Wirtschaft-Kultur, Vermuret, Frankfurt a.M., 105-126, https://publications.iai.spk-berlin.de/servlets/MCRFileNodeServlet/Document_derivate_00000094/BIA%20090%20Chile%20heute.pdf

Imwinkelried, Daniel, 2021: Eine BMW-Fabrik auf 500 Hektaren – für Ungarns Regierungschef Orbán ist Debrecen auch ein politisches Projekt, Neue Züricher Zeitung, 30.03.2021, https://www.nzz.ch/wirtschaft/ungarn-boom-in-debrecen-trotz-arbeitskraeftemangel-ld.1608699

IndustrieALL: General strike in Korea for workers' rights and Just Transition, 21.10.2021, http://www.industriall-union.org/general-strike-in-korea-for-workers-rights-and-just-transition

–: IndustrieALL Global Union condemns arrest of KCTU president Yang Kyeung-soo and demands his immediate release, 04.09.2021, https://m.korea.net/german/Government/Current-Affairs/National-Affairs/view?affairId=2040&subId=5&articleId=204479&viewId=60926

Infante, Ricardo/Marinakis, Andrés/Velasco, Jacobo, 2003: Minimum wage in Chile: An example of the potential and limitations of this policy instrument, ILO, Employment Paper, http://www.oit.org/wcmsp5/groups/public/---ed_emp/documents/publication/wcms_142316.pdf

Inotai, András, 2019: Die globale Krise und Ungarn, Bundeszentrale für politische Bildung, 06.07.2009, https://www.bpb.de/apuz/31850/die-globale-krise-und-ungarn

IOM – International Organization for Migration, 2019: World Migration Report 2020, https://www.un.org/sites/un2.un.org/files/wmr_2020.pdf

ITUC: Globaler Rechtsindex 2022, https://www.ituc-csi.org/2022-global-rights-index-de

–: Globaler Rechtsindex 2021, https://files.mutualcdn.com/ituc/files/ITUC_GlobalRightsIndex _2021_DE.pdf

–: Übersicht über die Verletzungen von Gewerkschaftsrechten. Chile, http://survey.ituc-csi.org/Chile.html?lang=de

Jacob, Olaf, 2020: Argentinien, in: Woischnik, Jan u.a., Lateinamerika in der Corona-Krise, KAS, 02.06.2020. 5-7, https://www.kas.de/documents/7851262/8433451/Lateinamerika+in+der+Corona-Krise.pdf/e69b3676-c1d1-169f-9459-8fa7f28973cd?version=1.0&t=1591182098649

Jen Kwon, 2021: South Korean workers channel „Squid Game" to protest their real-life economic woes, CBS News, 21.10.202, https://www.cbsnews.com/news/south-korea-squid-game-labor-union-protest/

Jendoubi, Kamel, 2018: Wofür steht die tunesische Zivilgesellschaft?, in: Meyer, Henrik/Rauer, Marcel (Hrsg.): Zwischen Kontinuität und Neubeginn. Deutsch-tunesische Beziehungen im Wandel der Zeit, FES, 14-18 http://library.fes.de/pdf-files/iez/14743.pdf

Jeribi, Lobna u.a., 2018: Für eine neue Partnerschaft zwischen Tunesien und der Europäischen Union, in: Meyer, Henrik/Rauer, Marcel (Hrsg.): Zwischen Kontinuität und Neubeginn. Deutsch-tunesische Beziehungen im Wandel der Zeit, FES, 59-67, http://library.fes.de/pdf-files/iez/14743.pdf

Jessop, Bob, 2018: Bonapartismus ohne Bonaparte. Von Thatcher über Blair zum Brexit, in: Beck, Martin/Stützte, Ingo (Hrsg.): Die neuen Bonapartisten. Mit Marx den Aufstieg von Trump & Co verstehen, Dietz, Berlin, 93-112

Johns Hopkins University, 2021: Corona Overview Tunisia, https://coronavirus.jhu.edu/region/tunisia

Johnson, Dominic, 2021: Tunesien ist überall. Politikversagen in der Pandemie, taz, 27.07.2021, https://taz.de/Politikversagen-in-der-Pandemie/!5785687/

Jun Ji-hye, 2021: Starbucks Korea protesters refuse help from umbrella labor group, The Korea Times, 10.10.2021, https://www.koreatimes.co.kr/www/nation/2021/10/356_316779.html

Käppner, Joachim, 2020: Wo Populisten regieren, herrscht meist eine erschütternde Inkompetenz, Süddeutsche Zeitung, 14.04.2020, https://www.sueddeutsche.de/politik/coronavirus-demokratie-populismus-1.4875325

Kahane, Annette, 2020: Es gibt ja auch wirklich Verschwörungen, Berliner Zeitung, 12.05.2020, https://www.berliner-zeitung.de/politik-gesellschaft/anetta-kahane-es-gibt-ja-auch-wirklich-verschwoerungen-li.83372

Kakogianni, Maria, 2015: Die Commedia dell'Arte und die Linke, in: #ThisIsACoup. Deutsch-Europa gegen SYRIZA, ND-Dossier, 2015, 34-36

Kaltenegger, Ernst/Kühnerer, Leo/Stuhlpfarrer, Samuel (Hrsg.) 2016: Alle Verhältnisse umzuwerfen. Gespräche und Interventionen zu Krise, globaler Bewegung und linker Geschichte, Mandelbaum, Wien

Kalverkamp, Michael Álvarez, 2011: Marktliberal und katholisch-konservativ: Chile nach einem Jahr rechter Regierung, HBS, https://www.boell.de/de/demokratie/lateinamerika-chile-zwischenbilanz-regierung-pinera-12110.html

–, 2010: Historische Zäsur in Chile: Konservativer Unternehmer Piñera neuer Präsident, HBS, https://www.boell.de/de/navigation/lateinamerika-8270.html

Kamp, Matthias, 2019: Chinas Frauen stecken in der Rentenfalle, Neue Züricher Zeitung, 25.09.2019, https://www.nzz.ch/wirtschaft/chinas-frauen-stecken-in-der-rentenfalle-ld.1511149

Kamper, Dave, 2018: The United States. Worker Agency and Innovation in the Midst of Crises, in: Nowak, Jörg/Dutta, Madhumita/Birke, Peter, Workers' Movement and strikes in the Twenty-First Century. A global Perspective, Roman und Littlefield, London/New York, 151-168

Kannankulam, John, 2016: Der Verfall der Demokratie: Autoritärer Etatismus. Zur Aktualität von Nicos Poulantzas im Kontext der Finanz- und „Eurokrise", in: Demirović, Alex (Hrsg.), Transformation der Demokratie – demokratische Transformation, Westfälisches Dampfboot, Münster, 35-47

Kannakulam, John, 2015: Neoliberalismus und Staat: Rückzug oder autoritäre Transformation?, Denknetz, Jahrbuch 2015, 31-41, http://links-netz.de

–, 2007a: Autoritärer Etatismus und Populismus der Neuen Mitte, http://old.links-netz.de/K_texte/K_kannankulam_etatismus.html

–, 2007b: Autoritärer Etatismus im Neoliberalismus, http://kannankulam.de/content/uploads/2014/03/Autoritärer-Etatismus-2008.pdf

Kaplan, Joshua/Hardy Benjamin, 2020: Early Data Shows Black People are being disproportionally arrested for social distancing Violation, ProPublica, 08.05.2020, https://www.propublica.org/article/in-some-of-ohios-most-populous-areas-black-people-were-at-least-4-times-as-likely-to-be-charged-with-stay-at-home-violations-as-whites

Karikier, Diana Taremwa, 2019: In Uganda, Unions are helping to drive Transport Workers into decent work, in: Herberg, Mirko (Hrsg.): Trade Unions in Transformation. Success Stories from all over the world, FES, 11-15

Karamessini, Maria, 2014: Die griechische Tragödie. Neoliberale Radikalkur in einer Währungsunion des Gegeneinander, in: Lehndorff, Steffen (Hrsg.): Spaltende Integration. Der Triumph gescheiterter Ideen in Europa, VSA, Hamburg, 81-108

–, 2012: Der Neoliberalismus statuiert ein Exempel. Die griechische Tragödie, in: Lehndorff, Steffen (Hrsg.): Ein Triumph gescheiterter Ideen. Warum Europa tief in der Krise steckt, VSA, Hamburg, 165-189

Karnofsky, Eva, 2007: Der lange Abschied von Pinochet. Die Concertación führt Chile zurück zur Demokratie, bpb, https://www.bpb.de/themen/mittel-suedamerika/lateinamerika/44695/der-lange-abschied-von-pinochet/

Karyoti, Olga, 2012: „Es ist leichter, Steine zu schmeißen, als unseren Arbeitsplatz dicht zu machen", in: Gallas, Alexander/Nowak, Jörg/Wilde, Florian (Hrsg.): Politische Streiks im Europa der Krise, VSA, Hamburg, 165-170

Katsiaficas, George, 2016: Die Wellen globaler Aufstände werden jedes Mal umfassender, in: Kaltenegger, Ernest/Kühberger, Leo/Stuhlpfarrer, Samuel (Hrsg.): Alle Verhältnisse umzuwerfen. Gespräche und Interventionen zu Krise, globaler Bewegung und linker Geschichte, Mandelbaum, Wien, 140-156

Keilberth, Mirco, 2021: Das Land erstickt. Coronakrise in Tunesien, taz, 19.07.2021, https://taz.de/Coronakrise-in-Tunesien/!5781633/

Keller, Birte, 2015: Verfassungsgericht in Chile kippt Gratisklausel der Bildungsreform, amerika21, 19.12.2015, https://amerika21.de/2015/12/138704/chiles-gratisbildung-gestoppt

Kerll, Horst-Wolfram, 2018: Von Zeiten des Ancien Régime über die Revolution in ein „neues Tunesien", in: Meyer, Henrik/Rauer, Marcel (Hrsg.): Zwischen Kontinuität und Neubeginn. Deutsch-tunesische Beziehungen im Wandel der Zeit, FES, 8-13, http://library.fes.de/pdf-files/iez/14743.pdf

Kim Chung-Hey, 2008: Staat, Zivilgesellschaft und NGOs in Südkorea, Frankfurt a.M., https://d-nb.info/999332015/34

Kim Jae-heun, 2021: Starbucks Korea to improve working conditions for staff, The Korea Times, 18.10.2021, https://www.koreatimes.co.kr/www/tech/2021/10/694_317165.html

Kim Ki-chan, 2019: A radical union's ascendancy has the potential to change everything, Korea JoongAng Daily, 29.12.2019, https://koreajoongangdaily.joins.com/news/article/article.aspx?aid=3072002&cloc=joongangdaily%7Chome%7Cnewslist1&fbclid=IwAR38U06losdA2KrOsXw5G1KiCHBF3DdUzPI-5ImutjUb-cwA3KEodA2r7ec

Kim Yon-se, 2021a: Korea lags behind OECD wage average, The Korea Herald, 12.08.2021, http://www.koreaherald.com/view.php?ud=20210812000486

–, 2021b: Koreans worked 200 more hours than OECD average in 2020, http://www.koreaherald.com/view.php?ud=20210817000682

Kim Yoo Sun, 2021: The Non-regular Work in South Korea, FES, Issue Paper Series, Labour and Society Nr 1, https://library.fes.de/pdf-files/bueros/seoul/18415.pdf

Kirstein, Roland/Kittner, Michael/Schmidtchen, Dieter, 2000: Kündigungsschutzrecht in den USA und in Deutschland: Ein Beitrag zur ökonomischen Rechtsvergleichung, Econstor, Working Paper, 08/2000, https://www.econstor.eu/bitstream/10419/23065/1/2000-08_kks.pdf

Klaeger, Johannes, 2020: Die Metapolitik der Identitären Bewegung Deutschland. Medienstrategien rechter Gruppierungen, Studylab, Grin, München

Klein, Andreas, 2020: Chile, in: Woischnik, Jan u.a., Lateinamerika in der Corona-Krise, KAS, 02.06.2020. 9-11, https://www.kas.de/documents/7851262/8433451/Lateinamerika+in+der+Corona-Krise.pdf/e69b3676-c1d1-169f-9459-8fa7f28973cd?version=1.0&t=1591182098649

Klein, Naomi, 2012: Die Schock-Strategie. Der Aufstieg des Katastrophenkapitalismus, Fischer, Frankfurt a.M.

–, 2003: Über Zäune und Mauern. Berichte von der Globalisierungsfront, Campus, Frankfurt a.M./New York

Kleiser, Paul B. (Hrsg.), 2015: Griechenland im Würgegriff. Ein Land der EU-Peripherie wird zugerichtet, ISP, Köln/Karlsruhe

Klebzig, Heinz-Jürgen/Lachhammer, Johann/Dambmann, Ulrike Martina, 2012: Going-offshore – Standortverlagerung ins Ausland, HBS, Betriebliche Mitbestimmung und betriebliche Handlungshilfen 274, https://www.boeckler.de/pdf/p_edition_hbs_274.pdf

Ko Jun-tae, 2021: Trade union head arrested over rally as Oct. strike looms, The Korea Herald, 02.09.2021, http://www.koreaherald.com/view.php?ud=20210902000772

Koch, Moritz, 2010: Zwei Brüder auf Kreuzzug, Süddeutsche Zeitung, 25.09.2010, https://www.sueddeutsche.de/geld/die-grossen-erbfaelle-geld-macht-hass-zwei-brueder-auf-kreuzzug-1.1004439

Koester, Elsa, 2020: Wer jetzt allein ist, wird es lange bleiben, Freitag, 12/2020, https://www.freitag.de/autoren/elsa-koester/wer-jetzt-allein-ist-wird-es-lange-bleiben

Kölling, Martin, 2020: Coronavirus in Japan und Südkorea – die Musterschüler stemmen sich gegen eine neue Welle, Neue Züricher Zeitung, 24.11.2020, https://www.nzz.ch/international/coronavirus-japan-und-korea-stemmen-sich-gegen-dritte-welle-ld.1588542

Köllner, Patrick/Frank, Rüdiger, 1999: Politik und Wirtschaft in Südkorea, Mitteilungen des Instituts für Asienkunde Hamburg, Nr. 34, https://www.researchgate.net/profile/Patrick-Koellner/publication/282337145_Politik_und_Wirtschaft_in_Sudkorea/links/5644897508aef646e6cb890a/Politik-und-Wirtschaft-in-Suedkorea.pdf

Körting, Katharina, 2020: Faktisch sind immer die anderen schuld, Freitag, 14.12.2020

Köther, Ein Look, 2000: Die Sozialpolitik in Südkorea seit der Wirtschaftskrise 1997, HBS, Arbeitspapier 14, https://www.boeckler.de/pdf/p_arbp_014.pdf

Kohn, Alice, 2015: Chiles Unternehmer gegen neues Arbeitsrecht, amerika21, 09.01.2015, https://amerika21.de/2015/01/110415/bachelet-arbeitsrecht

Kolb, Matthias, 2017: Der finstere Bund zwischen Trump und Bannon, Süddeutsche Zeitung, 14.08.2017, https://www.sueddeutsche.de/politik/usa-ein-finsterer-bund-zwischen -bannon-und-trump-1.3623509

Komlosy, Andrea, 2013: Von der verlängerten Werkbank zum Global Player. China auf dem Weg zu einem Zentrum der Weltwirtschaft, in: Egger, Georg/Fuchs, Daniel/Immervoll, Thomas/Steinmassl, Lydia (Hrsg.): Arbeitskämpfe in China. Berichte von der Werkbank der Welt, ProMedia, Wien, 35-52

Kopácsi, Sándor, 1979: Die ungarische Tragödie. Wie der Aufstand von 1956 liquidiert wurde, DVA, Stuttgart

Kormann, Judith, u.a. 2020: Warum die Welt 2019 in Flammen stand, Neue Züricher Zeitung, 03.01.2020

Kocsic, Andrea/Sterile, Gabriele/Wiedemuth, Jörg (Hrsg.), 2013: Organisieren am Konflikt. Tarifauseinandersetzungen und Mitgliederentwicklung im Dienstleistungssektor, VSA, Hamburg

Koscic, Andrea, 2013: Erfolgreiche Tarifpolitik und guter Organisationsgrad – zwei Seiten einer Medaille, in: Kocsic, Andrea/Sterkel, Gabriele/Wiedemuth, Jörg (Hrsg.):

Organisieren am Konflikt. Tarifauseinandersetzungen und Mitgliederentwicklung im Dienstleistungssektor, VSA, Hamburg, 12-18

Krause-Sandner, Karoline, 2020: Ungarn: Wie Orbán die Pandemie für Gesetzesänderungen nutzt, Kurier, 12.11.2020, https://kurier.at/politik/ausland/ungarn-wie-orban-die-pandemie-fuer-gesetzesaenderungen-nutzt/401095959

Krauth, Stefan, 2021: Peru, Ecuador, Kolumbien: Gesundheitssystem als Beute, Blätter für deutsche und internationale Politik, 01/2021, https://www.blaetter.de/ausgabe/2021/januar/peru-ecuador-kolumbien-gesundheitssystem-als-beute

Kritidis, Gregor, 2014: Griechenland – auf dem Weg in den Maßnahmestaat? Autoritäre Krisenpolitik und demokratischer Widerstand, Offizin, Hannover

Krökel, Ulrich, 2020: Coronavirus in Osteuropa. Eine Versuchung für Autoritäre, Die Zeit, 23.03.2020, https://www.zeit.de/politik/ausland/2020-03/coronavirus-osteuropa-ukraine-ungarn-polen-demokratie-pandemie-folgen

Krugman, Paul, 2012: Vergesst die Krise. Warum wir jetzt Geld ausgeben müssen, Campus, Frankfurt a.M.

Krumwiede, Heinrich W.: Die chilenische Regimetransformation im Rückblick, https://publications.iai.spk-berlin.de/servlets/MCRFileNodeServlet/Document_derivate_00001477/BIA_090_253_273.pdf;jsessionid=2C642B028A6EE5A4C8AA17CEB729A456

Kübler, Johanne, 2014: Gewerkschaften in Tunesien – Wegbereiter des Wandels, welt-sichten, 23.01.2014, https://www.welt-sichten.org/artikel/20432/wegbereiter-des-wandels

Kwon Soonman, 1999: Wirtschaftskrise und soziale Entwicklungen in Südkorea, Asienhaus, https://asienhaus.de/public/archiv/kwonsoon.htm

Labournet, 28.10.2021: Generalstreik der KCTU am 20. Oktober 2021 – und „No-delivery Day" in Südkorea – Stadtverwaltung von Seoul verbietet Großkundgebung, https://www.labournet.de/internationales/korea-rep/gewerkschaften-suedkorea/generalstreik-der-kctu-am-20-oktober-2021-und-no-delivery-day-in-suedkorea-stadtverwaltung-von-seoul-verbietet-grosskundgebung/

–, 21.10.2021: Führende Vertreter der Gewerkschaft der Regierungsangestellten ANEF am 20. Oktober in Santiago de Chile angegriffen, ihr Präsident kurzfristig verhaftet, https://www.labournet.de/internationales/chile/gewerkschaften-chile/fuehrende-vertreter-der-gewerkschaft-der-regierungsangestellten-anef-am-20-oktober-in-santiago-de-chile-angegriffen-ihr-praesident-kurzfristig-verhaftet/

Labournet, 15.03.2021: Myanmar, Bangladesh, Kambodscha... Näherinnen in asiatischen Billiglohnländern wehren sich: Sie wollen nicht „bedauert" werden, sondern unter menschlichen Bedingungen arbeiten – bezahlt, https://www.labournet.de/internationales/bangladesch/arbeitskaempfe-bangladesch/myanmar-bangladesch-kambodscha-naeherinnen-in-asiatischen-billiglohnlaendern-wehren-sich-sie-wollen-nicht-bedauert-werden-sondern-unter-menschlichen-bedingungen-arbeiten-be/

Länderdaten: Gesundheitswesen in Chile, https://www.laenderdaten.info/Amerika/Chile/gesundheit.php

Laiyin Forum (Hrsg.), 1990: Die Göttin der Demokratie – China 1989, Verlag Ute Schiller, Berlin

Lanara, Zoe, 2012: Griechische Gewerkschaften und die Krise. Ein wichtiger Akteur unter Druck, FES, Internationale Politikanalyse, https://library.fes.de/pdf-files/id/ipa/09014.pdf

Landherr, Anna/Graf, Jakob, 2019: Generalstreik in Chile, Piñera sagt APEC-Gipfel und UN-Klimakonferenz ab, amerika21, 01.11.2019, https://amerika21.de/2019/11/233428/chile-generalstreik

Lang, Kai-Olaf, 2015: Ungarn: Demokratischer Staatsumbau oder Autokratie. Innere Merkmale und außenpolitische Folgen des Systems Orbán, swp-aktuell, Januar 2015, 1-8, https://www.swp-berlin.org/publications/products/aktuell/2015A06_lng.pdf

Langowski, Judith, 2020: Nutzt Viktor Orbán die Pandemie zur weiteren Einschränkung des Rechtsstaates?, Der Tagesspiegel, 25.03.2020, https://www.tagesspiegel.de/politik/coronavirus-in-ungarn-nutzt-viktor-orbn-die-pandemie-zur-weiteren-einschraenkung-des-rechtsstaats/25680762.html

Latinapress, 2022: Mindestlohn in Lateinamerika: Paraguay Sechster im Ranking, 19.03.2022, https://latina-press.com/news/299090-mindestlohn-in-lateinamerika-paraguay-sechster-im-ranking/

Lechner, Norbert, 2004: Modernisierung, Missbehagen und Regierbarkeit, in: Peter Imbusch/Dirk Messner/Detlef Nolte (Hrsg.): Chile heute. Politik-Wirtschaft-Kultur, Vermuret, Frankfurt a.M., 85-104, https://publications.iai.spk-berlin.de/servlets/MCRFileNodeServlet/Document_derivate_00000094/BIA%20090%20Chile%20heute.pdf

Lee Hae-rin, 2021a: MZ Generation leading new collective labor action without unionizing, The Korea Times, 21.10.2021, https://www.koreatimes.co.kr/www/nation/2021/10/371_317395.html

–, 2021b: Starbucks employees protest heavy workload, working conditions, The Korea Times, 06.10.2021, https://www.koreatimes.co.kr/www/tech/2021/10/694_316510.html

Lee, Jungmin, 2020: Der Arbeitsmarkt in Südkorea, 2000–2018, IZA World of Labor, https://wol.iza.org/uploads/articles/521/pdfs/the-labor-market-in-south-korea.one-pager.de.pdf

Lee, Young Lee, 2011: Arbeitssicherheit bei Arbeitsunfällen und Berufskrankheiten. Eine rechtsvergleichende Untersuchung der gesetzlichen Unfallversicherung in der Bundesrepublik Deutschland und Korea, https://kobra.uni-kassel.de/bitstream/handle/123456789/2013112544586/DissertationKyuYoungLee.pdf?sequence=3&isAllowed=y

Lee, Ching Kwan, 2010: Die Entwicklung des Arbeiteraufruhrs in China, in: Pun Ngai/Ching Kwan Lee u.a.: Aufbruch der zweiten Generation. Wanderarbeit, Gender und Klassenzusammensetzung in China, Assoziation A, Berlin/Hamburg, 193-224

Leggewie, Claus, 2020: Die Wahl als Farce: Donald Trump und der Aufstieg der Autokraten, Blätter für deutsche und internationale Politik, 11/2020, https://www.blaetter.de/ausgabe/2020/november/die-wahl-als-farce-donald-trump-und-der-aufstieg-der-autokraten

Lehndorff, Steffen (Hrsg.), 2014: Spaltende Integration. Der Triumph gescheiterter Ideen in Europa, VSA, Hamburg

–, 2014: Die spaltende Integration Europas, in: Lehndorff, Steffen (Hrsg.), 2014: Spaltende Integration. Der Triumph gescheiterter Ideen in Europa, VSA, Hamburg, 7-39

– (Hrsg.), 2012: Ein Triumph gescheiterter Ideen. Warum Europa tief in der Krise steckt, VSA, Hamburg

–, 2012: Ein Triumph gescheiterter Ideen, in: Lehndorff, Steffen (Hrsg.), 2012: Ein Triumph gescheiterter Ideen. Warum Europa tief in der Krise steckt, VSA, Hamburg, 7-35

Lehndorff, Steffen/Dribbusch, Heiner/Schulten, Thorsten, 2018: In schwerer See – Europäische Gewerkschaften in Krisenzeiten, WSI, Study, Nr.16, HBS, https://d-nb.info/1172432279/34

Lessenich, Stephan, 2020: Soziologie – Corona – Kritik, Berliner Journal für Soziologie 30, 215-230, https://link.springer.com/article/10.1007/s11609-020-00417-3

Letelier, Francisco, 2010: Nation ohne Grenzen, in: Baer, Willi/Dellwo, Karl-Heinz, 2013: Die Schlacht um Chile, Laika, Hamburg, 11-51

Li, Celine, 2020: Der Triumph des Staatskapitalismus?, Wirtschaftswoche, 03.10.2020, https://www.wiwo.de/my/politik/ausland/demokratie-in-der-krise-der-triumph-des-staatskapitalismus/26233210.html?ticket=ST-417430-3el4HfrWCmLNoKpcMy7i-cas01.example.org

Lichterbeck, Philipp, 2020: Präsident Jair Bolsonaro sabotiert Entscheidungen der Gouverneure, Der Tagesspiegel, 29.03.2020, https://www.tagesspiegel.de/politik/institutionelles-chaos-in-brasilien-praesident-jair-bolsonaro-sabotiert-entscheidungen-der-gouverneure/25694410.html

Lill, Felix, 2020a: Corona-Pandemie: Strenge Kontrollen und Konformität – was die Länder in Asien besser machen als Deutschland, Frankfurter Rundschau, 23.11.2020. https://www.fr.de/politik/corona-pandemie-asien-streng-kontrollen-deutschland-virus-90108335.html

–, 2020b: Zweierlei Maß: Gewerkschaften haben es in Südkorea schwer, Amnesty International, https://www.amnesty.de/informieren/aktuell/korea-sued-zweierlei-mass-gewerkschaften-haben-es-suedkorea-schwer

Lisboa, Ana Paula, 2020: Scharfe Kritik an Bolsonaro wegen Verharmlosung der Covid-19-Krise, Der Tagesspiegel, 22.03.2020, https://www.tagesspiegel.de/wissen/corona-virus-breitet-sich-in-brasilien-aus-scharfe-kritik-an-bolsonaro-wegen-verharmlosung-der-covid-19-krise/25669778.html

Löhning, Ute, 2020: Soziale Organisationen fordern Beteiligung an neuer Verfassung, NPLA, 26.10.2020, https://www.npla.de/thema/tagespolitik/soziale-organisationen-fordern-beteiligung-an-neuer-verfassung/

Lohmann, Sascha/Thimm, Johannes, 2020: Verletzliche Staaten von Amerika. Die Covid-19-Pandemie als Hypothek für die Zukunft, swp-Studie 2020/S24, 11/2020. https://www.swp-berlin.org/10.18449/2020S24/

Ludwig, Carmen, 2013: Back to the Roots? Die südafrikanischen Gewerkschaften zwischen institutioneller Einbindung und Bewegungsorientierung, in: Schmalz, Stefan/Dörre, Klaus (Hrsg.): Comeback der Gewerkschaften? Machtressourcen, innovative Praktiken, internationale Perspektiven, Campus, Frankfurt a.M., 297-310

Luig, Benjamin/Leiderer, Jan Jörn, 2019: Mehr Bewegung durch Südafrikas Gewerkschaften, RLS, Standpunkte 01/2019, https://www.rosalux.de/fileadmin/rls_uploads/pdfs/Standpunkte/Standpunkte_01-2019.pdf

Luxemburg, Rosa, 1915: Die Krise der Sozialdemokratie, https://www.marxists.org/deutsch/archiv/luxemburg/1916/junius/teil1.htm

Mäder, Claudia, 2022: Wie die französischen Rechtsnationalen in den 1990er Jahren ihr Herz für soziale Fragen entdeckten, Neue Züricher Zeitung, 13.04.2022, https://www.nzz.ch/feuilleton/marine-le-pen-die-soziale-wende-des-front-national-in-den-90ern-ld.1679114

Mähler, Annegret, 2008: Wie autoritär ist Lateinamerika?, GIGA Focus, German Institute of Global and Area Studies. Institut für Lateinamerika-Studien, 8/2008

Mai, Hans-Jürgen, 2020: Black-Lives-Matter-Proteste in den USA. Ausschreitungen und ein Toter, taz, 26.07.2020, https://taz.de/Black-Lives-Matter-Proteste-in-den-USA/!5703846/

Maier, Dieter, 2013: Vom Putschisten zum Langzeitdiktator. Wie sich Pinochet 17 Jahre lang an der Macht halten konnte, Lateinamerika-Nachrichten, LN-Dossier 8, 37-39, https://lateinamerika-nachrichten.de/wp-content/uploads/2015/01/Dossier_Chile_Web.pdf

Maihold, Günther, 2020: Das Virus des Autoritarismus breitet sich in Lateinamerika aus. Machtverschiebungen im Schatten von Covid-19, swp-aktuell, 05/2020, https://www.swp-berlin.org/10.18449/2020A35

Makó, Csaba, 2010: Gewerkschaften im erstarkenden Kapitalismus – Das Beispiel Ungarn, FES, https://library.fes.de/pdf-files/bueros/budapest/07398.pdf

Malamatinas, John, 2011: Die Krisenproteste in Griechenland, in: Hartmann, Detlef/Malamatinas, John, Krisenlabor Griechenland. Finanzmärkte, Kämpfe und die Neuordnung Europas, Assoziation A, Hamburg, 13-42

Mansuy, Michèle/Werquin, Patrick, 2015: Labour market entry in Tunisia. The gender gap, ILO, Work4Youth, Publication Series 31, http://ilo.org/wcmsp5/groups/public/---ed_emp/documents/publication/wcms_440855.pdf

Martens, Michael, 2015: Martin Schulz in Athen – Wenn der gute Deutsche böse wird, FAZ, 29.01.2015, https://www.faz.net/aktuell/politik/europaeische-union/martin-schulz-in-athen-wenn-der-gute-deutsche-boese-wird-13397967.html

Marti, Werner, 2013: Rückschlag für Chiles Rechte, Neue Züricher Zeitung, 19.11.2013, https://www.nzz.ch/meinung/kommentare/rueckschlag-fuer-chiles-rechte-ld.842007?mktcid=smsh&mktcval=E-mail

Mason, Paul, 2021: Das Glaubensbekenntnis der extremen Rechten, Frankfurter Rundschau, 27.10.2021, https://www.fr.de/meinung/kolumnen/paul-mason-grundlagen-extreme-rechte-rechtspopulismus-trump-91078762.html

Mass, Harald, 2020: Totale Kontrolle, BDZV, https://www.bdzv.de/awards/theodor-wolff-preis/nominierte-texte/2020/harald-maass/nominierter-text

Mata, Josua/Danso-Dahmen, Liliane, 2022: Soziale Demokratie oder „Dutertismo"?, RLS, 10.05.2022, https://www.rosalux.de/news/id/46495/soziale-demokratie-oder-dutertismo

Matthes, Claudia-Yvette, 2019: Ungarn, in: Benz, Arthur/Bröchler, Stephan/Lauth, Hans-Joachim (Hrsg.): Handbuch der Europäischen Verfassungsgeschichte im 20. Jahrhundert. Institutionen und Rechtspraxis im gesellschaftlichen Wandel, Bd.5, Dietz, Bonn, 729-760, https://www.sowi.hu-berlin.de/en/lehrbereiche-en/easterneurope/team/matthes/portletinhalte/ungarn

Mayer, Gregor, 2020: Ungarn räumt Krankenhäuser, Der Standard, 16.04.2020, https://www.derstandard.de/story/2000116921532/ungarn-raeumt-krankenhaeuser

Mayer, Margit, 2011: Das neue Elend der US-Städte: eine avancierte Form des Klassenkampfs von oben, Prokla, 02/2011, 253-272, https://www.prokla.de/index.php/PROKLA/article/download/353/319/634

Mbae, David, 2020: Internationale Isolation und der Ausbau autoritärer Strukturen. Simbabwe in der COVID-19 Pandemie, KAS, https://www.kas.de/de/laenderberichte/detail/-/content/internationale-isolation-und-der-ausbau-autoritaerer-strukturen

McAlevey, Jane, 2019: Keine halben Sachen. Machtaufbau durch Organizing, VSA, Hamburg

McCartin, Joseph A., 2014: Sanierung des bröckelndes Tarifsystems? Gewerkschaften und Arbeitsbeziehungen in den Vereinigten Staaten von Amerika, FES, https://library.fes.de/pdf-files/id/11078.pdf

McIntosh, Kriston/Moss, Emily/Nunn, Ryan/Shambaugh, Jay, 2020: Examining the Black-white wealth gap, Brookings, 27.02.2020, https://www.brookings.edu/blog/up-front/2020/02/27/examining-the-black-white-wealth-gap/

Menzel, Ulrich, 2021: Corona und die gefesselte Globalisierung, Berliner Journal für Soziologie, 13.07.2021, https://www.ncbi.nlm.nih.gov/pmc/articles/PMC8276203/

Mészáros, Szilárd, 2020: Ungarn: Rechter Fundamentalismus in Hochform. Viktor Orbán nutzt die Pandemie zur ungestörten Verwirklichung seiner politischen Ziele, RLS, https://www.rosalux.de/news/id/42440/ungarn-rechter-fundamentalismus-in-hochform

Meyer, Henrik/Rauer, Marcel (Hrsg.), 2018: Zwischen Kontinuität und Neubeginn. Deutsch-tunesische Beziehungen im Wandel der Zeit, FES, http://library.fes.de/pdf-files/iez/14743.pdf

Mhenni, Lina Ben, 2019: When unions make history: The UGTT's role in Tunesia's transition to democracy, in: Herberg, Mirko (Hrsg.): Trade Unions in Transformation. Success Stories from all over the World, FES, Berlin, 76-78

Mihály, Andor, 2015: Viktor Orbán unsichtbarer Krieg, Der Standard, 10.08.2015, https://www.derstandard.at/story/2000020523178/viktor-orbans-unsichtbarer-krieg

Misereor, 2022: Länder in der Schuldenkrise, https://www.misereor.de/informieren/schuldenkrise

Mittendrein, Lisa, 2013: Solidarität ist alles, was uns bleibt. Solidarische Ökonomie in der griechischen Krise, AG SPAK Bücher, Neu-Ulm

Mohseni, Hamid, 2019: Keine Gerechtigkeit, kein Frieden. Der Aufstand im Iran ist Teil eines längeren Protestzyklus, analyse und kritik, ak655, 10.12.2019, https://www.akweb.de/bewegung/keine-gerechtigkeit-kein-frieden/

Monath, Hans, 2020: Sechs Intensivbetten für 18 Millionen Menschen. In Afrika drohen nach den Krankenhäusern ganze Staaten zu kollabieren, Der Tagesspiegel, 23.04.2020, https://www.tagesspiegel.de/politik/6-intensivbetten-fuer-18-millionen-menschen-in-afrika-drohen-nach-den-krankenhaeusern-ganze-staaten-zu-kollabieren/25763296.html

Moody, Kim, 2017: On new Terrain. How Capital is reshaping the Battleground of Class War, Haymarket, Chicago

Müller, Ella, 2021: Anti-Riot Bills. Wie die Republikanische Partei systematisch das Demonstrationsrecht einschränkt, HBS, 22.11.2021, https://www.boell.de/de/2021/11/22/anti-riot-bills-wie-die-republikanische-partei-systematisch-das-demonstrationsrecht

Müller, Torsten/Platzer, Hans-Wolfgang, 2016: Gewerkschaften und Arbeitsbeziehungen im Europa der Krise. Strukturdaten und Entwicklungstrends im Vergleich, in: Bsirske, Frank/Busch, Klaus/Höbel, Olivier/Knerler, Rainer/Scholz, Dieter (Hrsg.): Gewerkschaften in der Eurokrise. Nationaler Anpassungsdruck und europäische Strategien, VSA, Hamburg, 10-44

Müller-Plantenberg, Urs, 2013: Autoritäre Experimente. Wie der Neoliberalismus in Chile seinen Siegeszug antrat, Lateinamerika-Nachrichten, LN-Dossier 8, 9-12, https://lateinamerika-nachrichten.de/wp-content/uploads/2015/01/Dossier_Chile_Web.pdf

Münch, Peter/Schlötzer, Christiane, 2011: Die arabische Welt im Umbruch. Der Hefeteig der Revolution, Süddeutsche Zeitung, 27.02.2011, https://www.sueddeutsche.de/politik/die-arabische-welt-im-umbruch-der-hefeteig-der-revolution-1.1065397

Mukerji, Nikil/Mannino, Adriano, 2020: Wir haben politisch krass versagt, taz, 29.12.2020, https://taz.de/Risikoethiker-ueber-Triage-in-Pandemie/!5735983/

Nachtwey, Oliver, 2016: Die Abstiegsgesellschaft – Über das Aufbegehren in der regressiven Moderne, edition suhrkamp, Frankfurt a.M.

Nachtwey, Oliver/Strohmann, Peter, 2005, in: Bello, Walden: De-Globalisierung. Widerstand gegen die neue Weltordnung, VSA, Hamburg, 7-22

Nahmut, Michaela, 2012: Tschechien. Schulterschluss mit Occupy, Magazin Mitbestimmung, 12/2012, https://www.boeckler.de/de/magazin-mitbestimmung-2744-schulterschluss-mit-occupy-5388.htm

Nathan, Andrew J./Link, Perry, 2001: Het Tiananmen-Dossier. Het complete en authentieke verhaal van de beslissingen van de Chinese regering om de opstand van de studenten en arbeiders met geweld neer te slaan, Uitgeverij, Amsterdam/Antwerpen

Navarrete, M.P., 2020: Mit der Pandemie in den Autoritarismus, in: Lateinamerika Nachrichten, https://lateinamerika-nachrichten.de/artikel/mit-der-pandemie-in-den-autoritarismus/

ND-Dossier, 2015: #ThisIsACoup. Deutsch-Europa gegen SYRIZA
Neckel, Sighard, 2021: Im Angesicht der Katastrophe. Der nahende Zusammenbruch des Erdsystems und die sozial-ökologische Transformation, Blätter für deutsche und internationale Politik, 02/2021, https://www.wiso.uni-hamburg.de/fachbereich-sowi/professuren/neckel/publikationen/pdf-container/neckel-katastrophe-blaetter-02-2021.pdf
Németh, Edit/van de Sand, Tillman, 2020: Ungarn – Gewerkschaftsmonitor, 02/2020, FES, https://library.fes.de/pdf-files/id/gewerkschaftsmonitore/16075/2020-ungarn.pdf
Neue Züricher Zeitung, 2020: Unter Trump rollen die Köpfe in atemberaubendem Tempo, 24.08.2020, https://www.nzz.ch/international/waehrend-trumps-amtszeit-herrscht-ein-koepferollen-in-atemberaubendem-tempo-ld.1308725
Neues Deutschland, 20.11.2020: Nach Polizeischüssen in Beine von Minderjährigen tritt Chiles Polizeichef zurück, https://www.nd-aktuell.de/artikel/1144672.anhaltende-proteste-in-chile-nach-polizeischuessen-in-beine-von-minderjaehrigen-tritt-chiles-polizeichef-zurueck.html
Nhi Le, 2020: Ich.Bin.Kein.Virus, Zeit-Online, 01.04.2020, https://www.zeit.de/campus/2020-03/rassismus-coronavirus-asiaten-husten-oeffentlichkeit-diskriminierung
Nier, Hedda, 2016: Griechenland mit den meisten Selbständigen, Statista, 05.08.2016, https://de.statista.com/infografik/5431/anteil-selbststaendige-laendervergleich/
Nowak, Jörg/Dutta, Madhumita/Birke, Peter, 2018: Workers' Movement and strikes in the Twenty-First Century. A global Perspective, Roman & Littlefield, London/New York
–, 2018: The New Upsurge of Strikes – Tendencies, Challenges and Limits, in: Nowak, Jörg/Dutta, Madhumita/Birke, Peter: Workers' Movement and strikes in the Twenty-First Century. A global Perspective, Roman & Littlefield, London/New York, 1-20
Nowak, Peter, 2013: Durch Mapping zum Erfolg. Erfolgreiche Gewerkschaften in Chile, Neues Deutschland, 11.10.2013, https://www.nd-aktuell.de/artikel/835634.durch-mapping-zum-erfolg.html
Oberheiden, Nick, 2020: Notstand für die Freiheitsrechte, Frankfurter Allgemeine Zeitung, 03.04.2020, https://www.faz.net/einspruch/notstand-in-den-usa-trumps-grenzenlose-machtfuelle-16710491.html
Oberndorfer, Lukas, 2017: Zwischen Normal- und Ausnahmestaat: Der Autoritäre Wettbewerbsetatismus und die Krise der Demokratie in Europa, in: Candeias, Mario/Demirović, Alex (Hrsg.): Europe – What's Left? Die Europäische Union zwischen Zerfall, Autoritarismus und demokratischer Erneuerung, Westfälisches Dampfboot, Münster, 61-71
–, 2012: Krisenbearbeitung in der Europäischen Union. Economic Governance und Fiskalpakt – Elemente einer autoritären Wende? 26-38. https://www.kj.nomos.de/fileadmin/kj/doc/2012/2012_1/4._Lukas_Oberndorfer_-_Krisenbearbeitung_in_der_Europaeischen_Union._Economic_Governance_und_Fiskalpakt_-_Elemente_einer_autoritaeren_Welt.pdf

Oberndorfer, Lukas/Parteder, Franz Stephan, 2016: Über Brüche die Neugründung Europas voranbringen, in: Kaltenegger, Ernest/Kühberger, Leo/Stuhlpfarrer, Samuel (Hrsg.): Alle Verhältnisse umzuwerfen. Gespräche und Interventionen zu Krise, globaler Bewegung und linker Geschichte, Mandelbaum, Wien, 197-212

OECD – Organization for Economic Co-operation and Development, 2021: Country statistical profile: Korea 2021, https://www.oecd-ilibrary.org/sites/2c4ee02b-en/index.html?itemId=/content/component/2c4ee02b-en

–, 2021: Armutsquote, https://www.oecd.org/berlin/statistiken/armutsquote.htm

–, 2021: OECD Employment Outlook 2021: Navigating the COVID-19 Crisis and Recovery, https://www.oecd-ilibrary.org/sites/c18a4378-en/index.html?itemId=/content/component/c18a4378-en#component-d1e46111

–, 2017: Industrial disputes, https://www.oecd.org/els/emp/Industrial-disputes.pdf

–, 2017: Hungary. Trade and investment statistical Note, https://www.oecd.org/investment/HUNGARY-trade-investment-statistical-country-note.pdf

–, 2015: Government at a Glance: How Hungary compares – Public sector employment and compensation in Hungary, https://read.oecd-ilibrary.org/governance/government-at-a-glance-how-hungary-compares/public-sector-employment-and-compensation-in-hungary_9789264233720-6-en

–: Average Wages, https://data.oecd.org/earnwage/average-wages.htm#indicator-chart

–, https://data.oecd.org/korea.htm

–: Collective bargaining in OECD and accession countries, https://www.oecd.org/els/emp/Industrial-disputes.pdf

–: Better Life Index, https://www.oecdbetterlifeindex.org/de/topics/jobs-de/

Oplas, Bienvenido S., 2022: Duterte's Phiippine Economic Debriefing, Business World, 11.04.2022, https://www.bworldonline.com/opinion/2022/04/11/441724/dutertes-philippine-economic-debriefing/

Oplatka, Andreas, 2009: Neubestattung Imre Nagys in Budapest, Neue Zürcher Zeitung, 16.06.2009, https://www.nzz.ch/neubestattung_imre_nagys_in_budapest-1.2747958

Otieno, Owidhi George/Wandeda, Dickson Onyango/Mwamadzingo, Mohammed, 2021: Trade Union membership dynamics amidst COVID-19: Does social dialogue matter? in: International Journal of Labour Research, COVID-19 and Recovery: The Role of Trade Unions in Building forward better, Volume 10, Issue 1-2, 2-12, https://www.ilo.org/wcmsp5/groups/public/---ed_dialogue/---actrav/documents/publication/wcms_806895.pdf

Otto, Kim/Köhler, Andreas, 2016: Die Berichterstattung deutscher Medien in der griechischen Staatsschuldenkrise. Studie im Auftrag des Instituts für Makroökonomie und Konjunkturforschung (IMK) der Hans-Böckler-Stiftung, https://www.boeckler.de/pdf/p_imk_study_45_2016.pdf#page64

OXI, 2016: Tendenziöse Griechenlandberichte deutscher Medien, 12.04.2016, https://oxiblog.de/griechenland-berichterstattung/

Panknin, Knut, 2021: Gewerkschaftsmonitor – USA, FES, Mai 2021, https://library.fes.de/pdf-files/id/gewerkschaftsmonitore/16076/2021-usa.pdf

–, 2020a: Die amerikanische Illusion. Die USA taumeln durch Pandemie und Wirtschaftskrise. Warum ist die größte Volkswirtschaft der Welt so verletzlich?, IPG, 11.06.2020, https://www.ipg-journal.de/regionen/nordamerika/artikel/die-amerikanische-illusion-4424/

–, 2020b: Rassismus und soziale Ungleichheit: Das macht die USA so verletzlich, Vorwärts, 15.06.2020, https://www.vorwaerts.de/artikel/rassismus-soziale-ungleichheit-macht-usa-so-verletzlich

Park, Sung-yang, 2021: South Korea: militant national strike shows anger against capitalist establishment, https://www.marxist.com/south-korea-militant-national-strike-shows-anger-against-capitalist-establishment.htm

Park Hey Ri/Min Jae-Ji, 2021: Südkorea startet im November die Maßnahme „Leben mit COVID-19", KOREA.net, 26.10.2021, https://m.korea.net/german/Government/Current-Affairs/National-Affairs/view?affairId=2040&subId=5&articleId=204479&viewId=60926

Paul, Ari, 2018: UAW and IG Metall: Supporting Workers' rights from Bavaria and Tennessee, in: Herberg, Mirko (Hrsg.): Trade Unions in Transformation. Success stories from all over the world, FES, 46-48

Payiatsos, Andreas, 2016: „Es gab eine Alternative!" Die Kapitulation SYRIZAs als Folge reformistischer Regierungsbeteiligung, in: Gleiss, Thies/Höger, Inge/Redler, Lucy/Stanicic, Sascha, 2016: Nach Goldschätzen graben, Regenwürmer finden. Die Linke und das Regieren, Papy Rossa, Köln, 95-104

Peer, Matthias, 2020: Corona-Epidemie in Singapur. Nur schwer zu beherrschen, Die Zeit, 10.04.2020, https://www.zeit.de/politik/ausland/2020-04/coronavirus-epidemie -singapur-krise-abriegelung

Pérez, Domingo/Osorio, Sebastián, 2021: Chile – Antineoliberale Revolte und Generalstreik 2019, in: Azzellini, Dario (Hrsg.): Mehr als Arbeitskampf! Workers weltweit gegen Autoritarismus, Faschismus und Diktatur, VSA, Hamburg, 53-60

Pernot, Philippe, 2021: „Das Gesundheitssystem ist zusammengebrochen", Süddeutsche Zeitung, 11.07.2021, https://www.sueddeutsche.de/politik/tunesien-corona-pandemie-1.5348779

Peters, Helmut, 2011: Arbeit und Kapital im Prozess der nationalen Renaissance der VR China, in: Geffken, Rolf (Hrsg.): Streik auch in China? Ein Deutsch-Chinesischer Dialog über Koalitionsfreiheit, Gewerkschaften & Arbeitskampf, VAR, Cadenberge, 39-44

Peters, Steffen, 2020: Ungleichheit tötet, IPG, 26.03.2020, https://www.ipg-journal.de/regionen/global/artikel/ungleichheit-toetet-4191/

Pew Research Center, 2017: How America changed during Barack Obama's Presidency, 10.01.2017, https://www.pewresearch.org/2017/01/10/how-america-changed-during-barack-obamas-presidency/

Phelan, Craig (Hrsg.), 2007: The Future of Organized Labour, Peter Land, Bern

Piketty, Thomas/Li Yang/Zucman, Gabriel, 2017: Capital Accumulation, Private Property and rising Inequality in China, 1978–2015, NBER, Working Paper 23368, Cambridge, https://www.nber.org/system/files/working_papers/w23368/w23368.pdf

Pile, Kadriye/Fisahn, Andreas, 2018: Sicherheitsapparat und neue Formen des Autoritären (Staates) in Europa? – ein Versuch begrifflicher Annäherung, https://link.springer.com/chapter/10.1007/978-3-658-19301-0_2

Plate, Christoph, 2020: Afrikanische Lösungen. Vom speziellen Umgang mit der Pandemie, KAS, 15.09.2020, https://www.kas.de/de/web/die-politische-meinung/artikel/detail/-/content/afrikanische-loesungen

Plum, Werner: Gesellschaftsplanung und Sozialerziehung in Tunesien, FES, http://library.fes.de/gmh/main/pdf-files/gmh/1962/1962-10-a-606.pdf

Polio, Holger, 2018: Mitteleuropa in der Europäischen Union. Vorreiter der nationalkonservativen Wende, WeltTrends. Das außenpolitische Journal, März 2018, 70-71, https://shop.welttrends.de/sites/default/files/public_downloads/WeltTrends-137-Politt.pdf

Popp; Silvia, 2014: Die neue globale Mittelschicht, APuZ, 24.11.2014, https://www.bpb.de/shop/zeitschriften/apuz/196711/die-neue-globale-mittelschicht/

Poulantzas, Nicos, 1979: Es geht darum, mit der stalinistischen Tradition zu brechen. Interview mit Nicos Poulantzas zum autoritären Etatismus in Westeuropa und zur Strategie der Arbeiterbewegung, durchgeführt von Rodrigo Vaquez-Prada, Prokla, 12/1979, https://www.prokla.de/index.php/PROKLA/article/view/1620

Pringle, Tim, 2013: Handlungsmacht und institutionelle Reformen in China: Zur Frage der Gewerkschaften, in: Egger, Georg/Fuchs, Daniel/Immervoll, Thomas/Steinmassl, Lydia (Hrsg.): Arbeitskämpfe in China. Berichte von der Werkbank der Welt, ProMedia, Wien, 163-179

Prittwitz, Cornelius, 2016: Grund und Grenzen der Unterscheidbarkeit von Strafrecht und Krieg, ZIS, 9/2016, 594-600, https://zis-online.com/dat/artikel/2016_9_1044.pdf

Püschel, Julia, 2021: Deindustrialisierung und High-Tech in den USA, beb, 13.09.2021, https://www.bpb.de/themen/nordamerika/usa/340178/deindustrialisierung-und-high-tech-in-den-usa/

Pun Ngai/Chan, Jenny, 2013: Globales Kapital, der Staat und die chinesischen ArbeiterInnen: Das Foxconn-Modell, in: Egger, Georg/Fuchs, Daniel/Immervoll, Thomas/Steinmassl, Lydia (Hrsg.): Arbeitskämpfe in China. Berichte von der Werkbank der Welt, ProMedia, Wien, 106-129

Pun Ngai/Chan, Chris King-Chi, 2010: Die Subsumtion des Klassendiskurses in China, in: Pun Ngai/Ching Kwan Lee u.a.: Aufbruch der zweiten Generation. Wanderarbeit, Gender und Klassenzusammensetzung in China, Assoziation A, Berlin/Hamburg, 258-276

Pun Ngai/Ching Kwan Lee u.a., 2010: Aufbruch der zweiten Generation. Wanderarbeit, Gender und Klassenzusammensetzung in China, Assoziation A, Berlin/Hamburg

Pun Ngai/Lu Huilin, 2010: Klassenerfahrung und Klassenempfinden der BauarbeiterInnen in Chinas Subunternehmersystem, in: Pun Ngai/Ching Kwan Lee u.a: Aufbruch der zweiten Generation. Wanderarbeit, Gender und Klassenzusammensetzung in China, Assoziation A, Berlin/Hamburg, 21-49

Pun Ngai/Li Wanwei, 2008: Dagongmei. Arbeiterinnen aus Chinas Weltmarktfabriken erzählen, Assoziation A, Berlin/Hamburg

Putz, Ulrike, 2018: High level militancy and unusual alliances bring rare victory for South Korean Workers, in: Herberg, Mirko (Hrsg.): Trade unions in transformation. Success stories from all over the world, FES, 29-32

PwC – PricewaterhouseCoopers: Neun der zehn wertvollsten Unternehmen weltweit kommen aus den USA, 16.07.2014, https://www.pwc.de/de/kapitalmarktorientierte-unternehmen/neun-der-zehn-wertvollsten-unternehmen-weltweit-kommen-aus-den-usa.html

Quetier, Jean, 2019: Die Bedeutung der Gelbwesten für die Krise des Politischen, Das Argument, 1/2019, 125-153

Rahman, Claudia, 2018: Mehr Beschäftigung durch sozialen Frieden, in: Meyer, Henrik/Rauer, Marcel (Hrsg.): Zwischen Kontinuität und Neubeginn. Deutsch-tunesische Beziehungen im Wandel der Zeit, FES, 54-58, http://library.fes.de/pdf-files/iez/14743.pdf

Ramos, Fidel Bennett, 2017: Size and Profile of the Working Poor in Chile, Turin School of Development Working Paper, 10/2017, International Training Centre of the ILO, https://www.itcilo.org/sites/default/files/inline-files/ramos.pdf

Rebhuhn, Henrik, 2014: Krise und Protest in den Städten. Occupy machte sich 2011 auf den Weg um die halbe Welt, Prokla, 4/2014, 477-494

Reddies, Bernd: Gewerkschaften in einer Übergangsgesellschaft: Südkorea, FES, 496-505, https://library.fes.de/gmh/main/pdf-files/gmh/1997/1997-08-a-496.pdf

Redissi, Hamadi/Nouira, Asma, 2018: Politischer Islam in Tunesien, in: Meyer, Henrik/Rauer, Marcel (Hrsg.): Zwischen Kontinuität und Neubeginn. Deutsch-tunesische Beziehungen im Wandel der Zeit, FES, 40-46, http://library.fes.de/pdf-files/iez/14743.pdf

Reeve, Charles/Xi Xuanwu, 2000: Die Hölle auf Erden. Bürokratie, Zwangsarbeit und Business in China, Nautilus, Hamburg

Reichenbach, Thomas, 1994: Die Demokratiebewegung in China 1989. Die Mobilisierung durch Studentenorganisationen in Beijing, Mitteilungen des Instituts für Asienkunde, Nr. 228, Hamburg

Reisch, Viktoria, 2020: Gesundheitssystem im Chile an seinen Grenzen, amerika21, 29.05.2020, https://amerika21.de/2020/05/240266/gesundheitssystem -chile-grenzen

Reitz, Tilmann, 2017: Aufstand der Anteillosen? Autoritärer Protest im digitalen Kapitalismus, Das Argument, 03/2017, 363-77

Reperger, Simone, 2021: Corona in Chile: Das Ende des Neoliberalismus? Blätter für deutsche und internationale Politik, 06/2021, https://www.blaetter.de/ausgabe/2021/juni/corona-in-chile-das-ende-des-neoliberalismus

Repucci, Sarah, 2020: Democracy and pluralism are under assault, Freedom House Report 2020, https://freedomhouse.org/report/freedom-world/2020/leaderless-struggle-democracy

Reuß, Anna, 2020: Coronavirus in Afrika. Ungeschützt bis 2024, Süddeutsche Zeitung, 27.12.2020, https://www.sueddeutsche.de/politik/afrika-corona-impfung-1.5158399

Richter, Heinz A., 2017: Geschichte der griechischen Linken, Harrassowitz, Wiesbaden

Richter, Sándor/Binder, Klaus, 2011: Im Würgegriff des Populismus: Ungarns Volkswirtschaft, Osteuropa, 12/2011, 213-23

Richter, Steffen, 2011: Tunesien – Staat ohne Opposition, Die Zeit, 17.01.2011, https://www.zeit.de/politik/ausland/2011-01/tunesien-politik-strukturen

Richters, Marcel, 2021: Bye-bye, Corona-Arbeitslosengeld, Neues Deutschland, 09.08.2021, http://www.nd-aktuell.de/artikel/1155384.armut-in-den-usa-bye-bye-corona-arbeitslosengeld.html

Rigouste, Mathieu, 2020: Niemand kann mehr wegschauen, Freitag, 14.02.2020, https://www.freitag.de/autoren/the-guardian/niemand-kann-mehr-wegschauen

Rios, Marcela, 2021: UN sustainable Development. Cooperation Framework and national poverty eradication: The Case of Chile, UNDP, https://www.un.org/development/desa/dspd/wp-content/uploads/sites/22/2021/05/Rios_Presentation_PDF_UNCT_Chile_Poverty1.pdf

Rist, Manfred, 2020: Die COVID-19-Fälle schießen nach oben – dennoch dürfte in Singapur am 1. Juni gelockert werden, Neue Züricher Zeitung, 21.04.2020

RND, 25.06.2021: Studie: Lebenserwartung von US-Bürgern 2020 um fast zwei Jahre gesunken, https://www.rnd.de/gesundheit/usa-lebenserwartung-2020-um-fast-zwei-jahre-gesunken-3O2THVGCDDDDNIJWQDD3SVNQRY.html

Rodriguez, Claudio, 2019: „Eine gesellschaftliche Explosion", taz, 23.10.2019, https://taz.de/Wissenschaftler-ueber-Proteste-in-Chile/!5635718/

Rodriguez, Fátima E., 2020: Warum ist Paraguay bei der Bekämpfung der Corona-Pandemie (bis jetzt) erfolgreich?, FES, https://www.fes.de/e/warum-ist-paraguay-bei-der-bekaempfung-der-corona-pandemie-bis-jetzt-erfolgreich

Rodrik, Dani, 2020: Pustekuchen. Corona wird die Welt nicht zum Positiven verändern. Populisten reagieren noch autoritärer und Progressive tun sich weiterhin schwer, IPG, 13.04.2020, https://www.ipg-journal.de/regionen/global/artikel/pustekuchen-4243/

Rojas, Nicolás Vélez, 2013: Widersprüchlich und machtlos. Chilenische Gewerkschaften sind kaum in der Lage, gegen schlechte Arbeitsbedingungen anzukämpfen, Lateinamerika-Nachrichten, LN-Dossier 8, 18-19, https://lateinamerika-nachrichten.de/wp-content/uploads/2015/01/Dossier_Chile_Web.pdf

Rosa, Hartmut, 2020: Pfadabhängigkeit, Bifurkationspunkte und die Rolle der Soziologie. Ein soziologischer Deutungsversuch der Corona-Krise, Berliner Journal für Soziologie 30, 191-213, https://link.springer.com/article/10.1007/s11609-020-00418-2

Roth, Karl-Heinz, 2012: Griechenland: Was tun?, VSA, Hamburg

Ruderer, Stephan, 2021: Ende des Neoliberalismus? Der Verfassungsprozess in Chile, graswurzelrevolution, 07.09.2021, https://www.graswurzel.net/gwr/2021/09/ende-des-neoliberalismus/

Rüb, Matthias, 2010: „Tea Party“-Bewegung. Amüsiert und alarmiert, Frankfurter Allgemeine Zeitung, 20.04.2010, https://www.faz.net/aktuell/politik/ausland/tea-party-bewegung-amuesiert-und-alarmiert-1971033.html

Rüesch, Andreas/Thelitz, Nikolai/Kohler, Alexandra/Kellen, Joana/Karavia, Roman, 2021: Biden gewinnt die Präsidentschaftswahl – alle Resultate zu den Wahlen in der Übersicht, Neue Züricher Zeitung, 01.04.2021, https://www.nzz.ch/international/wahlen-usa-2020-alle-resultate-in-der-uebersicht-ld.1582454

Rühle, Alex, 2011: Muskelspiele an der Donau, Süddeutsche Zeitung, 13.05.2011, https://www.sueddeutsche.de/kultur/ungarn-muskelspiele-an-der-donau-1.1097340

Rutkowski, Peter/Eisler, Valerie, 2020: Geldstrafe droht: Gericht in Brasilien ordnet Maskenpflicht für Präsident Bolsonaro an, Frankfurter Rundschau, 23.05.2020, https://www.fr.de/politik/corona-pandemie-brasilien-bolsonaro-schimpft-wird-boykottiert-zr-13776916.html

Sablowski, Thomas, 2020: Ein Klassenkrieg, den die Arbeiterklasse verloren hat, Lunapark21, 17.01.2020, https://www.lunapark21.net/ein-klassenkrieg-den-die-arbeiterklasse-verloren-hat/

Sablowski, Thomas/Thien, Hans-Günter (2018): Die AfD, die ArbeiterInnenklasse und die Linke – kein Problem?, Prokla, 01/2018, 55-71, https://www.prokla.de/index.php/PROKLA/article/download/32/25/51

Sami, Adouani/Amami, Mongi/Sedrine, Said Ben, 2018: Der Weg zur Förderung des sozialen Dialogs, in: Meyer, Henrik/Rauer, Marcel (Hrsg.): Zwischen Kontinuität und Neubeginn. Deutsch-tunesische Beziehungen im Wandel der Zeit, FES, 47-53, http://library.fes.de/pdf-files/iez/14743.pdf

Sami, Adouani/Sedrine, Said Ben, 2018: Trade Unions in Transformation. Trade Union Power and Democratic Transition in Tunisia. The UGTT: A Unit Story, an unprecedented Experience, FES, http://library.fes.de/pdf-files/iez/14064.pdf

Sandel, Michael J, 2020: Vom Ende des Gemeinwohls. Wie die Leistungsgesellschaft unsere Demokratie zerreißt, S.Fischer, Frankfurt a.M.

Sander, Matthias, 2020a: Der Corona-Musterschüler Südkorea erwägt die höchste Warnstufe, Neue Züricher Zeitung, 14.12.2020, https://www.nzz.ch/international/der-corona-musterschueler-suedkorea-muss-massnahmen-veschaerfen-ld.1591943

–, 2020b: Paketzusteller in Südkorea schuften sich während der Corona-Pandemie zu Tode, Neue Züricher Zeitung, 30.11.2020, https://www.nzz.ch/technologie/suedkorea-paketzusteller-schuften-sich-in-der-pandemie-zu-tode-ld.1588514

Sau, Jaime/Saldías, Iván, 2013: Das drückende Erbe der Diktatur. Chiles Gewerkschaften sind weiter in der Defensive, Labournet, https://www.labournet.de/wp-content/uploads/2013/09/ila_chilegewerkschaft.pdf

Sauerbrey, Anna, 2020: US-Präsidentschaftswahl. Trumps Narzissmus hat Amerika gerettet, Der Tagesspiegel, 08.11.2020, https://www.tagesspiegel.de/politik/us-praesidentschaftswahl-trumps-narzissmus-hat-amerika-gerettet/26601964.html

Schaap, Fritz/Backhaus, Anne, 2020: Afrikanische Staaten setzen die Ausgangssperre brutal durch, Der Spiegel, 05.04.2020. https://www.spiegel.de/ausland/corona-so-brutal-setzen-afrikanische-staaten-die-ausgangssperre-durch-a-8a22a672-47b3-4d49-aab5-55053557e8d2

Schäfer, Martin, 2020: Zusammenbruch unvermeidbar. Das neoliberale Gesundheitssystem stößt in der Covid-19 Pandemie endgültig an seine Grenzen, Lateinamerika Nachrichten, April 2020, https://lateinamerika-nachrichten.de/artikel/zusammenbruch-unvermeidbar/

Schäfer, Armin/Zürn, Michael, 2021: Krisenspirale und demokratische Entfremdung: Der Siegeszug des Populismus, Blätter für deutsche und internationale Politik, 12/2021, https://www.blaetter.de/ausgabe/2021/dezember/krisenspirale-und-demokratische-entfremdung-der-siegeszug-des-populismus

Schäfer, Isabel, 2018: 30 Jahre Wirtschaftsbeziehungen zwischen Tunesien, Deutschland und der EU, in: Meyer, Henrik/Rauer, Marcel (Hrsg.), Zwischen Kontinuität und Neubeginn. Deutsch-tunesische Beziehungen im Wandel der Zeit, FES, 68-74 http://library.fes.de/pdf-files/iez/14743.pdf

Schaffar, Wolfram, 2019a: Globalisierung des Autoritarismus. Aspekte der weltweiten Krise der Demokratie, RLS, Berlin

–, 2019b: Wir sollten uns nichts vormachen. Interview mit Wolfram Schaffar, maldekstra, 07/2019, https://www.rosalux.de/news/id/40622/wir-sollten-uns -nichts-vormachen/

Schell, Orville, 1995: Das Mandat des Himmels. China: Die Zukunft einer Weltmacht, Rowohlt, Berlin

Scherrer, Christoph, 2008: Bleibt das US-Finanzkapital trotz Krise hegemonial?, Prokla, 4/2008, 535-559, https://www.prokla.de/index.php/PROKLA/article/download/451/416/825

Scheuer, Stephan, 2021: Der Masterplan. Chinas Weg zur Hightech-Weltherrschaft, Herder, Freiburg im Breisgau

Schiedel, Heribert, 2012: Die Rache der kleinen Leute an den Bonzen und Parasiten. Zum antiemanzipatorischen und antisemitischen Gehalt des Rechtspopulismus, Forschungsgruppe FiPu, https://forschungsgruppefipu.files.wordpress.com/2012/05/aut-populismus2.pdf

Schirrmacher, Frank, 2011: Demokratie im Ramsch. Der griechische Weg, Frankfurter Allgemeine Zeitung, 01.11.2011, https://www.faz.net/aktuell/feuilleton/griechenland-demokratie-ist-ramsch-11514358.html

Schliephake, Konrad u.a, 2005: Politische Entwicklung nach der Unabhängigkeit – Regionale Kooperation und Integration, Bundeszentrale für politische Bildung, https://www.bpb.de/internationales/afrika/afrika/59008/regionale-kooperation

Schmalz, Stefan/Dörre, Klaus, 2014: Der Machtressourcenansatz: Ein Instrument zur Analyse gewerkschaftlichen Handlungsvermögens, in: Industrielle Beziehungen 21/3, 217-237

– (Hrsg.), 2013: Comeback der Gewerkschaften? Machtressourcen, innovative Praktiken, internationale Perspektiven, Campus, Frankfurt a.M.

Schmalz, Stefan/Weinmann, Nico, 2013: Zwei Krisen, zwei Kampfzyklen: Gewerkschaftsproteste in Westeuropa im Vergleich, in: Schmalz, Stefan/Dörre, Klaus (Hrsg.): Comeback der Gewerkschaften? Machtressourcen, innovative Praktiken, internationale Perspektiven, Campus, Frankfurt a.M., 76-98

Schmitz, Peter/Henle, Friedrich, 2020: Gesundheitswesen in Tunesien, GTAI, 29.09.2020, https://www.gtai.de/de/trade/tunesien/specials/gesundheitswesen-in-tunesien-238692

Schmid, Mirko, 2021, Republikaner: Undercover-Reporterin sollte „Proud Boys" für Trump-Demos rekrutieren, Frankfurter Rundschau, 05.06.2021, https://www.fr.de/politik/republikaner-infiltriert-rassismus-antisemitismus-proud-boys-donald-trump-nevada-usa-90790322.html

Schmidt, Silvia/Ständer, Philipp, 2019: Wie prekär ist der europäische Arbeitsmarkt, Makronom, https://makronom.de/wie-prekaer-ist-der-europaeische-arbeitsmarkt-2-30077

Schmitt, Wolfgang M., 2019: Schöner neuer Osten, Freitag, 52/2019, https://www.freitag.de/autoren/der-freitag/schoener-neuer-osten

Schulten, Thorsten, 2015: Chancen für einen Wiederaufbau? Die Zukunft des griechischen Tarifvertragsystems nach dem dritten Memorandum, FES, https://library.fes.de/pdf-files/id-moe/11610.pdf

Schwandt, Hannes/Currie, Janet/von Wachter, Till, 2022: Changes in the Relationship between Income and Life Expectancy before and during the COVID-19 Pandemic, California 2015–2021, https://jamanetwork.com/journals/jama/fullarticle/2794146

Schwierz, Kristin, 2017: UN-Bericht belegt soziale Ungleichheit in Chile, amerika21, 19.06.2017, https://amerika21.de/2017/06/178334/un-bericht-chile

Seideneck, Peter, 2021: Kampf um die Demokratie in Tunesien, Gegenblende, 26.08.2021, https://gegenblende.dgb.de/artikel/++co++1492fc38-0667-11ec-9bbf-001a4a160123

Seiwerth, Malte, 2021a: Mitten ins Gesicht, Freitag, 09.05.2021, https://www.freitag.de/autoren/der-freitag/mitten-ins-gesicht

–, 2021b: Der unzerstörbare Gesundheitssektor, Neues Deutschland, 24.03.2021, http://www.nd-aktuell.de/artikel/1149986.corona-in-chile-der-unzerstoerbare-gesundheitssektor.html

–, 2020: Chile: Regierung verschärft Repression bei Verstößen gegen Corona-Maßnahmen, amerika21, 25.06.2020, https://amerika21.de/2020/06/241047/chile-hohe-strafen

Segador, Julio, 2014: Aufarbeitung in Chile. Der lange Schatten einer blutigen Epoche, Deutschlandfunk, 20.09.2014, https://www.deutschlandfunk.de/aufarbeitung-in-chile-der-lange-schatten-einer-blutigen-100.html

Seliger, Bernhard, 2000: Die Lage nach den Wahlen in Südkorea, KAS-AI 6/2000, 58-73, https://www.kas.de/c/document_library/get_file?uuid=59289348-e477-377f-8203-8d51e0286852&groupId=252038

Seo Ji-eun, 2021: KCTU strike goes on across Korea, but isn't very big, Korea JoongAng Daily, https://koreajoongangdaily.joins.com/2021/10/20/national/socialAffairs/korean-confederation-of-trade-unions-KCTU-rally/20211020183045708.html

Sha Hua, 2019: Das steckt hinter dem Erfolg des chinesischen Einhorns iCarbonX, Handelsblatt, 09.10.2019, https://www.handelsblatt.com/technik/medizinforschung-das-steckt-hinter-dem-erfolg-des-chinesischen-einhorns-icarbonx/25095934.html

Siebenhaar, Hans-Peter, 2016: Deutsche Investoren lieben „Orbanistan", Handelsblatt, 14.09.2016, https://www.handelsblatt.com/politik/international/trotz-eu-kritik-an-ungarn-deutsche-investoren-lieben-orbanistan/14543518.html

Siebold, Thomas/Watermülder Heike, 2016: Neue Mittelklassen in Entwicklungsländern und ihre Implikationen, GIGA, https://assets.ctfassets.net/jlhgjubhhjuo/3Dq4mnHNv95zQ7y1RyBwFC/aaeceaa9df515000541ccdaf32dbf5d3/dok_line_global_2016_1.pdf

Sieren, Frank, 2021: Shenzhen. Zukunft Made in China, Pinguin, München

–, 2020: Zukunft? China! Wie die neue Supermacht unser Leben, unsere Politik, unsere Wirtschaft verändert, Pinguin, München

Silver, Beverly J., 2005: Forces of Labor. Arbeiterbewegungen und Globalisierung seit 1870, Assoziation A, Berlin-Hamburg

Simon, Johannes, 2019: Ein echter Amerikaner isst, was er will, und fährt einen großen Truck. Der Historiker Rick Perlstein über Donald Trump und die Entwicklung der republikanischen Partei in den USA, Neues Deutschland, 28.01.2019, http://www.nd-aktuell.de/artikel/1111050.rick-perlstein-ein-echter-amerikaner-isst-was-er-will-und-faehrt-einen-grossen-truck.html

Solty, Ingar, 2020: Joe Biden: Ein Sieger als Verlierer – Zum Ausgang der US-Präsidentschaftswahl 2020, Luxemburg, 11/2020, https://www.zeitschrift-luxemburg.de/biden-sieger-als-verlierer/

–, 2018: Der 18. Brumaire des Donald J. Trump? Überlegungen zum Sieg des Autoritarismus in den Vereinigten Staaten, in: Beck, Martin/Stützle, Ingo (Hrsg.): Die neuen Bonpartisten. Mit Marx den Aufstieg von Trump & Co verstehen, Dietz, Berlin, 74-92

–, 2017: Die Welt unter Donald Trump, Luxemburg 08/2017, https://zeitschrift-luxemburg.de/artikel/die-welt-unter-donald-trump

–, 2016: Sozialismus oder Barbarei, RLS, https://www.rosalux.de/news/id/9246/sozialismus-oder-barbarei-1

Sommer, Theo, 2019: China First. Die Welt auf dem Weg ins chinesische Jahrhundert, C.H.Beck, München

Sortiris, Panagiotis, 2016: Wie wir ein neues Hoffnungspotential schaffen. Nachdenken über eine radikale linke Politik nach der Kapitulation von SYRIZA, in: Gleiss, Thies/Höger, Inge/Redler, Lucy/Stanicic, Sascha, 2016: Nach Goldschätzen graben, Regenwürmer finden. Die Linke und das Regieren, Papy Rossa, Köln, 105-114

Soto, Octavio Garcia, 2019: Chile: Sebastián Piñera, Posterboy des grünen Kapitalismus, amerika21, 29.11.2019, https://amerika21.de/analyse/234808/chile-pinera-gruener-kapitalismus

Specht, Frank, 2020: G20-Staaten: Nur Südkorea hat höhere Lohnzuwächse als Deutschland, Handelsblatt, 02.12.2020, https://www.handelsblatt.com/politik/

deutschland/ilo-gehaltsreport-g20-staaten-nur-suedkorea-hat-hoehere-lohnzuwaechse-als-deutschland/26677386.html

Spence, Jonathan D., 2001: Chinas Weg in die Moderne, dtv, München

Sperling, Sebastian, 2019: Bangemachen gilt nicht, IPG, 15.10.2019, https://www.ipg-journal.de/regionen/lateinamerika/artikel/bangemachen-gilt-nicht-3793/

SPLC – Southern Poverty Law Center: Hate Map 2020, https://www.splcenter.org/hate-map

Statista Research Department, 2022: Fallzahl des Coronavirus (Covid 19) nach Ländern, 26.08.2022, https://de.statista.com/statistik/daten/studie/1090985/umfrage/fallzahl-des-coronavirus-2019-ncov-nach-laendern/

–, 2022: Personal savings rate in South Korea 2010–2021, 19.08.2022, https://www.statista.com/statistics/642132/south-korea-personal-savings-rate/

–, 2022: Entwicklung der Nominallöhne in Ungarn bis 2020, 03.08.2022, https://de.statista.com/statistik/daten/studie/689633/umfrage/entwicklung-der-nomi

–, 2022: Erwerbstätige nach Wirtschaftssektoren in Griechenland bis 2020, 02.08.2022, https://de.statista.com/statistik/daten/studie/204328/umfrage/erwerbstaetige-nach-wirtschaftssektoren-in-griechenland/

–, 2022: Anteile der Wirtschaftssektoren am Bruttoinlandsprodukt (BIP) von Tunesien bis 2021, 05.07.2022, https://de.statista.com/statistik/daten/studie/953401/umfrage/anteile-der-wirtschaftssektoren-am-bruttoinlandsprodukt-bip-von-tunesien/

–, 2022: Arbeitslosenquote in Chile bis 2027, 23.05.2022, https://de.statista.com/statistik/daten/studie/17334/umfrage/arbeitslosenquote-in-chile/

–, 2022: Arbeitslosenquote in Griechenland bis 2027, 21.04.2022, https://de.statista.com/statistik/daten/studie/17312/umfrage/arbeitslosenquote-in-griechenland/

–, 2022: Wanderarbeiter in China bis 2021, 29.03.2022, https://de.statista.com/statistik/daten/studie/234492/umfrage/anzahl-der-wanderarbeiter-in-china/

–, 2021: Südkorea: Bruttoinlandsprodukt (BIP) in jeweiligen Preisen von 1980 bis 2020, 25.10.2021, https://de.statista.com/statistik/daten/studie/14404/umfrage/bruttoinlandsprodukt-in-suedkorea/

–, 2021: Südkorea: Arbeitslosenquote von 1980 bis 2020, Oktober 2021, https://de.statista.com/statistik/daten/studie/17318/umfrage/arbeitslosenquote-in-suedkorea/

–, 2021: Minimum monthly wage in selected Latin American countries in 2021, https://www.statista.com/statistics/953880/latin-america-minimum-monthly-wages/

–, 2021: USA: Entwicklung der Reallöhne von 2009 bis 2019, https://de.statista.com/statistik/daten/studie/692476/umfrage/entwicklung-der-realloehne-in-den-usa/

–, 2021: Arbeitslosenquote in Ungarn bis 2026, statista, 04.05.2021, https://de.statista.com/statistik/daten/studie/17313/umfrage/arbeitslosenquote-in-ungarn/

–, 2020: Erwerbstätige nach Wirtschaftssektoren in Ungarn bis 2020, statista, 05.02.2020, https://de.statista.com/statistik/daten/studie/272766/umfrage/erwerbstaetige-nach-wirtschaftssektoren-in-ungarn/

–, 2017: Arbeiter in China pochen auf ihre Rechte, 27.07.2017, https://de.statista.com/infografik/10452/arbeitskonflikte-in-china/
–, 2016: Autoritärer Populismus breitet sich aus, 22.11.2016, https://de.statista.com/infografik/6846/populismus-in-europa-2016/
–, 2016: Griechenland mit den meisten Selbständigen, 05.08.2016, https://de.statista.com/infografik/5431/anteil-selbststaendige-laendervergleich/
–, 2012: Anteil der Staatsbediensteten in ausgewählten Ländern, 13.02.2012, https://de.statista.com/statistik/daten/studie/218347/umfrage/anteil-der-staatsbediensteten-in-ausgewaehlten-laendern/
Statististisches Bundesamt, 1978: Länderkurzbericht Tunesien, https://www.statistischebibliothek.de/mir/servlets/MCRFileNodeServlet/DEHeft_derivate_00036951/LB-Tunesien-1978.pdf;jsessionid=BA3B508F3AA9D4F1CC57A0A6F08BAED3
Steg, Joris, 2020: Normale Anomalie. Die Coronakrise als Zäsur und Chance, Blätter für deutsche und internationale Politik, 06/2020
Stiglitz, Joseph, 2002: Die Schatten der Globalisierung, Siedler, Berlin
Stör, Christian, 2020: „Befreit Minnesota": rechtsextreme mobilisieren via Facebook gegen Corona-Maßnahmen – und Trump hilft mit, Frankfurter Rundschau, 20.04.2020, https://www.fr.de/politik/corona-usa-rechtsextreme-mobilisieren-facebook-gegen-corona-massnahmen-donald-trump-hilft-zr-13656912.html
Streck, Ralf, 2011: Demokratie- oder Hungerrevolten?, Telepolis, https://www.heise.de/tp/features/Demokratie-oder-Hungerrevolten-3388737.html
Strittmatter, Kai, 2019: Die Neuerfindung der Diktatur. Wie China den digitalen Überwachungsstaat aufbaut und uns damit herausfordert, Piper, München
Strohschneider, Tom, 2017: China und der Kapitalismus: Die Grenzen des westlichen Blicks, OXI, 20.10.2017, https://oxiblog.de/china-parteitag-kommunisten-sozialismus-kapitalismus-westliche-blicke-marx/
–, 2016: What's left? Europas Linke, der Rechtsruck und ein sozialistischer Kompromiss, VSA, Hamburg
–, 2015: Der griechische Katalysator, in: #ThisIsACoup. Deutsch-Europa gegen SYRIZA, ND-Dossier, 2-3
STTO – Sahmakun Tang Traut Organization (2022): Living Condition of Non-Standard Forms of Employment Workers, 14. August 2022, https://teangtnaut.org/living-condition-of-non-standard-forms-of-employment-workers/?lang=en
Suki Chung, 2013: Reflexionen zu jüngsten Entwicklungstendenzen in der chinesischen ArbeiterInnenbewegung, in: Egger, Georg/Fuchs, Daniel/Immervoll, Thomas/Steinmassl, Lydia (Hrsg.): Arbeitskämpfe in China. Berichte von der Werkbank der Welt, ProMedia, Wien, 210-222
Suvorova, Natalia, 2018: Russian Automotive Unions score gains despite massive challenges, in: Herberg, Mirko (Hrsg.): Trade Unions in transformation. Success Stories from all over the world, FES, 42-45
Tagesschau, 23.11.2020: Asien und seine Corona-Strategien, https://www.tagesschau.de/thema/südostasien/

–, 30.08.2020: Mit gezielten Falschmeldungen gewonnen, https://www.tagesschau.de/thema/faktenfinder/

Takala, Jukka u.a., 2021: Work-related injuries and diseases, and COVID-19, in: International Journal of Labour Research, COVID-19 and Recovery: The Role of Trade Unions in Building forward better, Volume 10, Issue 1-2, 28-49, https://www.ilo.org/wcmsp5/groups/public/---ed_dialogue/---actrav/documents/publication/wcms_806895.pdf

taz, 17.03.2020: Granaten auf die Köpfe, https://taz.de/Polizeigewalt-in-Chile-laesst-nicht-nach/!5671407/

–, 20.11.2018, Schlag ins Gesicht? 'Legitime Technik', https://taz.de/Polizeigewalt-in-Katalonien/!5548397/

Ter Haseborg, Volker, 2019: Steve Bannon, der Wirtschaftsnationalist, Wirtschaftswoche, 19.05.2019, https://www.wiwo.de/politik/ausland/trumps-ehemaliger-chefstratege-steve-bannon-der-wirtschaftsnationalist-/24358496.html

Terizakis, Georgios, 2009: Zivilgesellschaft, Verbände und dritter Sektor: Zwischen informeller Effektivität und formaler Unprofessionalität, in: Egner, Björn/Terizakis, Georgios (Hrsg.): Das politische System Griechenlands. Strukturen, Akteure, Politikfelder, Nomos, Baden-Baden, 141-172

The Economist Intelligence Unit, 2020: Democracy Index 2019. A year of democratic setbacks and popular protest, https://www.eiu.com/n/

Theveßen, Elmar, 2020: Lincolns Prophezeiung. Donald Trump und die Coronakrise, KAS, https://www.kas.de/de/web/die-politische-meinung/artikel/detail/-/content/lincolns-prophezeiung

Thomann, Michael, 2020: Die Unfähigkeit der autoritären Männer, Die Zeit, 03.07.2020.

Thulin, Markus, 2013: Von Gesundheitsbrigaden und privaten Dienstleistern, Lateinamerika-Nachrichten, LN-Dossier 8, 13-15, https://lateinamerika-nachrichten.de/wp-content/uploads/2015/01/Dossier_Chile_Web.pdf

Tigges, Claus, 2008: Lebensmittelpreise werden zur Bedrohung, Frankfurter Allgemeine Zeitung, 12.04.2008, https://www.faz.net/aktuell/wirtschaft/wirtschaftspolitik/weltwirtschaft-lebensmittelpreise-werden-zur-bedrohung-1548244.html

Tooze, Adam, 2018: Crashed. Wie zehn Jahre Finanzkrise die Welt verändert haben, Siedler, München

Tóth, András, 2014: Das Ende der Leidensgeschichte? Der Aufstieg des selektiven Wirtschaftsnationalismus in Ungarn, in: Lehndorff, Steffen (Hrsg.): Spaltende Integration. Der Triumph gescheiterter Ideen in Europa, VSA, Hamburg, 209-226

Tóth, András/Neumann, Lászlo/Hosszú, Hortenzia, 2012: Die konservative Revolution und ihre Widersprüche. Ungarns Leidensgeschichte, in: Lehndorff, Steffen (Hrsg.): Ein Triumph gescheiterter Ideen. Warum Europa tief in der Krise steckt, VSA, Hamburg, 149-164

Traub-Merz, Rudolf, 2011: Lohnstreiks und Gewerkschaften in China – Ende der Niedriglohnpolitik?, FES, https://library.fes.de/pdf-files/iez/08233.pdf

Tügel, Nelli, 2019: Auf der Suche nach der verlorenen Zukunft, RLS, 12/2019, https://www.rosalux.de/publikation/id/41329/auf-der-suche-nach-der-verlorenen-zukunft/?fbclid=IwAR2UydJTGHizHJzTtn7dXgPXZjGSaNK2n9hHsMns0x2fAxoo7z6h8z682WQ

Udry, Charles-André/Kleiser, Paul B.: Griechenland: Wo die Troika regiert, in: Kleiser, Paul B. (Hrsg.): Griechenland im Würgegriff. Ein Land der EU-Peripherie wird zugerichtet, ISP, Köln/Karlsruhe, 99-127

Um Kyusook, 2004: Armuts- und Arbeitslosenpolitik nach der Wirtschaftskrise, Asienhaus, https://www.asienhaus.de/public/archiv/kyusook.htm

Unger, Jonathan, 2013: Die Veränderungen der Lebens- und Arbeitsbedingungen chinesischer WanderarbeiterInnen und ihre Auswirkungen auf Arbeitskonflikte, in: Egger, Georg/Fuchs, Daniel/Immervoll, Thomas/Steinmassl, Lydia (Hrsg.): Arbeitskämpfe in China. Berichte von der Werkbank der Welt, ProMedia, Wien, 23-34

UNHCR, 2022: Statistik Migration, https://www.unhcr.org/dach/de/services/statistiken

UNSTATS, 2021: End Poverty in all its forms everywhere, https://unstats.un.org/sdgs/report/2021/goal-01/

Urban, Hans-Jürgen, 2013: Gewerkschaftsstrategien in der Krise: Zur kollektiven Handlungsfähigkeit im Gegenwartskapitalismus, in: Schmalz, Stefan/Dörre, Klaus (Hrsg.): Comeback der Gewerkschaften? Machtressourcen, innovative Praktiken, internationale Perspektiven, Campus, Frankfurt a.M., 376-396

Valsecchi, Riccardo, 2017: „Hauptsache, Trump gewinnt", taz, 17.02.2017, https://taz.de/Serie-zur-Alt-Right-Bewegung-1/3/!5380753/

Van Dyk, Silke, 2018: Über den Wandel des Politischen. Die Demokratie im Zangengriff von autoritärem Populismus und autoritärem Kapitalismus, https://publikationen.soziologie.de/index.php/kongressband_2018/article/view/1155/1276

Vandaele, Kurt, 2014: Ende des Abwärtstrends? Zur Entwicklung des Streikvolumens in Westeuropa seit Beginn der Weltwirtschaftskrise, WSI Mitteilungen 5/2014, 345-352, https://www.wsi.de/data/wsimit_2014_05_vandaele.pdf

Varoufakis, Yanis, 2017: Die ganze Geschichte. Meine Auseinandersetzung mit Europas Establishment, München: Kunstmann

–, 2015: „Sie haben uns in die Falle gelockt", in: #ThisIsACoup. Deutsch-Europa gegen SYRIZA, ND-Dossier, 2015, 41-45

Vatthauer, Jan-Philipp/Weipert-Fenner, Irene, 2017: Die soziale Frage in Tunesien. Sozioökonomische Proteste und politische Demokratisierung nach 2011, HSFK-Report, 03/2017, https://www.hsfk.de/fileadmin/HSFK/hsfk_publikationen/Report0317.pdf

V-Dem Institute, 2021: Autocratization Turns Viral. Democracy Report 2021, https://www.v-dem.net/static/website/files/dr/dr_2021.pdf

Venohr, Sascha/Geisler, Astrid, 2016: Der Aufstand gegen Trump ist ausgefallen, Die Zeit, 09.11.2016, https://www.zeit.de/politik/ausland/2016-11/us-waehler-praesidentschaftswahl-soziologie-donald-trump

Von Lucke, Albrecht, 2021: Ein Jahr Corona: Ende oder Wende?, in: Blätter für deutsche und internationale Politik, 01/2021, https://www.blaetter.de/ausgabe/2021/januar/ein-jahr-corona-ende-oder-wende

Von Schwerin, Ulrich, 2021: Staatskrise in Tunesien: Präsident Saied behauptet, 1,8 Millionen Menschen hätten für ihn demonstriert – die wahre Zahl ist viel niedriger, Neue Züricher Zeitung, 05.10.2021, https://www.nzz.ch/international/staatskrise-in-tunesien-die-neusten-entwicklungen-ld.1637958

Voulgaris, Yannis, 2017: Politische Geschichte Griechenlands. Parteien, Institutionen und politische Kultur vom Fall der Militärdiktatur bis zur Wirtschaftskrise, Romiosini, Berlin

Wachendorfer, Achim, 2020: Mit dem Rücken zur Wand, Lateinamerikanische Gewerkschaften, FES, http://library.fes.de/pdf-files/iez/16771.pdf

Wagner, Christopher, 2021: Made in South Korea – die meist exportierten Güter Südkoreas, Weltexporte, 04.01.2021, https://www.weltexporte.de/exportprodukte-suedkorea/

Wallerstein, Immanuel, 2014: Vergangenheit und Zukunft der Globalen Linken, Prokla, 04/2017, 601-622

Wallis, Victor, 2017: Legitimitätskrise in den USA: Die Extreme des Hyperkapitalismus, Das Argument, 03/2017 307-315

Walpen, Bernhard, 2009: Die Wege der Knechtschaft: Neoliberalismus und (die) Krise, Denknetz, Jahrbuch 2009, 206-215, https://www.denknetz.ch/wp-content/uploads/2017/07/Walpen_Die_Wege_der_Knechtschaft.pdf

Wandler, Reiner, 2014: In der Mitte der tunesischen Gesellschaft, HBS, Magazin Mitbestimmung 12/2014, https://www.boeckler.de/de/magazin-mitbestimmung-2744-in-der-mitte-der-tunesischen-gesellschaft-4930.htm

Weber, Kathrin, 2006: Subjektive Bewertung der chilenischen Transnational Justice-Mechanismen durch GegnerInnen der ehemaligen Militärjunta, Marburg, https://www.friedenspsychologie.de/wp-content/uploads/2017/04/Weber_GS-Preis2007.pdf

Wehr, Andreas, 2016: Der kurze griechische Frühling. Das Scheitern von SYRIZA und seine Konsequenzen, Papy Rossa, Köln

–, 2011: Griechenland, die Krise und der Euro, Papy Rossa, Köln

Weigelin-Schwiedrzik, Susanne, 2013: Das Dilemma von Reform und Öffnung in der Volksrepublik China, in: Egger, Georg/Fuchs, Daniel/Immervoll, Thomas/Steinmassl, Lydia (Hrsg.): Arbeitskämpfe in China. Berichte von der Werkbank der Welt, ProMedia, Wien, 7-10

Weininger, Isabel, 2020: Zwischen Ignoranz und Notstand. Der Umgang mit COVID-19 in Südostasien, KAS, 07.04.2020, https://www.kas.de/de/einzeltitel/-/content/zwischen-ignoranz-und-notstand

Weinmann, Nico, 2013: Uruguay: Gewerkschaftliche Erneuerung durch korporativistische Integration, in: Schmalz, Stefan/Dörre, Klaus (Hrsg.): Comeback der Gewerkschaften? Machtressourcen, innovative Praktiken, internationale Perspektiven, Campus, Frankfurt a.M., 332-342

Weipert-Fenner, Irene, 2020: Corona-Krise: Welche Folgen hat die Pandemie für die Länder des Globalen Südens, beb, 09.06.2020, https://www.bpb.de/themen/gesundheit/coronavirus/311256/corona-krise-welche-folgen-hat-die-pandemie-fuer-laender-des-globalen-suedens/

Weiß, Volker, 2017: Vom Extrem zur Alternative? Ein Blick auf die rechtsextreme US-Szene, beb, 28.07.2017, https://www.bpb.de/politik/extremismus/rechtsextremismus/253409/rechtsextreme-us-szene

Welter, Patrick, 2021: Südkoreas Wirtschaft erreicht Vor-Pandemieniveau, Frankfurter Allgemeine Zeitung, 27.04.2021, https://www.faz.net/aktuell/wirtschaft/mehr-wirtschaft/corona-suedkoreas-wirtschaft-erreicht-das-vor-pandemieniveau-17313852.html

–, 2020: Südkorea lässt die Covid-Rezession hinter sich, Frankfurter Allgemeine Zeitung, 27.10.2020, https://www.faz.net/aktuell/wirtschaft/konjunktur/export-suedkorea-laesst-die-corona-rezession-hinter-sich-17021854.html

–, 2018: Südkorea verkürzt die Wochenarbeitszeit – auf 52 Stunden, Frankfurter Allgemeine Zeitung, 01.01.2018, https://www.faz.net/aktuell/wirtschaft/suedkorea-verkuerzt-die-wochenarbeitszeit-auf-52-stunden-15469719.html

Weltexporte, 2021: Made in South Korea – die meist exportierten Güter Südkoreas, Weltexporte, 04.01.2021, https://www.weltexporte.de/exportprodukte-suedkorea/

Wemheuer, Felix, 2019: Chinas große Umwälzung. Soziale Konflikte und Aufstieg im Weltsystem, Papy Rossa, Köln

Wening, P., 2021: Covid-19 und das Omnibusgesetz in Indonesien, Südostasien, 19.04.2021, https://suedostasien.net/covid-19-und-das-omnibusgesetz-in-indonesien/

Wense, David, 2007: Protest in China. Die Rolle der Arbeiter in der Tiananmen-Bewegung von 1989, Grin, Norderstedt

Werner, Friederike, 2005: Soziale Sicherung in der VR China. Bestandsaufnahme und Perspektiven, FES, https://library.fes.de/pdf-files/iez/50292.pdf

Wetzel, Detlef (Hrsg.), 2013: Organizing. Die Veränderung der gewerkschaftlichen Praxis durch das Prinzip der Beteiligung, VSA, Hamburg

–, 2013: Für eine neue gewerkschaftliche Agenda, in: Wetzel, Detlef (Hrsg.): Organizing. Die Veränderung der gewerkschaftlichen Praxis durch das Prinzip der Beteiligung, VSA, Hamburg, 23-29

Wetzel, Hubert, 2018: Als der amerikanische Traum starb, Süddeutsche Zeitung, 23.08.2018, https://www.sueddeutsche.de/politik/zehn-jahre-nach-der-finanzkrise-als-der-amerikanische-traum-starb-1.4099770

WHO – World Health Organization, 2021: COVID-19-Mapping, https://covid19.who.int/region/wpro/country/kr

Wiedensohler, Günter, 1966: Tunesien – Entwicklungsland auf eigenen Wegen, Econstor, https://www.econstor.eu/bitstream/10419/133660/1/wd_v46_i12_pp673-677.pdf

Wilde, Florian, 2012: Die Rückkehr des politischen Streiks, in: Gallas, Alexander/Nowak, Jörg/Wilde, Florian (Hrsg.), 2012: Politische Streiks im Europa der Krise, VSA, Hamburg, 7-21

Winter, Martin, 2019: China 2049. Wie Europa versagt, Süddeutsche Zeitung Edition, München

Wisdorff, Flora, 2007: SEIU – Wie eine Gewerkschaft eine Million Mitglieder gewinnen kann, Die Welt, 02.10.2007, https://www.welt.de/wirtschaft/article1229251/Wie-eine-Gewerkschaft-eine-Million-neue-Mitglieder-gewinnen-kann.html

WKO – Wirtschaftskammer Österreich, 2022: Länderprofil Tunesien, https://wko.at/statistik/laenderprofile/lp-tunesien.pdf

–, 2022, Länderprofil Chile, https://wko.at/statistik/laenderprofile/lp-chile.pdf

–, 2021, Länderprofil Ungarn, https://wko.at/statistik/laenderprofile/lp-ungarn.pdf

–, 2021, Länderprofil Tunesien, https://wko.at/statistik/laenderprofile/lp-tunesien.pdf

–, 2021, Wirtschaftsbericht Korea, Republik, https://www.wko.at/service/aussenwirtschaft/korea-republik-wirtschaftsbericht.pdf

–, 2018: Exportbericht Tunesien, https://international.bihk.de/fileadmin/eigene_dateien/auwi_bayern/eigene_dateien/Exportberichte/Exportbericht_Tunesien_2018.pdf

Wöhl, Stefanie, 2016: Machtverschiebungen vom Parlament zur Exekutive. Demokratie in Zeiten multipler Krisen, beb, 30.09.2016, https://www.bpb.de/shop/zeitschriften/apuz/234709/machtverschiebungen-vom-parlament-zur-exekutive/

Woischnik, Jan u.a., 2020: Lateinamerika in der Corona-Krise, KAS, 02.06.2020, https://www.kas.de/documents/7851262/8433451/Lateinamerika+in+der+Corona-Krise.pdf/e69b3676-c1d1-169f-9459-8fa7f28973cd?version=1.0&t=1591182098649

Wolff, Richard, 2009: Die Wege der Knechtschaft: Neoliberalismus und (die) Krise, Denknetz, Jahrbuch 2009, 206-215, https://www.denknetz.ch/wp-content/uploads/2017/07/Walpen_Die_Wege_der_Knechtschaft.pdf

Won Youngsu, 2021: Arbeiter:innen und der Gwangju-Aufstand 1980, in: Azzellini, Dario (Hrsg.): Mehr als Arbeitskampf! Workers weltweit gegen Autoritarismus, Faschismus und Diktatur, VSA, Hamburg, 117-123

Wong, Joshua, 2020, Unfree Speech, S.Fischer, Frankfurt a.M.

Woo Sung-myong, 2011: Gewerkschaftliche Sozialpolitik und Solidarität. Entwicklung gewerkschaftlicher Konzeptionen zur Sozialpolitik in Südkorea, https://d-nb.info/1025939239/34

World Bank, 2021: GDP – Korea, Rep., https://data.worldbank.org/indicator/NY.GDP.MKTP.CD?locations=KR

–, 2021: Exports of goods and services – Korea, Rep., https://data.worldbank.org/indicator/NY.GDP.MKTP.CD?locations=KR

–, 2021: Housholds and NPISHs Final consumption expenditure per capita growth (annual %) – Korea, Rep., https://data.worldbank.org/indicator/NE.CON.PRVT.PC.KD.ZG?locations=KR

–, 2021: Gini Index – Chile, https://www.oecd.org/berlin/statistiken/armutsquote.htm

Wulf, Andreas, 2020: Das linke Unbehagen in der Krise, Freitag, 14.12.2020, https://www.freitag.de/autoren/der-freitag/das-linke-unbehagen-in-der-corona-krise

Xu Aiying/Min Jae-Ji, 2021: „With Corona“: Südkorea soll ab Oktober mit COVID-19 koexistieren, KOREA.net, 01.10.2021., https://m.korea.net/german/Government/Current-Affairs/National-Affairs/view?affairId=2040&subId=5&articleId=204479&viewId=60926

Yang Keimung, 2013: Auf welcher Seite stehst du? Chinas kommunistischer Staat zwischen KapitalistInnen und ArbeiterInnen, in: Egger, Georg/Fuchs, Daniel/Immervoll, Thomas/Steinmassl, Lydia (Hrsg.): Arbeitskämpfe in China. Berichte von der Werkbank der Welt, ProMedia, Wien, 194-209

Yonhap, 2021: Seoul city govt. to report all participants of Wednesday labor rally to police, The Korean Herald, http://www.koreaherald.com/view.php?ud=20211021000867

Young, Patrick, 2021: Gewerkschaften gegen Trumps Autoritarismus, in: Azzellini, Dario (Hrsg.): Mehr als Arbeitskampf! Workers weltweit gegen Autoritarismus, Faschismus und Diktatur, VSA, Hamburg, 82-88

ZDF, 24.11.2020: Fünf Gründe, warum es Asien besser macht, https://www.zdf.de/nachrichten/politik/corona-asien-lockdown-shutdown-100.html

Zeit online, 09.10.2021: Ermittlungen gegen Chiles Präsident wegen Offshore-Geschäften, https://www.zeit.de/wirtschaft/2021-10/ermittlungen-sebastian-pinera-chile-praesident-pandora-papers

–, 14.07.2021: Biden wirft Republikanern Angriff auf das Wahlrecht vor, https://www.zeit.de/politik/ausland/2021-07/usa-wahlrecht-joe-biden-republikaner-demokratie-reformen

Zenith, 2021: Das arabische Jahrzehnt. Was 2011 begann, ist noch längst nicht vorbei, FES, https://library.fes.de/pdf-files/iez/16614.pdf

Zervakis, Peter A., 2009: Staat und Verwaltung im festen Griff der Parteien: Kontinuität und Wandel des griechischen Parteienstaates, in: Egner, Björn/Terizakis, Georgios (Hrsg.): Das politische System Griechenlands. Strukturen, Akteure, Politikfelder, Nomos, Baden-Baden, 61-90

Zeuner, Bodo/Wick, Ingeborg, 2019: Deutsche Linke für Xi Jinping, express – Zeitung für sozialistische Betriebs- und Gewerkschaftsarbeit, 8-9/2019, https://www.labournet.de/internationales/china/gewerkschaften-china/rezension-deutsche-linke-fuer-xi-jinping-neuerscheinungen-zu-china/

Zhang Lu, 2018: Arbeitskämpfe in Chinas Autofabriken, mandelbaum, Wien

–, 2010: Chinas Automobilindustrie – Schlanke Produktion und Kontrolle der ArbeiterInnen in einem Zeitalter der Globalisierung, in: Pun Ngai/Ching Kwan Lee u.a.: Aufbruch der zweiten Generation. Wanderarbeit, Gender und Klassenzusammensetzung in China, Assoziation A, Berlin/Hamburg, 50-78

Zhong Dajun, 2011: Die Bürokratisierung der chinesischen Gewerkschaften, in: Geffken, Rolf (Hrsg.): Streik auch in China? Ein Deutsch-Chinesischer Dialog über Koalitionsfreiheit, Gewerkschaften & Arbeitskampf, VAR, Cadenberge, 60-66

Zilla, Claudia, 2020: Corona-Krise und politische Konfrontation in Brasilien. Der Präsident, die Bevölkerung und die Demokratie unter Druck, in: swp-aktuell, 06/2020, https://www.swp-berlin.org/10.18449/2020A53/

Zimmer, Wim, 2015: Als die EZB den Stecker zog, in: #ThisIsACoup. Deutsch-Europa gegen SYRIZA, ND-Dossier, 2015, 46-47

Zürn, Michael, 2021: Zum Aufstieg des autoritären Populismus. Michael Zürn im Gespräch mit Bernhard Zangl, CAS, https://www.blog.cas.uni-muenchen.de/topics/dissecting-democracy/zum-aufstieg-des-autoritaeren-populismus

–, 2020: Es ist die Stunde der Exekutive, taz, 15.04.2020

–, 2018: Autoritärer Populismus vs. Offene Gesellschaft – eine neue Konfliktlinie: Eine ökonomische, kulturelle und politische Analyse, HBS, https://www.boell.de/sites/default/files/boll.brief_7_autoritarer_populismus_vs._offene_gesellschaft.pdf?dimension1=division_demo